I. 1892.
Ab. 1.

LES
BOURBONS

DE TOUTES LES BRANCHES ET ENFANTS NATURELS,

DEPUIS ROBERT LE FORT JUSQU'A NOS JOURS (1845),

PAR

AUGUSTE SAVAGNER,

Ancien Élève Pensionnaire de l'École des Chartes, etc.

I

A PARIS,

CHEZ J. DELAHAYE, ÉDITEUR,

16, RUE HAUTEFEUILLE.

—

1845

30 Centimes la Livraison.

(UNE OU DEUX CHAQUE SEMAINE.)

Livraisons du   Volume.

LES BOURBONS.

I

PARIS. — Imprimerie Doudey-Dupré, rue Saint-Louis, 43, au Marais.

LES BOURBONS.

HISTOIRE

DE LA MAISON DE BOURBON,

DES

PRINCES ET PERSONNAGES ILLUSTRES QUI EN SONT ISSUS;

PAR

AUGUSTE SAVAGNER,

ÉLÈVE-PENSIONNAIRE DE L'ÉCOLE DES CHARTES, PROFESSEUR D'HISTOIRE A L'UNIVERSITÉ.

AVEC VIGNETTES ET PORTRAITS.

PARIS.

J. DELAHAYE ET DARTOUT, LIBRAIRES-ÉDITEURS,

RUE HAUTE-FEUILLE, 16.

—

1845

SOUSCRIPTION CHEZ J. DELAHAYE, ÉDITEUR,

RUE HAUTEFEUILLE, 16.

LES BOURBONS

PAR

AUGUSTE SAVAGNER,

Professeur d'histoire à l'Université, Élève pensionnaire de l'École des Chartes,
Membre de plusieurs Sociétés savantes.

2 volumes grand in-8°, édition splendide,

COMPRENANT

L'HISTOIRE DE LA MAISON DE BOURBON,

CELLE DES BRANCHES COLLATÉRALES,

DES PRINCES ET PERSONNAGES ILLUSTRES QUI EN SONT ISSUS.

80 livraisons texte, 15 à 20 livraisons dessins ou portraits.

Les Souscripteurs inscrits avant le 15 juin prochain ne payeront que 90 livraisons,
quel que soit le nombre au delà.

Prix de la livraison, 25 centimes.

Imprimerie Dondey Dupré, rue Saint Louis, 46, au Marais
1844

Cette illustre famille, déjà ancienne et puissante au berceau de notre monarchie, la sert avec honneur, s'associe à la gloire de ses armes, s'allie avec ses souverains et leur succède ; durant des siècles, elle fait la France grande et heureuse ; elle donne ses fils et ses filles à l'Espagne, à l'Italie, au monde entier, qui les lui demande par ses nombreuses et successives ambassades, et les obtient comme une faveur de haut prix. Sous sa protection constante les lettres fleurissent, les arts sont honorés, se cultivent et se perfectionnent ; par elle la civilisation, et les lumières se répandent dans toutes les classes.

Mais des idées nouvelles ont surgi, leur foyer s'est étendu, elles préparent de terribles événements ; le ciel gronde, les orages se sont amoncelés, et avant la fin du XVIIIe siècle éclate la tempête.

Les trônes des Bourbons s'écroulent sous eux ; ils sont proscrits. Le sang généreux des uns rougit les échafauds ou se glace dans l'humidité de noirs cachots, et la terre étrangère n'accorde aux autres qu'une mesquine et soupçonneuse hospitalité.

Au milieu d'horribles tourmentes vient un homme qui de sa forte main relève les débris de tant de grandeurs et de sceptres abattus ; il règne en maître puissant. Jouet à son tour de l'inconstante fortune, qui lui avait dit : *Le monde t'appartient*, il se vit tout à coup renversé par elle et attaché jusqu'à son dernier jour au rocher le plus stérile du grand océan.

Et pourtant cet homme avait fait de grandes et nobles choses : par lui s'étaient rouverts les temples de l'Éternel, l'exil avait rendu à la patrie ses enfants proscrits et persécutés, la guerre civile s'était apaisée, le nom français était glorieusement reporté jusqu'aux extrémités des mondes.

Les chevaux de Venise, le lion de Saint-Marc, les belles statues de Rome et tant d'autres richesses ornaient les places publiques et les musées de la capitale ; le drapeau français flottait honoré et sur terre et sur toutes les mers.

Des débris de la loi salique cet homme avait fait un code de succession, œuvre stérile et vaine, au profit de sa famille ; mais il fit aussi un autre code, création immortelle qui régit la France et dont les souverains étrangers adoptent chaque jour de nombreuses dispositions.

Après cet homme si grand et si malheureux, dont l'histoire racontera les belles actions et les fautes, reparaissaient les Bourbons. A l'unité d'amour et de dévouement qui les avaient entourés succédaient les ambitions et les rivalités de partis et de famille. Par suite les masses populaires se sont agitées et aigries ; les lois de succession, les renonciations sont tombées comme tant d'autres monuments qu'on croyait éternels, comme tant d'autres prestiges, et au milieu du XIXe siècle nous voyons en France le chef de la branche cadette sur le trône, et l'unique héritier de la branche aînée dans l'exil ; en Espagne, l'innocente Isabelle reine à Madrid, tandis que don Carlos et son fils sont réfugiés et retenus à Bourges ; à Lisbonne, la fille de don Pèdre tient le sceptre que revendique don Miguel errant dans les campagnes de Rome ; le Brésil ne relève plus du Portugal.

L'auteur du livre des Bourbons, M. Auguste Savagner, professeur d'histoire à l'université, ancien pensionnaire élève de l'école des Chartes, en donnant à son œuvre l'épigraphe « vérité, impartialitté, » s'est imposé de grands et nobles devoirs ; ceux qui le connaissent savent qu'il les remplira. Ses études et sa position l'ont mis à même, plus que tout autre, de puiser avec fruit aux sources les plus fécondes et les plus authentiques.

Les Bourbons ont porté bien haut l'éclat de leur nom : si les galeries de Versailles nous montrent l'image du soleil, brillant sur l'écu de Louis XIV, on peut dire que la maison de Bourbon n'était pas indigne d'un tel emblème, car durant de longs siècles on la vit, à l'exemple de cet astre, répandre autour d'elle la lumière et l'abondance ; mais, comme lui aussi, elle n'est pas sans taches ; les écrits contemporains les ont enregistrées. Pour elle, mille traits de bravoure et d'intrépidité contre un de lâcheté et de couardise ; aux prodigalités, à l'orgueil de quelques-uns, elle oppose la simplicité, l'affabilité du plus grand nombre ; contre les basses intrigues, l'avarice et la cupidité de ceux-ci, doivent prévaloir la franchise, la loyauté, le désintéressement de ceux-là.

Si l'histoire nous en fait voir qui renient une noble origine ou s'égarent un instant sous le drapeau ennemi, combien d'autres se font grands dans l'adversité, supportent avec courage les fers et l'exil ! combien nous ont fait connaître jusqu'à quel point l'amour de la patrie, l'honneur du nom français et la foi religieuse donnent aux âmes élevées d'énergie, d'héroïsme et de résignation !

A cette famille en général la France doit une bien grande part de sa gloire, de sa puissance, de sa richesse, de ses lumières et de ses libertés ; à quelques-uns seulement ses revers et ses misères.

Les femmes de la maison de Bourbon fournissent aussi de nobles pages à l'histoire, et c'est à peine si quelques ombres se détachent du tableau de leurs belles actions et de leurs vertus.

Au fougueux caractère d'une Montpensier, l'auteur opposera la piété de madame Louise de France, se faisant Carmélite, le dévouement de madame Elisabeth, sœur de Louis XVI, la religieuse et admirable résignation de Marie-Antoinette, l'inépuisable charité de madame la duchesse d'Angoulême, et l'intrépide audace d'une autre femme, fille, épouse et mère de Bourbons !

C'est au lecteur qu'il appartient de juger les princes de cette grande famille et d'assigner à chacun d'eux la part qui lui revient dans le bien ou dans le mal.

Nous avons dit que l'origine de la maison de BOURBON se perd dans la nuit des temps, disons aussi qu'un long avenir semble promis à sa postérité. Elle compte de nos jours de nombreux héritiers qui peuvent longtemps assurer la gloire et le bonheur de la France si longtemps et si cruellement éprouvée.

Après tant de jours malheureux luiront des jours meilleurs. La prospérité *toujours croissante* et *l'entente cordiale* les préparent sans doute. Ayons toutefois une espérance plus élevée, croyons que ces temps heureux nous viendront de plus haut !

Des portraits authentiques, d'une belle exécution et d'une parfaite ressemblance, donnent un grand mérite à cette belle publication, à laquelle le plus grand succès est promis.

Le vif intérêt des souvenirs, l'importance des événements retracés, la situation actuelle des princes du sang Bourbon, et le faible prix de l'ouvrage, concourent pour le mettre aux mains de tout le monde et le faire accueillir des Français comme des étrangers.

Prix de chaque livraison :

Pour les Souscripteurs..................... ..... 30 c.

— Non-Souscripteurs .... 40 c.

On peut ne rien payer d'avance.

Conditions de la Souscription.

Les souscripteurs recevront *franco* en leur domicile :

A Paris, toutes les livraisons dont ils auraient versé le prix ;

Dans les Départements, en ajoutant 5 centimes au prix de chaque livraison.

Tout Souscripteur ayant déposé 10 francs à valoir sur le montant de la souscription, pourra recevoir immédiatement les dessins, portraits et cartels suivants :

Cartel armorial et emblématique de la maison de Bourbon ;	Marguerite de France, première femme de Henri IV ;
Cartel du cardinal de Bourbon ;	Charles, cardinal de Bourbon ;
Henri de Bourbon, prince de Béarn ;	Charlotte Catherine de la Trémouille ;
Antoine de Bourbon, roi de Navarre ;	Charles de Bourbon, premier duc de Vendôme ;
François de Bourbon, duc d'Enghien ;	Jeanne d'Albret, mère de Henri IV ;
Henri de Bourbon, premier prince de Condé ;	Henri, duc de Bordeaux.

Nota. Une table indiquera l'ordre à suivre pour le classement des dessins dans l'ouvrage.

Les lettres et envois d'argent doivent être affranchis.

Imprimerie Dondey Dupré, rue Saint Louis, 46, au Marais.

INTRODUCTION.

La monarchie française n'était encore qu'à son berceau, et déjà la maison de Bourbon éclipsait, par son éclat, sa gloire et sa fortune, les autres grandes familles qui s'étaient successivement élevées sur les débris de l'empire romain.

Lorsque autrefois on disait le roi, sans ajouter le nom du pays qu'il gouvernait, cela s'entendait toujours du roi de France, du grand roi, du roi par excellence.

Durant quatorze siècles, la France n'a été gouvernée (si l'on en retranche la période révolutionnaire de la fin du dix-huitième siècle et les temps de l'empire) que par trois dynasties.

La valeur, l'activité, l'inquiétude et l'ambition caractérisent les rois de la première race ; la mollesse et l'indolence dégradèrent la postérité de Clovis ; le sceptre échappa de mains trop faibles pour le porter, et le cloître fut le terme fatal où aboutirent tant d'années de gloire et de prospérité.

Pepin, fils de Charles Martel, recueillit le fruit des travaux et des exploits de ses ancêtres ; il fonda la seconde dynastie et laissa un fils encore plus grand que lui sur un trône non moins affermi que respecté. Charlemagne se vit presque en possession de la monarchie universelle en Europe ; mais au jour de sa mort commença la décadence de son empire. Héritiers de son ambition, mais non de ses talents et de sa volonté ferme et patiente, les descendants de ce héros ne signalèrent leurs règnes que par des guerres impies et funestes. De tant de royaumes qui composaient l'empire de Charlemagne, il ne restait, au bout de deux siècles, aux derniers princes de sa race que les villes de Laon et de Soissons, avec le vain titre de roi. Tout était devenu la proie de l'ambition et de la cupidité. On compta dans ces vastes pays, qui n'avaient reconnu qu'un seul maître en la personne de Charlemagne, presque autant de souverains qu'il y avait de provinces, de villes, de châteaux ou de villages. Le système féodal s'appesantit sur l'Europe avec ses désastreuses conséquences.

Pendant cette longue suite de temps qui voyait les rois de la seconde dynastie préparer les malheurs de la France par leur rivalité, leurs fautes et leur faiblesse, s'élevait avec plus d'éclat que jamais la maison qui devait réparer tant de maux. Cette maison est celle des Capétiens, descendue, selon l'opinion la plus plausible, de Robert le Fort, et placée sur le trône en la personne de Hugues Capet.

De toutes les branches de cet arbre fécond, qui se

sont implantées sur presque tous les trônes, nulle n'a été plus fertile en héros et en grands rois que celle de Bourbon.

Quelles que soient les préoccupations de l'esprit de parti, les préventions des uns, les passions des autres, on doit rendre hommage aux services éminents que les princes de la maison de Bourbon ont rendus à la France et à l'humanité. A Dieu ne plaise que nous dissimulions leurs fautes, mais aussi nous nous garderons bien de taire ou d'amoindrir les grandes choses qu'ils ont faites.

Avant que la couronne de France fût portée par les princes de la maison de Bourbon, nulle famille ne l'avait défendue avec plus de dévouement et de succès ; dix d'entre eux avaient payé de leur sang leur dette à la patrie ; presque point de combats depuis la journée de Taillebourg où l'on n'ait vu se signaler un Bourbon.

Ce que nous entreprenons aujourd'hui d'offrir au public, c'est l'histoire vraie de tous ces grands hommes, trop peu approfondie, trop noyée jusqu'ici dans les histoires générales. Nous nous attacherons non-seulement à décrire leurs actions, leurs exploits, leurs fautes, mais encore à développer leur caractère, leur génie, leurs vertus et leurs défauts ; rien ne sera avancé qui ne repose sur les meilleurs documents, et nous ne négligerons point de raconter les anecdotes intéressantes qui nous paraîtront dignes de foi.

Notre ouvrage est divisé en deux parties : la première comprend l'histoire de la maison de Bourbon depuis Robert de Clermont, fils de saint Louis, jusqu'à

Henri IV, affermi sur le trône par le traité de Vervins ; cette époque renferme un espace de trois cents ans, et remplit notre premier volume.

La seconde partie, après un résumé très-rapide de la vie des rois de France de la maison de Bourbon, depuis Henri IV jusqu'à nos jours (dont l'ensemble et les détails appartiennent réellement à L'HISTOIRE GÉNÉRALE DE FRANCE), traite des branches de Bourbon-Condé, Bourbon-Conti et Bourbon-Soissons, collatérales de la branche Bourbon-d'Orléans, depuis Henri II, prince de Condé ; vient ensuite l'histoire de la maison d'Orléans, enfin celle des Bourbons d'Espagne, de Naples et de Parme. Telle est la matière du second volume, que terminera une généalogie complète et exacte de la maison de Bourbon.

Les portraits et les riches vignettes qui illustrent notre ouvrage sont dessinés d'après les monuments les plus sûrs, les plus authentiques, échappés par miracle à la destruction des galeries royales et princières.

Rien n'a été négligé pour que nous puissions soumettre avec confiance notre travail au public, persuadé que les circonstances même durant lesquelles nous le mettons au jour lui vaudront quelque faveur.

LES BOURBONS.

CHAPITRE PREMIER.

L'origine des anciens sires de Bourbon se perd dans la nuit des temps. Ils prenaient, au commencement de la seconde race de nos rois, les titres de princes, de barons et de comtes. Aymar, l'un d'eux, fonda, en 921, le prieuré de Souvigny en Bourbonnais; deux frères de cette ancienne maison, nommés l'un Anceaume et l'autre Archambaud, jetèrent en même temps les fondements de deux villes qui existent encore aujourd'hui, la première sous le nom de Bourbon-Lanci, et l'autre sous celui de Bourbon-l'Archambaud.

Lorsque Hugues Capet parvint au trône, les barons de Bourbon relevaient immédiatement de la couronne, et tenaient leurs fiefs en même dignité que les ducs de Bourgogne, de Normandie et de Guienne, et les comtes de Toulouse, de Champagne et de Flandre, seuls compris depuis au nombre des pairs de France. Ils partageaient encore ce glorieux avantage avec les comtes de Vermandois, de Chartres, de Blois, de Tours, d'Anjou, d'Auxerre, du Perche, de Meaux et de Mâcon; les barons de Montmorency, de Beaujeu, de Couci et quelques autres ; mais la baronnie de Bourbon fut toujours réputée la première et la plus ancienne du royaume, jusqu'à ce que, ayant été érigée en duché-pairie, les sires de

Montmorency prirent alors, de l'aveu du roi et de la nation, le magnifique titre de premiers barons de France. La première dynastie des sires de Bourbon subsista pendant trois siècles, et compta douze princes ou barons, dont sept furent connus sous le nom d'*Archambaud*. Leur histoire présente de grands exploits, des croisades, des fondations de villes, de châteaux, d'églises et de monastères; ils ne contractèrent que des alliances dignes d'eux, avec les maisons de Limoges, de Sully-Champagne, d'Auvergne, de Tonnerre, d'Anjou, de Savoie et de Bourgogne; riches, braves et puissants, ils étaient tour à tour, comme les grands vassaux de la couronne, l'appui et la terreur du trône.

Les états de ces anciens seigneurs de Bourbon furent dévastés non-seulement par des guerres étrangères, mais encore par des guerres intestines. Archambaud V trouva des oppresseurs jusque dans sa famille; il fut dépouillé de ses domaines par Aymon II, son oncle, surnommé *Vaire-vache*, à cause de la variété des couleurs de son poil. Archambaud chercha un asile auprès du roi Louis VI qui, à force de courage, d'application et d'équité, s'était élevé à un degré de puissance que ses prédécesseurs n'avaient pu atteindre; le monarque somma l'usurpateur de comparaître devant lui; Aymon ne répondit aux ordres de son souverain que par des refus insultants. Louis, indigné, marcha en Bourbonnais à la tête de son armée, conquit la province et assiégea le rebelle dans le château de Germini, où il s'était puissamment fortifié : après une vigoureuse résistance, Aymon fut obligé de tomber aux pieds du vainqueur; il réclama sa clémence. Louis, qui pouvait venger la majesté du trône par le supplice du coupable, lui pardonna; mais il rendit le Bourbonnais à Archambaud V, qui peu de temps après mourut sans enfants, laissant ses états à l'oncle ambitieux qui s'en était si déloyalement emparé.

Archambaud VII, le dernier prince de la première race de Bourbon, ne laissa de son mariage avec Alix de Bourgogne qu'une fille appelée *Mahaud de Bourbon*. Mahaud épousa successivement : Gaucher de Vienne, seigneur de Salins, dont elle fut séparée pour cause de parenté ; et Gui de Dampierre, d'une des plus illustres maisons de Champagne. Elle eut de son premier mari, Marguerite de Salins, épouse de Guillaume de Sabran, comte de Forcalquier ; et du second, une postérité qui effaça l'éclat de la première race de Bourbon.

L'aîné des fils de Mahaud de Bourbon et de Dampierre prit le nom, le cri et les armes de Bourbon, et devint le chef de la seconde dynastie des sires de Bourbon ; il est connu sous le nom d'Archambaud VIII. Il eut à soutenir un célèbre procès contre la comtesse de Forcalquier, sa sœur utérine, qui lui disputait la possession de la baronnie. Archambaud prouva devant Philippe-Auguste et son parlement : 1° que la baronnie de Bourbon ne pouvait être le partage des filles qu'au défaut des mâles ; 2° qu'elle ne pouvait être ni divisée ni démembrée. La comtesse de Forcalquier renonça à ses prétentions, moyennant une indemnité de treize cents marcs d'argent, somme alors très-considérable ; cette transaction, autorisée par une charte de Philippe-Auguste, datée de 1211, laissa Archambaud VIII paisible possesseur d'un des plus nobles fiefs de la couronne.

Archambaud, par ses exploits et par sa puissance, mérita le surnom de Grand ; il défit le comte d'Auvergne qui s'était révolté contre le roi, soumit ses états, et partagea avec Philippe-Auguste les dépouilles du vaincu. Il eut la gloire, avant sa mort, de placer sur le trône de Navarre Marguerite de Bourbon, sa fille, à qui il donna en dot la somme de trente-six mille livres, qui en vaudrait aujourd'hui plus de huit cent mille ; enfin, après une longue et brillante carrière, Archambaud fut tué en 1238, à la bataille de Cognac.

Archambaud IX, fils et héritier d'Archambaud VIII, fut aussi brave et beaucoup plus puissant que son père; il mourut dans la première croisade de saint Louis, et fut universellement regretté. Il avait épousé Yoland de Châtillon, la plus riche héritière du royaume, qui lui avait apporté les comtés de Nevers, d'Auxerre et de Tonnerre, et les baronnies de Montjai, de Thorigny, de Broigny, de Donzy, de Saint-Aignan et du Perche-Gouet; elle ne lui donna que deux filles, Mahaud et Agnès de Bourbon, qui furent mariées aux deux fils aînés de Hugues IV, duc de Bourgogne : l'aînée eut en partage les biens maternels, Agnès les biens paternels; celle-ci n'eut de son mariage avec Jean de Bourgogne que Béatrix de Bourgogne, épouse de Robert de France, comte de Clermont.

Archambaud VIII, surnommé *le Grand*, eut un frère, Guillaume de Dampierre-Bourbon, dont la puissance et la fortune parvinrent au plus haut degré : il épousa l'héritière du comte de Flandre; sa postérité régna longtemps et avec éclat; le dernier de ses descendants fut Jeanne de Dampierre, qui porta les comtés de Flandre, d'Artois et de Nevers dans la maison de Bourgogne, d'où ils ont passé dans celle d'Autriche par le mariage de Marie de Bourgogne avec l'empereur Maximilien Ier. C'est ainsi que les deux plus augustes maisons de l'Europe, celles de Bourbon et d'Autriche, tirent leur origine maternelle de la maison de Dampierre-Bourbon. Nous verrons le nom de Bourbon, déjà si illustre, acquérir encore plus de puissance et de célébrité.

CHAPITRE II.

Robert de France, sixième fils de saint Louis, venait de perdre son père devant Tunis (1270). Il avait à peine atteint l'âge de porter les armes, qu'il accompagna le roi Philippe le Hardi dans son expédition des Pyrénées (1271) contre Roger Bernard, comte de Foix. Le jeune comte de Clermont se montra digne héritier de la valeur de ses ancêtres ; il força des postes, prit des villes et se couvrit de gloire.

Quelques années après, le roi lui fit épouser Béatrix de Bourgogne, princesse du sang, fille unique et héritière de Jean de Bourgogne, baron de Charolais, et d'Agnès, dame de Bourbon et de Saint-Just. Ce fut au milieu des fêtes préparées pour ce mariage que Philippe le Hardi lui conféra l'ordre de la chevalerie. Cette cérémonie fut suivie de joutes et de tournois où Robert se fit admirer ; mais la réputation qu'il y acquit lui devint funeste. L'arrivée du prince de Salerne, héritier de la couronne de Sicile, prince du sang de la branche d'Anjou, donna lieu à de nouvelles fêtes guerrières. Impatient de signaler et son adresse et sa force, le comte de Clermont voulut être le principal tenant du tournoi : il reçut de si furieux coups sur la tête, que son esprit et son corps s'en ressentirent également. Il survécut quarante ans à ce déplorable accident. Certainement il eut des intervalles lucides, puisqu'on le voit admis dans les conseils et chargé de négociations très-importantes. Ce fut lui qui, ayant pour collègue le roi de Navarre, depuis Louis X, son petit-neveu, et le prince Louis de Clermont, son fils, négocia et conclut heureusement un traité perpétuel de ligue offensive et défensive entre Philippe le Bel et l'empereur Henri VII (1310). Il avait déjà témoigné beaucoup de fermeté et de vigueur en défendant les droits de son épouse contre sa belle-mère, Agnès de Bourbon. Cette princesse, après avoir épousé en secondes noces Robert II, comte d'Artois, entreprit (1282) de démembrer la baronnie de Bourbon en faveur de ce prince, dont elle n'avait point d'enfants. Robert de France réclama l'appui des lois : le parlement, à la tête duquel était Philippe III, déclara de nouveau, ainsi qu'il avait été fait sous Philippe-Auguste, la baronnie indivisible, et l'adjugea dans toute son étendue à la comtesse de Clermont. C'est ainsi que le Bourbonnais, cette belle province, le Charolais, plus fertile encore, et la seigneurie de Saint-Just entrèrent dans la maison de France, beaux et vastes domaines, qui, joints au comté de Clermont et aux seigneuries de Creil et de Gournay, formèrent aux descendants de Robert un patrimoine qui répondait à la splendeur de leur naissance. Mais de tous les événements auxquels le comte de Clermont eut part, nul ne le toucha plus que la canonisation du roi Louis IX, son père (1297). Philippe le Bel consacra au nouveau saint la fête la plus magnifique : on leva le corps à Saint-Denis, et on le porta à la Sainte-Chapelle de Paris, où il fut exposé pendant plusieurs jours à la vénération publique. Le roi ne voulut confier qu'à lui-même, aux comtes de Valois et d'Évreux, ses frères, au comte de Clermont, son oncle, et aux deux fils de ce prince, tous fils ou petits-fils de saint Louis, le soin attendrissant de rendre à Saint-Denis les reliques du bon roi : ils chargèrent sur leurs épaules ce glorieux fardeau et le transportèrent à pied au milieu des bénédictions

CARTEL ALLÉGORIQUE DE LA TRANSLATION DES RELIQUES DE SAINT LOUIS.

(Brancard historique.)

du peuple (1). Le comte de Clermont ne s'en tint point à de stériles hommages envers l'auguste auteur de ses jours ; il marcha sur ses traces avec autant de joie que de courage : comme lui il fut bon, juste, généreux, compatissant, chaste, et partagea ses biens avec les pauvres ; il fonda l'hôpital de Saint-Julien de Moulins, et mourut en 1317. Il fut enterré à Paris, aux Jacobins de la rue Saint-Jacques, sous un tombeau de marbre, au-dessus duquel on voyait sa statue. Le couvent et le tombeau ont été détruits durant les orages révolutionnaires du dernier siècle.

Le célèbre Santeul consacra l'épitaphe suivante à ce père de tant de héros et de rois :

> « *Hic stirps Borbonidum, hic primus de nomine princeps*
> » *Conditur ; hic tumuli, velut incunabula regum,*
> » *Huc veniant proni regali e stirpe nepotes :*
> » *Borbonii hic regnant, invito funere, manes.* »

Robert, avant sa mort, avait eu la joie et la consolation de voir ses deux fils combattre en héros pour la patrie, et lui rendre les services dont ses infirmités ne lui permettaient plus de s'acquitter.

(1) Le dessin ci-contre représente fidèlement la châsse de saint Louis, telle qu'elle existait avant la révolution. Elle est placée sur un brancard, soutenu de six lances ou bannières, nombre égal à celui des fils qu'avait eus saint Louis ; les ornements accessoires sont appropriés à la touchante cérémonie de la translation. Au-dessous on voit les armes de Robert de France et de Béatrix de Bourgogne, son épouse.

CHAPITRE III.

LOUIS Ier, SURNOMMÉ LE GRAND ET LE BOITEUX, DUC DE BOURBON,
COMTE DE CLERMONT ET DE LA MARCHE, SEIGNEUR D'ISSOUDUN, DE SAINT-PIERRE LE MOUTIER,
DE MONTFERRAND, DE CREIL ET DE GOURNAY; ROI TITULAIRE DE THESSALONIQUE;
PAIR ET GRAND CHAMBRIER DE FRANCE.

Louis Ier (fils du précédent), comte de Clermont et premier duc de Bourbon, né en 1279, fut appelé *Louis-Monsieur* du vivant de son père; il succéda, l'an 1310, à Béatrix, sa mère, dans la sirerie de Bourbon. Il fit ses premières armes à la bataille de Furnes, en Flandre (1297). L'an 1302, à la funeste journée de Courtrai, il sauva l'armée française d'une destruction totale. Deux ans après, il eut part à la victoire de Mons-en-Puelle. En 1308, Philippe le Bel lui conféra la charge de grand chambrier de France, qui demeura dans la maison de Bourbon jusqu'en 1525, époque de la défection du connétable de Bourbon. En 1312, le concile de Clermont, qui prononça la dissolution de l'ordre des templiers, ayant décrété une croisade, Louis-Monsieur, nommé généralissime de cette expédition, se rendit à Lyon pour réunir les croisés; mais l'enthousiasme de ces saintes entreprises était passé, la croisade n'eut pas lieu, et le prince n'en recueillit que les vains titres de roi de Thessalonique, que le duc de Bourgogne, Eudes, lui céda moyennant une somme de quarante mille écus. Sous les règnes des trois fils de Philippe le Bel, Louis-Monsieur continua de jouir d'un grand crédit. Rien dans la vie publique du comte de Clermont ne lui fit plus d'honneur que la loyale fermeté avec laquelle, lors de la mort de Louis X le Hutin, il soutint la loi salique et sut affermir la couronne sur la tête de Philippe le Long (1316), malgré les efforts du duc de Bourgogne et du comte de la Marche pour élever au trône Jeanne de France, fille du feu roi. Ce qui rendit cette circonstance bien remarquable, c'est que le comte de la Marche devait, douze ans plus tard, être appelé lui-même sur le trône, en vertu de ce principe fondamental de la monarchie française qu'il avait voulu méconnaître.

Lorsque le nouveau roi, par une sage ordonnance sur les monnaies, voulut ôter aux grands vassaux le droit de frapper des monnaies d'or et d'argent, *Louis-Monsieur*, qui venait de succéder à son père dans le comté de Clermont, entra des premiers dans les vues de Philippe le Long, et lui vendit, moyennant quinze mille livres, le privilége qu'il avait d'en fabriquer dans le Bourbonnais et le Clermontois. Sous Charles IV, dit le Bel, la guerre ayant éclaté contre l'Angleterre, le comte de Clermont prit les places de Montségur, de Sauveterre, de Saint-Macaire et d'Agen; et, de concert avec le comte de Valois qui prit Bordeaux et Bayonne, réduisit la Guienne qui par un traité fut rendue au roi Édouard II, à l'exception de l'Agenois, qu'on réunit à la couronne. Cependant Charles IV, né à Clermont en Beauvoisis, désirait joindre cette ville aux domaines royaux. Il donna au comte, en échange de son apanage, le comté de la Marche et les villes d'Issoudun, de Saint-Pierre le Moutier et de Montferrand. Il érigea de plus le Bourbonnais en duché-pairie, par lettres du 27 décembre 1327, dans lesquelles il s'exprimait ainsi : *Nous espérons que la postérité du nouveau duc, marchant sur ses traces, sera dans tout temps l'appui et l'ornement du trône.* Ce nouveau duc, en adoptant pour lui et pour sa postérité le nom de Bourbon au lieu de celui de Clermont, retint dans son écu les armes de France qui rappelaient sa royale origine. Lorsque Charles le Bel descendit à son tour dans la tombe avant l'âge, comme ses frères, et comme eux sans laisser d'héritier (1328), le duc de Bourbon se prononça avec une nouvelle force pour la loi salique en faveur de Flandre; il contribua au gain de la victoire de Cassel. Cependant Édouard III chicanait sur la nature de l'hommage qu'il devait au roi de France, prétendant qu'il n'était que simple et non pas lige. Le duc de Bourbon, envoyé à Londres, amena l'Anglais à accomplir son devoir féodal; le 6 juin 1329, Édouard rendit l'hommage à Philippe de Valois dans la cathédrale d'Amiens. Pour prix de tous ces services, le roi de France remit en pur don au duc de Bourbon le comté de Clermont, qu'il érigea en pairie (1331). En 1333, ce monarque ayant concerté à Avignon avec le pape le projet d'une croisade, Bourbon se crut enfin, à la veille de reconquérir les états dont il portait le titre; mais les menées d'Édouard contre Philippe de Valois firent encore avorter ce projet. La guerre ayant enfin éclaté entre les deux rois, le duc de Bourbon suivit Philippe de Valois en Flandre pendant les campagnes de 1338, 1339 et 1340; puis, après la trêve d'Espléchin, fut un des plénipotentiaires au congrès d'Arras, qui se termina par une trêve de deux ans. Le duc de Bourbon n'en vit pas la fin; il mourut vers la fin de janvier 1341, à l'âge de soixante-deux ans, et fut inhumé comme son père aux Jacobins de la rue Saint-Jacques. De Marie de Hainaut, qu'il avait épousée en 1310 et qui mourut en 1353, il eut deux fils, Pierre Ier, dont la postérité s'éteignit en 1527; Jacques de Bourbon, comte de la Marche, tige commune des maisons qui occupent encore aujourd'hui les trônes de France, d'Espagne et de Naples; car, par une coïncidence assez remarquable, ce comte de la Marche se trouve également ment le treizième aïeul, dans la branche aînée des Bourbons, des rois Louis XVI, Louis XVIII, Charles X, et, dans la branche cadette, de Louis-Philippe Ier.

CHAPITRE IV.

PIERRE Ier, DUC DE BOURBON, COMTE DE CLERMONT,
PAIR ET GRAND CHAMBRIER DE FRANCE, SOUVERAIN-CAPITAINE EN LANGUEDOC, GUIENNE,
GASCOGNE, POITOU, BERRI, LA MARCHE, AUVERGNE ET BOURBONNAIS.

Pierre Ier, formé à l'école d'un père grand homme de guerre et grand homme d'état, ne dégénéra point du sang dont il était sorti ; sa naissance, son courage et la faveur du roi, dont il avait épousé la sœur, l'appelaient aux grands emplois de la monarchie ; il justifia autant dans les conseils que dans le commandement des armées le choix de Philippe de Valois.

Lorsque, dans la querelle engagée au sujet de la succession de Bretagne, Philippe se fut prononcé pour Charles de Blois (1341), le roi d'Angleterre Edouard III embrassa la défense de Jean de Montfort, rival de ce prince. Il s'agit alors de conquérir la Bretagne sur Montfort et sur les Anglais : le roi réserva l'honneur de cette expédition au duc de Normandie, héritier de la couronne ; mais pour suppléer à l'inexpérience du jeune prince, qui faisait ses premières armes, il lui donna pour conseil le duc de Bourbon, Jacques de Bourbon, comte de la Marche, et le comte d'Alençon. Les succès de cette campagne furent rapides. Bientôt une trêve fut conclue avec le roi d'Angleterre ; mais Edouard ne tarda pas à la rompre (1345). Ses troupes conquirent la Guienne française, le Périgord, l'Angoumois et la Saintonge, remportèrent une victoire complète à Auberoche, et se rendirent maîtresses d'Aiguillon qui passait pour une place imprenable : toutes les provinces d'au delà de la Loire furent menacées du même sort.

Dans ces circonstances, Philippe de Valois confia au duc de Bourbon le soin de sauver la moitié de la monarchie : il lui donna un pouvoir sans bornes pour commander en Languedoc, Gascogne, Guienne, Berri, Auvergne, la Marche et le Bourbonnais ; le duc était le maître de lever des troupes et de l'argent, de donner des lettres de grâce, d'anoblissement et de légitimation, d'accorder des priviléges et des franchises aux villes et aux communautés, d'établir des foires, d'évoquer à lui tous les procès civils et criminels ; en un mot, l'exercice du pouvoir suprême lui était dévolu dans toute son étendue.

Le duc de Bourbon arriva à Cahors sans troupes et sans argent, n'ayant pour lui que son nom et son courage. Son premier soin fut de prodiguer les grâces et les caresses, pour réconcilier la noblesse et le peuple avec le gouvernement : il racheta à ses dépens plusieurs barons faits prisonniers par les Anglais à la journée d'Auberoche, entre autres Roger de Cominges, d'une des plus grandes maisons du royaume. La générosité du prince ranima l'amour de la patrie presque éteint dans tous les cœurs ; il profita du zèle qu'il avait inspiré pour ordonner à tous les gentilshommes et roturiers de son gouvernement, depuis l'âge de quatorze ans jusqu'à celui de soixante, de se rendre auprès de lui ; il choisit ceux qui lui parurent les plus propres à la guerre, les arma et les exerça. C'est avec le secours de ces milices qu'il vint à bout, non-seulement d'arrêter les Anglais, mais encore de reprendre presque toutes leurs conquêtes, et surtout les places situées sur la Dordogne ; il se préparait au siége de Bordeaux, lorsque le duc de Normandie lui ordonna de venir le joindre devant Aiguillon.

Cette place, quoique défendue par l'élite des troupes anglaises, n'aurait pu éviter de succomber sans la puissante diversion du roi Edouard en Normandie. Ce prince, entraîné par le fameux Geoffroi d'Harcourt, trouva cette province dans le même état où ses généraux avaient trouvé la Guienne française ; tout plia sous la terreur de son nom ; les villes n'attendaient que sa présence pour se soumettre ; Caen, dont le comte d'Eu, connétable de France, avait entrepris la défense, fut emporté d'assaut : Edouard pénétra jusqu'aux portes de Paris ; il livra les environs de la capitale au fer et au feu. Philippe de Valois se hâta de mander une partie de l'armée, qui assiégeait Aiguillon, et les chefs en qui il avait le plus de confiance, entre autres le duc de Bourbon, le comte de la Marche et le maréchal de Montmorency. Le roi était à Saint-Denis, occupé à rassembler toutes les forces de la monarchie. Ce prince fit partir sur-le-champ le duc de Bourbon pour le Beauvoisis, avec ordre d'arrêter la marche d'Edouard, qui dirigeait sa retraite vers les Pays-Bas, emportant avec lui les dépouilles de la Normandie et de l'Ile-de-France. Le duc harcela l'ennemi et donna au roi le temps de se mettre en route avec une armée où l'on comptait plus de cent mille hommes et presque pas un soldat. La bataille de Créci fut livrée bientôt après (1346). Si, dans cette fatale journée, Philippe de Valois donna l'exemple de la valeur la plus déterminée, s'il combattit jusqu'à la nuit, il fut dignement imité par le duc de Bourbon, par Jacques de Bourbon, comte de la Marche, par le maréchal de Montmorency, par Jean de Hainaut, par Montfort, par d'Aubigny et par soixante hommes d'armes, restes héroïques de cette armée immense qui, le matin, couvrait les plaines du Ponthieu. Cette défaite coûta trente mille hommes à la France. La plupart des écrivains ont ajouté à la liste des morts le nom du duc de Bourbon ; c'est une erreur. Pierre Ier ne fut que blessé ; il devait mourir pour la patrie dans une journée encore plus funeste.

La désertion de presque tous les barons eût laissé, pour ainsi dire, le roi sans troupes, si le duc de Bourbon, le comte de la Marche, Montmorency et quelques seigneurs dignes encore du nom français, ne fussent restés auprès de lui avec les soldats levés sur leurs domaines. Le monarque parut sensible au zèle et à la grandeur d'âme des deux princes de Bourbon ; il fit don au puîné du comté de Ponthieu, confisqué sur Edouard III. Puis, pour sauver Calais, assiégé par le roi d'Angleterre, il confia la moitié de son armée au nouveau comte de Ponthieu, dont les premières opérations furent signalées par des succès. Mais la situation des habitants de Calais devenait de jour en jour plus déplorable. Résolu de tout hasarder pour les sauver, Philippe de Valois rappela le comte de Ponthieu et s'avança contre les Anglais (1347) avec soixante mille combattants. D'abord il envoya défier Edouard à un combat singulier à la tête des deux armées, ou bien à une bataille générale ; le monarque anglais ne parut pas plus ému du cartel qu'il ne l'avait été du désespoir des Flamands. Philippe se disposait à livrer l'assaut au camp des assiégeants qu'Edouard avait rendu inattaquable : le duc de Bourbon et les autres chefs représentèrent au roi que c'en était fait de la France s'il exposait à une défaite l'armée qui en était l'unique ressource. Philippe céda à leurs conseils et se retira, abandonnant les habitants de Calais aux rigueurs de la destinée.

Cependant Humbert, dernier dauphin de l'illustre et ancienne maison de la Tour-du-Pin, avait jeté les yeux sur le duc d'Orléans, second fils du roi, pour lui donner ses états ; il lui préféra ensuite Charles, l'aîné des petits-fils de France ; mais tandis qu'on le croyait plus disposé que jamais à terminer cette grande affaire, Humbert recherchait l'alliance de Jeanne de Bourbon. Le roi le prévint habilement ; il donna la princesse à son petit-fils : alors le dauphin abdiqua en faveur du prince, possesseur de l'épouse qu'il s'était destinée, et alla s'ensevelir dans l'ordre des Jacobins. Jeanne de Bourbon, fille aînée de Pierre Ier et d'Isabelle de Valois, à l'âge de quatorze ans fut donc unie à l'héritier de la couronne.

Philippe de Valois étant mort, le roi Jean lui succéda. La première démarche de celui-ci fut un attentat contre le droit des gens : il fit arrêter et conduire au supplice, presque sans forme de procès et sur quelques soupçons vagues d'infidélité, le connétable d'Eu, prisonnier des Anglais, et par conséquent mort civilement ; les grands, à la tête desquels on voyait les ducs de Bourbon et de Bourgogne, le comte d'Armagnac, le duc d'Athènes, de la même maison que le connétable, et de plus son beau-frère, assistèrent à l'exécution nocturne de cet infortuné. D'autres actes, et surtout la faveur de Charles d'Espagne, sur qui s'accumulèrent toutes les grâces, irritèrent la noblesse contre le souverain. Le roi de Navarre, Charles le Mauvais, fit assassiner le favori, revêtu de la charge de connétable (1355).

Après bien des agitations douloureuses, l'intérêt de l'état l'emporta chez le roi sur le ressentiment : il manda le duc de Bourbon et le cardinal de Boulogne, leur confia un pouvoir illimité, et les chargea de ramener à la cour le roi de Navarre qui venait de l'outrager si cruellement. Pour achever de se réconcilier avec ses sujets, Jean disposa de l'épée de connétable en faveur de Jacques de Bourbon, comte de Ponthieu, qui, par ses vertus et ses exploits, avait mérité le surnom glorieux de *Fleur des Chevaliers*. C'est de ce héros, auteur de la branche de Bourbon-la-Marche et de Bourbon-Vendôme, que descendent tous les princes de la maison royale.

Soit que le duc de Bourbon et son collègue fussent persuadés qu'on ne pouvait acheter trop cher le repos de l'état, soit plutôt qu'ils se fussent laissé séduire par l'éloquence et les promesses artificieuses du roi de Navarre, comme celui-ci s'en vanta dans la suite, ils lui accordèrent des conditions si favorables, que Charles le Mauvais, quand même il aurait sauvé l'état, n'eût osé en exiger de semblables. Quoi qu'il en soit, le duc de Bourbon amena le roi de Navarre, après lui avoir donné pour otage le second fils de France. Jean le reçut dans son lit de justice, au milieu des seigneurs du sang, des pairs et des grands officiers de la couronne, environné de tout l'éclat de la puissance royale. Charles parla avec tant d'audace et de fierté, que Jean ordonna au connétable de l'arrêter. Aussitôt Jacques de Bourbon, assisté des deux maréchaux de France, se saisit du roi de Navarre et le conduisit prisonnier dans une des chambres du palais. Mais les deux reines douairières de France, l'une tante, l'autre sœur de Charles le Mauvais, implorèrent sa grâce, et Jean pardonna à son gendre ; alors le connétable alla reprendre le prisonnier et le ramena dans la salle ; Charles se jeta aux genoux de son souverain avec les deux reines et le remercia. Le roi néanmoins regrettait cet acte de faiblesse. Il s'en prit au cardinal de Boulogne, dont la prévarication avait transpiré, et le chassa de la cour et du royaume. Il s'en fallait bien qu'il eût la même idée du duc de Bourbon, puisqu'il le chargea de la mission la plus importante qu'il pût lui confier : il s'agissait de la paix avec l'Angleterre.

Le pape Innocent VI avait entrepris de réconcilier la France et l'Angleterre, et les deux rois avaient accepté sa médiation ; mais la négociation du duc de Bourbon n'aboutit qu'à une prolongation de la trêve, qui laissa respirer la France un an de plus.

Quelque temps auparavant (1354), le duc avait reçu une ambassade de Pierre Ier, roi de Castille, qui lui demandait en mariage Blanche de Bourbon, la seconde de ses filles. Le duc donna à la princesse une dot qui répondait à l'éclat de sa naissance. Le roi, cousin germain de Blanche, y ajouta des sommes considérables : elle fut mariée comme l'eût été une fille de France ; elle eut en dot trois cent mille florins. Le sort de Blanche, mariée à un prince farouche, violent et sanguinaire, fut misérable et tragique ; la déplorable destinée de cette reine de Castille causa en Espagne les révolutions les plus sanglantes.

Charles le Mauvais, sur le point d'être encore une fois arrêté par ordre du roi Jean, se sauva à Avignon, et de là en Navarre, d'où il retourna en Normandie, plus fier et plus terrible; il était à la tête d'une armée anglaise. Au lieu de se saisir de son apanage, le roi, son beau-père, s'était contenté de le proscrire par des arrêts; il fallut de nouveau rechercher le rebelle. Ce furent le connétable Jacques de Bourbon et le duc d'Athènes qui le ramenèrent à la cour, après lui avoir accordé de nouveaux avantages, et surtout une amnistie générale pour lui et ses partisans, tant publics que secrets. Ce fut alors que Charles le Mauvais produisit la liste des derniers; à la tête de cette liste se trouvait le nom du duc de Bourbon, oncle du roi, beau-père de l'héritier de la couronne. Ses regrets pourtant furent si sincères, que Jean continua de le mettre, comme auparavant, à la tête des armées et de lui confier les principaux soins du gouvernement.

La trêve était expirée avec l'Angleterre (1355), et déjà Edouard III inondait de troupes la Picardie, tandis que son fils, le prince de Galles, se préparait à soumettre les provinces voisines de la Guienne. Le roi Jean partagea la défense de l'état entre lui et les princes de Bourbon; il envoya le connétable contre le prince de Galles, et marcha lui-même contre Edouard avec une armée commandée sous ses ordres par le duc de Bourbon. Le roi d'Angleterre évacua la Picardie, mais le connétable fut moins heureux contre le prince de Galles. Le roi lui avait associé dans le commandement les comtes d'Armagnac et de Foix, et la discorde qui s'éleva entre les généraux nuisit au succès de la guerre. Pour comble de malheur, Jacques de Bourbon se vit abandonné d'un corps de troupes italiennes, que le roi soudoyait, et qui n'eut pas honte de déserter au milieu de la campagne. Le connétable

vit le prince de Galles porter le fer et le feu dans toute l'é-
tendue du Languedoc et des provinces voisines ; dans sa
douleur, il remit au roi l'épée de connétable, sans se retirer
toutefois du service.

La patrie avait plus que jamais besoin de défenseurs. Le
frère du roi de Navarre venait de livrer la Normandie aux
Anglais. Jean vola dans cette province avec les deux princes
de Bourbon et presque toutes les forces du royaume (1356);
mais bientôt il dut marcher contre le prince de Galles, qui
avait tenté de passer la Loire pour joindre en Normandie l'armée anglaise et marcher de là sur Paris. Ce fut aux environs
de Poitiers que le roi de France, à la tête d'une armée de
quarante-huit mille hommes d'armes, accompagné de ses
quatre fils, du duc d'Orléans, son frère, du duc de Bourbon,
de Jacques de Bourbon, comte de la Marche, de tous les
princes du sang et de presque tous les chevaliers du royaume,
se flattait de rendre enfin avec usure au prince de Galles et
aux Anglais tous les maux que lui et son père en avaient
reçus. Personne n'ignore les circonstances et l'issue de cette
bataille, la plus mémorable de ce siècle et la plus funeste à la
France. C'est en défendant la personne du roi que le duc de
Bourbon tomba mort à ses pieds ; la destinée de son frère,
le comte de la Marche, et de son fils naturel, Jean de Bourbon, seigneur de Rochefort, ne fut guère moins glorieuse et
moins déplorable : percés de coups, il furent renversés et pris
à quelques pas du roi.

Le corps du duc de Bourbon fut transporté du champ de
bataille aux Jacobins de Poitiers, où il demeura en dépôt,
sans qu'on osât lui rendre les derniers devoirs. Pierre Ier était
mort chargé de dettes et d'anathèmes. Pour l'obliger à les
payer, ses créanciers, selon l'usage du temps, avaient eu recours, mais en vain, aux foudres de l'Église ; on le traitait après
sa mort en excommunié ; peut-être même que ce prince, ar-

rière-petit-fils de saint Louis, beau-frère du roi Philippe de Valois, de l'empereur Charles IV, du roi de Bohême, père des reines de France et de Castille, mort en combattant pour la patrie, aurait été privé à jamais de la sépulture, sans la piété de son fils. Louis II, duc de Bourbon, âgé seulement de dix-huit ans, se hâta d'offrir au pape Innocent VI tous ses biens, pour satisfaire les créanciers de son père. Ce ne fut qu'à ce prix qu'il obtint du pontife la révocation de l'anathème lancé contre l'auteur de ses jours; il alla lui-même chercher à Poitiers ses tristes restes, les conduisit à Paris, et les fit inhumer avec beaucoup de pompe, sous un tombeau de marbre noir, aux Jacobins, dans la chapelle de Bourbon.

Pierre Ier, duc de Bourbon, laissa d'Isabelle de Valois, son épouse : 1° Louis II, duc de Bourbon ; 2° Jeanne, reine de France ; 3° Blanche, reine de Castille ; 4° Bonne, comtesse de Savoie ; 5° Catherine, épouse de Jean III, comte d'Harcourt ; 6° Marguerite, épouse d'Arnaud Amanieu, sire d'Albret ; 7° Isabelle, non mariée ; 8° Marie, prieure de Poissy, et un fils naturel, Jean, seigneur de Rochefort.

CHAPITRE V.

LOUIS II, SURNOMMÉ LE BON ET LE GRAND, DUC DE BOURBON,
COMTE DE CLERMONT ET DE FOREZ, SEIGNEUR DE MERCOEUR, DE CHATEAU-CHINON,
DE BEAUJOLAIS ET DU PAYS DE COMBRAILLES ; PRINCE SOUVERAIN DE DOMBES,
PAIR ET GRAND CHAMBRIER DE FRANCE, L'UN DES TUTEURS DU ROI CHARLES VI,
PENDANT SA MINORITÉ ET SA DÉMENCE.

———

La France avait tout perdu par la bataille de Poitiers ou de Maupertuis (1356) : ses troupes, ses généraux, sa réputation et son roi ; elle n'avait d'autres ressources que le dauphin, âgé de dix-neuf ans. Le pays fut livré à la plus affreuse désolation ; des brigands français, anglais, bretons, flamands, italiens et allemands, réunis en corps d'armée, pénétrèrent, le fer et la torche à la main, dans toutes les provinces et les remplirent de carnage et de débris. Les paysans, rançonnés, dépouillés par cette soldatesque, traités depuis longtemps par les gentilshommes comme de viles bêtes de somme, devinrent tout à coup des animaux féroces, dont l'approche et les morsures étaient dangereuses et mortelles ; la vengeance fut sans bornes, comme l'avait été l'oppression ; il n'y eut point d'outrages et de supplices que la rage ne leur inspirât contre tous les nobles, sans distinction d'âge, de sexe, de rang et de fortune ; peu s'en fallut que la dauphine, Jeanne de Bourbon, et la duchesse d'Orléans, réfugiées à Meaux avec les plus illustres dames du royaume, ne tombassent entre les mains de ces forcenés. D'autre part, Charles le Mauvais brisa ses fers et employa indifféremment la force ouverte, les piéges, les complots et les attentats pour perdre le dauphin et la France.

Tout tendait à la dissolution de la monarchie, lorsque le duc de Bourbon, libre des soins qu'il devait à la mémoire de son père, accourut au secours du dauphin et de l'état avec trois cent cinquante hommes d'armes ; son exemple influa sur la noblesse qui, poursuivie par les paysans révoltés, par les compagnies de bandits et par la populace non moins furieuse de la capitale et des grandes villes, vint joindre le dauphin pour vaincre ou mourir avec lui.

Mais c'était par les ressources du génie et non par celles des armes, que le dauphin devait sauver la monarchie. L'infortune et les périls avaient agrandi son âme et développé ses talents. La guerre (1359) qu'il eut à soutenir tout à la fois contre les paysans, les compagnies de bandits qui ravageaient le royaume, les habitants de Paris et le roi de Navarre, ne fut point accompagnée d'événements mémorables : tout se réduisit à des surprises de places, à des siéges et à de petits combats dans lesquels le duc de Bourbon acquit la réputation d'un chevalier intrépide ; il apprit aussi auprès du dauphin le grand art de connaître les hommes et de les employer. Le dauphin rentra à Paris au milieu des acclamations du peuple ; il avait tellement affaibli le parti de Charles le Mauvais, que ce prince consentit à traiter avec lui, et même à se livrer entre ses mains ; mais ce ne fut qu'après s'être fait remettre, en qualité d'otages, Montmorency, Harcourt, Saint-Venant et surtout le duc de Bourbon, l'appui du trône chancelant. Bourbon profita d'un instant de calme pour aller consoler son roi à Londres ; là le jeune prince fut à portée de connaître combien l'ennui d'une longue prison avait abattu l'âme du monarque. Jean porta la faiblesse jusqu'à céder à son vainqueur toutes les provinces possédées autrefois en France par les Anglais, c'est-à-dire la moitié du royaume ; il lui promettait en outre une rançon de quatre millions d'écus ; le prince de Galles d'un côté, le duc de Bourbon de l'autre, furent seuls admis à la signature de ce traité. Le dauphin et les états généraux le rejetèrent avec une généreuse indignation ; Edouard ne demandait qu'un refus pour être en droit de conquérir le royaume entier ; bientôt il parut à Calais avec une armée de cent mille combattants.

La misère de la France, en proie aux maladies contagieuses et à la famine, ne contribua pas moins à son salut que la prévoyance du dauphin (1360). Edouard III ne parcourut que des provinces abandonnées, couvertes de ronces et de ruines ; il échoua devant Reims, dont le duc de Bourbon, revenu en France et rejetant le traité de Londres, était devenu l'un des principaux défenseurs. Le dauphin fut enfin obligé de consentir au traité de Brétigny, dont les conditions diminuaient le royaume d'un tiers et le ruinaient pour bien des années. En relâchant le roi Jean, le duc de Touraine, Jacques de Bourbon, comte de la Marche, et les autres prisonniers de Poitiers, Edouard se fit livrer pour otages les ducs d'Anjou, de Berri, d'Orléans et de Bourbon ; vingt seigneurs choisis parmi les chefs de la plus haute noblesse, et quarante-deux citoyens des principales villes du royaume ; chacun d'eux répondait d'une portion de la rançon du monarque, déterminée à trois millions de florins : le duc de Bourbon se chargea d'en acquitter la trentième partie, c'est-à-dire cent mille florins.

Il demeura, en attendant, près de huit ans en Angleterre ; on ne tarda pas à démêler à la cour d'Edouard, alors la plus éclairée de l'Europe, le mérite naissant du jeune Bourbon ; aux grâces de la physionomie la plus touchante, il joignait la franchise, la candeur, l'élévation de l'âme et le grand art de plaire : on ne l'appelait que le roi d'honneur et de liesse ; la reine d'Angleterre (Philippe de Hainaut), dont les vertus, les talents et le génie honoraient le trône, ne put voir sans attendrissement les rares qualités d'un prince qui lui appartenait de près ; elle obtint d'Edouard que l'Angleterre entière lui serait donnée pour prison ; mais les caresses et les honneurs effleuraient à peine l'âme du jeune Bourbon ; il n'aspirait qu'à l'instant où, dégagé de ses liens, il marcherait sur les traces des chevaliers les plus renommés ; déjà il avait trouvé dans les efforts généreux de ses vassaux la somme de cent mille florins, dont il s'était rendu pleige pour le roi ; mais l'injuste Edouard n'eut pas honte de garder la somme et le prince ; il croyait perpétuer son triomphe, en perpétuant la captivité des enfants et des parents de son infortuné rival.

Il en coûta beaucoup au duc de Bourbon pour se soumettre aux lois de la force et de la nécessité ; les grands événements dont la France et la Castille étaient alors le théâtre, et les Bourbons les principaux acteurs, ajoutaient encore au désir impatient qu'il avait d'être libre et de se signaler avec eux.

Le roi Jean, en sortant de prison, avait chargé le comte de Ponthieu de l'exécution du traité de Brétigny ; il devait livrer les provinces méridionales cédées à l'ennemi. Le comte donna l'exemple du sacrifice ; il avait mérité par ses services et sa valeur le comté de Ponthieu dont il portait le nom ; il se démit ou se dévêtit, comme on s'exprimait alors, de ce grand fief et de ses dépendances, en mettant entre les mains du roi une verge ou baguette, regardée comme le signe de la propriété. On ne voit pas que ce prince généreux ait été indemnisé de la perte d'un si beau domaine.

Il alla ensuite en Languedoc et en Guienne, remplir la triste commission qui lui était imposée. En 1361, Jean eut recours au comte de la Marche pour détruire une horde formidable de brigands, appelés les *Tard-Venus*, parce qu'ils s'étaient laissé prévenir par d'autres hordes de scélérats qui s'étaient enrichis des dépouilles du peuple ; ceux-ci avaient dévasté la Champagne, la Bourgogne et la Franche-Comté

laissant sur leur passage des traces horribles de dissolution et
de cruauté ; ils prenaient la route d'Avignon, bien résolus
d'arracher du pape et des cardinaux des trésors et des indul-
gences. Le comte de la Marche n'avait ni troupes, ni argent,
ni munitions de guerre et de bouche ; mais il n'eut pas plutôt
exposé sa mission et ses besoins, qu'il eut une armée : c'était
à qui se rangerait sous les étendards d'un prince chéri et
respecté. En moins de quinze jours il fut en état de marcher
à l'ennemi avec dix mille hommes commandés, sous ses ordres, par Jacques de Bourbon, son fils aîné, et le comte de
Foret, son neveu ; il atteignit les brigands à la montagne de
Brignais, à deux lieues de Lyon.

Le premier soin du prince fut d'envoyer les reconnaître ;
mais les chevaliers qu'il chargea de ses ordres s'en acquit-
tèrent avec une négligence funeste ; le chefs des Tard-Venus
eurent le secret de dérober à leurs regards la plus grande
partie de leurs forces ; le reste affectait une contenance in-
quiète et timide, sous des retranchements faits à la hâte, qu'il
semblait facile d'emporter.

Sur le rapport des chevaliers, le prince disposa son armée
et la conduisit à l'assaut des retranchements. Les troupes
ennemies montaient à seize mille hommes, vieux et intrépides
soldats, commandés par des généraux pleins de valeur et
d'expérience, qui avaient pour eux l'avantage du poste, de
la discipline et du désespoir : ils étaient résolus de mourir les
armes à la main plutôt qu'au gibet.

Les troupes du roi attaquaient les retranchements avec
vigueur, lorsqu'elles se virent enveloppées par le corps le
plus considérable des Tard-Venus qui jusqu'alors s'était tenu
embusqué derrière la montagne. Le comte fit tout ce qu'on
pouvait attendre d'un général habile et déterminé : il repoussa
plusieurs fois les brigands ; mais enfin, percé de coups avec
son fils aîné, ils tombèrent l'un et l'autre au pouvoir de l'en-

nemi. L'armée entière fut la proie de la mort ou d'un vainqueur infâme : l'infortuné Jacques de Bourbon ne survécut que deux jours à la douleur de sa défaite ; son fils aîné mourut le lendemain. Le même tombeau renferme à Lyon , dans l'église des Dominicains, les cendres du père et du fils.

Ainsi périt, en défendant la patrie, Jacques de Bourbon, comte de Ponthieu et de la Marche , autrefois connétable de France. La bonté de ce prince, véritablement la Fleur des Chevaliers français, égalait sa bravoure; il ne se laissa jamais abattre par la fortune, qui lui fut presque toujours contraire. Blessé dangereusement à la bataille de Créci, il trouva encore assez de forces dans son courage pour arracher Philippe de Valois du champ de bataille ; pris et blessé à la bataille de Poitiers, en faisant un rempart de son corps au roi, il ne recouvra la liberté que pour venir expirer sous les coups des brigands qui désolaient le royaume.

L'infortune semblait être alors le partage de tout ce qui portait le nom de Bourbon : le chef de la maison gémissait sous le poids d'une captivité injuste ; Blanche de Bourbon, reine de Castille , éprouvait un sort encore plus déplorable (1362).

La beauté et la douceur de cette princesse ne lui gagnèrent pas le cœur de Pierre le Cruel ; il l'épousa néanmoins à Valladolid ; mais deux jours après, l'impétueux monarque s'arracha des bras de son épouse pour voler dans ceux de sa maîtresse, Marie Padilla. Il était persuadé que la reine n'avait pu résister à l'amour de don Frédéric, grand maître de Saint-Jacques , son frère naturel , qui avait été la recevoir sur la frontière avec la plus grande noblesse du royaume ; et cette outrageante assertion , quoique victorieusement détruite par les écrivains espagnols, s'est perpétuée jusqu'à nos jours. L'indignation publique ramena Pierre auprès de Blanche; mais bientôt il la quitta avec mépris pour ne plus la voir de sa vie, et il porta l'oubli de l'honneur et de la justice jusqu'à la faire arrêter. Un tel attentat mit le comble à l'indignation des Castillans. Tout ce qu'il y avait de grands dans le royaume, la reine, mère de Pierre, la reine d'Aragon, sa tante, les frères naturels de ce prince, le comte d'Albuquerque, qui avait été son gouverneur, eurent recours à la force des armes pour briser les fers de Blanche. Le roi n'imagina d'autre moyen de terminer tant de troubles que de livrer son épouse à la mort. Il ordonna qu'on la transférât du château d'Arevallo à celui de Tolède, pour consommer son crime. Blanche de Bourbon traversait, entourée de gardes, les rues de la capitale; arrivée à la vue de l'église métropolitaine, elle demanda qu'il lui fût permis d'y descendre pour faire sa prière. A peine entrée dans l'église, la reine se débarrasse de ses gardes, et volant aux autels, elle les embrasse et proteste qu'elle ne les quittera qu'avec la vie; le peuple, qui s'était en foule précipité sur ses pas, se jette sur les satellites de Pierre, les combat, les repousse, délivre la reine et la met en possession de la capitale. Pierre, un instant prisonnier dans la lutte, qui alors s'engagea en Castille, eut des succès dès qu'il se retrouva libre. Les cruautés les plus inouïes et presque le parricide signalèrent son triomphe ; il mit le comble à tous ses meurtres en faisant empoisonner la reine son épouse, prisonnière au château de Siguença.

On ne peut exprimer quels furent l'affliction et le ressentiment de la maison de France, au récit des malheurs et de la catastrophe de la reine de Castille. Charles V, qui venait de succéder au roi Jean, forma le dessein de détrôner l'assassin de sa belle-sœur; Jean de Bourbon, comte de la Marche, jeune encore, réclama le ministère terrible de la vengeance. Le concours des circonstances les plus heureuses servit admirablement le ressentiment du monarque et l'audace du comte (1364-1366). Henri de Transtamare, frère naturel de Pierre le Cruel, lui disputait le trône ; Charles V promit à ce prince une armée. Elle fut rassemblée en peu de jours ; la France n'était pas encore affranchie de ces compagnies de brigands qui l'opprimaient ; le roi fit briller aux yeux de ces aventuriers l'or et les promesses ; le fameux du Guesclin acheva de les déterminer, en se proposant de les conduire lui-même au pillage de la Castille ; ce fut lui, en effet, qui commanda l'armée sous les ordres du comte de la Marche. Le bâtard de Castille, Transtamare, ouvrit aux Français les chemins des Pyrénées ; tout plia sous leurs efforts ; ils se rendirent maîtres de Burgos ; ce fut là que le comte de la Marche et du Guesclin firent couronner Transtamare roi de Castille ; jamais résolution ne fut plus rapide et ne coûta moins de sang. Transtamare signala sa reconnaissance envers les Français ; il n'y eut pas un officier, pas un soldat qu'il ne comblât de richesses : du Guesclin obtint la dignité de connétable et de magnifiques domaines ; le nouveau roi laissait le comte de la Marche maître des récompenses qu'il était en droit d'attendre ; mais le généreux Bourbon, satisfait d'avoir vengé avec éclat les infortunes de la reine, sa cousine germaine, ne demanda que les tristes restes de cette princesse ; il les conduisit en pompe à Tudella en Navarre, où il leur fit rendre les derniers devoirs (1368). C'était pour le duc de Bourbon le comble de la douleur de ne pouvoir partager les périls et la gloire de ces fameuses expéditions qui, en vengeant sa sœur, changeaient la destinée des empires ; il n'y eut point de moyens qu'il n'employât pour vaincre l'orgueil et l'injustice du monarque anglais ; mais soit qu'Édouard eût quelque pressentiment des maux que Bourbon devait un jour causer à ses sujets, soit plutôt qu'il prétendît arracher de nouvelles sommes à l'impatiente ardeur du duc, il se montra toujours inflexible ; Bourbon ne comptait presque plus se voir libre, lorsque enfin, au bout de huit ans, la fortune laissa tomber sur lui un regard de pitié. Edouard avait pour ministre et pour favori Guillaume de Wicam, qu'il avait élevé à la dignité de grand chancelier ; il lui destinait l'évêché de Winchester ; mais il ne pouvait obtenir des bulles du pape Urbain V, pour mettre Wicam en possession de ce riche bénéfice. Il eut recours au duc de Bourbon, dont le crédit auprès du pape était connu ; il lui promit la liberté pour prix du service qu'il attendait de lui. Le duc n'eut pas plutôt écrit au souverain pontife, qu'il en reçut un bref par lequel il le laissait maître de disposer de l'évêché ; Bourbon ne le remit au roi d'Angleterre qu'après lui avoir fait signer l'acte de sa délivrance ; encore Edouard porta-t-il l'avarice jusqu'à exiger de lui une nouvelle somme de vingt mille livres. Bourbon eût acheté bien plus cher le bonheur de se voir libre. Il se hâta de se rendre en Bourbonnais, pour exécuter un projet qui donne la plus haute idée de son caractère.

La chevalerie commençait à dégénérer ; cette institution, tout à la fois religieuse, militaire et politique, à force d'être communiquée, s'était avilie. Quelques souverains, voulant ranimer les vertus de l'ancienne chevalerie, formèrent des sociétés particulières de guerriers qui, à la noblesse de l'origine, joignaient celle des sentiments : Edouard III créa l'ordre de la Jarretière ; le roi de France Jean institua l'ordre de l'Etoile ; mais cet ordre, prodigué sans choix et sans discernement, tomba bientôt dans le mépris et l'oubli. Il n'en fut pas de même celui de l'Annonciade, formé vers le même temps par René, comte de Savoie, surnommé le Comte Vert.

Bourbon, frappé des avantages qui résultaient de ces sociétés ou fraternités d'armes, entreprit d'en établir une dont les membres fussent les modèles de la noblesse française dans la carrière de l'honneur ; lui-même en rédigea les statuts. L'amour de la religion et de l'état, la franchise, la bonté, la valeur suprême et la galanterie fondée sur le respect et l'attachement dus aux femmes , la protection particulière des veuves, des orphelins , des vieillards et des ministres des autels , telles étaient les vertus qui devaient distinguer les nouveaux chevaliers.

Plein de ces idées, Bourbon convoqua à Chantelle la no-blesse du Bourbonnais et des provinces voisines ; on vit bientôt arriver auprès de lui les la Tour, les Guichard-Dau-phin, les la Palisse, les Montaigu, les Damas, les Chastelux, les de Blot, les Lespinasse, les Lordins de Saligny, les Vichy, les Châteaumorand, les la Fayette, les Giffé, les Veaussé, les la Mothe, les Fontenai, les Busset, les Chasnente, les Cham-proux, les de Serpeine, les Chantermèle et beaucoup d'autres chefs de maisons nobles. « Me voici enfin , dit le prince, me » voici en la compagnie où je désire le plus de vivre et de » mourir; tous mes vœux tendent au bonheur de mes sujets » et à la défense du royaume : aidez-moi de vos secours et » de vos lumières; après Dieu, je n'ai de confiance qu'en vous.» Il remercia ensuite chaque seigneur en particulier du zèle qu'il lui avait témoigné, en contribuant à la somme de cent mille florins dont il s'était rendu pleige pour le roi.

Le duc les retint tous pendant plusieurs jours à Chantelle et leur prodigua tous les divertissements dont ces temps étaient susceptibles : il joignit les présents aux fêtes. « Béni soit Dieu, disaient ces bons gentilshommes, car nous avons sei-gneur et maître.» Bourbon, en congédiant la compagnie, la pria de se rendre à Moulins le premier jour de l'an 1369.

Ce jour-là, les seigneurs et les gentilshommes qu'on a nom-més plus haut allèrent prendre le duc dans son appartement; il leur déclara alors que « pour le bon espoir qu'il avait en » eux, il porterait avec eux pour devise une ceinture où il y » aurait écrit un joyeux mot : ESPÉRANCE.» Il leur distribua alors les marques du nouvel ordre, qui consistaient en une ceinture dorée et un écu d'or orné d'une bande de perles,

5

où était gravé le mot ALLEN ; de là le duc se rendit à l'église collégiale de Notre-Dame, précédé de tous les chevaliers, pour se mettre avec eux sous la protection de Dieu ; à son retour il les harangua en ces termes :

« Messeigneurs, je vous mercie tous de mon ordre qu'avez
» pris ; ledit ordre signifie que tous nobles qui l'ont et le
» portent doivent être tous comme frères, et vivre et mourir
» l'un avec l'autre en tous leurs besoins, c'est à savoir en
» toutes bonnes œuvres, que chevaliers d'honneur et nobles
» hommes doivent mener ; et outre, qu'ils ne soient en lieu
» à ouïr blasphémer Dieu, qui le puisse achever, et prie à tous
» ceux de l'ordre, qu'ils veuillent honorer dames et damoi-
» selles, et ne souffrir en ouïr mal dire ; car ceux qui mal en
» dient, font petit de leur honneur et dient d'une femme qui
» ne peut se revancher, ce qu'ils n'oseroient dire d'un homme,
» dont plus en accroît leur honte ; et des femmes, après Dieu,
» vient une partie de l'honneur de ce monde. Le second ar-
» ticle de cet ordre, si est que ceux qui le portent ne soient
» jongleurs et médisants l'un de l'autre, qui est une laide chose
» à tout gentilhomme, mais porter foi l'un à l'autre, comme
» il appartient à tout honneur et chevalerie. Mes amis, con-
» tinua le bon duc, à travers de mon écu d'or est une bande
» où il y a écrit ALLEN, c'est-à-dire, *allons tous ensemble au ser-*
» *vice de Dieu*, et soyons tous un en la défense de nos pays, et
» là où nous pourrons trouver ou conquêter honneur par
» fait de chevalerie ; et pour ce, mes frères, je vous ai dit
» que signifie l'ordre de l'Écu d'Or, laquelle un chacun à qui
» je l'ai baillé le doit jurer et promettre de le tenir, et moi le
» premier. » A ces mots, le duc leva la main et fit le plus respectable de tous les serments, celui de défendre la religion, la patrie, l'innocence, la faiblesse et l'infortune ; il reçut en- suite le serment des nouveaux chevaliers prosternés à ses genoux. L'un d'eux, Guillaume de Damas, prit la parole et

le remercia en ces termes au nom de tous les autres : «Très-
» haut et très-puissant prince, notre très-redouté seigneur,
» véez-ci votre chevalerie qui vous mercie très-humblement
» du bel ordre et grands dons que leur avez donnés, lesquels
» ne savent que vous donner à ce jour, fors qu'ils vous offrent
» leurs corps et leurs biens, qu'il vous plaise les recevoir à
» cettui premier jour de l'an, nonobstant qu'ils y sont obli-
» gés, mais leur cœur est ferme, et leur volonté est pareille.»
Le duc lui répondit : « J'ai reçu aujourd'hui les plus belles
» estrennes que seigneur pût recevoir, quand j'ai reçu le cœur
» de tant de nobles chevaliers. » Bourbon couronna ce beau
jour par une des actions les plus magnanimes dont l'histoire
ait consacré le souvenir.

Pendant qu'il était prisonnier en Angleterre, la plupart
des barons et des gentilshommes de ses états avaient profité
de son absence pour piller ses domaines ; le procureur général du duc, appelé Hugmin Chauveau, avait fait des observations exactes et secrètes contre les transgresseurs, et en
avait rempli un ample registre ; le duc et les chevaliers se
livraient à la joie dans la même salle, lorsque tout à coup on
voit paraître le magistrat chargé du dépôt fatal. Chauveau le
présenta à genoux au duc : « Mon très-redouté seigneur, lui
» dit-il, les forfaits et désobéissances des chevaliers, écuyers
» et nobles d'arrière-fiefs sont si grands, qu'ils ont confisqué
» leurs biens, et aucuns en y a le corps (1), et pour ce, à ce
» jour de l'an, je vous le donne (le registre) et vous fais la
» plus belle offre qui fut jamais faite.» A ces terribles paroles
les prévaricateurs, dont la salle était remplie, pâlirent ; de
quelque côté que Bourbon promenât ses regards, il ne voyait
que des visages abattus et consternés ; le généreux prince se
hâta de rassurer les coupables. « Chauveau, dit-il, en pre-

____

(1) Que les uns ont mérité la confiscation de leurs biens, et les autres la mort.

» nant une contenance grave et sévère, avez-vous aussi tenu
» registre des services qu'ils m'ont rendus ?» En même temps
il se saisit du registre, et, sans l'ouvrir, le jeta dans un grand
brasier. Il serait difficile d'exprimer combien les assistants
furent pénétrés d'un si grand trait de clémence et de générosité.

Bourbon ne laissa pas refroidir l'ardeur qu'il avait inspirée
à ses vassaux. — Les Anglais, après la bataille de Poitiers,
avaient pénétré dans toutes les provinces du royaume ; ils
avaient fortifié les meilleurs postes, d'où ils levaient des contributions sur tous les habitants de la campagne et des petites villes ; ils conservaient encore dans le Bourbonnais, au
mépris du traité de Brétigny, les forteresses de la Roche-sur-
l'Allier, de Beauvoir et de Montescot ; peut-être les auraient-
ils remises au duc moyennant de l'argent, mais il ne voulait
employer que le fer contre les oppresseurs de ses sujets ; il
marcha, dans le fort de l'hiver, à la tête de sa noblesse, et
emporta en peu de jours des places qui auraient pu résister
des mois entiers.

Ce ne fut qu'après avoir assuré le bonheur de ses sujets
que Bourbon chercha le sien, en épousant Anne Dauphine,
fille unique et héritière de Beraud II, dauphin d'Auvergne,
comte de Clermont, sire de Mercœur et d'Ussel, et de Jeanne,
comtesse de Forez. Anne Dauphine apporta dans la maison
de Bourbon la riche et fertile province de Forez et de beaux
domaines.

Charles V allait recommencer la guerre contre les Anglais.
Animé par le sentiment du devoir et de la gloire, le duc de
Bourbon se rendit le premier auprès du roi, avec huit cents
hommes d'armes, parmi lesquels on comptait deux cents
chevaliers ; il fut chargé avec le duc de Bourgogne de la conduite
de la principale armée, destinée à repousser les troupes anglaises descendues à Calais sous les ordres du duc de Lancastre.

Les deux princes coupèrent les vivres à l'ennemi, le harce-
lèrent, le battirent en détail et l'obligèrent de retourner à Calais,
après l'avoir fait échouer dans toutes ses entreprises.

La joie de ce succès fut troublée par la nouvelle de la prison
de la duchesse douairière de Bourbon : elle était restée au château de la Belleperche en Bourbonnais, loin du théâtre de la
guerre; cette place fut surprise par un corps de ces compagnies
d'aventuriers dont les deux couronnes ne se servaient qu'à regret. Un tel acte d'hostilité contre une princesse était condamné par les lois de la chevalerie; le prince de Galles déclara
qu'il eût rendu la liberté à la duchesse, si elle était tombée en
d'autres mains qu'en celles des compagnons, gens sans honneur et sans frein, qui ne connaissaient d'autres lois que celles
du caprice et du brigandage. Le duc de Bourbon demanda
au roi une armée pour délivrer sa mère ; Charles V se vit
obligé de lui répondre par un refus ; mais Bourbon vola avec
les seules forces de ses domaines au secours de sa mère ; les
milices du Bourbonnais le joignirent devant Belleperche, qu'il
attaqua avec force : mais la princesse, dont la vie était exposée, l'envoya conjurer de ne plus se servir de ses machines
de guerre ; il fallut couvertir le siége en blocus ; cet incident
donna le temps aux comtes de Cambridge et de Pembroke de
marcher au secours de la place avec un corps de huit mille
hommes. Le duc, malgré l'inégalité de ses forces, les attendit
dans ses lignes ; il fit des dispositions si heureuses, qu'il les
repoussa toujours ; mais il ne put empêcher la garnison de
mettre le feu au château de Belleperche et d'emmener prisonnières la duchesse de Bourbon et les dames de sa suite ; le
duc avoua depuis que jamais spectacle ne lui avait causé une
plus vive douleur ; il poursuivit les ravisseurs, leur tua du
monde, mais il ne put jamais leur arracher leur proie ; la
duchesse de Bourbon fut transportée au château de la Roche-
Vauclaire en Auvergne, enfin échangée et conduite à la cour

de France, où elle fut reçue avec transport ; bientôt après elle s'arracha des bras de la reine, sa fille, pour se renfermer au monastère des Cordelières du faubourg Saint-Marcel, où elle termina sa carrière. Elle avait disposé de tout ce qui lui appartenait en faveur de son fils.

Au retour de cette expédition (1370), Bourbon trouva du Guesclin à la cour ; il se forma entre eux une amitié qui, fondée sur l'estime, nourrie par les services mutuels, augmenta de jour en jour, et dura jusqu'à la mort de du Guesclin ; Bourbon se fit honneur pendant toute sa vie d'avoir été l'élève et le meilleur ami du plus grand homme de guerre de son siècle.

Cependant Charles délibérait tous les jours avec les princes et du Guesclin de quel côté il tournerait ses armes ; on résolut d'attaquer le puissant empire qu'Edouard s'était formé au delà de la Loire ; les ducs d'Anjou et du Guesclin se chargèrent d'attaquer les frontières de Guienne, pendant que les ducs de Berry et de Bourbon réduisaient le Limousin.

La victoire couronna partout les efforts des Français ; les ducs d'Anjou et du Guesclin soumirent une grande quantité de villes ; les ducs de Berry et de Bourbon assiégèrent Limoges, alors une des plus fortes places de l'Europe, et l'emportèrent ; cette conquête fut suivie de celle de la province entière. Pendant que les princes du sang et du Guesclin reculaient les bornes de la monarchie, les Anglais en attaquaient le centre avec une armée formidable ; ils pénétrèrent jusqu'aux portes de Paris et envoyèrent défier le roi, qui s'était renfermé dans sa capitale avec douze cents hommes d'armes.

Les ducs de Berry et de Bourbon, du Guesclin, accoururent au secours du monarque ; c'est alors que ce prince éleva du Guesclin à la dignité de connétable. Jamais roi ne fut plus applaudi et récompensé de son choix ; en moins de deux mois le nouveau connétable, accompagné de Bourbon, détruisit en détail cette armée puissante et aguerrie, qui avait répandu la consternation dans le royaume entier; le général Knolles, qui la commandait, se sauva en Bretagne presque seul, et couvert de confusion.

Jusqu'ici le duc de Bourbon avait servi l'état à ses frais, avec huit cents hommes d'armes et deux cents arbalétriers; le roi le chargea de la conquête du Poitou avec le connétable; il n'y avait qu'une impuissance absolue qui pût mettre des bornes au zèle du jeune prince. « Sire, dit-il au roi, je vous » voudrais obéir à toujours ; mais cette chose me vient mal ; » moi et les pauvres gentilshommes de mon pays, qui m'ont » servi en mes grands besoins, sommes en petit point de » vous bien servir, car ils ont dépendu le leur en mon ser- » vice, et aussi ai-je le mien, qui n'ai point eu d'aide. » Le roi, honteux d'avoir laissé sans récompense des services si signalés, se hâta de fermer la bouche au duc : « Ah ! beau- » frère de Bourbon, je vous prie, ne parlez point de cela ; » car je vous certifie que je rafraîchirai eux et vous, et ne » leur faudra rien. »

(1371 et 1372.) Le duc, sur la parole du roi, joignit du Guesclin, et eut après ce grand homme la principale part au succès de cette campagne et des deux suivantes, qui coû- tèrent à l'Angleterre le Poitou entier, la Saintonge, l'Angou- mois, le pays d'Aunis et la Rochelle; le connétable et Bour- bon ne gagnèrent pas, à la vérité, de ces grandes batailles qui ont souvent moins de solidité que d'éclat, mais ils bat- tirent les Anglais en détail, et achevèrent d'anéantir l'élite de leurs troupes au combat de Chisai près de Niort.

Edouard III avait survécu à sa fortune et à sa gloire : trop faible désormais pour résister seul à Charles V, il lui chercha des ennemis dans toute l'Europe et même en France ; il échoua partout, excepté auprès de Jean de Montfort, duc de Bretagne. Mais le connétable et le duc de Bourbon furent chercher les Anglais en Bretagne (1373) ; ils n'eurent qu'à paraître pour vaincre ; Montfort s'enfuit à Saint-Mahé ; on prétend que la duchesse son épouse tomba entre les mains du duc de Bourbon avec les dames de sa cour. « Ah ! beau » cousin, lui cria-t-elle, suis-je prisonnière ? — Nenni, » madame, répondit le généreux Bourbon, car nous n'avons » point de guerre aux dames ; mais nous avons bien la guerre » au duc votre mary, qui se gouverne étrangement avec le » roi, son droit seigneur, et fait folle entreprise qu'il ne pourra » mettre à fin. » Bientôt après il renvoya honorablement la duchesse à son époux, qui, ne se croyant pas en sûreté à Saint-Mahé, alla donner en Angleterre le spectacle d'un souverain fugitif et détrôné. Le duc de Bourbon admira, dans cette expédition, la valeur, la franchise et la probité des chevaliers bretons ; il en retint plusieurs à son service. On sait que les princes, dans ces siècles belliqueux, faisaient consister leur grandeur à avoir pour commensaux les guerriers les plus renommés ; ces militaires, connus sous le nom de *chevaliers de l'hôtel*, accompagnaient le prince à la guerre, à la cour et dans ses voyages ; ils partageaient ses travaux, ses dangers, ses exercices et ses plaisirs. L'hôtel du duc de Bourbon passait pour l'école de l'honneur, de la courtoisie et de la bravoure ; il n'y avait point alors en Europe de chevaliers plus estimés que ceux qui s'étaient attachés à lui.

Cependant le roi d'Angleterre envoya une armée en France, sous les ordres du duc de Lancastre, qui débarqua à Calais avec le duc de Bretagne et trente mille hommes. Charles V donna des ordres si salutaires, le connétable et les ducs de Bourgogne et de Bourbon les exécutèrent avec tant de succès, que les Anglais payèrent bien cher le stérile honneur d'avoir traversé le royaume dans toute son étendue, depuis Calais jusqu'en Guienne ; ils perdirent près de vingt mille hommes qui périrent de faim et de maladies, ou qui furent tués dans les embuscades dont cette longue route était semée ; le duc de Lancastre ne recueillit d'autre fruit de tant de travaux et de fatigues, que de faire soulever la ville de Brives-la-Gaillarde en Limousin ; mais Bourbon parut presque aussitôt devant cette place et l'emporta d'assaut ; il pardonna à tous les habitants, excepté aux traîtres convaincus d'avoir vendu et livré leur patrie.

Après cet exploit, le duc se mit en route pour joindre le duc d'Anjou, qui lui avait demandé son appui pour attaquer la Guienne anglaise ; il précédait, avec quelques hommes d'armes, son corps de troupes, lorsqu'il aperçut un détachement de l'armée anglaise qui accourait, mais trop tard, au secours de Brives-la-Gaillarde. A la vue des Anglais, étonnés, incertains, marchant en désordre, le duc de Bourbon ne put contenir son courage, il fondit sur eux, sans attendre les siens, il en tua et prit plusieurs de sa propre main ; bientôt parut le corps qu'il commandait, qui acheva la défaite entière des ennemis. Bourbon était si chéri des troupes qu'elles frémirent du danger auquel il venait de s'exposer ; elles lui députèrent les principaux officiers de l'armée pour lui reprocher l'excès de son courage. « Le plus pauvre capitaine de France serait » blâmé, lui dirent-ils, s'il prodiguait ainsi sa vie : à plus » forte raison un prince du sang, un général, qui ne doit » hasarder ses jours que lorsqu'il s'agit du salut de l'état ou » de l'armée. » Bourbon ne répliqua rien à de si sages remontrances ; mais il fut encore longtemps incorrigible.

Les forces des ducs d'Anjou et de Bourbon montaient en Guienne à trois mille hommes d'armes et à mille hommes de trait ; le succès répondit aux espérances qu'on avait conçues des généraux : le port de Sainte-Marie fut réduit et la Réole assiégée. Les Anglais eurent d'abord quelques succès dans une sortie qu'ils firent sur le quartier du duc de Bourbon ; mais bientôt après ils furent repoussés par ce prince,

qui entra pêle-mêle avec eux dans la ville et s'en rendit maître ;
le château ne tint que trois jours. Bourbon seconda avec le
même courage le duc d'Anjou à la conquête de l'Agénois, du
Condomois, du Bigorre et d'une partie de la Gascogne ; le
duc d'Anjou fut tellement pénétré de reconnaissance des services du duc de Bourbon, qu'il lui rendit le Forez qui lui avait
été engagé pour la somme de trente mille livres.

De tant de villes, qui quatre ans auparavant avaient appartenu aux Anglais en France, il ne leur restait plus que Bordeaux, Bayonne et Calais, c'est-à-dire beaucoup moins qu'ils
n'en possédaient lorsque Edouard, emporté par son ambition,
avait attaqué Philippe de Valois : cette guerre ne fut pour lui
qu'un enchaînement de disgrâces et de revers ; il perdit
quatre armées florissantes, et son royaume se trouva si affaibli
d'hommes et d'argent, qu'il fut obligé de mendier une trêve
pour respirer.

Bourbon, depuis le commencement de la guerre, n'avait
pas, pour ainsi dire, quitté le casque et la cuirasse ; il profita (1374) de cet instant de calme et de repos pour aller visiter à Chambéry la comtesse de Savoie, sa sœur. Il en fut
reçu avec transport ; la princesse lui prodigua les fêtes ; elle
présenta elle-même un beau diamant à chaque chevalier de
l'hôtel du duc, pour lui témoigner sa reconnaissance de la
part qu'il avait eue aux succès et à la gloire de son frère. On
conçoit combien ce trait de sensibilité et de magnificence dut
toucher l'âme de Bourbon. Les chevaliers de son hôtel étaient
bien dignes de tant d'accueil et de faveurs. Croirait-on qu'après
tant de campagnes pénibles ils demandèrent avec instance au
prince de leur permettre de passer en Prusse, pour y combattre les Russes et les Tartares ? Bourbon n'y consentit qu'à
condition qu'ils seraient de retour en France à l'expiration
de la trêve avec l'Angleterre ; ils revinrent au terme prescrit,
chargés de lauriers.

Pendant ce temps-là Bourbon, dont la valeur ne pouvait être oisive, passa en Auvergne, pour dissiper et détruire un grand nombre de brigands et d'aventuriers anglais, qui occupaient sept ou huit forteresses, situées dans les montagnes, d'où, au mépris de la trêve, ils portaient le fer et la flamme dans toute la province. Le duc emporta d'assaut les forts de la Roche-Ambures et des Trois-Croix ; il assiégea ensuite la Roche-Sennadoire, défendue par quatre cents hommes d'armes, et la prit en trois semaines ; la garnison fut faite prisonnière de guerre. De là, il fut s'emparer de Charlieu-le-Paillous ; enfin il rendit l'Auvergne au duc de Berry, qui la possédait à titre d'apanage, purgée des brigands qui l'avaient désolée depuis plus de vingt ans.

Henri de Transtamare, digne du trône de Castille où une révolution l'avait porté, avait formé le projet de chasser d'Espagne les Maures cantonnés dans le royaume de Grenade ; il invita à cette expédition, regardée encore alors comme sainte et expiatoire, les plus illustres chevaliers de la chrétienté ; il n'eut garde d'oublier le duc de Bourbon, dont la renommée remplissait toute l'Europe ; il ne pouvait rendre à ce prince un service plus grand que de le mettre à portée de combattre les infidèles. Le duc n'eut pas plutôt donné audience à Moulins au héraut du roi de Castille, qu'il choisit cent chevaliers ou écuyers les plus braves de ses états, à qui il fit part de son voyage en ces termes : « Messeigneurs, frères et amis, au plaisir de Dieu, » vous avec moi et moi avec vous irons en son saint service » contre les mécréants, dont nous devons tous nous esjouir, » car meilleur maître ne pouvons avoir ; tout soit fait en son » saint nom. » Il partit bientôt après, et prit sa route par Avignon, pour recevoir la bénédiction du pape Grégoire XI. Il fit son entrée solennelle à Burgos, accompagné de tous les grands de Castille qui avaient été le recevoir à plusieurs lieues de la ville avec cinq cents chevaux. La noblesse et le peuple ne pouvaient se lasser de voir et d'admirer le digne frère de l'innocente Blanche de Bourbon, dont ils pleuraient encore les infortunes et la mort. Transtamare déploya sa magnificence dans l'accueil qu'il lui fit ; on prétend que ce prince, pensant mettre le comble à sa courtoisie, conduisit le duc de Bourbon au château de Ségovie, où il lui fit voir les enfants de Pierre le Cruel qu'il tenait prisonniers. « Vées là, » lui dit-il, les enfants de celui qui fit mourir votre sœur, et » si vous voulez les faire mourir, je les vous délivrerai. — » Nenni, repartit le vertueux Bourbon, je ne serois mie con-» sentant de leur mort, car de la male volonté de leur père » ils n'en peuvent mais. » La guerre qui s'éleva entre la Cas-tille et la Portugal laissa respirer les Maures de Grenade. Bourbon refusa de suivre Transtamare contre les Por-tugais ; il voulait bien tremper ses mains dans le sang des musulmans, qu'il regardait comme les oppresseurs de l'Espagne, mais il ne pouvait se résoudre à verser celui des chrétiens, à moins qu'ils ne portassent les armes con-tre la France. Henri de Transtamare lui offrit de très-riches présents, mais Bourbon n'accepta que quelques che-vaux, des chiens de chasse, des tapis veloutés et des cuirs figurés.

A son retour en France (1377) le duc fit une perte dont il demeura longtemps inconsolable : la reine sa sœur mourut, à l'âge de quarante ans, d'une suite de couches ; il y avait une si grande sympathie de sentiments, de principes, d'incli-nations et de vertus entre le frère et la sœur, que chacun d'eux pouvait passer pour l'être le plus accompli de son sexe. La santé du roi fut très-affectée du trépas d'une princesse avec qui il partageait non-seulement son lit, sa table et son trône, mais encore les travaux du gouvernement : le génie, les lumières et la prudence de cette reine n'avaient pas peu contribué à l'éclat de ce règne le plus glorieux de tous les rois Valois.

Cet éclat fatiguait Charles le Mauvais, roi de Navarre ; il conspira contre la vie de Charles V. La découverte de son crime lui coûta bien cher ; le connétable d'un côté et le duc Bourbon de l'autre fondirent sur les domaines immenses qu'il possédait en Normandie ; ils s'emparèrent de ses places, de ses trésors et de ses enfants ; on lui enleva en Languedoc le comté de Montpellier ; en un mot, il ne lui resta plus en France que la ville de Cherbourg, qu'il vendit aux Anglais.

Charles V entreprit de réunir la Bretagne à la couronne ; le duc d'Anjou et le duc de Bourbon furent chargés de cette expédition. Ils entrèrent dans la province, chacun à la tête d'une armée ; mais les Bretons, jaloux de leurs priviléges et de leurs usages, ne voulaient obéir qu'à un souverain dont l'autorité fût bornée (1379). Ils rappelèrent Montfort ; la révolution fut si rapide et si entière, que les ducs d'Anjou et de Bourbon furent abandonnés de tous les officiers et soldats bretons. Injustement accusé de connivence avec ses compatriotes, du Guesclin prit le parti d'aller chercher une nouvelle patrie auprès de Henri de Transtamare. Bourbon fut le seul qui éleva la voix en faveur de son ami ; il écrivit à Charles V avec tant de force, qu'il parvint à lui ouvrir les yeux ; et Charles détrompé chargea Bourbon lui-même et le duc d'Anjou d'aller trouver le connétable à Pontorson et de le retenir en France à quelque prix que ce fût. Il ne pouvait choisir de médiateur plus agréable à du Guesclin que Bourbon ; mais l'âme du héros était profondément blessée ; il paraissait inébranlable dans la résolution d'abandonner le royaume. « Monseigneur de Bourbon, dit-il à ce prince qui le pressait » vivement, j'ai été en votre compagnie dans les plus grands » faits du royaume, et vous et moi avons déchassé le duc de » Bretagne dé son pays, qu'il n'y avoit qu'un châtel ; il est

» mal à croire que je me fusse rallié à lui ; et quant à ce que
» vous me requerrez de demeurer, vous êtes le sieur du
» royaume qui plus m'avez fait de plaisir, et que je croirois
» plus volontiers, et à qui je suis plus tenu après le roi ; mais
» je vous jure et promets par ma foi de ce que je vous ai dit,
» vous n'en trouverez point le contraire, vous suppliant que
» l'amour que vous avez toujours eu à moi, vous ne vouliez
» point oublier, car où je sois, je vous servirai de corset de
» chevance, et n'oublierai jamais les plaisirs que vous me
» avez faits. » On prétend que le connétable, en se séparant
de Bourbon, le conjura de le venger de Bureau de la Rivière,
favori du roi, accusé par la voix publique d'être l'auteur de
sa disgrâce.

De retour à Paris, Bourbon plaida toujours avec le même
courage la cause de son ami. « Mon seigneur, dit-il au roi,
» vous faites aujourd'hui l'une des plus grandes pertes que
» vous fîtes pieça longtemps, car vous perdez le plus vaillant
» chevalier et le plus prud'homme que je connoisse oncques,
» mais voici de son état et ont mal fait ceux qui ont com-
» mencé ceci. » Bourbon recueillit enfin le fruit de tant de
zèle ; le connétable avait trop noble cœur pour résister plus
longtemps. Le roi l'envoya dans le Velai, dont les Anglais
s'étaient emparés à la faveur des troubles de Bretagne. Il
prit sa route par Moulins ; il y trouva le duc de Bourbon qui,
après l'avoir tenu longtemps serré entre ses bras, lui mit un
collier d'or au cou, et le revêtit des marques de l'ordre de
l'Écu ; il lui présenta aussi un superbe hanap d'or, émaillé
de ses armes, en le priant d'y boire toujours pour l'amour de
lui. Le bon connétable était attendri jusqu'aux larmes ; il
passa plusieurs jours avec le duc de Bourbon, qu'il ne quitta
qu'avec peine ; Bourbon lui donna dix chevaliers de son hôtel
pour l'accompagner au siége de Châteauneuf de Randan.
C'est là que mourut le connétable. Charles V ordonna que ses

restes fussent déposés à Saint-Denis, au milieu des tombeaux des rois. Bourbon arrêta le convoi à Moulins ; il arrosa de ses larmes le cercueil du vengeur de sa sœur, de son maître en l'art militaire ; il fit célébrer, avec la plus grande pompe, un service pour le repos de son âme ; enfin, il accourut à Saint-Denis pour assister à ses obsèques.

Cependant (1380) le duc de Buckingham, oncle du jeune roi d'Angleterre Richard, débarqua à Calais avec une armée de trois mille hommes d'armes et de trait, pour conserver la Bretagne à Montfort. Charles V lui opposa les ducs de Bourgogne et de Bourbon. Les deux princes harcelaient l'ennemi et allaient l'attaquer, lorsque le roi, se sentant près de mourir, les rappela, ainsi que le duc de Berry ; il les mit en possession de la tutelle de son fils aîné qui n'avait que douze ans ; c'était un contre-poids à l'autorité du duc d'Anjou, à qui la régence appartenait, et dont il se défiait ; les défauts des ducs de Berry et de Bourgogne ne lui étaient guère moins suspects ; il n'avait de confiance qu'au duc de Bourbon, et il paraît qu'il aurait disposé uniquement en sa faveur de l'administration de l'état, s'il n'eût craint de la part de ses frères une guerre intestine.

Les commencements du règne de Charles VI furent orageux. Le duc d'Anjou réclamait la tutelle du jeune roi, ainsi que la régence du royaume ; cependant il transigea ; il abdiqua même la régence, moyennant les meubles, les bijoux et l'argenterie du feu roi, qui lui furent abandonnés ; il consentit aussi aux désirs des états généraux, dont les suffrages tendaient à confier la surintendance de l'éducation du roi et du duc de Touraine, son frère, aux ducs de Bourgogne et de Bourbon.

Les frères de Charles V se déshonorèrent par une administration spoliatrice, avec laquelle la grandeur d'âme, le désintéressement et la modestie du duc de Bourbon formaient le plus parfait contraste. Les Anglais profitaient du trouble d'un nouveau règne (1381) ; Buckingham se présenta devant Nantes. Mais Bourbon, de la cour où il résidait, observait les mouvements de l'ennemi. Il donna ordre à Châteaumorant et à le Barrois, deux chevaliers de son hôtel, de se jeter dans Nantes avec six cents hommes d'armes : ils repoussèrent les Anglais ; le duc de Bretagne se détacha de leur alliance et obtint la paix.

Pendant ce temps-là le peuple, opprimé par les oncles du roi, se soulevait à Paris et dans les principales villes du royaume (1382). Lorsque le duc d'Anjou vit qu'il n'y avait plus rien à extorquer, il prit la route du royaume de Naples, où il était appelé par Jeanne Ire, qui l'avait adopté. Sa retraite laissait le gouvernement de l'état entre les mains des ducs de Bourgogne, de Berry et de Bourbon ; le premier trouva le secret d'employer toutes les forces publiques à l'accroissement de sa grandeur particulière. Louis, comte de Flandre et d'Artois, le dernier mâle issu des Dampierre-Bourbon, avait été vaincu et chassé de ses états par Arteveld et les Gantois. Il avait marié sa fille unique, le plus grand parti de l'Europe, au duc de Bourgogne. Celui-ci décida le conseil d'état à prendre sa défense, et l'armée française, où se trouvait le roi en personne, entra en campagne au milieu des pluies de l'automne. Cependant cette guerre, conduite par les ducs de Bourgogne et de Bourbon et par le connétable de Clisson, eut le succès le plus rapide. Arteveld marcha à la rencontre des Français avec cinquante mille combattants. Les deux armées se trouvèrent en présence entre Rosbec et Courtrai. Dans cette mémorable journée, le duc de Bourbon se couvrit de gloire. L'historien de sa vie nous le représente monté sur un superbe coursier, précédé de sa bannière, portée par Robert de Damas et environnée de Boucicaut, de Coucy, de Châteaumorant, de Gouffier, de la Fayette, de le Barrois et d'une troupe choisie d'hommes d'armes , à la tête desquels il fondit sur l'ennemi : il combattait la hache à la main, « et frapoit, ajoute le même écrivain, à dextre et à senestre, et ce qu'il assénoit, jà ne le sçait relever ; » ce prince, emporté par sa valeur, s'engagea si avant dans la mêlée, qu'il fut renversé de cheval ; mais bientôt après remis en selle par ses écuyers, il poursuivis l'ennemi qui, n'ayant pu résister à l'impétuosité de son choc, s'abandonnait à la fuite, laissant Arteveld et vingt-cinq mille hommes sur le champ de bataille. Le duc de Bourbon entra pêle-mêle avec les vaincus dans Courtrai, dont il s'empara ; il fut reçu du roi son neveu, après le combat, comme le principal auteur de la victoire.

L'armée retourna à Paris chargée des dépouilles de la Flandre : il s'agissait de châtier le peuple de la capitale, qui avait fait des vœux pour Arteveld et les Gantois ; les bourgeois sortirent en grand nombre au-devant du roi et de ses oncles, mais, quoiqu'ils fussent armés, ils n'opposèrent que la soumission, le repentir et les larmes aux menaces et à la colère de la cour. Ils n'en furent pas moins traités en criminels de lèse-majesté ; on fit le procès à la ville ; on lui ôta ses priviléges et ses franchises ; on désarma les habitants ; le sang coula sur les échafauds ; on punit les moins coupables par la perte de tous leurs biens ; les amendes, les proscriptions, les supplices ne finissaient point. Bourbon, ne pouvant plus supporter le spectacle de tant de malheurs, apaisa enfin le ressentiment de ses collègues ; la persécution cessa , et la reconnaissance publique fut la plus douce récompense du duc.

En 1383, le duc de Bourbon contribua encore à mettre fin par les armes à une croisade prêchée en Angleterre par le pape Urbain V contre le comte de Flandre.

Il ne fallait alors qu'une trêve ou une suspension d'armes pour réunir les chevaliers des nations qui s'étaient fait la guerre la plus acharnée. Les mêmes sentiments, la même éducation, une ardeur égale pour la gloire et le butin, l'inquiétude et l'impatience du repos, formaient entre eux les liens les plus étroits ; ils s'associaient pour faire ce qu'on appelait alors une *apertise d'armes*, et c'était presque toujours contre les Tartares de Prusse et les musulmans d'Afrique et de Syrie que le zèle de la religion les conduisait : un grand nombre de chevaliers français, anglais, bretons et flamands, résolurent, pour se tenir en haleine, d'aller se battre en Afrique ; ils élurent le duc de Bourbon pour chef de l'entreprise. Il y avait tant de gloire attachée à ces vaines expéditions, restes des anciennes croisades, que le duc de Bourbon, malgré sa sagesse et l'utilité de sa présence dans le royaume, s'embarqua aussitôt ; il conduisait huit cents chevaliers ou écuyers et un corps considérable d'hommes d'armes ; il cingla vers la côte d'Afrique et débarqua près de Tunis ; il livra plusieurs combats qu'il gagna, et ne se retira qu'après avoir consommé ses vivres et ses munitions de guerre.

Cependant (1385) les Anglais violaient la trève en Guienne ; ils surprirent le maréchal de Sancerre, battirent son armée, et s'emparèrent des plus fortes places du Poitou, de la Saintonge et de l'Angoumois, d'où ils portaient le ravage et la terreur jusqu'aux bords de la Loire. La noblesse et le peuple du Poitou, de la Saintonge et de l'Angoumois, conjurèrent le roi d'envoyer à leur secours le duc de Bourbon. Celui-ci déclara qu'il ne se mettrait en campagne que lorsqu'il aurait reçu des fonds capables de faire subsister son armée : les Poitevins se cotisèrent avec joie ; ils levèrent un louage de soixante mille livres, qui fut aussitôt remis entre les mains du duc. Le prince justifia alors la haute idée qu'on avait conçue de lui : il alla assiéger Taillebourg, l'une des plus fortes places du royaume. Son armée était composée de douze cents hommes d'armes et commandée sous ses ordres par Jean de Bourbon, comte de la Marche, son cousin germain, le prince de Bourbon-Préaux et le sire de Roie; il emporta Taillebourg en six semaines; il réduisit ensuite Tonnai-Charente, et prit d'assaut un château appelé le Faon, défendu par un cordelier, le meilleur archer qu'il y eût en France : le sire de Roie, dont il avait tué l'écuyer, voulut le pendre de ses propres mains. Bourbon conduisit ensuite l'armée devant Mauléon; il s'éleva à ce siége une tempête horrible, suivie d'une grêle monstrueuse, qui tua ou blessa plus de quatre-vingts soldats et un grand nombre de chevaux ; cet accident coûta plus de monde aux assiégeants que le fer de l'ennemi, qui se rendit après une faible résistance.

Il ne restait plus que Verteuil à prendre pour achever de délivrer le Poitou du joug des Anglais. Verteuil était alors une place très-forte ; les assiégés opposèrent une résistance si opiniâtre, que le duc de Bourbon fut obligé d'avoir recours à l'art des mines; l'ennemi, de son côté, pratiqua des contre-mines, et bientôt on ne combattit presque plus que dans ces souterrains à la lueur des flambeaux ; les guerriers de part et d'autre y signalaient leur courage et leur adresse ; le duc de Bourbon voulut avoir part au péril et à la gloire sans être connu ; il descendit un jour dans la mine, suivi de quelques chevaliers de son hôtel, et défia le plus brave des assiégés au combat de la hache et de l'épée. Renaud de Monferrand, gouverneur de la place, se présenta aussitôt; ils en vinrent aux mains avec une extrême valeur et se portèrent des coups furieux ; un des chevaliers du prince, inquiet sans doute du péril qu'il courait, se mit à crier malgré sa défense : « Bour-» bon, Bourbon, Notre-Dame ! » A ce cri de guerre du duc, Monferrand recula quelques pas, et baissant son épée, il demanda si c'était contre le duc de Bourbon qu'il combattait. « Contre lui-même, répondit-on. — Je dois bien louer » Dieu, repartit le brave gentilhomme, quand il m'a fait au-» jourd'huy tant de grâce et d'honneur, d'avoir fait armes

» avec un si vaillant prince ; et vous , Borgne de Veaulse
» (ainsi s'appelait le chevalier qui avait proféré le cri de guerre
» du duc), dites-lui que je lui requiers qu'en cette honorable
» place où il est, il me fasse chevalier de sa main , car je ne
» le puis jamais être plus honorablement ; et pour l'honneur
» et vaillance de lui , je suis prêt à lui rendre la place. »
Bourbon ne se fit pas presser pour accepter des offres si avantageuses ; il donna sur-le-champ l'accolade à Monferrand.
Le lendemain , comme le nouveau chevalier sortait de Verteuil à la tête de la garnison, il se jeta aux genoux du duc de
Bourbon et lui dit : « Monseigneur , je vous remercie moult
» humblement des biens et honneurs qui me sont venus de
» vous, d'être fait chevalier par la main d'un si haut et vail-
» lant prince. — Messire , répondit Bourbon , la cheva-
» lerie est bien employée à vous, car vous êtes un vaillant
» homme et de bon lignage. » A ces mots il lui mit au cou
les marques de l'ordre de l'Écu , lui fit présent d'un beau
cheval, et lui rendit tous les prisonniers qu'il avait faits à ce
siége. Bourbon était d'autant plus satisfait d'avoir terminé en
si peu de temps la guerre en Poitou, que le roi avait formé le
projet d'une invasion en Angleterre. Il accourut des rives de
la Charente à celles de l'Escaut , où il trouva le jeune monarque à la tête de toutes les forces de la monarchie ; mais
le duc de Bourgogne, qui venait d'hériter du comte de Flandre,
son beau-père, aima mieux se servir des troupes pour achever
de dompter les Flamands rebelles, que de rendre à l'Angleterre les maux que la France en avait reçus depuis cinquante
ans ; il conduisit l'armée devant la ville de Dam, qui fut emportée d'assaut et livrée au pillage et à l'incendie. Vaincus
par tant de revers , les Flamands prirent enfin le parti d'implorer la clémence du duc de Bourgogne, qui leur pardonna.
Ce peuple devint bientôt le principal appui de la puissance
formidable des ducs de Bourgogne.

Le projet d'une invasion en Angleterre n'avait été que dif-
féré. On prépara donc (1386) dans les ports de l'Océan un
armement dont la description étonne encore aujourd'hui : une
flotte de quinze cents vaisseaux grands et petits devait transporter en Angleterre le roi, les ducs de Berry, de Bourgogne
et de Bourbon, le connétable de Clisson et cent mille combattants. Le roi, accompagné de tous les grands, s'était déjà
rendu au port de l'Ecluse ; le duc de Bourbon lui avait amené
quinze cents hommes d'armes ; on n'attendait plus pour partir que le duc de Berry avec les forces de son apanage et de
son gouvernement de Languedoc ; mais il n'arriva qu'à la
fin de l'arrière-saison, c'est-à-dire, lorsque les vents contraires
ne permettaient plus d'entreprendre le trajet.

Cependant la couronne de Castille chancelait sur la tête de
don Juan, héritier de Henri de Transtamare, le plus fidèle
allié de la monarchie. Ce prince, réduit aux plus déplorables
extrémités par les armes des Anglais et des Portugais, demandait au roi une armée et le duc de Bourbon.

Le duc de Bourbon fit partir aussitôt Gauthier de Passac
et Guillaume de Naillac avec un détachement de cinq cents
hommes d'armes ; lui-même se mit en route ; mais, passant
par Avignon, il fut arrêté longtemps par le pape Grégoire IX,
qui avait jeté les yeux sur lui pour lui confier la conduite de
la guerre qu'il méditait en Italie contre les antipapes ; ce contre-temps priva le duc de la gloire de combattre les Anglais.
Bourbon, en effet, n'avait pas encore franchi les Pyrénées,
lorsqu'il apprit que, par suite d'un traité conclu entre don
Juan et le duc de Lancastre, les Castillans n'avaient plus
besoin de son secours. Il profita de ce voyage pour aller visiter
à Orthez le fameux Gaston Phœbus, comte de Foix ; c'étai
ce même prince qui, pendant que le roi Jean était prisonnier
en Angleterre, avait sauvé à Meaux la dauphine Jeanne de
Bourbon. Il reçut son hôte avec magnificence et lui prodigua

les fêtes et les présents ; Bourbon fut touché du calme profond et de la félicité dont le prince Gaston Phœbus et ses sujets jouissaient, tandis que dans les provinces voisines tout était dans l'agitation, le trouble et les alarmes : résolu de leur procurer le même sort, le duc s'arracha du sein des plaisirs ; il emprunta quinze mille écus au comte de Foix, et entra en Guienne avec des troupes : il prit et démolit un grand nombre de places et de châteaux, repaires de brigands ; il pénétra jusque sous les murs de Bordeaux, dont il forma le projet de s'emparer, aussi bien que de Bayonne ; il demanda en conséquence (1387) des forces suffisantes pour exécuter une aussi noble entreprise ; mais pour toute réponse, il reçut ordre de se rendre à la cour pour accompagner le roi dans une expédition contre le duc de Gueldre ; celui-ci, à la première approche de l'armée, implora et obtint son pardon.

Cependant Charles VI était parvenu à l'âge de vingt-un ans, et il avait épousé la trop célèbre Isabelle de Bavière. Le peuple souhaitait vivement qu'il prît en main les rênes de l'administration ; le roi remplit les vœux du royaume : il congédia les tuteurs, excepté le duc de Bourbon ; il lui conserva la première place au conseil, en le conjurant de l'aider de ses bons avis ; il traita avec la même distinction Jean de Bourbon, comte de la Marche, grand chambellan de France, et rendit publiquement de l'un et de l'autre ce beau témoignage, « qu'il » les avait toujours remarqués très-affectionnés à son service, » n'ayant jamais eu plainte d'eux, quelque chose et gouver- » nement qu'il leur eût donné. » Mais bientôt le duc de Bourbon s'aperçut qu'il n'y avait rien à espérer du ministère avide et corrompu qui dominait le roi ; il chercha avec empressement l'occasion de s'éloigner de la cour, au moins pour quelque temps.

La république de Gènes, opprimée dans son commerce par le roi de Tunis, eut recours au roi pour l'aider à porter

la guerre en Afrique ; Charles VI lui accorda volontiers un
corps de troupes considérable, dont Bourbon lui demanda
aussitôt le commandement. Le jeune prince ne pouvait se
résoudre à se séparer de lui : « Beau oncle, lui dit-il, vous
» savez les grandes affaires que nous avons, et aussi à grand
» peine trouverez gens qui voulussent aller si loin ; pourquoi
» ne veuillez entreprendre cette allée. — Monseigneur, ré-
» pondit l'intrépide Bourbon, j'ai chevaliers et écuyers de
» mon pays qui ne me failleront oncques ne à ce besoing,
» ne me faudront ja, ne aussi ne ferai-je à eux de ce que j'ai
» vaillant de leur départir. » Le roi n'osa s'opposer davantage
à une résolution si déterminée ; il appela les ambassadeurs de
Gênes et leur dit : « Je vous baille beau oncle de Bourbon pour
» votre chef, qui est tel chevalier, comme vous savez, et ne
» vous pourrois bailler un plus grand de mon sang, sinon les
» autres ducs, mes oncles de Bourgogne et de Berry. » A ces
mots, les ambassadeurs tombèrent aux genoux du monarque,
pour le remercier de leur avoir accordé le général en qui ils
avaient le plus de confiance.

Dès que le bruit se fut répandu que le duc de Bourbon
allait porter la guerre en Afrique, on vit accourir auprès de
lui les chevaliers les plus illustres et les plus braves du
royaume : Philippe d'Artois, comte d'Eu, prince du sang,
depuis connétable de France ; le sire d'Albert, honoré dans
la suite de la même dignité ; le comte d'Ostrevant, fils aîné
du comte de Hainaut ; le prince de Bar, le comte de Harcourt,
le dauphin d'Auvergne, l'amiral de Vienne, les sires de
Coucy, de Sully, de la Trémoille, de Sancerre, de Roie,
d'Amboise, de Boucicaut, de Châteaumorand, de l'Espinasse,
de Châtelux, de Damas, de Négrepelisse, du Châtel, le Barrois et une infinité d'autres. La réputation de Bourbon attira
aussi sous ses étendards un grand nombre de chevaliers anglais, dignes et éternels rivaux des guerriers français ; ils

avaient à leur tête le comte de Derby, cousin germain du roi Richard II, et le comte de Beaufort, son frère; le premier avait déjà gagné des batailles, il régna dans la suite en Angleterre, dont il usurpa le trône. Dès le milieu de l'hiver, Bourbon avait assuré des subsistances immenses et terminé tous ses préparatifs; il espérait débarquer en Afrique au commencement du printemps et surprendre l'ennemi; mais les Génois, pour qui il combattait, qui devaient recueillir tout le fruit de la victoire, manquèrent à la promesse qu'il avait exigée d'eux, de mettre en mer au mois de mars; il fut obligé d'attendre plus de deux mois à Gênes, que les vaisseaux de la république fussent en état de sortir du port. Il partit enfin sur une flotte de quatre-vingts vaisseaux ou galères, sans compter un nombre infini de petits bâtiments, qui transportaient vingt mille soldats français, anglais, italiens et allemands; deux fois la tempête l'obligea de relâcher en Sardaigne et lui fit perdre des jours bien précieux.

Ce ne fut qu'au commencement de l'été (1591) qu'il aborda la côte d'Afrique; il dirigea la descente à la vue de Carthage, à travers une multitude effroyable de Sarrasins qui l'attendaient fièrement sur le rivage. La contenance et le nombre de l'ennemi n'arrêtèrent point les troupes; elles prirent terre au milieu d'un nuage de traits et de flèches, et mirent en fuite les musulmans. Bourbon profita de la victoire pour investir Carthage, dont le roi de Tunis avait fait le rempart de ses états; il y avait jeté une garnison de six mille hommes, qui, avec le secours d'un grand nombre d'habitants déterminés à vaincre ou à mourir, opposèrent la plus vigoureuse résistance.

A peine le duc de Bourbon eut commencé les travaux du siége, que les rois de Tunis, de Bougie et de Tlemecen vinrent camper, avec une armée de soixante mille hommes, à la portée du trait des lignes des chrétiens. A cet aspect, presque tous les chevaliers, effrayés des obstacles insurmontables qui se présentaient, proposèrent de se rembarquer; mais Bourbon déclara qu'il n'était pas venu de si loin pour se déshonorer par une retraite honteuse; il ajouta qu'il était résolu de prendre Carthage et de battre l'ennemi. Sa résolution encouragea l'armée, qu'il partagea en deux corps; il destina le premier aux opérations du siége, tandis que l'autre repousserait les attaques des trois rois. Il eut à soutenir contre ceux-ci une guerre de ruse, de stratagème et de chicane; ils attendaient, pour vaincre sans péril, que les chrétiens fussent épuisés par la soif et la chaleur excessive; alors ils les attaquaient de loin : dès qu'ils les voyaient approcher pour combattre de près, les Maures, agiles, dispos, vêtus et armés légèrement, fuyaient en gardant leurs rangs; ils revenaient ensuite à la charge et fatiguaient l'armée. On peut dire que les chrétiens, pendant quarante-cinq jours que dura le siége de Carthage, furent nuit et jour sous les armes et dans l'action.

Cependant le duc avait emporté tous les dehors de la place; mais les maladies, ce fléau qu'il avait tant appréhendé, plus redoutable que le fer des Sarrasins, enlevaient tous les jours un grand nombre de chevaliers et de soldats; les Français, et particulièrement les Anglais, succombaient sous le poids de la chaleur, du travail et des fatigues; enfin Bourbon, malgré tous ses soins, son activité et sa prévoyance, se trouvait réduit aux mêmes extrémités qui, cent vingt ans auparavant, avaient coûté la vie à saint Louis : il ne pouvait plus différer son départ sans périr avec tout ce qui lui restait de troupes; mais, en prenant le parti de la retraite, qui coûtait tant à son grand cœur, il résolut de la rendre à jamais mémorable, et de faire payer bien cher aux Sarrasins des avantages qu'ils ne devaient qu'à la lenteur des Génois et à l'intempérie de leur climat. Il sortit brusquement de son camp, sur le midi, avec tous les chrétiens en état de combattre, prévenant par le secret et la rapidité de ses mouvements les espions et les déserteurs;

il tomba sur l'armée des trois rois, qui, ne s'attendant pas à une attaque si imprévue, se livrait au plaisir du bain, de la table ou du sommeil ; il pénétra jusqu'au milieu du camp des ennemis, après avoir massacré tout ce qui osa se présenter à lui ; il arbora sa bannière dans l'endroit le plus élevé des retranchements, il fit mettre le feu aux tentes et aux bagages des Sarrasins. Qu'on juge de la douleur du roi de Tunis, qui s'attendait de jour en jour au triomphe le plus flatteur ; furieux, désespéré, il rallie ses troupes avec le secours des rois de Bougie et de Tlemecen, et vient attaquer à son tour les chrétiens épuisés. Bourbon avait peine à concevoir un tel effort de courage et de discipline de la part de cette multitude de barbares qui n'avaient jamais combattu que de loin ; quoiqu'il n'eût guère plus de dix mille hommes, il soutint le choc de cinquante mille ; ses troupes combattirent, à son exemple, en désespérés ; la mêlée fut sanglante ; mais enfin Bourbon repoussa l'ennemi, après lui avoir tué beaucoup de monde.

Vaincu deux fois en un jour, le roi de Tunis demanda la paix ; le duc eut la gloire d'en dicter les conditions. Il exigea d'abord que tous les esclaves chrétiens épars dans les états de Tunis, lui seraient rendus ; que ce prince compterait sur-le-champ une somme de dix mille ducats d'or pour les frais de l'expédition ; qu'il laisserait jouir non-seulement les Génois, mais toutes les nations de l'Europe, de la liberté de conscience et du commerce dans son royaume ; enfin il l'assujettit, selon quelques écrivains, à un ancien tribut que ses prédécesseurs avaient payé à la république de Gênes.

Quoique le duc de Bourbon eût réduit l'ennemi à lui demander la paix, il connaissait si bien la perfidie naturelle aux habitants de l'Afrique, qu'il prit les plus grandes précautions pour mettre ses troupes à couvert d'une surprise pendant l'embarquement. L'événement justifia sa prévoyance ;

les Sarrasins n'eurent pas plus tôt vu la moitié de l'armée à bord, qu'ils fondirent sur l'autre. Bourbon, qui les attendait avec une troupe leste et déterminée, tomba sur eux et les battit; il ne s'embarqua que le dernier.

Des côtes d'Afrique, la flotte vogua en Sardaigne, dont les Sarrasins possédaient les plus fortes places; Bourbon attaqua une flotte de ces barbares dans le port de Cagliari et la détruisit entièrement; il emporta ensuite Cagliari et le fort de Guillastre, dont il mit les Génois en possession. Après cette victoire, il appareilla pour Gênes; mais il fut accueilli d'une tempête si furieuse, qu'il se trouva heureux de gagner le port de Messine. Le comte de Clermont-Motica, issu de la maison de Clermont en Dauphiné, l'une des plus anciennes et des plus illustres du royaume, gouvernait alors la Sicile en qualité de vice-roi; c'était le seigneur le plus riche et le plus magnifique de l'île : il reçut le duc de Bourbon avec tous les honneurs qu'il aurait accordés à une tête couronnée, et le supplia de le faire chevalier; car, disait-il, de plus vaillant prince ne le pourrait être. Le duc le revêtit des marques de l'ordre de l'Écu.

Après avoir séjourné quelques semaines en Sicile, où il fit radouber ses vaisseaux, qui avaient beaucoup souffert de la tempête, le duc prit la route des côtes de Toscane. Les Génois auraient bien voulu qu'il eût attaqué le prince de Piombino, leur ennemi; mais le duc déclara qu'il n'était sorti de sa patrie que pour combattre les infidèles, et non pour dépouiller des souverains chrétiens; il offrit sa médiation pour réconcilier les deux puissances : elle fut acceptée, et il eut la satisfaction de réussir.

Arrivé à Gênes, Bourbon refusa les riches présents dont la république voulait récompenser tant d'exploits et de services; il se croyait bien payé de ses travaux par la gloire d'avoir brisé les fers de plusieurs milliers d'esclaves chrétiens, à qui il donna de l'argent pour retourner dans leur pays.

L'expédition de Bourbon en Afrique, plus glorieuse qu'utile, était applaudie avec excès des chevaliers français ; Charles VI surtout ne pouvait se lasser d'en entretenir son oncle ; il formait le projet, tantôt de marcher à la conquête de l'Afrique, tantôt d'attaquer l'Ottoman Bajazeth Ilderim, dont la puissance menaçait à la fois Constantinople et la Hongrie ; ce ne fut pas sans peine qu'il suspendit l'exécution de ces desseins, pour porter ses armes en Italie contre les antipapes. Il se disposait (1392) à partir avec les ducs de Berry, de Bourgogne, lorsque la tentative d'assassinat commise par Pierre de Craon sur le connétable de Clisson l'arrêta, en plongeant le royaume dans la confusion. On sait que Charles VI, en marchant contre le duc de Bretagne, pour le contraindre à livrer le coupable réfugié sur ses terres, fut tout à coup frappé de démence. Le duc de Bourbon, épouvanté de ce malheur, fonda une messe perpétuelle au Mans, pour obtenir le retour à la santé et à la raison du roi, son neveu et son pupille. Les vœux de la nation l'appelèrent au gouvernement de l'état et à la tutelle du roi et de ses enfants encore au berceau ; il en partagea les fonctions avec la reine, les ducs de Bourgogne, de Berry et de Bavière, assistés d'un conseil composé de trois évèques, de six chevaliers et de trois clercs ou magistrats. Le duc de Bourgogne, assez riche et assez puissant pour compter au nombre de ses pensionnaires des princes du sang et des souverains, eut la principale part dans l'administration de l'état : il voulait punir de mort le connétable de Clisson, qui l'avait supplanté dans le ministère ; mais une prompte fuite le déroba au supplice ; la Rivière et Noviant, moins heureux, furent conduits dans les cachots de la Bastille ; ils n'en seraient sortis que pour périr sur l'échafaud, si le duc de Bourbon, secondé par la duchesse de Berry et le duc d'Orléans, n'eût arraché ces deux victimes au ressentiment du duc de Bourgogne.

Jean de Bourbon, comte de la Marche, mourut en 1393; il emporta les regrets de la France, qu'il avait servie avec un grand éclat.

Il fallait que les succès de Charles V eussent bien abattu la puissance des Anglais, puisqu'ils ne profitèrent pas de la démence de son fils pour recouvrer les provinces qu'ils avaient perdues en France ; ils achetèrent même une trêve de vingt-huit ans par la restitution de Brest et de Cherbourg.

En 1396, la France accorda une armée de dix mille hommes à Sigismond de Luxembourg, roi de Hongrie, qui succombait sous les forces victorieuses de Bajazeth Ilderim. La conduite de cette guerre fut confiée au comte de Nevers, fils aîné du duc de Bourgogne. Le comte d'Eu, connétable de France, Jacques de Bourbon, nouveau comte de la Marche, le sire de Coucy, le maréchal de Boucicaut, l'amiral Jean de Vienne, les deux princes de Bar, Gui de la Trémoille, les sires de Roie et de Saimpy, servaient sous les ordres du jeune prince. Le comte de la Marche fit au siége de Baudins des prodiges de valeur qui lui méritèrent l'ordre de la chevalerie ; mais l'effroyable désastre de Nicopolis termina malheureusement cette expédition. Bajazeth fit couper la tête à tous les prisonniers sur le champ de la victoire. Il n'y eut d'exceptés de cette sanglante exécution que les comtes de Nevers, de la Marche et d'Eu, les princes de Bar, le maréchal de Boucicaut et Gui de la Trémoille. La France fut obligée de payer pour eux une rançon de six cent mille francs.

A son retour dans sa patrie (1397), le comte de la Marche obtint la dignité de grand chambellan ; il épousa presque en même temps l'infante Béatrix de Navarre, fille de Charles III, roi de Navarre, et de Léonore de Castille. Le comte de la Marche, quoique prince du sang, gendre d'un roi, possesseur des plus beaux fiefs du royaume, ne rougissait pas d'accepter une pension de dix mille francs du duc de Bourgogne.

Celui-ci, au faîte de la prospérité, voyait s'élever à côté de lui un rival dangereux; c'était le duc d'Orléans, frère unique du roi, qui, parvenu à l'âge de vingt-sept ans, réclamait l'administration du royaume, en vertu des droits de sa naissance. Il avait pour lui la volonté du monarque, l'appui du duc de Bourbon, qui l'avait élevé, et les vœux de la cour. Le duc de Bourgogne céda, et consentit à partager l'autorité avec son neveu. Ce dernier ne fut pas plus tôt à la tête du royaume, qu'il en devint le fléau, surtout par son intime alliance avec Isabelle de Bavière, la plus belle comme la plus dangereuse femme de son siècle.

La catastrophe de Richard II, roi d'Angleterre, arrêté, jugé, déposé solennellement, et ensuite mis à mort par un usurpateur (1599), ne fit aucune impression sur le duc d'Orléans; quant au duc de Bourbon, il forma le projet de profiter de la révolution pour réunir la Guienne anglaise à la couronne. Il se rendit à Agen, pour être à portée d'entamer des négociations secrètes; déjà il avait persuadé les députés de Bordeaux et de Bayonne de secouer le joug de l'usurpateur; mais, lorsque ceux-ci furent de retour dans leur patrie, ils trouvèrent leurs concitoyens entièrement refroidis, l'inquiétude avait succédé à l'enthousiasme; les vexations du duc d'Orléans, les impôts dont il accablait les provinces, leur firent préférer leur position sous la domination anglaise à celle dont les menaçait les avides représentants du roi de France privé de sa raison.

A son retour à Paris, le duc de Bourbon fut effrayé des désordres toujours croissants du gouvernement; il fut surtout ému de la misère profonde où se trouvaient la plupart des chevaliers et des écuyers de l'hôtel du roi. On sait que nos souverains entretenaient des tables abondantes pour ces braves guerriers qui, après les avoir servis dans les combats, remplissaient auprès d'eux, au sein de la paix, les nombreux emplois d'une cour brillante; mais comment Charles VI, qui manquait souvent lui-même du nécessaire, eût-il pu faire subsister tant de serviteurs? Le duc de Bourbon partagea sa fortune avec eux, et les admit tous les jours chez lui à des tables bien servies; lui-même, entouré d'une balustrade, mangeait avec eux; pour entretenir leur ardeur martiale, il faisait lire pendant les repas l'histoire des rois de France et des anciens preux. Sa générosité attira chez lui tous les militaires indigents; le nombre devint tel, que Bourbon s'endetta en moins d'un an de plus de soixante mille francs d'or; il fut donc forcé de mettre des bornes à sa libéralité. Il forma la résolution de se retirer à Moulins, pour se mettre en état, par son économie, de s'acquitter de ses dettes. Mais il attendit pour prendre congé du roi que celui-ci eût un moment lucide. Charles VI n'avait, pour ainsi dire, de confiance qu'en cet oncle; il n'eut pas plus tôt entendu qu'il parlait de se retirer, qu'il fondit en larmes. « Ha ha da! beau oncle, lui dit-il, il n'est pas temps » de vous en aller. — Monseigneur, lui répondit le duc, si » il est temps, car je suis vieux mesouën, et est temps que je » m'en retrahie avec mes chevaliers et mon pauvre peuple qui » m'a aydé à vivre, et pour crier mercy à Dieu des maux que » je puis avoir faits, et pour moi acquitter à ceux à qui je » dois. » — Le roi insista : « Beau oncle, je vous prie, de- » meurez encore; car il y a moult d'affaires dans cettui notre » royaume, où vous pouvez beaucoup. » — Le duc, n'osant trop l'affliger, lui répondit : « Monseigneur, quand je serai » en mes terres, je puis toujours venir vers vous, quand » vous me le voudrez commander. »

Reçu avec joie par les habitants du Bourbonnais, le duc se livra au rétablissement de ses affaires domestiques; il fit d'abord parvenir la somme de vingt mille livres aux plus pauvres de ses créanciers, et prit des termes pour satisfaire les autres en moins de deux ans. Peut-être ne sera-t-on pas fâché de voir ici l'ordre qu'il établit dans sa maison.

Le revenu que le duc de Bourbon retirait de ses domaines montait à environ quatre-vingt mille livres ; il en consacra quarante mille par an à l'entretien de sa cour, vingt mille en bienfaits et en aumônes, et autant en bâtiments. On ne comprend pas dans ce revenu le produit de la charge de chambrier de France, ni la pension de dix-huit mille livres qu'il touchait au trésor royal ; ces deux objets formaient la somme d'environ trente mille livres ; ils étaient destinés à la subsistance d'un corps d'hommes d'armes, qu'il tenait toujours prêt pour le service de l'état. Ce prince jouissait en Bourbonnais et dans le Forez de presque tous les droits de la souveraine puissance, du droit de guerre et de paix, de l'anoblissement, de la légitimation, des affranchissements et des cas royaux ; il convoquait les états de ces provinces et en obtenait des dons gratuits. Sa maison était formée sur le modèle de celle des rois dont il descendait : il avait son chancelier, son maréchal, son procureur général, sa chambre des comptes établie à Moulins ; le nombre des chevaliers de l'hôtel, des chambellans, des écuyers et des pages qui lui étaient attachés, formait une cour brillante et nombreuse. L'étiquette des ducs de Bourbon, ainsi que celle des ducs de Bourgogne, d'Orléans, d'Anjou et de Bretagne, était à peu près la même que celle de nos rois ; ils égalaient en pouvoir les électeurs de l'empire, et les surpassaient en richesses ; on pouvait les regarder comme autant de souverains dans une monarchie qui aurait dû n'obéir qu'à un seul maître. Au reste, l'argent était encore alors si rare, qu'une somme de quarante mille livres bien administrée suffisait à la splendeur de la maison des princes les plus puissants ; il n'en coûtait que quatre-vingt-quatorze mille livres par an à Charles V pour entretenir une cour digne du premier roi de l'Europe ; personne n'ignore que ce prince avait fixé l'apanage des enfants de France à douze mille livres de rente.

Non-seulement le peuple du Bourbonnais se ressentait de la présence du duc, mais encore tous les voisins de ce prince, dont il conciliait les querelles ; sa médiation était d'autant plus respectée, qu'il l'appuyait de la force des armes contre les ambitieux et les oppresseurs. C'est à ses secours que les sires de Beaujeu, princes souverains de Dombes, durent la conservation de leurs états contre les comtes de Savoie : il suffisait d'être malheureux pour avoir droit à la protection de ce prince magnanime. Le cardinal de Luxembourg avait été élu évêque de Metz, mais les habitants de sa capitale ne voulaient pas le reconnaître ; les princes allemands s'étaient saisis des meilleures places de l'évêché : Bourbon envoya un corps de troupes au secours du cardinal ; Châteaumorant, qui le commandait, traversa le royaume dans presque toute son étendue, il gagna plusieurs combats contre les Allemands, les chassa de leurs conquêtes, et obligea les habitants de Metz à se soumettre à leur prince. Le duc de Bourbon ne s'en reposa que sur lui-même de la défense de Bonne de Bourbon, sa sœur, opprimée par Amé VIII, comte de Savoie, son petit-fils. Bonne de Bourbon avait été choisie par les états généraux du pays, pour être tutrice d'Amé et régente de sa souveraineté, préférablement à Bonne de Berry, mère du jeune prince ; après une administration heureuse, la sage princesse avait remis à son pupille des états tranquilles et florissants ; ses travaux et ses succès furent payés de la plus noire ingratitude ; le comte, environné de lâches favoris, n'eut pas honte de dépouiller de son douaire son aïeule et sa bienfaitrice ; mais à la vue du duc de Bourbon, qui allait fondre sur ses états avec une armée, Amé VIII se hâta de restituer à Bonne de Bourbon les domaines qu'il lui avait enlevés ; jamais la princesse ne voulut retourner à la cour d'un petit-fils si dénaturé ;

I.   9

elle fixa sa demeure à Mâcon, où elle mourut en 1402 dans les sentiments de la plus haute piété.

Le duc de Bourbon recueillit alors le fruit des grands services qu'il avait rendus à la patrie ; Marie de Berry, veuve de Jean de Châtillon, comte de Blois, et de Philippe d'Artois, comte d'Eu, connétable de France, était sans contredit le plus grand parti du royaume par sa naissance, son esprit, sa beauté et d'immenses richesses ; elle était recherchée de tout ce qu'il y avait de jeunes princes en France et même en Europe ; le roi d'Angleterre, Henri IV, s'était mis sur les rangs avant que de parvenir à la couronne ; le comte de Clermont, fils aîné du duc de Bourbon, obtint la préférence sur tous ses rivaux ; il n'avait que vingt ans, et la princesse trente ; malgré l'inégalité d'âge, cette alliance fut universellement applaudie ; le roi renonça non-seulement au don que le duc de Berry, père de la princesse, lui avait fait du comté de Montpensier pour en jouir après sa mort, mais il dérogea à la loi des apanages, en autorisant le duc de Berry par des lettres patentes à disposer en faveur des jeunes époux du duché d'Auvergne qu'il tenait en apanage de la couronne ; le conseil, pour indemniser l'état d'une si vaste concession, exigea que le Bourbonnais et le Forez, patrimoine de la branche aînée de Bourbon, seraient réversibles à la couronne, ainsi que le duché d'Auvergne, les comtés de Clermont en Beauvoisis et de Montpensier, faute d'hoirs mâles issus de ce mariage ; c'était dépouiller les branches collatérales de la maison de Bourbon, de l'expectative de ces riches domaines : le duc de Bourbon ne consentit pas sans peine à un acte si injuste ; on verra dans la suite combien il fut funeste à l'état et à la maison de Bourbon. Cependant le mariage du comte de Clermont et de Marie de Berry fut célébré à Paris avec une magnificence inouïe ; le cardinal Turcis, légat du pape, donna la bénédiction nuptiale aux deux époux, en présence des rois de France, de Navarre, de Sicile et de l'empereur de Constantinople, Manuel Paléologue. Ce prince, dont l'empire était presque réduit à la possession de sa capitale, était venu mendier les secours de la France; Charles VI, qui, dans le sein de la douleur et des infirmités, déploya toujours l'âme la plus grande et la plus généreuse, lui avait promis une armée et le duc de Bourbon pour la commander; mais le royaume était trop épuisé pour soutenir la dépense excessive d'une expédition si éloignée; Bourbon, dans les fréquents entretiens qu'il avait eus avec l'empereur grec, avait conçu une haute idée de l'esprit et du courage de ce prince : il s'unit à lui par les liens de la plus étroite amitié; il lui donna des secours en argent et lui fournit quelques troupes, sous les ordres du célèbre Châteaumorant, dont la conduite et la valeur sauvèrent les misérables débris de l'empire d'Orient.

C'était alors le temps des prospérités de la maison de Bourbon; chaque jour ajoutait à sa puissance et à ses richesses; Edouard II, sire de Beaujeu, prince souverain de Dombes, issu d'une des plus illustres maisons du royaume, avait entièrement dégénéré de la vertu et de la gloire de ses ancêtres; il aurait été dépouillé plus d'une fois de ses états, sans la généreuse compassion du duc de Bourbon, qui l'avait toujours puissamment secouru contre les comtes de Savoie. Edouard n'avait pas plus de mœurs que de génie et de courage : il se rendit coupable du crime de rapt; le parlement, qui ne voulait pas laisser impuni un tel attentat, le décréta d'ajournement personnel; le criminel mit le comble à ses excès, en précipitant des fenêtres de son palais de Pereuse le malheureux huissier chargé de lui signifier le décret; après cet acte de violence et de rébellion, Beaujeu fut assez lâche pour se laisser prendre et conduire à la Bastille, d'où les lois le condamnaient à ne sortir que pour porter sa tête sur un échafaud. Réduit à de si déplorables extrémités, Beaujeu, qui n'avait point d'enfants, offrit ses états au duc de Bourbon, son ancien bienfaiteur, à condition qu'il lui obtiendrait la vie et la liberté, qu'il payerait ses dettes, et qu'il le laisserait jouir de ses domaines le reste de ses jours.

Bourbon ne résista pas à une proposition si avantageuse ; il vola chez le roi, lui demanda la grâce du coupable, et ne lui dissimula point le prix immense qu'il en attendait ; Charles VI lui accorda avec plaisir sa requête ; Beaujeu sortit de prison et mourut six semaines après, laissant le duc de Bourbon possesseur de la province de Beaujolais et de la moitié de la principauté de Dombes. Le duc acheta l'autre moitié de Humbert de Villars. L'ordre qu'il observait dans ses finances le mit aussi à portée d'acquérir bientôt après le pays de Combrailles en Auvergne.

Voici un trait qui donne une haute idée de la sagesse et de la politique du duc de Bourbon : Marguerite Voldemar, reine de Danemarck, de Suède et de Norwége, surnommée la *Sémiramis du Nord*, avait destiné sa triple couronne au prince de Poméranie, son neveu ; elle lui chercha dans la maison de France, regardée depuis bien des siècles comme la première et la plus noble de l'univers, une épouse digne de la fortune à laquelle il était appelé ; mais le Nord passait alors, auprès de nos aïeux, pour un pays si barbare, qu'on aurait cru sacrifier une princesse en l'envoyant régner dans un climat glacé. Le conseil allait refuser les ambassadeurs de Marguerite, lorsque le duc de Bourbon, jaloux de fortifier l'état par une alliance utile, offrit sa fille unique ; les ambassadeurs l'agréérent ; mais la mort prématurée de la jeune princesse l'enleva à la couronne qui l'attendait.

Bourbon rendait tous les jours au royaume des services plus utiles et plus touchants, en modérant l'animosité des ducs d'Orléans et de Bourgogne, toujours prêts à ensanglanter l'état ; il obtint de l'un et de l'autre rival qu'ils n'entreraient pas au conseil pendant que la maladie en écarterait le roi; le duc d'Orléans consentit d'autant plus volontiers à ce vain sacrifice, que l'exercice du pouvoir souverain était alors déféré à la reine, dont il avait la tendresse et la confiance.

Au milieu des scandales qui souillent le règne de Charles VI, Philippe de France, duc de Bourgogne, mourut (1403); il laissa un fils héritier de ses talents, de son ambition et de sa puissance; c'est le fameux Jean-sans-Peur. Il commença par disputer l'administration de l'état au duc d'Orléans avec tant d'emportement et de fureur, qu'il fut dès lors aisé de prévoir les maux qui allaient fondre sur le royaume. Un instant pourtant les princes, et en particulier le duc de Bourbon, vinrent à bout de calmer les deux rivaux.

L'Église était toujours déchirée par le schisme. Bourbon offrait de passer en Italie pour terminer une si longue querelle, mais le conseil ne voulut pas consentir à ce qu'il s'éloignât.

Pendant que le duc d'Orléans d'un côté et le duc de Bourgogne de l'autre faisaient déplorer au pays leur naissance et encore plus leur funeste pouvoir, les princes de la branche de Bourbon se consacraient entièrement à sa défense et à sa gloire.

Depuis la déposition et la mort tragique de Richard II, roi d'Angleterre, gendre de Charles VI, l'animosité était si grande entre les Français et les Anglais (1406), que, quoiqu'il n'y eût point de guerre déclarée entre les deux couronnes, ils s'attaquaient partout où ils se rencontraient; au mépris de la trève, le sang coulait sur mer et sur terre : les provinces de la monarchie, situées auprès de la Guienne anglaise, avaient horriblement souffert des incursions et des ravages de l'ennemi; le cri des cultivateurs, dont les biens étaient incendiés ou pillés, toucha enfin la cour, et on envoya des troupes au delà de la Loire. Le duc de Bourbon, voulant arracher le comte de Clermont, son fils aîné, à la corruption d'une cour dépravée, réclama pour lui l'honneur de défendre la patrie : le jeune prince partit avec le titre de capitaine général de Languedoc, de Guienne et de Limousin. Ses premières armes furent heureuses; il prit trente-quatre châteaux ; en même temps, pour ôter aux Anglais et aux brigands qui combattaient sous leurs étendards les moyens de subsister, il défendit d'ensemencer une partie du pays limitrophe de la Guienne. Les succès du comte de Clermont attirèrent sous ses drapeaux la plus grande partie de la noblesse du Languedoc et du Poitou ; il parut en campagne avec seize cents hommes d'armes et quatre mille hommes d'infanterie. Il défit et prit le sire de Caumont qui s'était avancé à sa rencontre : cette victoire fut suivie de la conquête de dix-neuf châteaux et de soixante villages fortifiés qu'il détruisit ; enfin il pénétra jusqu'aux portes de Bordeaux, dont il ravagea le territoire ; il n'en sortit qu'après avoir fait acheter bien cher sa retraite aux habitants de cette ville ; mais le plus grand avantage qu'il recueillit de ses succès fut d'avoir affranchi la Guienne française d'une contribution annuelle de deux cent mille écus d'or, à laquelle elle s'était soumise envers les Anglais pour récolter en liberté les biens de la terre.

Pendant ce temps-la, Jacques de Bourbon, comte de la Marche, portait le fer et le feu sur les côtes d'Angleterre : il était accompagné de Louis de Bourbon, comte de Vendôme, son frère, qui mérita la chevalerie dans ces expéditions. Les entreprises du comte de la Marche furent mêlées de succès et de revers ; il enleva sept vaisseaux aux Anglais, prit et brûla Plymouth ; mais il fut repoussé de l'île de Falmouth et ensuite de l'île de Jersey. Le traité d'alliance qu'il contracta avec l'héritier des anciens souverains de Galles, qui avaient pris les armes contre l'usurpateur d'Angleterre, devait produire une diversion avantageuse à la France : le comte de la Marche s'était engagé à lui mener un corps de huit cents arbalétriers ; il avait reçu du trésor royal une somme de cent mille écus d'or pour les frais de cette expédition ; mais il n'eut pas honte de dissiper cet argent en jeu et en fêtes. Il s'embarqua pourtant pour la côte d'Angleterre ; sa flotte fut repoussée par la tempête, et l'expédition échoua. L'imprudente conduite du comte lui attira un affront auquel ce prince, d'ailleurs très-brave, dut être fort sensible ; en passant par Orléans, les écoliers de l'université vinrent au-devant de lui et se mirent à chanter : *Mare vidit et fugit* (il a vu la mer et s'est enfui) (1407).

Les avantages du comte de Clermont en Guienne avaient tellement excité l'émulation des ducs d'Orléans et de Bourgogne, qu'ils formèrent de concert la résolution de chasser les Anglais du royaume ; le duc d'Orléans se chargea du siége de Blaye et son rival de celui de Calais ; ils échouèrent l'un et l'autre ; toutefois le roi d'Angleterre consentit à un renouvellement de trève.

Cependant la France touchait à l'époque la plus malheureuse de son histoire. Le duc de Bourgogne fit assassiner le duc d'Orléans au milieu de Paris : ce coup porta la douleur la plus profonde dans le cœur du duc de Bourbon ; car il chérissait ce neveu qu'il avait élevé. Il ne put, malgré ses efforts, faire arrêter et punir le coupable, qui revint bientôt triomphant dans la capitale. Au premier bruit de sa marche, Bourbon avait été nommé par le conseil, avec le duc de Berry et le roi de Sicile, pour négocier avec ce prince ; mais il réfusa hautement la commission, et il prit aussitôt la route de Moulins. Les besoins de l'état l'arrachèrent de son asile, pour être témoin à Chartres de la réconciliation des enfants du duc d'Orléans avec le meurtrier de leur père. De la il se rendit à Paris pour assister au mariage de Charlotte de Bourbon-la-Marche avec Jean III de Lusignan, roi de Chypre. Pendant son séjour à la cour, il se déroba à toutes les avances du duc de Bourgogne, qui essayait de fléchir son ressentiment; aussitôt après la cérémonie du mariage, il retourna dans le Bourbonnais, résolu de ne jamais communiquer avec un scélérat couronné par la fortune. Cette conduite l'exposa à la vengeance du Bourguignon; mais celui-ci n'osa point déployer toute sa haine contre lui, pour ne point soulever tous les ordres de l'état; il eut recours à des manœuvres sourdes.

Le comte de Savoie, petit-neveu du duc de Bourbon, prétendait à la souveraineté sur quelques places de Beaujolais, en qualité de comte de Bresse; le duc de Bourgogne lui persuada de saisir féodalement ces places, sans en avertir le duc de Bourbon. A cette première insulte, le comte, toujours docile aux conseils de Jean sans-Peur, en ajouta une plus outrageante encore; il excita le sire de Viry, seigneur riche, puissant et brave, à défier le duc de Bourbon, comme s'il eût été son égal : Viry fondit sur le Beaujolais avec trois mille hommes de troupes bourguignonnes et savoyardes; il prit Ambérieux et trois autres places, et porta le fer et le feu dans cette province et dans la principauté de Dombes.

A cette nouvelle, Bourbon manda ses parents, ses amis et ses vassaux; on vit accourir les comtes de la Marche et de Vendôme (Jacques et Louis de Bourbon), les comtes d'Alençon et de Richemont, le connétable d'Albret, le dauphin d'Auvergne et le sire de Montaigu, premier ministre du royaume; il rassembla quatre mille hommes de cavalerie, parmi lesquels on comptait douze cents gentilshommes, ses vassaux : telle fut la rapidité des mouvements de ce prince, âgé de soixante et onze ans, qu'en moins de quinze jours il passa la Saône, attaqua et battit Viry, reprit Ambérieux d'assaut, en fit pendre la garnison et conquit la Bresse. Il allait entrer en Savoie, lorsque Amé VIII lui demanda la paix. Bourbon voulut que son neveu lui livrât Viry : celui-ci s'attendait sans doute à périr d'une mort honteuse; mais, après quelques jours de prison, Bourbon lui donna la liberté, l'obligeant toutefois à indemniser ses sujets du mal qu'il leur avait fait. Ces réparations coûtèrent à Viry presque toute sa fortune.

Cependant le duc de Bourgogne dominait à la cour : il ne tarda pas à punir Montaigu du zèle qu'il avait témoigné en faveur du duc de Bourbon. Ce ministre périt sur un échafaud, moins pour avoir volé les trésors de l'état, que pour avoir déplu au prince impitoyable qui gouvernait le royaume. Les abus de l'administration avaient été portés si loin, qu'on résolut de confier aux comtes de la Marche, de Vendôme et de Saint-Paul le soin de les réformer ; le comte de la Marche commença par reprendre l'obligation de cent mille écus d'or qu'il avait reçus du trésor royal pour l'expédition de Galles. Les travaux de ces réformateurs de l'état n'aboutirent qu'à la ruine de presque tous les financiers, qui furent dépouillés de leur fortune; le peuple ne fut point soulagé.

Les princes du sang avaient pardonné au duc de Bourgogne ses crimes, mais ils ne pouvaient lui pardonner son orgueil et surtout sa puissance : le duc de Berry, outré des mépris qu'il avait essuyés de la part de ce prince; le duc d'Orléans et ses frères, excités par le désir de venger les mânes d'un père; les comtes de Clermont, d'Alençon, de Richemont et d'Armagnac, le connétable d'Albret, formèrent la ligue la plus formidable contre l'usurpateur de l'administration suprême : la France se trouva partagée entre le duc de Bourgogne, maître de plusieurs états très-puissants et des forces du roi, et les princes dont les domaines embrassaient plus d'un tiers du royaume.

Il ne manquait plus pour autoriser une association si funeste que le duc de Bourbon. Ce prince méditait alors de se retirer aux Célestins de Vichy, qu'il avait fondés, pour consacrer à Dieu les restes d'une vie si agitée et si glorieuse ; en apprenant le projet d'une guerre civile, il blâma d'abord avec beaucoup d'aigreur le comte de Clermont, son fils, d'avoir pris part à des résolutions si dangereuses ; mais, soit qu'il ne pût résister au désir de punir l'assassin du duc d'Orléans, soit plutôt, comme il le dit bientôt après au lit de sa mort, qu'il espérât modérer les transports des princes en s'unissant à eux, il signa la confédération. Des motifs aussi légitimes ne peuvent pas effacer cette tache dans une si belle carrière ; s'il voulait pacifier le royaume, était-ce les armes à la main qu'il devait exécuter ce dessein ? Le seul rôle qui lui eût convenu était celui de médiateur. Quoi qu'il en soit, il était réservé à ce prince de ne pas tremper ses mains dans le sang de ses concitoyens.

Il était parti de Moulins avec son contingent de troupes, réglé à cinq cents hommes d'armes et à cent hommes de trait, lorsqu'il fut arrêté, à Montluçon, par une fièvre ardente qui le conduisit en peu de jours au tombeau. Bourbon avait coutume de dire en pleine santé, que la mort n'avait rien d'effrayant pour un *proud'homme* ; il justifia ce sentiment par l'intrépidité toute chrétienne avec laquelle il en soutint les approches ; il consolait les chevaliers de son hôtel qui fondaient en larmes auprès de son lit. « Mes amis, leur disait-il, » je regratie Dieu de tout mon cœur qui m'a pressé vie telle » que j'ai vécu jusqu'ici par son commandement ; certes la ne » me déplaist mie : mais, si au Créateur eût plu, j'eusse vo- » lontiers veu la santé de Monseigneur le Roi. L'union des » princes de Fleurs-de-Lys, et la paix de cettui très-désolé » royaume de France, je y ay de mon pouvoir besongné à le » pacifier, et étoit mon vouloir en ce voyage où aller cuydois, » n'employer en manière que bon accord s'y fût mis ; et pour » ce qu'aller je n'y puis, je recommande l'affaire à Dieu

» tout-puissant. » Il s'occupa beaucoup dans ses derniers instants de la duchesse son épouse, et du comte de Clermont son fils ; il les recommanda avec beaucoup de tendresse à ses serviteurs : « Elle n'est mie ici, ne Jean mon fils qui est mon » héritier ; il est votre seigneur après mon décès ; conseillez- » le, et aimez et honorez loyaument, comme vous avez fait » moi ; de ce je vous en suplie, et lui direz de par moi, qu'il » soit deffenseur contre tous les oppresseurs de la couronne » de France. » Il fit ensuite à Dieu le sacrifice de ce qu'il avait le plus chéri, de ses cheveux surtout qu'il fit couper, et les prenant entre ses mains : « Beau Sire Dieu, Jésus-Christ, » mon Père Créateur, es délices de cette vie mortelle où je » me suis plus esbattu en mes cheveux ; si je ne veux que » cette me suive, vées les là en dépit d'orgueil. » A ces mots il les foula aux pieds ; quoiqu'il n'eût plus qu'un souffle de vie, il eut le courage de se lever et de se prosterner à genoux devant un autel élevé dans sa chambre, pour recevoir le saint viatique. « Mon Dieu, mon Père, disait-il les larmes » aux yeux, vées-ci ta pauvre créature ; aye mercy d'elle par » la tienne grande miséricorde, et les péchés que je peux avoir » faits, desquels fort me déplaist, de ta digne grâce ils soient » effacés, car je les ay de cœur et de bouche regis et confes- » sés véritablement, à la confusion de l'humaine nature et à » la salvation de mon esprit, lequel en tes mains je recom- » mande. » Avant que de rendre sa belle âme dans le sein de l'Être suprême, Bourbon ordonna qu'on l'enterrât sans pompe et sans appareil ; il voulut que les sommes considérables qui auraient été consacrées à des obsèques somptueuses et magni- fiques, fussent converties au profit des pauvres. On lui trouva, en l'ensevelissant, la haire, le cilice et tous les instruments de la plus austère pénitence.

Les restes de ce prince furent transportés au prieuré de Souvigny. Le clergé, la noblesse, le peuple des villes et des

campagnes accouraient en foule de toutes les contrées du Bourbonnais, pour se trouver sur le passage du convoi, et même
pour l'accompagner ; on n'entendait de toutes parts que
des sanglots et des gémissements. « Ha ha ! mort, s'écrioit
» la multitude désolée, tu nous as osté en ce jour notre sou-
» tenement, celui qui nous gardoit et nous deffendoit de
» toutes oppressions ; c'étoit notre prince , notre confort,
» notre duc, le plus proud'homme, de la meilleure conscience
» et de la meilleure vie qu'on sçeust trouver. » Jamais oraison
funèbre ne fut plus vraie et plus touchante.

Ainsi mourut, à l'âge de soixante-treize ans, Louis II, duc
de Bourbon, surnommé le *Bon*. Il n'y eut pas une province,
peut-être pas une ville , un village de ses domaines, qui ne
se ressentît de ses bienfaits et de sa grandeur d'âme. Il fit
revêtir de murs et paver à ses dépens le villes de Vichy,
de Varennes et de Villefranche en Bourbonnais, de Feurs en
Forez , de Thiers en Auvergne ; il édifia les châteaux de
Moulins , de Verneuil et d'Auzances ; il répara entièrement
ceux de Belleperche, de Hérisson, de Montluçon, de Billy et
de Murat ; l'hôtel de Bourbon, situé sur les bords de la Seine
auprès du Louvre, qui passa longtemps pour un des plus
magnifiques de la capitale , fut son ouvrage ; il y joignit une
chapelle, dont il avait projeté de former une collégiale ; il
fonda le monastère des Célestins de Vichy, l'hôpital de Saint-
Nicolas de Moulins et l'église collégiale de Notre-Dame de la
même ville ; enfin, il enrichit toutes les églises de ses domaines d'une quantité surprenante de calices , de missels et de
toute sorte d'ornements.

La charité de ce prince embrassait tous les malheureux ;
lui-même distribuait d'abondantes aumônes tous les vendre-
dis ; il entendait tous les jours trois messes.

Au reste , ce prince mêla longtemps la galanterie à la dé-
votion ; il paya tribut à la fragilité humaine jusque dans un

âge assez avancé, puisque de trois fils naturels qu'il laissa, Hector, Jacques et Perceval de Bourbon, l'aîné n'avait pas vingt ans lorsqu'il mourut ; de tous ses enfants légitimes, il n'y eut que Jean Ier de Bourbon qui lui survécut.

CHAPITRE VI.

Jean Ier, duc de Bourbon, avait autrefois contracté avec le duc de Bourgogne une de ces alliances ou fraternités d'armes qui imposaient de part et d'autre des devoirs également étendus et sacrés ; mais, persuadé que le crime et la trahison brisaient des nœuds mal assortis, il ne reconnut plus en son ancien frère d'armes qu'un assassin qu'il fallait détruire par la force des armes. Le duc de Bourgogne employa les avances les plus pressantes pour détacher de la ligue un prince dont il connaissait la valeur, l'activité et la puissance ; mais il n'en essuya que des refus constants ; plus le duc de Bourgogne s'était abaissé, plus il conçut de haine contre Bourbon ; il le dépouilla de la charge de grand chambrier de France, dont il revêtit le comte de Nevers, son frère.

L'animosité des deux princes éclata avant la guerre civile ; Bourbon jouissait du gouvernement de Creil, qui était tout à la fois une forteresse et une maison royale ; il donna ordre à son lieutenant d'en refuser l'entrée au roi même, si ce prince se présentait aux portes du château accompagné du duc de Bourgogne. Charles VI, au retour d'une chasse, essuya l'affront de ne pouvoir entrer chez lui ; il se disposait à forcer la ville et le château, lorsque les habitants, effrayés du sort qui les menaçait, se saisirent du lieutenant de Bourbon et le livrèrent au ressentiment du monarque. Il n'en coûta pas la vie à cet officier, parce qu'on ne désespérait pas encore de désarmer le duc de Bourbon et les autres chefs de la confédération.

En effet, Jacques de Bourbon, comte de la Marche, plaidait à Vendôme la cause de l'humanité et de la patrie ; il échoua. La reine, chargée de la même commission, anima plutôt qu'elle n'apaisa le ressentiment des princes ligués. Les confédérés parurent à la fin de l'automne aux portes de Paris, au nombre de plus de cent mille combattants, qui n'avaient d'autre solde que le pillage. Le duc de Bourgogne, presque aussi puissant lui seul que tous ses ennemis ensemble, les attendait avec une armée non moins formidable.

Il n'y avait qu'une espèce de prodige qui pût arrêter l'impétuosité de deux cent mille Français conduits par des chefs livrés à tous les sentiments de la vengeance. Le peuple de la capitale, menacé d'être la proie du vainqueur, poussait des cris lamentables, tantôt vers le ciel, tantôt vers son roi ; ses accents plaintifs perçaient le cœur de Charles ; il éleva sa faible et mourante voix, et la nécessité la fit respecter pour la première fois ; les Orléanais manquaient d'argent et de subsistances, les Bourguignons de confiance au peuple de Paris, dont ils avaient tiré d'immenses contributions : on conclut une trêve de dix-huit mois, connue dans l'histoire sous le nom de la *trahison de Bicêtre*. Mais la faction des Orléanais, ouplutôt des Armagnacs (car c'est alors que Bernard, comte d'Armagnac, eut la triste gloire de donner son nom au parti dont il était l'âme), attendit à peine le printemps pour violer la trêve et recommencer la guerre.

Le duc de Bourbon et le comte de Vertus, jeunes et ardents, furent les premiers en campagne ; ils entrèrent dans le Beauvoisis et le Soissonnais qu'ils soumirent ; ils joignirent ensuite le duc d'Orléans et le comte d'Armagnac, dont les forces réunies montaient à plus de cent mille hommes. Le duc de Bourgogne vint les chercher auprès de Montdidier avec une armée plus nombreuse encore. On s'attendait à voir les plaines de Picardie ensanglantées par une effroyable bataille ; mais dès que les Flamands qui composaient l'infanterie de Jean-sans-Peur se furent aperçus de la grandeur du péril, vaincus avant que d'en venir aux mains , ils se retirèrent, ou plutôt ils s'enfuirent , malgré les prières, les cris et les menaces du duc de Bourgogne. Ce prince, désespéré, voulait tantôt abandonner cette vile milice au sabre des Armagnacs , tantôt il voulait la charger lui-même et la tailler en pièces ; la prudence l'emporta enfin sur le ressentiment : il couvrit lui-même avec sa cavalerie la marche de l'infanterie. Au reste , sa retraite fut accompagnée de tant de confusion, de désordre et d'épouvante, qu'il n'eût tenu qu'aux ducs d'Orléans et de Bourbon d'écraser en un seul jour toutes les forces ennemies ; mais la guerre se faisait de part et d'autre avec autant d'ignorance que de barbarie.

Les Armagnacs , maîtres de la campagne , célébrèrent la retraite du duc de Bourgogne comme une victoire ; ils marchèrent sur Paris, persuadés qu'ils n'avaient qu'à se présenter pour se rendre maîtres du roi, du dauphin, de la capitale et même de la monarchie. Mais à l'aspect des flammes qui dévoraient les villages , les bourgs et les églises , les Parisiens résolurent de s'ensevelir sous les débris de leurs murs plutôt que de se voir en proie à une telle armée ; ils firent revivre et fulminèrent avec les circonstances les plus lugubres une bulle d'excommunication lancée cinquante ans auparavant contre les brigands qui désolaient les provinces ; ils l'appliquèrent aux troupes des princes , aux princes eux-mêmes, dont aucun n'était né lorsque les rois appelèrent la foudre ecclésiastique au secours de la patrie et de l'humanité ; c'était pour être en droit de traiter les Armagnacs en criminels de lèse-majesté divine et humaine. Bientôt les prisons furent remplies d'un grand nombre de personnes suspectes de zèle et d'attachement pour la faction ennemie ; on les y laissait périr de faim et de misère, on traînait leurs cadavres à la voirie, on refusait le baptême à leurs enfants, on abandonnait à la main du bourreau tous les prisonniers de guerre, sans distinction de grade et de naissance ; en un mot, la vengeance n'avait plus de bornes.

Les Armagnacs, maîtres des principaux postes des environs de la capitale (1411), croyaient que la disette allait leur livrer cette ville ; mais le duc de Bourgogne accourut à la tête d'une armée fortifiée de l'élite des troupes anglaises. Il est étonnant que ce prince, maître par lui-même, ou par ses frères et alliés, des deux Bourgognes et des dix-sept provinces des Pays-Bas, disposant des forces, de l'argent et de l'autorité du roi, ait cru ne pouvoir vaincre qu'à l'aide des ennemis éternels de la France. Quoi qu'il en soit, il attaqua les postes des Armagnacs et s'ouvrit, l'épée à la main, le chemin de la capitale, où il entra en triomphe.

Les ducs d'Orléans et de Bourbon et le comte d'Armagnac continuèrent le blocus de Paris ; mais, battus en détail, sans vivres, sans fourrages et sans argent, il leur fallut se résoudre à une retraite précipitée ; leur armée était tellement fondue, découragée, épuisée de fatigues et de maladies, que le duc de Bourgogne aurait achevé de la détruire s'il l'eût poursuivie.

Cependant il s'agissait d'exécuter l'arrêt qui proscrivait tant de princes, de seigneurs et de citoyens ; les paysans dont les moissons, les vignes, les arbres fruitiers avaient été arrachés et les cabanes détruites, accoururent en foule sous les étendards du duc de Bourgogne ; la faim et le ressentiment en firent des soldats, dont les brigandages ne furent pas moins odieux que ceux des Armagnacs : on se battait de part et d'autre, moins pour vaincre et dominer que pour détruire et égorger. Le duc de Bourbon, attaqué dans le Bourbonnais par le bâtard de Savoie et ce même Viry, autrefois vaincu et châtié par son père, les repoussa avec beaucoup de valeur ; mais il perdit le comté de Clermont en Beauvoisis, le Beaujolais et la principauté de Dombes ; le corps d'armée qu'il avait envoyé au secours des deux dernières provinces fut battu ; un nouveau désastre mit le comble à toutes ces calamités.

Il avait fait transférer du château de Clermont à celui de Monceaux dans le comté d'Eu, loin du théâtre de la guerre, ses trois fils, dont l'aîné n'avait que dix ans ; il était d'autant plus rassuré sur leur destinée, que le château de Monceaux passait pour imprenable ; mais il éprouva bientôt qu'il n'existe point d'obstacles insurmontables à l'héroïsme lorsqu'il est inspiré par la piété filiale.

Le duc d'Orléans avait conçu une haine implacable contre le sire de Croï, l'un des plus nobles et des plus illustres vassaux du duc de Bourgogne, accusé d'avoir assisté au conseil secret dans lequel avait été résolu l'assassinat de son père : il n'avait cessé de tendre des embûches au sire de Croï, et enfin s'était rendu maître de sa personne, au mépris de la foi publique, et dans le temps que ce seigneur, chargé d'une commission du roi, allait trouver le duc de Berry ; l'infortuné vieillard fut traîné au fond d'un cachot et appliqué à la question avec tant de barbarie, que les ongles lui tombèrent des pieds et des mains ; il allait expirer dans les supplices ou dans sa prison, s'il n'eût donné le jour à un héros. Le jeune Croï, laissant à sa famille les pleurs et les vaines supplications, forma le projet de périr ou de sauver son père ; le succès justifia son audace : il surprit Monceaux et enleva les trois princes de Bourbon, dont la tête lui répondait de celle de son père. A la nouvelle de ce malheur, la duchesse de

Bourbon tomba évanouie et mourante ; le duc n'avait pas le cœur moins déchiré ; il écrivit au duc d'Orléans pour le conjurer de rendre la liberté au sire de Croï. Le duc d'Orléans s'était joué de toutes les instances du roi et du dauphin en faveur du prisonnier ; mais comment rejeter celles de Bourbon, qui avait tout sacrifié pour lui ? Croï fut rendu à son fils et les jeunes princes à leur mère ; leur intrépide ravisseur acquit une gloire nouvelle en les traitant avec autant d'humanité et de respect que son père avait été traité avec cruauté.

La guerre continuait ; c'était la même fureur, le même archarnement. Le duc de Bourgogne, après quelques succès, avait laissé le commandement de la principale armée à Jacques de Bourbon, comte de la Marche. Le comte se flattait de porter bientôt les derniers coups à la faction des Armagnacs. Mais, surpris avec l'avant-garde de son armée, enlevé dans son lit au Puiset en Beauce, il fut enfermé dans la grosse tour de Bourges, où il se vit longtemps entre la vie et la mort. Les Armagnacs menaçaient tous les jours le duc de Bourgogne d'user de représailles à l'égard de leur prisonnier, s'il continuait d'arroser les échafauds du sang des leurs pris à la guerre ; le Bourguignon porta l'ingratitude jusqu'à préférer le plaisir de la vengeance au salut de son ami ; il ne fit point cesser ses sanglantes exécutions ; mais les Armagnacs n'eurent point l'horrible fermeté de livrer au supplice un prince du sang.

Cependant la faction était aux abois ; il fallait se résoudre à tomber aux pieds de l'oppresseur ou sortir du royaume. Les princes, dans cette perplexité, tournèrent leurs regards vers l'Angleterre, dont l'appui avait été si utile à leurs ennemis : ils enchérirent sur les avantages que le duc de Bourgogne avait prodigués à cette puissance, et ne rougirent point d'acheter des secours funestes au prix de tous les sentiments de l'honneur et du patriotisme. Le duc de Berry, oncle du roi, le duc d'Orléans son neveu, le duc de Bourbon son cousin germain, le comte d'Alençon, tous les chefs en un mot, excepté le comte d'Armagnac, reconnurent Henri IV d'Angleterre pour leur souverain.

Ce traité, monument éternel de l'infamie des grands de ce siècle, n'eut pas plus tôt transpiré, qu'il mit le comble à l'indignation du peuple contre les Armagnacs ; il avait pourtant approuvé dans le duc de Bourgogne ces liaisons criminelles qu'il condamnait alors avec tant de justice ; Jean-sans-Peur profita de la haine publique pour traîner en campagne le roi, presque toujours en démence, le dauphin, la noblesse et les communes ; l'oriflamme fut déployée, comme s'il eût été question de marcher contre les Anglais eux-mêmes ou contre les Sarrasins.

Le projet du duc de Bourgogne (1412) était d'accabler ses ennemis avant qu'ils eussent le temps de se reconnaître ou d'appeler à leur secours le nouveau souverain qu'ils venaient de se donner ; trois corps d'armée partirent en même temps pour envelopper dans leurs domaines le duc d'Orléans et les comtes d'Alençon et d'Armagnac, pendant que lui-même, à la tête de plus de cent mille hommes, marchait sur Bourges, pour écraser la ligue dans son centre.

Le duc de Berry s'était renfermé dans la capitale de son apanage avec le sire d'Albret, dépouillé de la charge de connétable, et deux mille hommes d'armes ; la résolution que prit le duc de Bourbon de voler au secours de son beau-père avec quatre cents hommes d'armes sauva peut-être le parti ; le duc de Berry, âgé de plus de soixante-douze ans, n'avait jamais eu de réputation à la guerre ; malgré ses titres et ses campagnes, Albret manquait de génie et d'autorité : toutes les espérances des confédérés résidaient en la personne de Bourbon. Ce prince les justifia par un plan de défense sage et réfléchi ; il évacua toutes les petites places de la province, excepté Dun-le-Roi, pour concentrer toutes ses forces dans Bourges ; il donna le gouvernement de Dun-le-Roi à Hector de Bourbon, l'un de ses frères naturels, qui, à l'âge de vingt-un ans, s'était couvert de gloire en Italie, sous les ordres du maréchal de Boucicaut ; il lui associa dans le commandement Henri d'Ast, vieux chevalier, dont la prudence devait guider son courage. Hector soutint bravement les attaques de l'armée royale ; mais une seule pièce d'artillerie, appelée la *griote*, qui lançait des pierres de la grosseur d'une meule de moulin, ayant réduit en poudre les remparts de sa place, il fut contraint de se rendre à discrétion. Il aurait péri sur un échafaud comme tant d'autres, si le roi ne lui eût fait grâce de la vie, malgré le duc de Bourgogne.

Cet échec, loin d'abattre la fermeté du duc de Bourbon, excita de plus en plus sa vigilance et son courage ; il ne se vit pas plus tôt assiégé, qu'il ordonna ou conduisit lui-même, et cela tous les jours, de grandes sorties, qui coûtèrent la vie à un grand nombre de braves chevaliers. Sa valeur néanmoins contribua peut-être moins au salut du parti que l'imprudence du duc de Bourgogne ; ce prince se croyait si sûr d'emporter Bourges, qu'il négligea de l'investir exactement ; les assiégés conservèrent longtemps deux portes libres, à la faveur desquelles ils recevaient des vivres, des munitions et des secours de toute espèce ; ce ne fut qu'au bout de deux mois que Jean-sans-Peur s'aperçut de ses fautes et les répara : mais les maladies répandues dans l'armée royale avaient déjà emporté deux princes du sang, Pierre de Navarre comte de Mortain, et Gilles de Bretagne, plus de douze cents chevaliers et un nombre infini de soldats ; d'un autre côté les assiégés manquaient de vivres et de fourrages.

Les maladies contagieuses s'étaient communiquées du camp à la ville ; en se voyant exposés au fléau, le roi, le dauphin et les princes se rapprochèrent, la paix fut conclue. Le duc de

Bourgogne céda d'autant plus volontiers au vœu général, qu'il formait le projet de surprendre, à la faveur du traité, les chefs des Armagnacs échappés aux hasards de la guerre, et de les égorger tous à la fois. La descente des Anglais en Normandie, au nombre de huit mille combattants, ne contribua pas peu à la réunion de la maison royale ; tel était le mépris profond de cette poignée d'étrangers pour le nom français, qu'elle exerçait indifféremment toute sorte de ravages sur les domaines de l'une et de l'autre faction ; on avait vu les Armagnacs et le duc de Bourgogne armer jusqu'à trois cent mille hommes pour venger leurs querelles particulières, et quand il s'agissait de l'honneur de l'état et de la fortune des citoyens, ils avaient le courage glacé et les bras engourdis ; il fallut acheter la retraite des Anglais au prix de deux cent soixante mille écus, dont le duc d'Orléans se déclara redevable envers eux ; il leur livra le comte d'Angoulême, son frère, en qualité d'otage ; on vit alors, comme toujours, l'Anglais trafiquer de tous les événements, conduire en triomphe à Londres le troisième prince du sang, que suivait un riche butin, puissante amorce pour entreprendre de nouvelles incursions en France.

Cependant le duc de Bourgogne s'affermissait de jour en jour dans la résolution de se défaire en même temps du duc de Berry, du duc d'Orléans, du duc de Bourbon et du comte de Vertus ; il avait choisi la ville d'Auxerre pour être le théâtre de ce nouveau forfait, qu'il voulait exécuter sous les yeux du roi, du dauphin et des grands de l'état, assemblés pour être les témoins de son entière réconciliation avec la maison d'Orléans. Mais, en s'ouvrant de cet exécrable projet à Jacqueville et à Des-Essarts, les ministres ordinaires de ses fureurs, le dernier pâlit et frémit ; le duc de Bourgogne s'en aperçut ; il feignit de renoncer à un dessein dont l'exécution souffrait après tout de grands obstacles : Des-Essarts, qui connaissait l'intrépide scélératesse du Bourguignon, fit avertir secrètement les princes de ne se rendre à Auxerre qu'avec des forces capables de les faire respecter. Ils parurent avec deux mille hommes d'armes.

Cette entrevue d'Auxerre n'est célèbre dans l'histoire que par la dissimulation profonde des chefs de l'un et de l'autre parti : les ducs d'Orléans et de Bourgogne se donnèrent en spectacle au public, montés sur le même cheval ; on les voyait s'entretenir avec la même gaieté que si le crime de Jean-sans-Peur n'eût pas mis entre eux une barrière éternelle ; mais les habits de deuil que le duc d'Orléans affectait de porter encore démentaient ces apparences de réconciliation. Le duc de Bourgogne se méprit si peu aux vrais sentiments du duc d'Orléans, qu'il essaya encore une fois de le faire périr avec le duc de Berry, le duc de Bourbon et le comte de Vertus : ils ne se dérobèrent au poignard qu'en se retirant dans leurs domaines.

Le caractère sombre, artificieux et redoutable du duc de Bourgogne n'avait point échappé à la sagacité du dauphin ; aussi ce jeune prince prenait-il des mesures pour purger le royaume du duc de Bourgogne (1413) ; mais celui-ci souleva contre le dauphin son gendre la populace de Paris, et surtout le corps formidable des bouchers.

Il n'y eut point d'insultes et d'outrages dont ces forcénés ne chargèrent l'héritier du trône ; il se vit réellement leur prisonnier. La captivité de la famille royale livra Paris au joug le plus honteux et le plus barbare dont il soit fait mention dans l'histoire ; chaque jour éclairait de nouveaux meurtres et de nouvelles proscriptions. Le prévôt Des-Essarts périt pour n'avoir été scélérat qu'à demi ; le duc de Bourgogne, dont il n'avait pas exécuté les complots sanglants contre les ducs de Berry, d'Orléans et de Bourbon, le livra au supplice.

Le dauphin eut enfin recours aux ducs d'Orléans et de Bourbon ; la destinée déplorable de l'héritier de tant de rois les affligeait vivement. Recourir à la force des armes, c'était exposer les jours du dauphin ; ils prirent le parti de négocier. Le duc de Bourgogne, ne pouvant plus mettre de frein à la licence et à l'audace de la multitude qu'il avait déchaînée, consentit au traité de Pontoise, qui devait affranchir la famille royale de tant d'indignités ; mais les bouchers, maîtres de la capitale, s'opposèrent à l'exécution du traité.

Un tel excès de témérité souleva contre les bouchers tous les citoyens de Paris qui conservaient encore quelques étincelles d'honneur et de patriotisme ; ils prirent les armes, au nombre de trente mille, et marchèrent, sous les auspices du dauphin, contre les oppresseurs de l'état, qu'ils dissipèrent en un moment. C'était là l'instant de livrer à la rigueur des lois le Bourguignon, abandonné de ses complices ; mais les ducs de Bavière et de Bar, qui, le lendemain, sans cette révolution, devaient porter leurs têtes sur un échafaud, n'eurent pas même le courage d'user de représailles contre le tyran qui les avait couverts d'insultes et d'ignominies ; le nouveau Catilina sortit tranquillement de Paris, après avoir essayé, mais en vain, d'enlever le roi.

Sa retraite fut le triomphe de la faction des Armagnacs si longtemps menacée de sa ruine : on vit accourir à Paris tous les chefs de ce parti, qui furent reçus comme les vengeurs de la famille royale ; au pillage, aux proscriptions, aux meurtres succédèrent les bals, les tournois, les jeux et les spectacles. De tous les grands du royaume, le duc d'Orléans et le duc de Bourbon étaient ceux qui fixaient le plus les regards de la nation ; l'histoire nous les représente comme beaux, bien faits, enjoués, remplis de douceur, de courtoisie et d'aménité. Il fallait que la nature eût gravé dans leurs cœurs ces excellentes qualités en caractères ineffaçables, puisqu'elles n'avaient pu être altérées par la contagion de l'exemple, dans ces guerres horribles dont la description fait frémir. C'était à qui des deux

rivaux de gloire signalerait le plus sa magnificence, son adresse
et sa galanterie ; à qui inventerait les fêtes les plus agréables.
Les Parisiens auraient perdu dans l'ivresse des spectacles
jusqu'au souvenir de leurs maux, si les brigands, dont le
royaume était inondé, n'eussent intercepté les relations du
commerce et l'abondance. Ils coururent en foule vers le roi,
pour le prier de confier à la valeur de Bourbon la conduite
de la guerre contre les compagnies ; ils offraient de servir à
leurs dépens sous les étendards de ce prince, dont ils admiraient les grâces et la générosité. Il ne faut pas regarder cette
démarche extraordinaire des Parisiens comme l'excès d'un
vain enthousiasme : le duc de Bourbon était de tous les chefs
des Armagnacs celui qui avait fait éclater le plus de courage
et de fermeté dans la dernière guerre ; lui seul avait sauvé le
parti du naufrage, en arrêtant toutes les forces du royaume
devant Bourges ; il justifia les vœux du peuple et le choix du
roi en conduisant avec succès une milice bourgeoise contre
des armées de brigands aguerris et déterminés.

Avant de rendre compte de ses exploits, il nous faut jeter
les yeux sur les infortunes et les succès de Louis de Bourbon,
comte de Vendôme.

Pendant que les deux puissantes factions d'Armagnac et de
Bourgogne remplissaient la France de débris et de carnage,
les lois étaient sans vigueur, les grands et le peuple sans frein ;
on ne connaissait, dans toute l'étendue du royaume, d'autre
empire que celui des passions, d'autre Dieu que l'intérêt.
Dans ce désordre universel, le comte de Vendôme éprouva
que, lorsque les fondements du trône sont une fois ébranlés,
les princes du sang ne sont pas plus à couvert de la violence
et de l'oppression que le vulgaire des hommes. Catherine de
Vendôme, comtesse douairière de la Marche, était morte en
1412 ; elle avait partagé les grands biens dont elle était
héritière de son chef entre Jacques de Bourbon, comte de

la Marche, son fils aîné, alors prisonnier de guerre à la grosse tour de Bourges, et Louis de Bourbon ; l'aîné avait eu le comté de Castres en Languedoc, et l'autre le comté de Vendôme, dont il portait le titre.

Le comte de la Marche n'eut pas plus tôt été élargi par le traité de Bourges, qu'il fut transporté de jalousie et d'indignation en voyant son frère puîné si richement partagé ; il leva un corps de troupes, fondit sur le Vendômois, surprit son frère et le renferma dans une affreuse prison.

Telle était la réputation d'honneur et de courage du comte de Vendôme, que son sort excita la compassion de tout le monde ; les chefs des deux factions s'empressèrent de le servir à l'envi les uns des autres ; le roi et le dauphin s'expliquèrent en maîtres et sommèrent son oppresseur de lui rendre la liberté. Le comte de la Marche méprisa les prières et brava les menaces ; loin d'être en état de punir tant de témérité, le monarque et son fils, devenus le jouet et la proie des bouchers de Paris, avaient besoin eux-mêmes d'appui et de protection : on commençait à désespérer de la liberté de Vendôme, lorsque le comte de la Marche, ne pouvant plus résister au cri de la nature et du remords, fit lui-même ouvrir les portes de la prison de son frère, l'embrassa et lui rendit ses domaines et son amitié.

Vendôme avait fait vœu, dans sa prison, de visiter en pèlerin les célèbres églises de Notre-Dame de Chartres et de Saint-Denis en France, s'il recouvrait la liberté ; il s'acquitta de ce vœu avec une grande piété ; on le vit se rendre à l'église de Chartres, nu-pieds et en chemise, portant un cierge du poids de cinquante livres ; il était suivi de cent officiers ou domestiques qui, dans le même état de pénitence et d'humiliation, se prosternèrent avec lui au pied du principal autel et offrirent, après lui, un cierge d'un poids inférieur ; le prince délivra ensuite à l'évêque et aux chanoines un acte authentique par lequel il se reconnaissait vassal de la sainte Vierge et redevable d'une rente de soixante-treize livres d'or à l'église épiscopale consacrée au culte de son auguste patronne. Il se dirigea ensuite vers l'église de Saint-Denis, où il renouvela la cérémonie de Chartres avec le même éclat et la même ferveur. Arrivé à la cour, il y fit admirer sa sagesse et sa retenue; il ne laissa pas échapper une seule plainte contre l'auteur de ses maux ; les ducs d'Orléans et de Bourbon, dont l'autorité prévalait alors dans le royaume, conçurent de lui une si haute idée, qu'ils le firent pourvoir en même temps de la charge de grand-maître de France, et de la surintendance générale des maisons du roi, de la reine et du dauphin.

Cependant (1413) le duc de Bourbon purgeait l'Ile-de-France, l'Orléanais, le Berry, la Touraine, le Maine et l'Anjou des troupes de brigands qui infestaient ces provinces; il les poursuivit, à la tête des Parisiens, jusque dans le Poitou, où le comte de la Marche, revenu à de meilleurs sentiments, le joignit avec un corps d'hommes d'armes. Bourbon, malgré ses succès, croyait n'avoir rien fait tant que les Anglais demeureraient maîtres de la ville de Soubise dont ils s'étaient emparés à la faveur des troubles du royaume. Ni l'approche de l'hiver, ni la faiblesse de ses troupes, ni les remontrances du conseil de guerre ne purent l'arrêter; il donna ordre au maréchal de Heilly d'approcher de Soubise avec une escadre et de bloquer cette place alors très-importante ; lui-même, prenant le temps qu'une partie de la garnison anglaise, officiers et soldats, s'étaient rendus à Bordeaux pour réclamer leur solde, il se présente devant Soubise. Le gouverneur, étonné d'une attaque si imprévue, le fit souvenir du traité d'alliance qu'il avait signé quelque temps auparavant avec l'Angleterre; le duc répondit que les temps n'étaient plus les mêmes, que les Français, désormais unis, ne connaissaient plus d'autres ennemis que ceux de la patrie; le signal de l'assaut suivit de près cette réponse ; les troupes se portèrent avec tant de courage sur les traces d'Hector de Bourbon, que la ville fut emportée ; trois cents Anglais furent tués et autant faits prisonniers.

Le retour de Bourbon à travers ces mêmes provinces qu'il venait de délivrer du fléau du brigandage ; son entrée à Paris, au milieu des applaudissements et des bénédictions du peuple sauvé de la disette par sa valeur, excitaient dans son âme les transports de la joie la plus pure ; mais le spectacle d'une cour dépravée y fit bientôt succéder l'inquiétude. Le dauphin semblait ne tenir les rênes de l'état, pendant la maladie du roi, que pour en achever la ruine ; les revenus du royaume étaient abandonnés aux corrupteurs de sa jeunesse, aux ministres de ses débauches. Dans un moment de passion et de colère, il voulut même livrer au duc de Bourgogne le parti dont il était appuyé, l'état et lui-même ; il lui écrivit de sa propre main et le conjura de venir à son secours avec une armée. La reine découvrit ce mystère ; elle arrêta, avec l'assistance des princes Armagnacs, les confidents de son fils, qui l'entretenaient dans ses écarts ; elle l'éclaira lui-même sur le bord du précipice, et en obtint de nouveaux ordres au duc de Bourgogne pour lui défendre de sortir de ses états.

Ce prince feignit de regarder ces ordres comme un effet de la contrainte et de la violence ; déjà il s'était mis en route, malgré les rigueurs de l'hiver, pour délivrer, disait-il, le roi et le dauphin de la captivité où ils étaient détenus : partout le peuple, dont il plaignait la misère, le recevait avec transport ; la Picardie entière lui fut livrée, et Paris aurait eu le même sort, sans le duc de Bourbon, qui fit entrer un corps de troupes dans la capitale ; les Armagnacs, à l'aide de ce secours, continrent la multitude et repoussèrent le duc de Bourgogne, dont l'entreprise échoua.

Les Armagnacs, jugeant que le temps était enfin arrivé d'accabler leur ennemi, obtinrent un arrêt de proscription, par lequel le duc de Bourgogne, petit-fils de France, était déclaré traître, parjure, assassin, brigand, faux monnayeur, perturbateur du repos de l'état, tyran, oppresseur de la famille royale et criminel de lèse-majesté.

Cependant (1414) la France entière s'ébranlait pour traiter Jean-sans-Peur en coupable échappé au glaive de la justice ; l'infortuné monarque, jouet éternel des passions, de l'audace et du délire, parut à la tête de plus de deux cent mille combattants ; il était accompagné du dauphin, des ducs d'Orléans et de Bourbon, des comtes d'Alençon, d'Eu et de Vendôme, et du connétable d'Albret ; mais c'était le comte d'Armagnac qui dirigeait la conduite et les opérations de la guerre. La campagne fut ouverte par le siége de Compiègne. Hector de Bourbon, qui mêlait la galanterie à la valeur, fit avertir le brave Lannoy, gouverneur de la place, qu'il lui porterait le mai le premier jour du mois de ce nom ; son défi fut accepté : Lannoy l'attendit à la porte de Pierre-Fond avec l'élite de ses troupes ; Hector parut bientôt à la tête de deux cents hommes d'armes, la lance d'une main et de l'autre une branche d'aubépine. L'action fut d'autant plus vive que les combattants eurent pour spectateurs presque tous les assiégeants et les assiégés ; le chef des royalistes eut son cheval tué sous lui ; il ne dut la liberté, et peut-être la vie, qu'à son extrême vigueur ; on se retira sans que la victoire se fût déclarée pour l'un ou l'autre parti. Lannoy, après une belle défense, rendit la place ; au lieu de payer de sa tête l'honneur d'avoir arrêté toutes les forces du royaume, il obtint une capitulation honorable.

De Compiègne l'armée marcha sur Soissons : c'était Enguerrand de Bournonville, le plus déterminé capitaine de la faction bourguignonne, qui défendait cette ville ; sa garnison, composée d'Anglais, de Picards et de Bourguignons, paraissait vouloir s'ensevelir avec lui sous les ruines de la place. Ce siége fut mémorable ; il coûta la vie à un grand nombre de chevaliers ; mais il n'y en eut aucun dont la perte fut plus regrettée que celle d'Hector de Bourbon : les circonstances de sa mort ajoutaient encore à la douleur des troupes. Bournonville, dans une sortie, avait battu et dispersé tout ce qui s'était présenté à lui ; Hector de Bourbon vola au secours des siens ; à demi armé, il fit des prodiges de valeur qui étonnèrent les deux partis. Il avait repoussé la garnison jusqu'à une redoute qui couvrait une des portes de la ville ; il se disposait à la forcer, selon quelques écrivains, et, selon d'autres, il conférait avec Bournonville, lorsqu'un archer du gouverneur lui lâcha un trait qui l'atteignit à la gorge ; on le transporta dans sa tente, où il expira le lendemain, à l'âge de vingt-trois ans.

Le duc de Bourbon jura d'immoler aux mânes de son frère Bournonville, à la perfidie duquel il attribuait sa mort ; l'armée partageait son ressentiment. Dès le lendemain les troupes montèrent à l'assaut en plein jour. Le duc, impatient de signaler sa vengeance, se fait apporter une échelle et parvient le premier au haut de la brèche ; il en fut renversé d'un coup de flèche et précipité dans le fossé, d'où on le retira presque mourant ; sa blessure mit le comble à la fureur des soldats, qui enfin emportèrent la place : elle fut abandonnée à tout ce que le pillage, le viol, l'incendie, les profanations et les sacriléges ont de plus odieux ; à peine le vainqueur excepta-t-il du carnage un petit nombre de familles qui rachetèrent leur vie au prix de tout ce qu'elles possédaient. Bournonville, percé de coups, n'échappa point au supplice. On traita avec la même cruauté les officiers anglais qui l'avaient aidé à soutenir ce siége.

Cette terrible exécution répandit la terreur et la consternation dans toute la Picardie, dont les villes se rendaient sans être assiégées. Déjà Bourbon, rétabli de sa blessure, poursuivait, avec l'avant-garde de l'armée, le duc de Bourgogne en Artois et même en Flandre ; il ne rebroussa chemin que pour attaquer le Veau de Bar, général bourguignon, qui conduisait à son maître un corps de quinze cents lances ; il le joignit au passage du Pont-à-Merbe ; ce fut plutôt une déroute qu'un combat : Bourbon enfonça les Bourguignons du premier choc et prit le général ennemi avec cinq cents hommes d'armes ; le reste périt dans les marais ou fut assommé par les paysans du pays de Liége. Cette victoire fut célébrée à Paris par des feux de joie, des processions, des danses et des concerts publics.

Le duc pressait déjà Bapaume avec tant de vigueur, que Ferry de Hangest, qui commandait dans la place, le supplia de lui accorder une trêve, à l'expiration de laquelle il promettait d'ouvrir les portes de la ville, s'il n'était secouru. Le duc y consentit d'autant plus volontiers, qu'il était persuadé que le duc de Bourgogne hasarderait une bataille plutôt que de perdre une forteresse si importante. Depuis douze ans que Bourbon commandait les armées, il ne s'était point encore fait armer chevalier, tant il avait une haute idée de cette dignité ; ce qui montre d'autant plus de grandeur d'âme dans ce prince, que la chevalerie était alors prodiguée aux jeunes militaires, souvent dès leur première campagne : cependant à la veille d'une bataille qu'il regardait comme inévitable, Bourbon crut ne devoir pas différer plus longtemps de recevoir l'accolade ; c'était une espèce de vœu de sa part de vaincre ou de mourir ; mais le duc de Bourgogne n'eut garde d'exposer ses troupes découragées à l'événement d'une bataille décisive ; il donna ordre au gouverneur de Bapaume de rendre la place.

L'armée victorieuse marcha sur Arras ; le duc de Bourgogne

avait jeté dans la place une armée qui était sa dernière ressource. En effet, les Flamands étaient disposés à se soumettre
au roi dès qu'il paraîtrait sur leurs frontières : ainsi c'était
du siége d'Arras que dépendait le salut ou la perte de Jean-
sans-Peur. Le jour même que les Français décampaient de
Béthune , le roi tomba dans un nouvel accès de frénésie :
l'autorité suprême se trouva de nouveau dévolue au dauphin.
Ce prince léger et inappliqué avait pourtant assez de lumières
pour sentir qu'il n'était pas de son intérêt d'accabler le duc
de Bourgogne , à moins qu'il n'écrasât en même temps la
faction des Armagnacs. Comme il n'avait ni assez de résolution ni même assez de puissance pour exécuter un tel dessein, il résolut de ne pas laisser périr le duc de Bourgogne,
pour s'en servir un jour contre le parti victorieux et dominant,
qui le tenait en quelque sorte en tutelle. — Malgré ses résolutions, Arras aurait été pris et le duc de Bourgogne chassé
de ses états, si les Armagnacs eussent eu autant d'ordre et de
discipline que de courage et d'animosité ; mais la multitude
des chefs nuisait aux opérations de la campagne ; le connétable, dont l'autorité à la guerre aurait dû éclipser celle de
tous les princes, était à peine écouté ; le duc de Bourbon et
le comte d'Armagnac s'étaient fièrement arrogé, pendant toute
la campagne, les plus brillantes fonctions de sa dignité ; ils
avaient commandé l'avant-garde, dont la conduite lui appartenait incontestablement. Ils exercèrent au siége d'Arras le
même empire ; ils choisirent pour eux les postes les plus
exposés et par conséquent les plus honorables au delà de la
Scarpe, pendant qu'ils faisaient camper le roi, le dauphin, le
duc d'Orléans, les comtes de Vertus, d'Alençon, de Vendôme
et le connétable lui-même en deçà de cette rivière. C'est donc
le duc de Bourbon et le comte d'Armagnac que l'histoire doit
rendre responsables des fautes qui furent commises au siége
d'Arras ; ils montrèrent la même impéritie que le duc de

Bourgogne avait montrée à celui de Bourges : ils négligèrent d'investir entièrement Arras, dont la garnison conserva deux portes libres, à la faveur desquelles elle reçut des secours de toute espèce.

Pendant six semaines que dura le siége, Jean de Luxembourg, gouverneur de la place, fit tout ce qu'on pouvait attendre d'un général habile ; il donna le temps au duc de Bourggone de prodiguer l'intrigue et l'argent, pour se délivrer du péril ; on combattait, on négociait, sans savoir à quoi aboutiraient tant de mouvements. Cependant le duc de Bourbon, jaloux de la gloire de son nom, avait fait venir du collége au camp, Jean de Bourbon, l'un de ses frères naturels, pour remplacer le brave Hector de Bourbon ; il lui donna la conduite de quatre mille chevaux, à la tête desquels Jean de Bourbon fut porter la terreur et le ravage dans toute l'étendue du comté de Saint-Paul, dont le seigneur, de la maison de Luxembourg, avait refusé de porter les armes contre le duc de Bourgogne ; au retour de cette expédition, Jean envoya un cartel au camp des ennemis, par lequel il défiait au combat de la lance quatre gentilshommes bourguignons ; le sire de Cottebrune, depuis maréchal de Bourgogne, accepta le défi avec joie ; le champ de bataille fut ouvert aux portes de Lens, en présence d'un nombre infini de spectateurs : avant le combat, le sire de Cottebrune, l'un des hommes les plus grands et les plus robustes de son siècle, fit venir des lances proportionnées à sa taille et à ses forces ; mais en jetant les yeux sur l'ennemi qu'il avait à combattre qui n'était qu'un enfant âgé de seize ans, il en choisit de plus courtoises (plus légères) ; les huit champions entrèrent en lice et combattirent avec beaucoup de valeur. Jean de Bourbon fournit ses courses et rompit la lance avec autant de grâce que d'adresse ; il se retira sans être blessé, ainsi que son adversaire ; deux de leurs seconds ne furent pas si heureux, ils reçurent des coups dangereux ; tout s'acheva de part et d'autre avec beaucoup d'honnêteté ; Jean fit des présents au brave Cottebrune et en reçut de lui.

Mais ces combats, si glorieux aux particuliers, n'accéléraient point la prise d'Arras : les maladies répandues dans le camp enlevaient tous les jours un grand nombre d'officiers et de soldats ; cependant les troupes étaient si nombreuses, que les attaques se succédaient sans relâche ; les Armagnacs auraient volontiers sacrifié jusqu'au dernier homme de guerre, pour perdre le duc de Bourgogne ; le danger devint si grand et si manifeste, que ce prince crut n'avoir plus d'autre parti à prendre que d'implorer la clémence du vainqueur.

C'était là où le dauphin l'attendait ; il lui accorda la paix, et il en dicta les conditions ; elles furent dures et humiliantes ; mais le duc de Bourgogne devait regarder comme un bienfait signalé de pouvoir vivre et régner encore. Sa ruine et sa dégradation paraissaient si certaines que le duc d'Orléans et le duc de Bourbon ne pouvaient se résoudre à jurer l'exécution d'un traité qui dérobait ce fameux criminel à la rigueur des lois ; le dauphin employa les prières et les caresses pour vaincre l'opiniâtreté du premier ; mais il éclata en reproches et en menaces contre le duc de Bourbon, qu'il ne jugeait pas suffisamment autorisé, par la mort de son père, à témoigner un ressentiment si vif et si implacable ; ils cédèrent enfin l'un et l'autre à l'autorité du dauphin, appuyée des suffrages de presque toute l'armée, lasse d'une guerre si funeste.

Le dauphin, impatient d'aller jouir à Paris de l'honneur de la victoire et des effets de sa clémence, avait donné ordre aux troupes de décamper le 6 de septembre ; la nuit qui précédait le départ, le feu prit à un des quartiers du camp établi en deçà de la Scarpe, et se communiqua aux autres avec tant de violence et de rapidité, que les tentes, les bagages, un grand nombre de chevaux, de malades et de prisonniers périrent dans l'incendie ; ce ne fut pas sans peine qu'on sauva le comte d'Alençon et le roi lui-même. Le duc de Bourbon campait au delà de la Scarpe ; il fut saisi d'horreur et de compassion en jetant les yeux sur ce vaste incendie qui embrassait l'espace de plus de deux lieues ; persuadé que c'est l'ouvrage de la perfidie d'un ennemi à peine réconcilié, il rassemble son corps de troupes et va se présenter aux portes d'Arras, pour en contenir la garnison ; les comtes d'Armagnac et d'Eu, le duc de Bar, imitèrent son exemple et passèrent cette nuit fatale sous les armes ; ils ne décampèrent que le lendemain en ordre de bataille, pour couvrir et protéger les troupes fugitives, qui ne se crurent en sûreté que lorsqu'elles furent parvenues sur les frontières du royaume : l'artillerie, les machines de guerre, les équipages des princes et des généraux, en un mot, toutes les richesses du camp, furent abandonnés et devinrent la proie de ces mêmes Bourguignons qui, deux jours auparavant, s'étaient vus à la veille de tomber entre les mains des Armagnacs.

Les deux factions étaient enfin désarmées ; mais quand même les passions qui avaient excité de si violents orages se seraient éteintes dans les larmes et le sang de tant de malheureux, la démence presque continuelle du roi, la jeunesse fougueuse et imprudente du dauphin, le pouvoir, l'audace et l'ambition des grands, n'étaient que trop capables d'enfanter de nouvelles scènes d'infortune et de dévastation ; on voyait partout germer de nouvelles semences de haine et de discorde ; peu s'en fallut que la faction des Armagnacs, qui jusqu'alors avait paru si unie, ne fût ensanglantée par un schisme funeste ; le duc de Bourbon et le comte d'Alençon furent sur le point de s'égorger pour une question de préséance.

Dans une monarchie où la loi fondamentale appelle nécessairement au trône chaque prince de la maison royale, selon l'ordre de sa naissance, la préséance semblait appartenir incontestablement au comte d'Alençon, issu d'un frère de Philippe de Valois; mais chez nos braves et imprudents aïeux le cérémonial ne fut, jusqu'aux états de Blois de 1577, qu'une source intarissable de divisions et de querelles : l'anarchie féodale avait consacré des usages absurdes, des prétentions extravagantes; on avait plus d'égard à la dignité des fiefs qu'à l'éclat du sang; les chefs des branches puînées précédaient, dans la maison royale, les cadets des branches aînées; on venait de voir le duc de Bretagne, l'un des derniers princes du sang, contester le pas au duc d'Orléans, qui en était le premier, sous le motif de la priorité de sa pairie : c'est en vertu du même principe que le dernier duc de Bourbon s'était maintenu toute sa vie en possession de la préséance sur la branche d'Alençon; après la mort de ce prince puissant et respecté, le comte d'Alençon réclama les droits de sa naissance; il fut statué que la préséance lui serait alternative avec le duc de Bourbon : cette décision ne fut pas capable de contenir deux princes également fiers et braves; le roi prit enfin le sage parti d'égaler les titres des deux rivaux, en érigeant Alençon en duché-pairie. La France compta alors dans son sein sept ducs et pairs, tous issus de la maison royale, les ducs d'Orléans, d'Anjou, de Berry, de Bourgogne, d'Alençon, de Bourbon et de Bretagne.

Ce ne fut pas sans peine que le duc de Bourbon céda; mais enfin on lui fit oublier, à la tête d'une armée, des prétentions fausses et injustes : il acheva de délivrer les provinces méridionales des brigands à qui la misère mettait sans cesse les armes à la main; il contint aussi en Guienne les Anglais, dont les mouvements et la rapacité se manifestaient de plus en plus aux dépens de la frontière.

Les succès de Bourbon, à la guerre, lui méritaient moins la faveur de la cour que sa galanterie et sa magnificence; chaque jour il inventait, de concert avec le duc d'Orléans,

de nouvelles fêtes, des spectacles de toute espèce, pour capti-
ver la bienveillance de la reine, toujours infatigable de jeux et
de plaisirs. La France présentait alors le contraste le plus
douloureux ; d'un côté, le tableau de la misère et du désespoir, de l'autre, celui du luxe et de la prodigalité ; partout la
dissolution et le brigandage. Isabelle de Bivière, dont les
ducs d'Orléans et de Bourbon flattaient, avec tant de soin,
les penchants voluptueux, partageait avec eux, par reconnaissance, l'autorité et le commandement ; ils étaient les
arbitres des grâces et des bienfaits royaux, les dispensateurs
de la puissance suprême.

Une situation si fortunée ne remplissait pas toute l'étendue
des vœux de Bourbon ; à peine échappé aux périls d'une
guerre intestine qui avait été portée jusqu'au comble de la
férocité, ce prince, qui ne se croyait né que pour se battre et
jouir, s'en préparait de nouveaux, uniquement par une vaine
ostentation de courage, et pour éviter l'oisiveté : l'amour
romanesque d'une maîtresse était à nos chevaliers ce que le
noble enthousiasme de la patrie était aux guerriers de la
Grèce et de Rome ; plein de l'esprit de son siècle, Bourbon
s'associa seize chevaliers ou écuyers, d'une valeur et d'une
galanterie éprouvées, à la tête desquels il fit vœu de passer
en Angleterre et de combattre à outrance tous les chevaliers
qui se présenteraient avec la lance, l'épée, la dague et la hache
d'armes. Peut-être ne sera-t-on pas fâché de voir les motifs de
cette entreprise, regardée alors comme héroïque, et aujour-
d'hui comme extravagante ; ils sont consignés dans les fameuses lettres de défi qu'il fit publier dans toute l'Europe.

« Nous Jehan, duc de Bourbonnois, comte de Clermont,
» de Foix et de l'Isle, seigneur de Beaujeu, pair et chambrier
» de France, désirant échiver oisiveté et explecter notre
» personne, en avançant notre honneur par li metier des
» armes, pensant y acquerir bonne renommée et la grâce

» très-belle de qui nous sommes serviteurs, avons nagueres
» voüé et empris que nous, accompagnés de seize autres
» chevaliers et ecuïers de nom et d'armes (*il nomme ici ses*
» *compagnons*), porterons en la jambe senestre chacun un fer
» de prisonnier, pendant à une chaîne qui seront d'or pour
» les chevaliers et d'argent pour les écuïers, tous les diman-
» ches de deux ans entiers, commençant le dimanche prochain
» après la date de ces présentes, au cas que plus tôt ne trouve-
» rons pareil nombre de chevaliers et écuïers de nom et
» d'armes, que tous ensemblement nous veuillent combattre
» à pié jusqu'à outrance, armés chacun de tel harnois qu'il
» lui plaira, portant lance, hache, épée et dague, ou moins
» de bâton de telle longueur que chacun voudra avoir, pour
» être prisonniers les uns des autres, par telle condition que
» ceux de notre part qui seront outrés, soient quittes en
» baillant chacun un fer et chaîne pareils à ceux que nous
» portons, et ceux de l'autre part qui seront outrés, chacun
» pour un bracelet d'or aux chevaliers, et d'argent aux écuïers,
» pour donner où leur semblera. Item, seront tenus nous duc
» de Bourbonnois, quand nous irons en Angleterre ou devant
» le juge qui sera accordé, de le faire savoir à tous ceux de
» notre compagnie qui ne seront pas deçà et de bailler à nos-
» dits compagnons telles lettres de monseigneur le Roi qui
» leur seront nécessaires pour leur licence et congé. Fait à
» Paris, le 1ᵉʳ janvier 1414. »

Pendant que le duc de Bourbon s'efforçait de donner un
nouvel éclat à la gloire de la chevalerie française, il était
menacé de perdre la liberté et même la vie. Le dauphin ne
pouvait pardonner à la faction des Armagnacs le degré de
puissance et d'autorité où elle était parvenue; il prit des
mesures pour l'anéantir; mais ce qui rendait la conspiration
terrible, c'est que le duc de Bourgogne la dirigeait et la conduisait du fond de ses états. Les conjurés, partie courtisans

et partie bourgeois, ayant le dauphin à leur tête, devaient fondre la nuit du 1er au 2 février sur les Armagnacs, les emprisonner ou les égorger; un mauvais prêtre s'était chargé d'ouvrir cette scène de meurtres et de brigandages en sonnant les cloches de Saint-Eustache. Les ducs d'Orléans et de Bourbon n'eurent avis du projet fatal que quelques heures avant l'exécution; ils le prévinrent avec autant de courage que de sagesse; d'abord ils gagnèrent le marguillier de Saint-Eustache, qui ferma le clocher et empêcha l'homme vendu au Bourguignon de sonner le tocsin; ils marchèrent ensuite, dès l'entrée de la nuit, au Louvre où demeurait le dauphin, et s'en emparèrent; ils établirent aux portes du château de gros corps de gardes, ainsi que dans les principaux postes de la ville; de là ils firent arrêter chez eux les principaux conjurés qui n'attendaient que le signal pour remplir la ville de carnage; ils étaient presque tous confidents et compagnons de débauches du dauphin. Le jeune prince ne put soutenir les regards des ducs d'Orléans et de Bourbon qu'il avait trahis si lâchement; il se déroba de la capitale sous prétexte d'aller visiter le château de Mehun-sur-Yerre en Berry, dont le duc de Berry lui avait fait présent pour n'en jouir qu'après sa mort.

La reine et les princes se rendirent de leur côté (1415) à Melun qui devint le théâtre des fêtes, de la galanterie et des spectacles; telle était la fureur d'Isabelle de Bavière pour ces vains et ruineux amusements, qu'au milieu des guerres intestines, des calamités et des complots, elle ne pouvait s'empêcher de s'abandonner à tous les excès du luxe et du faste. Cependant la retraite du dauphin ne laissait pas que de troubler les plaisirs de cette reine corrompue; elle craignait que son fils, de concert avec le duc de Bourgogne, n'allumât le feu d'une nouvelle guerre civile, et ne la dépouillât, les armes à la main, de l'autorité dont elle faisait un abus si criminel; elle prit le parti de ramener le dauphin à force de prières et de caresses. Le prince, feignant de ne pouvoir plus résister à la voix de la nature, promit à sa mère d'aller la trouver à Corbeil; mais le jour même qu'il était attendu par la reine, environnée de tous les princes armagnacs et d'une cour pompeuse, il entra à Paris, dont il se rendit maître; il envoya ordre sur-le-champ aux ducs de Berry, d'Orléans, d'Alençon et de Bourbon de se retirer dans leurs domaines; il se fit ensuite ouvrir tous les trésors de la reine et s'en empara; il ne ménagea pas davantage le duc de Bourgogne, son beau-père; il chassa la dauphine, princesse dont la vertu égalait les charmes : maître de l'état et de lui-même, le dauphin s'applaudissait au sein de la débauche d'avoir enfin écarté les censeurs de sa conduite, les usurpateurs de l'autorité royale.

Tel était le prince que la destinée de la France opposait à l'ennemi le plus redoutable qu'elle ait jamais eu à combattre. Henri V, roi d'Angleterre, jetait des regards avides sur le royaume affaibli et déchiré; il croyait faire grâce aux Valois en ne réclamant sur eux que la Guienne dans toute son étendue, et la Normandie; il exigeait encore plus qu'il ne la recherchait l'alliance de Catherine de France, avec une dot de deux millions d'or. On aurait dû sans doute ne répondre à tant d'orgueil que les armes à la main; mais les grands n'avaient alors de vigueur que pour s'entr'égorger.

Dans ces circonstances funestes, Louis de Bourbon, comte de Vendôme, homme sage et éclairé, crut qu'il n'y avait d'autre parti à prendre que de sacrifier quelques petites portions de la monarchie pour en sauver le corps; guidé par son zèle, il fit divers voyages à Londres pour persuader au monarque anglais de modérer ses prétentions. Henri lui donna de grandes espérances; Vendôme aurait sans doute réussi, sans les nouvelles perfidies du duc de Bourgogne, qui encourageait secrètement le roi d'Angleterre à une invasion en France. Les préparatifs des Anglais devinrent si publics, qu'on résolut dans le conseil du roi de tenter un dernier effort pour conjurer l'orage. Vendôme partit à la tête d'une ambassade magnifique, composée de l'archevêque de Bourges, de l'évêque de Lisieux, des sires d'Ivry et de Braquemont et du secrétaire Col; la suite du prince était de quatre cents chevaux; il plaida auprès de Henri la cause de l'humanité; mais ni l'offre des petites provinces de la Guienne, qui appartenaient à la France, du Limousin dans toute son étendue, ni celle de madame Catherine avec une dot de neuf cent mille florins, ne touchèrent l'ambitieux monarque; il commença la guerre.

A peine le comte de Vendôme eut annoncé à la cour qu'il fallait combattre, qu'on vit paraître à l'embouchure de la Seine une flotte ennemie de seize cents vaisseaux de guerre ou de transport; elle portait Henri V, ses trois frères et cinquante mille combattants. On avait tellement négligé la marine en France, qu'on ne put opposer à un armement si formidable qu'une escadre de neuf vaisseaux. Jean, bâtard de Bourbon, la commandait; il n'avait jamais servi sur mer; vaincu aussitôt qu'attaqué, il perdit deux vaisseaux et en sauva sept; il débarqua avec son équipage et fit presser en vain le connétable d'Albret, qui rassemblait une armée en Normandie, de marcher au secours de Harfleur, dont la garnison arrêtait toutes les forces du roi d'Angleterre. — Cependant le dauphin, chargé du gouvernement, se trouvait dans une perplexité d'autant plus accablante, que presque toutes les troupes étaient entre les mains des deux puissantes factions qui partageaient le royaume; on ne pouvait les réunir dans un même camp, sans les exposer à s'égorger l'une l'autre; il fallait pourtant choisir l'une des deux, pour lui confier la défense de l'état. Le dauphin, moins effrayé des prétentions des Armagnacs que de l'audace et de l'ambition du duc de Bourgogne, les manda à son secours. Le Bourguignon se plaignit qu'on ne lui eût pas confié l'honneur de repousser l'ennemi qu'il avait appelé ; il se confirma de plus en plus dans la résolution de livrer le royaume à l'étranger, plutôt que de le voir gouverné par les Armagnacs.

Henri V avait enfin acheté la conquête de Harfleur au prix de vingt mille hommes, emportés pour la plupart par une dyssenterie épidémique ; cette cruelle maladie avait réduit le reste de son armée à une si triste situation, qu'il ne pensait plus qu'à retourner en Angleterre ; mais une tempête qui s'éleva tout à coup, écarta et brisa presque tous les vaisseaux de sa flotte ; les vivres et les munitions de guerre lui manquèrent, et il ne lui resta d'autre parti à prendre que de chercher un asile à Calais, à travers la Normandie et la Picardie, inondées de troupes françaises. Une marche secrète et précipitée le porta jusque auprès du gué de Blanquetaque, si célèbre par le passage d'Édouard II, son bisaïeul ; il espérait le franchir avec le même succès ; mais la défaite de la garnison de Calais, qui devait lui faciliter le trajet, déconcerta ses projets ; il se remit en route pour chercher un gué moins périlleux, à la source de la Somme ; les marches et les contre-marches, qu'il dut faire par la nécessité de chercher des vivres et d'éviter les Français, achevèrent d'épuiser ses troupes.

Il était suivi de près par le maréchal de Boucicaut, le bâtard de Bourbon, et Brebant qui, avec un détachement de quinze cents hommes d'armes, ne quittaient presque pas ses traces : ils lui tuèrent ou prirent un grand nombre de traînards et de malades. Il est constant que, si le connétable d'Albret, les ducs d'Orléans, de Bourbon et d'Alençon eussent harcelé les Anglais, chacun à la tête d'une division, à l'exemple de ce qui s'était passé sous Charles V, il ne se serait pas échappé un seul homme de cette multitude d'étrangers.

En effet, les Anglais étaient en proie aux maux les plus destructeurs, la fatigue, la nudité, la faim et les maladies ; pendant plus de douze jours, ils n'eurent d'autre perspective que la mort ou la prison ; ils auraient succombé sous le poids de tant de souffrances, sans le courage invincible de Henri V, qui les soutenait par son exemple ; enfin, ils arrivèrent à la source de la Somme, au delà de Saint-Quentin ; ils y trouvèrent les débris d'un pont que les habitants de Saint-Quentin s'étaient chargés de défendre et qu'ils avaient démoli et abandonné ; les Anglais s'en saisirent et passèrent la Somme avec tant de précipitation et de désordre, qui, si Boucicaut et le bâtard de Bourbon fussent survenus, ils les eussent entièrement défaits.

L'ennemi n'était pas en sûreté, et cependant toutes les fautes réunies de l'ignorance, de l'indiscipline et de la présomption le laissèrent détruire une armée de plus de soixante mille Français campés auprès d'Azincourt.

C'était le connétable d'Albret qui la commandait ; général sans génie, sans prévoyance et sans fermeté, il se conduisit comme s'il eût entrepris de livrer à l'Anglais ses troupes et sa patrie.

Au lieu de choisir un champ de bataille dans les vastes plaines que la Picardie offrait de tous côtes à ses regards, il posta l'armée entre une petite rivière et un bois, dans une espèce de gorge marécageuse et presque inondée, où il eut peine à ranger mille hommes de front ; les troupes françaises, séparées en trois corps, occupaient à la suite les unes des autres une si vaste étendue de terrain, qu'on les eût prises pour trois armées différentes. Le connétable plaça à l'avant-garde huit mille hommes d'armes et quatre mille archers, l'élite des troupes françaises ; il en prit le commandement avec les ducs d'Orléans et de Bourbon, les comtes d'Eu et de Richemont, princes du sang : aux deux ailes de ce corps paraissaient d'un côté le comte de Vendôme, et de l'autre le prince Louis de Bourbon-Préaux, chacun à la tête de mille hommes d'armes ; le connétable en avait confié cinq cents à Brebant et autant à Saveuse, pour prendre les Anglais en flanc, par les villages d'Azincourt et de Trémecourt. A quelque distance de l'avant-garde, s'offrait le corps de bataille aux ordres du duc d'Alençon, plus loin l'arrière-garde ; mais on était si persuadé que ces deux corps n'auraient aucune part à l'action, que tout ce qu'il y avait de seigneurs à l'armée vint tumultueusement planter ses bannières auprès de celles du connétable et des ducs d'Orléans et de Bourbon, pour avoir part à l'honneur de la victoire : le connétable était lui-même si fier de ses avantages, qu'il dédaigna de se servir de son artillerie contre un ennemi qui n'avait à lui opposer que des flèches, des haches d'armes et des massues plombées.

Il est bien étonnant qu'aucun des chevaliers français (un Boucicaut, un Bourbon, par exemple, qui avaient de la réputation à la guerre) ne s'aperçût des dispositions absurdes du connétable ; elles n'échappèrent pas à un officier anglais, qui, étant venu reconnaître l'armée française, jugea de l'événement au premier coup d'œil. « Sire, s'écria-t-il en retour-» nant à bride abattue à son maître, il y en a assez pour être » tués, assez pour être faits prisonniers, assez pour prendre » la fuite.»

A ces mots, Henri s'avança pour observer lui-même la contenance des Français ; mais, malgré les promesses de l'officier et son intrépidité naturelle, il ne put s'empêcher de frémir en considérant ces trois armées consécutives, sur le ventre desquelles il fallait nécessairement marcher pour gagner Calais ; l'envie de sauver ses sujets le détermina à une démarche peut-être la plus héroïque qu'il ait jamais faite ; il demanda la paix aux mêmes conditions qui lui étaient offertes six mois auparavant ; il rendait Harfleur, cette conquête qu'il avait achetée si cher. Albret et Boucicaut qui se rappelaient le souvenir des batailles de Crécy et de Poitiers, inclinaient à la paix; mais la présomption décida du sort de la France; les princes, jeunes, fougueux et emportés, rejetèrent avec mépris des avances qu'ils regardaient comme arrachées par la peur; le faible d'Albret céda, selon sa coutume, à l'orgueil de la naissance et du rang; il fallut combattre.

Le roi d'Angleterre, à pied, ayant sa bannière devant lui, se présenta le premier au combat avec ses archers : on ne saurait croire combien cette milice , aussi encouragée en Angleterre qu'avilie et méprisée en France, déploya d'intrépidité, de sang-froid et d'adresse; elle ne perdait pas un coup au milieu de cette multitude entassée plutôt que rangée en bataille, dans un poste aussi resserré.

Cette avant-garde si maltraitée s'ébranla enfin et se précipita sur l'ennemi, malgré les difficultés du terrain détrempé d'eau et de boue; il n'y eut guère que la première ligne, à la tête de laquelle combattaient le connétable, les ducs d'Orléans et de Bourbon, comme nos grenadiers d'aujourd'hui, qui eût la liberté de lever le bras et de frapper ; elle fit tout ce qu'on pouvait attendre de la valeur la plus déterminée ; elle écarta les archers anglais , et renversa le corps d'hommes d'armes qui les soutenait, dont elle tua environ seize cents; cette ligne seule eût peut-être gagné la bataille, sans l'excès d'indiscipline qui caractérisait alors presque tous nos guerriers. Le connétable avait destiné, comme on a vu, deux corps de cinq cents hommes d'armes chacun sous les ordres de Brebant et de Saveuse, pour prendre l'ennemi en flanc, par les villages d'Azincourt et de Trémecourt; c'était les mettre à portée de contribuer à la victoire plus qu'aucune autre troupe; mais ces guerriers indociles n'en jugèrent pas ainsi : jaloux de combattre avec les princes au premier rang, ils osèrent pour la plupart se dispenser d'exécuter l'ordre du général. Saveuse seul le remplit avec trois cents hommes ; il fut tué, et sa petite troupe effrayée se sauva à travers l'avant-garde dont elle rompit l'ordonnance ; l'épouvante se communique en même temps que le désordre ; le corps entier s'abandonne à la fuite, excepté la première ligne et les deux ailes commandées par le comte de Vendôme et Louis de Bourbon-Préaux.

Le roi d'Angleterre, à qui rien n'échappait, montre aux siens l'avant-garde française qui fuyait ; il les exhorte à fondre sur la poignée de combattants qui restait encore sur le champ de bataille ; les Anglais ne lui donnent pas le temps d'achever ; ils tombent sur cette première ligne incertaine et chancelante, ils l'ouvrent et la défont entièrement : tout ce qui la composait, princes, généraux, seigneurs, est tué ou pris ; le vainqueur poursuit le reste de l'avant-garde, qui déjà entraînait dans sa fuite le corps de bataille ; il y eut autant de Français d'étouffés que de tués. Le duc d'Alençon forma alors la résolution de sauver la France ou de périr. Il s'élance au milieu des vaincus et des vainqueurs, et s'ouvre un chemin jusqu'au roi d'Angleterre, tue à ses côtés le duc d'York, et porte un coup de sabre à la tête du monarque même dont il mit la couronne en pièces ; il levait le bras pour en porter un plus terrible, lorsque, prévenu par Henri, il tomba lui-même, expirant à ses pieds. L'histoire ancienne et moderne n'offre point de mort plus glorieuse que celle de ce brave duc d'Alençon.

L'arrière-garde française n'eut pas même le courage de soutenir les regards des Anglais ; jamais déroute ne fut accompagnée de plus de honte et d'infamie : l'action ne dura pas une heure, et en un si court espace de temps il y eut plus de dix mille hommes de tués et seize cents de pris ; le nombre des prisonniers eût été trois fois plus grand, si, au milieu de l'action même, Henri n'en eût fait égorger une grande quantité; son avarice n'épargna que les princes et les seigneurs dont il espérait une riche rançon.

Cette journée fut surtout funeste aux princes et à cette noblesse sans frein et sans discipline qui, depuis sept ans, remplissaient la France de carnage et de deuil, et qui, deux heures auparavant, avaient mis le comble à ses calamités, en rejetant un traité avantageux.

De neuf princes du sang qui combattaient à Azincourt, il y en eut quatre qui arrosèrent de leur sang le champ de bataille, le duc d'Alençon, le duc de Brabant, le comte de Nevers, frères du duc de Bourgogne, et le prince Louis de Bourbon-Préaux; cinq tombèrent au pouvoir du vainqueur, le duc d'Orléans, le duc de Bourbon, les comtes de Vendôme, d'Eu et de Richemont; le connétable et presque tous les chefs des plus illustres maisons du royaume périrent en ce jour fatal.

Malgré cette horrible perte (1415) la France était sauvée et même vengée, s'il fût resté quelques étincelles d'honneur et de génie au duc de Bourgogne; il campait à quelques lieues du champ de bataille avec une armée leste et florissante : il ne tenait qu'à lui de fondre sur les Anglais victorieux, à la vérité, mais exténués, languissants, manquant de tout, ayant à peine la force de se traîner, il les eût exterminés jusqu'au dernier; mais il laissa échapper le roi d'Angleterre, qui rentra en triomphe à Londres, avec ses illustres prisonniers.

Cependant la faction ennemie que le duc de Bourgogne croyait ensevelie dans les plaines d'Azincourt, lui opposait le comte d'Armagnac; ce fut à qui de ces deux hommes mettrait le comble aux maux de l'état.

Pendant que la France gémissait sous le poids de tant de crimes et de calamités, les princes du sang, prisonniers à Londres, députaient au vainqueur le duc de Bourbon pour traiter de la paix; il fit des offres si avantageuses, que le roi d'Angleterre, à qui d'ailleurs la journée d'Azincourt n'avait pas valu la conquête d'un seul village, permit à Gaucourt de passer en France, pour déterminer le conseil à la paix ou du moins à une longue trêve. Le duc de Berry et le roi de Sicile consentaient à des sacrifices pour briser les fers de tant de prisonniers; mais le comte d'Armagnac, qui, en qualité de connétable, de premier ministre et surtout de génie supérieur, gouvernait le royaume, rejeta le plan de pacification; il ne désespérait pas, avec les forces délabrées de la monarchie, de repousser en même temps les Anglais et les Bourguignons.

Peu s'en fallut que le succès ne couronnât ses vues; il avait pris l'administration de l'état, sans trouver, pour ainsi dire, un seul vaisseau dans les ports, et déjà une flotte puissante, rassemblée par ses soins en France, en Castille et à Gênes, portait l'étonnement et la terreur sur les côtes d'Angleterre; le bâtard de Bourbon la commandait avec le vicomte de Narbonne et Robinet de Braquemont; après avoir tenu quelque temps les Anglais incertains de ses projets, il revira de bord et vint bloquer Harfleur, que le connétable assiégeait par terre, Henri désespérait du salut de sa conquête; il offrait de la remettre en séquestre aux mains de l'empereur Sigismond de Luxembourg qui s'était érigé en arbitre entre les deux nations; le connétable rejeta la proposition.

Henri V fit alors partir sa flotte sous les ordres du duc de Clarence, son frère. La bataille s'engagea le 25 août; les Français, après une longue résistance, cédèrent à la supériorité des équipages anglais. Le bâtard de Bourbon, toujours vaincu, mais jamais dompté, rallia les débris de sa défaite dans les ports de Bretagne, et retourna bloquer Harfleur. Le roi d'Angleterre fut obligé d'équiper une seconde flotte, dont il donna le commandement au comte d'Huttington; le bâtard l'attaqua avec valeur; on prétend qu'il aurait remporté la victoire, sans la lâcheté ou peut-être la trahison de quelques capitaines étrangers, qui l'abandonnèrent au plus fort du combat : Jean de Bourbon tomba au pouvoir des ennemis et alla augmenter à Londres le nombre des généraux français prisonniers de guerre. Ce revers détruisit toutes les espérances du connétable, qui enfin abandonna le siége de Harfleur. Le roi d'Angleterre, dans l'orgueil de ses succès, forma le dessein de subjuguer la France.

A la vue des préparatifs de Henri V, le duc de Bourbon et ses compagnons d'infortune tremblèrent pour la destinée de la monarchie. Ils essayèrent d'arrêter le jeune monarque par l'appât d'un traité avantageux ; le duc de Bourbon, chargé de la négociation, employa la dissimulation : il flatta Henri, même dans ses prétentions à la couronne de France, et le conjura de les borner à la possession de quelques provinces ; il offrait de les lui faire céder, s'il voulait lui permettre de passer en France, ajoutant qu'en cas de refus il se regarderait dès lors comme dégagé du serment de fidélité qu'il avait fait au roi Charles, et qu'il le reconnaîtrait en qualité de son souverain : les autres prisonniers confirmèrent des promesses si insensées et s'engagèrent à les remplir dans toute leur étendue.

Henri ne balança pas ; le duc de Bourbon entreprit le voyage de France ; il échoua dans son projet ; il retourna en Angleterre, bien résolu de s'exposer à tout le ressentiment du vainqueur plutôt que de le reconnaître pour son roi. Le monarque anglais, persuadé que Bourbon n'avait entamé cette négociation insidieuse que pour donner le temps à la France de lui résister, le fit renfermer au château de Pomfret, aussi bien que les autres prisonniers de guerre (1416).

Cependant la Normandie, abandonnée à elle-même, subissait le joug de l'Angleterre ; le comte d'Armagnac, égorgé misérablement à Paris avec ses plus illustres partisans, laissa le royaume dans une situation désespérée : le poignard, en délivrant la France des attentats du duc de Bourgogne, la soumit presque entièrement au roi d'Angleterre, qui devint en même temps gendre de Charles VI et régent du royaume, en attendant que la mort de son beau-père l'en rendît maître absolu.

Ces révolutions portaient le désespoir dans l'âme des princes prisonniers. Le duc de Bourbon paya jusqu'à trois fois une rançon de cent mille écus, pour être à portée de défendre l'état ; il vendit de riches domaines, le comté de Lille-en-Jourdain, la baronnie de Calvinet en Languedoc, la seigneurie de Vinzelles et d'autres terres : mais il éprouva le même sort que Louis II, duc de Bourbon, son aïeul ; les Anglais touchèrent son argent et resserrèrent ses liens. Henri V, arrêté dans sa carrière par une mort prématurée, ordonna, en rendant le dernier soupir, de n'élargir les ducs d'Orléans et de Bourbon que lorsque son fils serait paisible possesseur de la monarchie française.

Bourbon succombait de jour en jour sous le poids de l'ennui et de la douleur ; les Anglais profitèrent de son affaissement pour lui offrir la liberté aux conditions les plus odieuses ; ils exigeaient qu'il reconnût Henri VI en qualité de son légitime souverain ; qu'il lui livrât les principales places du Bourbonnais, de l'Auvergne, du Forez et autres domaines, et qu'il payât une nouvelle rançon de cent mille écus. Le duc eut la faiblesse de consentir à ce traité (1430). La facilité avec laquelle il se prêta aux exigences du vainqueur donna de violents soupçons contre sa bonne foi ; on serait tenté de croire que ce prince qui avait été trois fois la victime de la fraude et de l'avidité, ne voulait être libre à quelque prix que ce fût que pour faire éclater son ressentiment et sa vengeance contre la nation qui l'avait si indignement trompé : quoi qu'il en soit, le comte de Clermont, fils aîné de ce prince, n'eut garde de sacrifier des places importantes ; il était de la destinée du duc de Bourbon de mourir dans les fers ; il paya le tribut à la nature à Londres, en 1433, à l'âge de cinquante-trois ans. Ses restes furent d'abord inhumés dans l'église des Carmes de Londres, et dix-huit ans après transportés au prieuré de Souvigny en Bourbonnais. On ne connaît de lui d'autre fondation que celle du monastère des Cordeliers de Montluçon. Marie de Berry, son épouse, ne lui survécut pas longtemps ; elle mourut en 1434. Il en eut Charles Ier, duc de Bourbon, Louis mort jeune, et Louis de Bourbon, comte de Montpensier, surnommé le Bon, auteur de la première branche de Bourbon-Montpensier. Jean Ier laissa aussi cinq enfants naturels.

De tous les princes de la branche de Bourbon en âge de porter les armes, le comte de la Marche fut le seul qui ne combattit point à la bataille d'Azincourt ; le plus grand intérêt, celui d'une couronne, appelait alors en Italie ce prince inquiet, brave, ambitieux et inconstant. Ladislas, dernier roi de la première branche d'Anjou qui avait conquis Naples et la Sicile, et donné des souverains à la Hongrie et à la Pologne, était mort à la fleur de son âge. Il laissait pour héritière de ses états la fameuse Jeanne II ou Jeannelle (1414). — Jeanne, âgée de quarante-quatre ans, veuve d'un duc d'Autriche, peu partagée des dons de la beauté et de l'esprit, n'estimait dans les courtisans dont elle était environnée que la jeunesse et la beauté ; elle portait le cynisme jusqu'à faire trophée de ses galanteries : celui qui disposait alors du sort de Jeanne et de ses sujets s'appelait *Pandolphe Alope* ; elle l'avait élevé à la dignité de grand chambellan.

Cette princesse jouissait non-seulement du royaume de Naples et du comté de Provence, mais encore de presque tous les états du pape, de Rome surtout, et d'une partie de la Toscane : ses troupes étaient nombreuses et aguerries, ses généraux estimés ; sa puissance, en un mot, paraissait iné-branlable. Et cependant tout échappait à ses faibles mains, les conquêtes de Ladislas, comme les forces militaires. Cédant enfin aux plaintes et aux vœux de ses sujets qui désiraient un roi dont la main ferme et vigoureuse contînt les ennemis au dehors et au dedans de l'état, elle se montra disposée à un second mariage. L'infant d'Aragon, le prince de Galilée, frère du roi de Chypre, le duc d'York, premier prince du sang d'Angleterre, et le comte de la Marche, veuf depuis peu de l'infante Éléonore de Navarre, se mirent sur les rangs : le comte de la Marche eut le malheur d'obtenir la préférence (1415).

C'était le favori de la reine, Pandolphe Alope, qui, plus ambitieux que tendre, avait fait valoir le plus à la reine les qualités du comte ; il se flattait que Jacques de Bourbon, issu, à la vérité, de la plus noble maison souveraine d'Europe, mais fort éloigné du trône en France, se trouverait trop heureux d'être l'époux de la reine avec de grandes richesses, et qu'il lui abandonnerait la conduite de l'état ; il persuada à la reine de ne conclure son mariage avec le prince qu'à condition qu'il se contenterait de la principauté de Tarente et du titre d'administrateur du royaume. Le comte ne pouvait se résoudre à quitter la France, à moins que ce ne fût pour régner ; mais les députés des principaux barons du royaume, qui avaient accompagné les ambassadeurs de Jeanne, le pressèrent d'accepter tout d'abord la main de la reine, en lui promettant de le proclamer roi dès qu'il paraîtrait sur la frontière.

Le comte de la Marche traversa l'Italie, accompagné d'un grand nombre de gentilshommes français, avides de gloire et de fortune ; il parvint jusqu'au royaume de Naples, sans entendre parler de Jeanne, qui ne daigna pas envoyer un seul seigneur de sa cour au-devant de lui ; elle n'en agissait avec tant de hauteur envers son époux que pour l'accoutumer à ne se regarder que comme le premier de ses sujets. Cette politique était le fruit des conseils de Pandolphe Alope, qui, de concert avec le connétable Sforce, prétendait se maintenir en possession du gouvernement ; mais le comte de la Marche avait l'âme trop élevée pour se soumettre au joug honteux qui lui était préparé ; bientôt les circonstances le servirent presque au delà de ses vœux. — Jules-César de Capoue, comte de Hauteville, jaloux de la faveur d'Alope et de Sforce, forma le projet de détruire leur fortune en élevant celle du comte de la Marche ; il se mit en route, sans ordre de la reine, et vint au-devant du comte avec un grand nombre de barons et de gentilshommes ; il ne l'eut pas plutôt rencontré dans la plaine de Troja, qu'il se mit à crier avec toute sa suite : *Vive le roi Jacques !* Le comte, enchanté d'un début si agréable, le combla d'honneurs et de caresses : Hauteville lui découvrit toute l'infamie de la conduite de la reine ; il lui rappela la catastrophe sanglante du roi André, étranglé à Averse par ordre de Jeanne Ire, et lui prédit le même sort s'il entreprenait de gêner la reine dans ses plaisirs ; il termina cet entretien en l'exhortant à se saisir de l'autorité royale. A cette confidence, le comte de la Marche fut pénétré de douleur et de honte ; il fut tenté de rebrousser chemin ; mais l'éclat de la couronne l'avait tellement ébloui, qu'il sentit bientôt ses scrupules disparaître ; il continua sa route, résolu de régner ou de périr.

L'exemple du comte de Hauteville avait fait impression sur les barons ; ils paraissaient disposés à rendre au comte de la Marche les mêmes honneurs qu'il avait reçus de ce seigneur. La reine prit le parti alors d'envoyer au-devant de son époux le connétable Sforce avec presque tous les grands du royaume ; mais elle lui ordonna dans ses instructions de ne point rendre au comte les hommages réservés aux têtes couronnées. Sforce remplit sa mission avec beaucoup de hauteur. Dès qu'il fut à portée du comte de la Marche, il se fit annoncer par un héraut en qualité de connétable, et, sans descendre de cheval, il se contenta de s'incliner devant le prince, qu'il salua seulement du nom de comte : Jacques , outré de se voir traiter d'égal à égal par un paysan de la Romagne, ordonna aux comtes de Troja et de Saint-Ange, qui marchaient à sa droite, de ne point céder la place d'honneur au connétable. L'accueil que recevait le connétable, chef des armées, était une véritable disgrâce : il essuya d'ailleurs le plus cruel désaveu de la part des seigneurs qui l'accompagnaient. Ceux-ci se rendirent au château de Bénévent, où logeait Jacques, et le reconnurent solennellement en qualité de roi ; le seul Sforce fut inébranlable : il paya bien cher sa fierté. Le comte de Hauteville, qui le rencontra sur l'escalier, l'accabla de reproches sur sa naissance et son orgueil ; Sforce ne répondit qu'en mettant l'épée à la main ; on les arrêta, mais Hauteville fut élargi le jour même, et le connétable enfermé dans un cachot.

Jeanne n'apprit qu'avec étonnement le vœu général de tous les ordres du royaume en faveur de Jacques ; elle se soumit à son sort et ordonna aux élus de Naples de recevoir son époux aux portes de la ville , avec tous les honneurs dus au rang suprême. On lui présenta le dais, qu'il accepta ; il entra à cheval par la porte Capouane et se rendit au château Neuf, où la reine l'attendait avec les plus belles dames du royaume ; le grand sénéchal, suivi de tous les officiers du palais, s'avança au-devant de lui jusqu'au pont-levis ; il lui baisa les pieds et lui tint l'étrier pendant qu'il descendait de cheval. Arrivé dans la grand'salle du château , la reine se jeta dans ses bras et l'embrassa avec toutes les démonstrations de la tendresse et de la joie ; sur-le-champ l'archevêque de Naples les maria. Après la cérémonie, les deux époux , suivis des grands et des dames, passèrent dans la salle d'audience et s'assirent sur deux trônes qui leur étaient préparés. La reine, prenant alors Jacques par la main et se tournant vers les barons et les dames : « Voici, dit-elle, l'époux à qui je viens de donner

» l'empire sur ma personne ; je lui donne maintenant tout
» droit sur mon royaume; que tous mes sujets reconnaissent
» en lui leur souverain et lui obéissent. » A ces mots, la
salle retentit des cris ordinaires de « Vivent le roi Jacques et
» la reine Jeanne! » Le nouveau roi profita de son ascendant
pour exiger de son épouse un acte authentique, par lequel
elle l'associait non-seulement au rang suprême, mais lui
faisait don entre-vifs du royaume de Naples et du comté de
Provence, pour en jouir lui et ses héritiers, en cas qu'elle
n'eût point d'enfants.

Un présent si magnifique n'excita aucun sentiment de reconnaissance dans l'âme du roi ; dès le lendemain des noces,
les barons et les dames, rassemblés au palais pour participer
aux fêtes que l'usage consacrait, n'aperçurent dans les yeux
et sur le visage du prince que l'impression du dégoût, de la
tristesse et de la contrainte. Jacques, incapable de dissimuler,
chassa bientôt de la cour cette foule de seigneurs jeunes,
enjoués et bien faits, qui avaient fait les délices de la reine ; il
lui ôta tous ses officiers qu'il remplaça par des Français. En
prenant de justes précautions pour l'avenir, il devait au moins
pardonner à Jeanne ses anciens écarts ; mais le roi, toujours
extrême, fit arrêter Alope et arracha de lui, à force de tourments, l'aveu de ses liaisons criminelles avec la reine ; il lui
fit couper la tête. Sforce aurait éprouvé le même sort, si
Jacques n'eût craint une révolte de la part des troupes dont
ce grand capitaine était adoré.

Le roi n'attendait que l'aveu d'Alope pour se dispenser
d'observer envers sa femme les égards de la politesse et de
la décence ; peu jaloux d'avoir postérité d'une femme dis-
solue, il l'éloigna de sa table et de son lit, et la tint renfermée
dans son appartement, sous la garde d'un vieux gentilhomme
français, appelé Berlanger, qui ne la perdait de vue dans
aucun cas. Si Jacques s'en était tenu à cet excès de sévérité,

il aurait conservé la couronne , tant les déportements de la reine et de ses mignons avaient lassé et indigné tous les Napolitains. Mais il ne ménagea pas plus ses principaux sujets que son épouse ; persuadé qu'il avait tout fait pour eux en les affranchissant d'un joug infâme, il disposa de toutes les grandes charges du royaume en faveur des Français qui l'avaient suivi ; l'un d'eux, appelé Lordin de Saligny, obtint l'épée de connétable ; deux autres parvinrent à la dignité de grand chambellan et de grand sénéchal ; en un mot, grâces, emplois, pensions, bienfaits, tout fut prodigué à des étrangers qui n'avaient rendu aucuns services à l'état. Jacques ne semblait être roi que pour assouvir la cupidité et l'ambition de ses compatriotes.

C'est dans l'ingratitude , l'injustice et l'imprudence de ce prince qu'il faut chercher la vraie cause de ses malheurs. La honte du présent, la crainte de l'avenir, le ressentiment, agitaient tous les ordres de l'état, indignés de n'avoir secoué le joug des favoris que pour s'en imposer un beaucoup plus austère : les familles autrefois attachées au service de la reine, réduites à l'indigence depuis qu'elles avaient été éloignées du palais ; les jeunes seigneurs privés des fêtes continuelles et des bienfaits de Jeanne , faisaient retentir la ville de plaintes et de murmures ; la multitude , échauffée par les cris des mécontents , oublia les vices de la reine pour ne s'occuper que de ses infortunes. Un jour une grande foule de peuple accourut au palais, demandant à grands cris à voir sa souveraine ; l'espion de Jeanne, Jean Berlanger, eut beau représenter que la reine , enfermée avec le roi , ne voulait point être troublée ; les plus mutins déclarèrent qu'ils ne partiraient point sans avoir joui de sa présence. Le roi parut alors et déclara que, si le peuple demandait quelque grâce, il la lui accorderait aussi volontiers que la reine. « Nous n'en » voulons point d'autre, s'écria la multitude, sinon que vous

» traitiez notre souveraine avec l'honneur et le respect qui
» conviennent à l'héritière de tant de rois nos bienfaiteurs. »
Jacques, déconcerté, promit d'avoir égard aux prières du
peuple. — Le secrétaire du comte de Hauteville avait été
témoin de cette scène; il fut en informer son maître, qui alors
séjournait dans ses terres. Le comte de Hauteville était de
tous les barons du royaume celui qui avait conçu la haine la
plus mortelle contre le comte de la Marche; c'était lui qui le
premier l'avait proclamé roi; c'était lui qui lui avait découvert
les piéges dont il était menacé; en un mot, l'emprisonnement
de Sforce, le supplice d'Alope, l'humiliation et l'esclavage
de la reine, la puissance du roi, étaient en quelque sorte son
ouvrage : quels avantages avait-il retirés de tant de zèle et de
dévouement? un accueil affable et distingué, mais toujours
stérile. Emporté par son ressentiment, le comte de Hauteville
accourt à Naples, résolu de rendre la liberté et l'exercice du
pouvoir souverain à Jeanne. Il trouva le secret d'obtenir une
audience particulière de la reine ; il lui avoua qu'il était
l'auteur de l'état où elle était réduite, ajoutant qu'il ne s'était
rendu coupable que par un excès de jalousie contre Alope;
il conjura la reine de lui pardonner, et s'engagea par les
serments les plus sacrés à la rétablir sur le trône. Jeanne
craignait que Hauteville n'agît de concert avec le roi, pour
lui arracher ses secrets ; d'un autre côté, il n'y avait rien dont
elle ne fût capable pour sortir de sa prison ; mais, après avoir
hésité quelque temps, elle crut qu'il était plus sûr pour elle
de livrer le traître au ressentiment de son époux, dont elle
désarmerait peut-être la rigueur par ce sacrifice. Elle feignit
de s'abandonner sans réserve au zèle du comte, et lui avoua
qu'elle ne voyait plus en lui que son sauveur ; elle le pressa
de lui expliquer les moyens dont il prétendait se servir pour
lui rendre la liberté et la couronne ; elle finit en le laissant le
maître d'exiger le prix qu'il voudrait d'un tel service. Haute-

ville déclara qu'il avait résolu de tuer le roi. A cette proposition, la reine se récria d'abord avec horreur ; puis, s'adoucissant, elle insista sur les injures qu'elle avait reçues de son époux, et sur la dureté avec laquelle il gouvernait le royaume; enfin, elle l'exhorta à réfléchir sérieusement à son dessein ; elle le pria de la venir trouver au bout de trois jours, pour lui rendre compte des mesures auxquelles il s'arrêterait. — Mais Hauteville était à peine sorti du palais, que Jeanne envoya prier le roi de se rendre auprès d'elle : elle lui sauta au cou et le prévint par les démonstrations de la plus vive tendresse. Jacques fut saisi d'étonnement en apprenant de la reine la conspiration du comte de Hauteville, dont elle offrait de lui fournir la preuve de la propre bouche du traître, lorsqu'il viendrait prendre ses derniers ordres. Le roi renchérit sur les caresses qu'il avait reçues de sa femme ; il lui promit de la traiter désormais en épouse chérie.— Hauteville fut fidèle au rendez-vous; il expliqua en détail à la reine les moyens dont il prétendait se servir pour assassiner le roi. Jacques, caché derrière une tapisserie, conçut toute la grandeur du péril dont il venait d'échapper par l'adresse et l'amitié de la reine : le scélérat fut arrêté en sortant du palais et livré à la justice; il expia sur un échafaud la double trahison dont il s'était rendu coupable envers la reine et le roi. — Dès ce moment, Jacques traita son épouse avec honneur ; il lui rendit son lit et sa table ; mais il continua de la surveiller de près et de s'attribuer à lui seul l'exercice du pouvoir souverain dans toute son étendue; il n'en fit usage, comme auparavant, que pour combler les Français de grâces et de distinctions.

Une telle conduite ne pouvait manquer de soulever de nouveau une nation jalouse à l'excès des étrangers. Ottin Caraccioli et Annequin Mormile, issus de deux maisons également anciennes et illustres à Naples, formèrent le projet de profiter des dispositions de la noblesse et du peuple, pour rendre l'autorité suprême à la reine ; mais en travaillant avec chaleur aux intérêts de Jeanne, ils n'eurent garde de lui communiquer leurs projets. Ils agirent avec tant d'art et de secret, que l'imprudent Jacques n'eut pas le plus léger soupçon.

Tout tendait à la révolution (1416) ; les chefs étaient sûrs du concours de la noblesse et du peuple, lorsque le connétable de Saligny partit avec l'armée pour apaiser une sédition à Aquila ; Caraccioli et Mormile, résolus de profiter des circonstances, obtinrent de Jacques de permettre à la reine d'honorer de sa présence les noces d'un des principaux gentilshommes de la ville : Jeanne sortit du château Neuf, sur un char, environnée d'un grand nombre d'officiers et de domestiques français ; les rues étaient remplies de presque toute la noblesse et du peuple de Naples, accourus pour voir et saluer encore une fois leur souveraine. Jeanne lisait sur les visages l'intérêt qu'elle inspirait ; elle chercha à l'augmenter, en affectant une contenance triste et humiliée ; cependant elle passa la journée dans les fêtes. Le soir, en sortant avec son cortége, elle rencontra Caraccioli et Mormile qui, à la tête de presque tout le peuple, ordonnèrent au cocher de la conduire à l'archevêché. La reine seconda habilement les vues de ses libérateurs ; elle tendait les bras aux citoyens, en s'écriant sans cesse : « Au nom de Dieu, mes fidèles sujets, » n'abandonnez pas votre souveraine ; je remets entre vos » mains ma vie et mon royaume ! » Les cris et les menaces de la multitude avaient déjà dispersé la garde et les domestiques français de Jeanne. — Au bruit de la révolution, le roi abandonna précipitamment le château Neuf, où il n'y avait ni vivres ni munitions, pour se réfugier au château de l'Œuf ; il envoya sur-le-champ un courrier au connétable de Saligny, pour lui ordonner de venir à son secours avec l'armée. Pendant ce temps, la jeune noblesse se disposait à assiéger Jacques dans son asile ; mais elle fut arrêtée par les citoyens qui avaient le plus de sagesse et d'autorité ; ils craignaient que, si le roi tombait entre les mains d'une femme irritée et outragée, elle ne s'en défît, ou ne le confinât dans une prison perpétuelle, pour se livrer de nouveau à la débauche : on entama une négociation ; le roi s'y prêta d'autant plus volontiers, qu'il apprit que le connétable, qui accourait à son secours, avait été abandonné de son armée sur la route ; on convint que Jacques serait mis en possession de la principauté de Tarente et de quarante mille ducats de revenu ; qu'il conserverait toute sa vie le nom de roi, mais sans en remplir les fonctions ; que Jeanne exercerait seule et sans partage l'autorité souveraine ; que tous les Français retourneraient dans leur patrie, excepté un petit nombre dont le service était indispensable au roi ; que les deux époux vivraient ensemble au château Neuf. Jacques d'un côté, la reine de l'autre, jurèrent l'exécution de ces conditions. La ville de Naples se porta pour garante du traité, qui fut bientôt violé par la reine. A peine rétablie sur le trône, elle rassembla à la cour tout ce qu'il y avait de beau et de bien fait parmi la noblesse de ses états ; ses regards errèrent quelque temps sur Sergiani Caraccioli, Urbain Origlia, et Artus Pappacorda ; enfin elle donna la palme à Caraccioli, qu'elle honora de la dignité de grand sénéchal et de la place vacante dans sa faveur depuis le supplice d'Alope.

Caraccioli, maître absolu de la reine et du royaume, distribua tous les emplois, les pensions et les bienfaits, dont les Français venaient d'être dépouillés, en faveur de la noblesse qui avait le mieux servi la reine ; il acheta aux dépens du trésor royal une grande quantité de grains et de denrées qu'il fit vendre au plus vil prix ; son palais était ouvert à tous les citoyens. Cette conduite lui valut des applaudissements universels ; mais la destinée d'Alope, son prédécesseur, le faisait trembler, et pour se mettre à l'abri d'un sort aussi tragique, il exhorta Jeanne à faire arrêter le roi.

Il n'y avait sans doute que l'espérance d'une nouvelle révolution qui arrêtât à Naples le comte de la Marche; mais la reine le prévint. Un jour qu'ils soupaient ensemble, Jeanne lui reprocha de n'avoir pas encore exécuté l'article du traité qui l'obligeait de renvoyer les Français dans leur patrie. Jacques lui répondit avec beaucoup de modération qu'il était de l'équité de les récompenser de leurs services avant que de les faire partir; la reine, élevant la voix, s'écria qu'ils sortiraient tous du royaume malgré lui; le prince se leva de table, en jetant un regard d'indignation sur sa coupable épouse; il rentra dans son appartement, dont aussitôt les portes furent fermées; une garde, disposée par Caraccioli, s'en empara, et Jacques demeura prisonnier. Dès le lendemain parut un édit de la reine qui ordonnait aux Français, sous peine de mort, de vider le royaume dans l'espace de huit jours; ils partirent.

Jacques languit près de deux ans en prison, où Jeanne affecta de lui procurer tous les amusements dont un homme privé de la liberté est susceptible; elle ne laissait passer aucun jour sans lui rendre visite; souvent elle le servait elle-même à table avec toutes les démonstrations de la tendresse et de la soumission.

La fortune de Caraccioli était trop élevée pour ne pas irriter la jalousie des grands, devenus amis du roi depuis qu'il était malheureux; ils se plaignaient hautement que Jeanne se déshonorât par la honte de sa conduite; que cette honte de la reine rejaillissait sur la nation; que la ville de Naples surtout ne se laverait jamais du reproche d'injustice, si elle ne se hâtait de briser les fers du roi; qu'il y avait lieu de craindre que la France ne prît les armes pour venger l'affront fait à un prince du sang de ses rois. Mais la noblesse et le peuple, contenus par les bienfaits du favori, ne prenaient presque aucune part aux infortunes du prince.

D'ailleurs, la France était bien loin alors d'être redoutable. A défaut des armes, le roi de France, le roi de Navarre, Charles le Noble, dont le comte de la Marche avait épousé la fille en premières noces, et le duc de Bourgogne, employèrent les prières en faveur du prisonnier auprès du pape Martin V, qui promit de réconcilier Jacques avec son épouse et de les couronner ensemble ; mais sa vertu ne résista pas longtemps aux artifices et surtout aux largesses de Jeanne ; elle lui restitua le château Saint-Ange, Ostie, Civita-Vecchia et toutes les conquêtes de Ladislas ; elle disposa en faveur des Colonne, neveux du pape, des plus riches fiefs et des plus grandes charges de la couronne ; enfin, ses trésors la mirent à portée de séduire jusqu'au cardinal Morosini qui s'était rendu à Naples en qualité de légat du saint-siége.

Cependant la captivité du roi était si scandaleuse, que le légat ne put s'empêcher de lui faire rendre la liberté (1419). Jacques parut dans les rues de la capitale, accompagné des neveux du pape et des grands du royaume : le peuple, toujours inconstant, lui prodigua les acclamations les plus bruyantes. Le roi, à la fin de la cavalcade, déclara aux barons et à la multitude qu'il ne retournerait point au château Neuf ; il s'établit au château Capouan. La multitude embrassa les intérêts de Jacques avec tant de chaleur, que les magistrats municipaux, qui craignaient à chaque instant de voir la ville ensanglantée, supplièrent le cardinal Morosini de réconcilier les deux époux et de les couronner ensemble. Caraccioli n'éluda le dernier article qu'en accablant de nouvelles grâces le légat et les neveux du pape. La paix fut pourtant conclue, à condition que Jacques retournerait avec la reine au château Neuf, dont le gouvernement serait donné à François de Ricardo de Ortona ; que ce chevalier, dont la probité était respectée, jurerait entre les mains du légat de ne pas souffrir que les deux époux attentassent à la liberté de l'un ou de l'autre. Rien ne prouve mieux que ces misérables précautions combien la réconciliation était fausse de part et d'autre. Jamais Jacques ne se serait déterminé à habiter le même palais que son impudique épouse, s'il ne s'était flatté d'être couronné conjointement avec elle ; mais, voyant que tout se disposait à cette auguste cérémonie sans qu'il fût question de lui, il prit enfin le parti d'abandonner une femme qui avait fait sa honte et son malheur. Il sortit un matin du château, accompagné d'un grand nombre de barons ; arrivé au Môle, il les congédia, pour s'embarquer, presque seul, sur un vaisseau de Gênes qui le conduisit à Tarente.

(1422 et suiv.) La reine Marie, de la maison des Ursins, veuve de Ladislas, avait fixé son séjour à Tarente. Elle était redevable de sa liberté au roi Jacques, qui, l'ayant trouvée en prison à son entrée à Naples, l'en avait fait sortir et lui avait rendu ses domaines ; il espérait que cette princesse le seconderait dans ses projets de vengeance ; mais tout se réduisit de la part de Marie à un accueil magnifique et à de vaines protestations. Jacques, trompé dans ses espérances, vendit à la reine Marie la principauté de Tarente, qui lui avait été donnée en apanage, et sortit aussitôt du royaume. Il erra longtemps en Italie ; enfin, après la mort de Charles VI, il retourna en France, et se déclara avec les princes de la branche de Bourbon en faveur de Charles VII ; il obtint le gouvernement de Languedoc. La victoire qu'il remporta sur André de Ribes, dit le bâtard d'Armagnac, qu'il prit et livra au supplice ; les secours de toute espèce qu'il obtint des états du Languedoc, secours qui sauvèrent peut-être la couronne et Charles VII, le rendirent également cher au monarque et à la province ; mais rien ne fait plus d'honneur à ce prince, que la grandeur d'âme avec laquelle il se démit de son gouvernement en faveur du comte de Foix, que Charles VII ne pouvait détacher qu'à ce prix du parti des Anglais. Le roi l'en dédommagea par une pension de douze mille écus d'or.

L'inconstance, le faste et la faiblesse signalèrent les dernières années de la vie de ce prince, qui conserva toujours le titre, les honneurs et le cortége de roi. Une femme, sœur Colette, mère et réparatrice de l'ordre de Sainte-Claire, acheva de le détromper du faux éclat de la grandeur et de l'ambition, et à soixante-cinq ans il prit la résolution de se faire cordelier (1455), et s'embarqua pour Marseille avec quatre religieux de Saint-François; il traversa le royaume pour se rendre à Besançon, où il devait donner le rare spectacle d'un roi devenu moine. Son entrée dans la capitale de la Franche-Comté fut accompagnée de bizarrerie et de magnificence; un gros de cavalerie bien vêtue et bien armée ouvrait la marche; paraissait ensuite le roi couché sur un brancard, porté par quatre hommes; il avait une longue robe grise, ceinte d'une corde à plusieurs nœuds; sa tête était couverte d'un gros bonnet de laine blanche, noué sous le menton avec une corde; un de ses bâtards, nommé Claude d'Aix, qu'il avait déterminé à suivre son exemple, et les quatre cordeliers dont on a parlé, marchaient à ses côtés. La majesté de ce prince, l'un des plus beaux hommes de son siècle, perçait à travers les haillons dont il était enveloppé; il souriait à la multitude accourue à ce spectacle. On voyait paraître ensuite les superbes restes de sa grandeur, sa litière, son char, ses chevaux de main, ses mulets richement caparaçonnés, beaucoup de domestiques et d'officiers; la marche était fermée par un escadron de deux cents chevaux bien équipés et marchant en bon ordre. C'est avec ce mélange de faste et d'humilité que Jacques s'ensevelit dans un cloître. Il mourut trois ans après, âgé de soixante-huit ans (1438).

CHAPITRE VII.

CHARLES Ier, DUC DE BOURBON ET D'AUVERGNE,
COMTE DE CLERMONT ET DE FOREZ,
PRINCE SOUVERAIN DE DOMBES, SEIGNEUR DE BEAUJOLAIS,
DE LILLE-JOURDAIN, DU PAYS DE COMBRAILLES ET DE CHATEAU-CHINON;
GOUVERNEUR DE LANGUEDOC, CAPITAINE GÉNÉRAL DE BOURBONNAIS, D'AUVERGNE,
DE FOREZ ET DE LYONNAIS, DE CHAMPAGNE, DE BRIE ET DE L'ILE-DE-FRANCE;
PAIR ET GRAND CHAMBRIER DE FRANCE.

La journée d'Azincourt (1415) avait plongé le royaume dans la consternation; mais c'était principalement à la maison royale que le sort des armes avait été fatal : de dix princes du sang, qui avaient combattu contre les Anglais, aucun n'avait échappé à la mort ou à la captivité. La branche de Bourbon regrettait la perte de Louis de Bourbon, sire de Préaux, grand bouteiller de France; elle gémissait sur la prison du duc de Bourbon et du comte de Vendôme. Le comte de la Marche, qui, dans ces circonstances, aurait pu être l'appui du trône et de sa maison, luttait en Italie contre la honte et l'infortune. Enfin, toutes les espérances de cette branche illustre reposaient sur le comte de Clermont, fils du duc de Bourbon, enfant de quinze ans, et de deux Bourbon-Préaux, dont la fortune ne répondait ni au courage ni à la naissance.

Charles de Bourbon, comte de Clermont, avait déjà connu l'infortune. Enlevé du château de Monceau avec ses frères,

I.   17

renfermé dans une étroite prison, sa tête avait répondu de celle du sire de Croi. Le désastre d'Azincourt, en le privant de son père, le livra à lui-même. Cependant son courage ne fut point au-dessous de celui de ses ancêtres : il se voua avec le même zèle à la défense du trône. Jacques de Bourbon-Préaux, frère de celui qui avait été tué à Azincourt, lui donnait l'exemple de la vertu et de la générosité.

Ce n'était pas la perte de la bataille d'Azincourt, mais la perfidie et l'ambition du duc de Bourgogne, qui avaient réduit l'état aux extrémités les plus déplorables. Les ministres de Charles VI, se défiant du Bourguignon, avaient appelé au gouvernement le comte d'Armagnac ; mais celui-ci ne pouvait sauver la monarchie qu'en multipliant les impositions. Aussi le peuple, mécontent de tout surcroît des charges qui pesaient sur lui, faisait partout des vœux en faveur du duc de Bourgogne, qui offrait la suppression des impôts. Alain Blanchard, bourgeois de Rouen, entreprit de profiter des dispositions du peuple pour livrer la capitale de la Normandie au duc de Bourgogne, soulever la multitude dont il était l'idole, la conduire au vieux palais, assassiner Raoul de Gaucourt, vieux et brave chevalier, gouverneur et bailli de Rouen, traiter avec la même barbarie Jean Léger, son lieutenant, se rendre maître de la ville. La révolution ne dura qu'une nuit; Gaucourt fut assassiné; Rouen échappait au roi, sans la vigilance de Jacques de Bourbon-Préaux. Ce prince commandait dans le château, et n'avait que cent hommes d'armes à ses ordres. Au premier cri de la sédition, il envoya un courrier au dauphin, qui s'était rendu à Angers pour assister aux funérailles du roi de Sicile, son beau-père. Il lui mandait que, sans un prompt secours, il lui serait impossible de résister aux rebelles.

Dès la pointe du jour, Alain Blanchard se présenta aux portes du château avec tous ses complices, suppliant le sire de Préaux de le laisser entrer dans la forteresse avec les principaux bourgeois, pour prendre, disait-il, de concert avec lui, les moyens de réprimer la révolte ; mais Préaux n'admit dans le château que seize bourgeois. Ceux-ci commencent à déplorer le sort de Gaucourt, dont ils imputaient la mort à la plus vile populace : ils protestent de leur fidélité envers le roi, et ajoutent qu'appréhendant, malgré leur innocence, d'être confondus et châtiés avec les coupables, ils n'ont de ressource qu'en la générosité du prince ; qu'en leur livrant le château, il les mettrait à portée d'obtenir du ministère une amnistie dont il n'y aurait que les assassins de Gaucourt d'exceptés.

Préaux ne répondit à tant d'audace que par le silence et le mépris. Les députés de Rouen le prièrent de souffrir que la porte du château fût murée du côté de la campagne ; nouveau refus. Ils se réduisirent alors à implorer sa médiation auprès du roi, en faveur des habitants. Préaux n'y consentit qu'à condition qu'ils rentreraient dans le devoir, et qu'ils recevraient le monarque ou ses lieutenants avec la soumission due au souverain. Les factieux promirent tout ; mais dès qu'ils se crurent en sûreté, ils levèrent le masque et arborèrent les bannières du duc de Bourgogne.

Cet événement remplit le dauphin d'inquiétude. Il accourut à Rouen avec trois mille lances, commandées sous ses ordres par le duc d'Alençon et par le comte de Clermont. En approchant de Rouen, ce prince vit les remparts couverts de citoyens sous les armes. Le clergé ne paraissait pas moins animé que le peuple : les chanoines de la métropolitaine montaient la garde à la porte de la ville la plus exposée. Le dauphin offrit une amnistie par l'organe de l'archevêque de Rouen ; elle fut rejetée. Le dauphin fit alors ses dispositions pour attaquer la place au dehors, pendant que Bourbon-Préaux, le fer et le feu à la main, descendait du château dans la ville. A l'aspect de ces préparatifs, les séditieux implorèrent la clémence du dauphin, qui usa généreusement de la victoire. Il n'en coûta la vie qu'à quelques misérables, convaincus du meurtre de Gaucourt. Alain Blanchard s'était sauvé avec ses principaux complices.

Cependant la haine réciproque que se portaient le duc de Bourgogne et le comte d'Armagnac poussait l'état à sa ruine (1418). Il fallait que la France pérît ou qu'ils cessassent d'exister. Armagnac succomba le premier; il fut victime d'une conspiration conduite par un jeune marchand (Perrinet le Clerc) : il tomba avec le roi, l'armée et la capitale sous le pouvoir de son ennemi. Le dauphin ne fut sauvé que par l'activité de Duchâtel, qui l'enleva de son lit et le transporta à la Bastille. Le comte de Clermont et Louis-Monsieur de Bourbon, son frère, depuis comte de Montpensier, furent arrêtés et conduits à la tour du Louvre. Le connétable, le chancelier, les ministres, six archevêques ou évêques, et plus de trois mille citoyens de tout âge, de tout sexe et de tout ordre, dont la vie avait été respectée au moment de la révolution, furent massacrés quinze jours après, par les ordres secrets du duc de Bourgogne. Les deux princes de Bourbon furent longtemps entre la vie et la mort; mais enfin, Jean-sans-Peur n'osa les envelopper dans cette horrible proscription.

Le duc de Bourgogne conduisit en triomphe la reine Isabelle de Bavière dans une ville encore souillée de sang. Il mit en liberté les deux princes de Bourbon, après s'être assuré d'eux par les serments les plus sacrés : mais ce prince, si souvent parjure, ne se fiait guère à la religion des serments qu'il exigeait et qu'il méprisait. Il offrit au comte de Clermont la princesse Agnès, sa fille; cette offre, de sa part, était un ordre. Le comte de Clermont, élevé dans l'espérance d'épouser Catherine de France, à laquelle il était fiancé, fut obligé de renoncer à cette magnifique alliance, et son mariage avec Agnès fut célébré, mais non consommé, à cause du bas âge de la princesse.

La mort du connétable d'Armagnac, de tant d'évêques, de ministres et de serviteurs fidèles, demandait vengeance et formait un obstacle à la réconciliation de la maison royale. Le dauphin prenait la qualité de régent, la reine usurpait le même titre, et en abandonnait les fonctions au duc de Bourgogne. Cependant le roi d'Angleterre soumettait la Normandie et menaçait la capitale du royaume.

Alors (1419) s'éleva entre le dauphin et le duc de Bourgogne le combat le plus affligeant et le plus honteux dont il soit mention dans nos annales. C'était à qui des deux solliciterait avec plus d'ardeur et de bassesse l'alliance et l'appui de l'oppresseur de la France. D'un côté on voyait l'héritier de la couronne, de l'autre un petit-fils de France, premier pair du royaume, offrir une partie de la monarchie au roi d'Angleterre, pour chasser de l'autre son rival et son ennemi. Henri V ne dissimula pas assez le projet qu'il avait formé de l'envahir tout entière. L'excès de son ambition nuisit à ses intérêts, et parut rapprocher deux princes qui s'étaient juré une haine à mort. Mais, après des négociations conduites sans bonne foi de part et d'autre, une entrevue eut lieu entre le dauphin et Jean-sans-Peur. Le dauphin avait résolu de faire périr celui-ci sous ses yeux, et en effet, le crime fut consommé. Le dauphin, d'un côté, et le duc de Bourgogne, de l'autre, s'avancèrent sur le pont de Montereau, accompagnés chacun de dix chevaliers : plus loin était leur escorte, composée chacune de cinq cents hommes d'armes. Le comte de Clermont marchait à côté du duc de Bourgogne, qui le traitait en fils chéri et le menait partout avec lui. Quelle dut être la frayeur du jeune prince, en se voyant tout à coup couvert du sang de son beau-père assassiné ! Il fut lui-même arrêté

et désarmé; mais, persuadé que la mort du duc de Bourgogne
le dégageait des serments que la nécessité lui avait arrachés,
il abjura une alliance funeste et se dévoua au dauphin. Il
sacrifia à son devoir la joie de briser les fers du duc de
Bourbon, son père, qu'on offrait de lui rendre sans rançon,
et l'espérance de partager les débris de la monarchie avec le
roi d'Angleterre et avec le nouveau duc de Bourgogne, auquel
il renvoya sa sœur.

La mort de Jean-sans-Peur fut cruellement vengée. Le
traité à jamais ignominieux de Troyes (1420) transporta la
couronne dans une maison rivale et ennemie de la famille
royale. En signant l'exhérédation du dauphin, Isabelle de
Bavière et ses partisans signaient celle de tous les princes de
la maison royale, dont aucun n'avait participé à l'assassinat
du duc de Bourgogne.

Tous les princes du sang enveloppés dans la proscription
du dauphin ressentirent vivement l'outrage d'une étrangère
en fureur : tous s'unirent au dauphin pour lui conserver le
trône ou périr sous ses débris. Les Bourbons surtout combattirent comme s'ils avaient prévu que cette couronne qu'ils
défendaient avec tant de valeur deviendrait sur la tête de leurs
descendants la plus glorieuse de l'univers. Le comte de
Clermont, le plus riche et le plus puissant des grands vassaux
de la monarchie après les ducs de Bourgogne et de Bretagne,
porta dans le parti légitime les forces de cinq provinces et un
courage inébranlable. Le comte de Vendôme, cinquième aïeul
de Henri IV, paya une rançon de cent mille écus, qui lui
coûta presque toute sa fortune, pour avoir le droit de prodiguer de nouveau son sang pour la patrie. Les deux princes
de Bourbon-Préaux, les deux bâtards du duc de Bourbon,
prisonniers en Angleterre, Alexandre et Jean, combattirent
en héros pour la défense des lois et du dauphin.

Pendant qu'Isabelle de Bavière présentait à l'Europe étonnée le lamentable spectacle d'une mère poursuivant son fils, le dauphin, accompagné du comte de Clermont et suivi de douze mille hommes, se rendait aux extrémités du royaume, pour s'assurer du Languedoc.

Le gouvernement de cette province, qui fut la ressource du dauphin, avait été confié au comte de Foix ; il avait mérité la confiance de ce prince à force de succès et de victoires ; il avait chassé du Languedoc le prince d'Orange, l'un des généraux du duc de Bourgogne, qui en avait fait la conquête. Mais pour prix de ses services il s'appropriait toutes les impositions : il y avait même lieu de craindre que dans la confusion générale ce comte, déjà très-puissant, ne séparât le Languedoc de la monarchie, pour s'en rendre l'unique souverain. Enfin, le dauphin ne voyait pas sans inquiétude qu'il laissât les villes de Sommières, de Nîmes, du Pont-Saint-Esprit et d'Aigues-Mortes entre les mains des Bourguignons. L'arrivée imprévue de l'héritier de la couronne avec une armée fit une impression profonde sur le cœur des Languedociens. Ils s'attachèrent à lui et lui offrirent d'abord un don gratuit de deux cent mille francs. En reconnaissance de leur zèle, le dauphin établit un parlement à Toulouse ; il prit ensuite la route du bas Languedoc, pour assiéger Nîmes et le Pont-Saint-Esprit, qu'il réduisit. Il se préparait à attaquer Sommières, lorsqu'il reçut la fatale nouvelle du traité de Troyes et de la perte de plusieurs villes de l'Ile-de-France, qui s'étaient rendues à ses ennemis. Avant de quitter les bords du Rhône, le dauphin confia au comte de Clermont, qui n'avait encore que vingt ans, le gouvernement de Languedoc. Chargé en quelque sorte des destinées du dauphin, dont le parti ne pouvait subsister sans le secours d'argent et d'hommes qu'il recevait du Languedoc, le comte de Clermont s'acquitta de son ministère avec le succès le plus éclatant. Il n'avait qu'une poignée de soldats pour conserver la province contre les entreprises ouvertes du prince d'Orange et contre les intrigues secrètes du comte de Foix : sa vigilance, son activité et sa fermeté suppléèrent au défaut de troupes. Il forma le siége d'Aigues-Mortes au commencement de l'hiver, et se rendit maître de la place après trois mois de siége : il fit couper la tête au gonverneur, appelé Louis Malpue, et aux principaux officiers de la garnison, qu'il traitait d'ennemis de l'état.

Après la conquête d'Aigues-Mortes, le comte de Clermont prit la route de Béziers, où il comptait passer le reste de l'hiver avec sa maison, son conseil et ses gardes. Mais il reçut une députation des habitants, qui lui firent signifier qu'ils ne le recevraient dans leur ville qu'avec quarante personnes de sa suite. Le prince continua sa route avec son cortége : on lui ferma les portes ; il se retira, bien résolu de tirer vengeance de cet affront. Les habitants de Béziers, en imposant des lois si dures au gouverneur de la province, prétendaient se soustraire aux vexations et aux désordres des gens de guerre qui l'accompagnaient. Il est constant que presque toutes les troupes étaient alors sans frein et sans discipline ; mais ce motif influait moins sur leur détermination que le désir de faire éclater leur attachement pour le comte de Foix.

Cependant le comte de Clermont avait convoqué les états de la province. Il exposa à l'assemblée l'audace des habitants de Béziers, qui était devenue une révolte ouverte : il ajouta qu'on ne pouvait laisser un si grand crime impuni, sans avilir l'autorité du dauphin, et sans exposer la province à de grands troubles. Les états entrèrent dans son juste ressentiment, et l'aidèrent de troupes, d'argent et d'artillerie avec d'autant plus de zèle, qu'il passait pour un des généraux de son siècle qui avait le plus d'horreur pour les brigandages des gens de guerre.

Pendant ce temps, les habitants de Béziers se disposaient

à la résistance ; ils avaient fortifié leur ville et détruit les faubourgs, sans épargner les églises et les monastères. Ils avaient appelé à leur secours un grand nombre d'officiers du comte de Foix, et entre autres Colomat de Sainte-Colome, qu'ils choisirent pour leur gouverneur. Le siége fut long et opiniâtre, mais enfin le comte de Clermont pressa tellement les rebelles, que, craignant d'être emportés d'assaut, ils eurent recours à la médiation du comte de Foix. Le prince, dont les moyens étaient faibles, et qui d'ailleurs ne craignait rien tant qu'une diversion de la part du comte de Foix, acquiesça aux conditions singulières que son prédécesseur proposa. On convint 1° que les consuls de Béziers, suivis de cent des principaux habitants, iraient présenter les clefs de la ville au comte de Clermont ; qu'ils lui demanderaient grâce et le prieraient d'entrer dans la place ; 2° que le comte ne se rendrait point à leurs instances, mais qu'il enverrait quelques-uns de ses officiers pour arborer ses bannières sur les murs de la ville et pour recevoir le serment de fidélité des habitants ; 3° que les habitants payeraient à ses représentants la somme de soixante et dix mille écus ; 4° qu'ils rétabliraient à leurs dépens les églises et les monastères qu'ils avaient détruits dans les faubourgs ; 5° que la ville serait mise en séquestre entre les mains du comte de Foix, qui donnerait caution pour la remettre au gouverneur dans un terme fixe et limité ; 6° que le comte de Clermont s'obligerait à obtenir du dauphin des lettres d'abolition pour les habitants. Le comte de Clermont jura, avec les principaux officiers de son armée, l'observation de tous ces articles, qu'il était bien résolu de violer. En effet, il surprit Béziers et condamna ses principaux habitants au supplice ; la partie des murs qui s'étendait depuis la porte Saint-Nazaire jusqu'à celle des Minorettes fut rasée, et cette ville fut privée de son consulat et de ses priviléges.

Profitant de la terreur qu'il avait inspirée pour achever de rétablir le calme dans la province, le prince porta ses soins sur la culture des terres, presque abandonnée dans plusieurs sénéchaussées : il fit venir des laboureurs de la Provence et des provinces voisines, qu'on appelait alors de l'Empire, pour les établir dans le territoire de Beaucaire et ailleurs. Il ne cessa d'envoyer de l'argent et des recrues au dauphin ; enfin il engagea ce prince, qui le laissait sans troupes, à venir lui-même former le siége de Sommières, qu'il ne voyait qu'à regret entre les mains des Bourguignons. Le dauphin se prêta volontiers à cette expédition, qui fut entreprise au milieu de l'hiver. Le comte de Clermont commanda sous les ordres du dauphin, et la place fut emportée en peu de jours.

Pendant que le comte de Clermont rendait de si grands services en Languedoc, ses provinces de Beaujolais et de Forez étaient la proie de l'ennemi. Le sire de Rochebaron les parcourait, le fer et le feu à la main : les cris de ses vassaux opprimés se firent entendre jusqu'au comte de Clermont ; mais il ne put se résoudre à abandonner le Languedoc, dont le sort dépendait de sa présence. Il détacha le comte de Perdriac avec quelques compagnies d'hommes d'armes. A leur approche, la noblesse d'Auvergne et du Bourbonnais monta à cheval et vint les joindre. Perdriac poursuivit alors le sire de Rochebaron, et l'atteignit au bourg de Severette dans le Velai. Il fit mettre le feu aux maisons ; Rochebaron se sauva presque seul à travers les flammes, qui dévorèrent la plus grande partie de sa troupe, composée de huit cents hommes d'armes ; le reste fut tué ou pris. Le comte de Clermont confisqua les terres que Rochebaron, son vassal, possédait dans le Forez.

Mais c'était sur les bords de la Seine que se portaient les coups décisifs. Henri V prit Sens et Montereau-faut-Yonne : déjà il était devant Melun, qu'il comptait réduire en peu de jours, pour aller ensuite se montrer à la capitale.

Le siége de Melun l'arrêta plus longtemps qu'il ne s'y attendait. La place était défendue par Barbazan et le prince de Bourbon-Préaux ; sept cents hommes d'armes composaient la garnison, à laquelle se joignirent tous les habitants. L'activité, l'audace et la constance des assiégés frappèrent le monarque anglais. Il attaquait la place avec trois armées, la sienne, celle de Charles VI, son beau-père, et celle du duc de Bourgogne : les travaux et les attaques se succédaient sans relâche; mais les assiégeants avaient beau renverser les murs, les brèches étaient réparées sur-le-champ. Las d'attendre l'ennemi derrière des remparts, les assiégés allaient le braver jusque dans ses lignes. Henri eut recours à la mine : Barbazan et le prince de Bourbon-Préaux lui opposèrent la contre-mine. Bientôt on ne combattit plus que dans les souterrains ; la garnison fit paraître la même intrépidité à la lueur des flambeaux qu'à la clarté du soleil. Le monarque anglais créa des chevaliers des mines ; Barbazan en créa aussi de son côté. On fit de part et d'autre des prodiges de valeur : on s'égorgea au son des violons, des trompettes et de toutes les cloches de la ville. Le roi d'Angleterre et le duc de Bourgogne se battirent souvent dans les mines corps à corps avec Barbazan et Bourbon-Préaux ; mais ces combats, plus dignes de chevaliers que de généraux, n'avançaient point les opérations du siége. Après trois mois d'attaque, Henri n'avait pas fait plus de progrès que le premier jour : l'hiver approchait, et il craignait d'être obligé d'abandonner son entreprise. Ce fut pour prévenir cet affront, qu'il fit venir au camp le roi Charles VI : alors il somma Barbazan et Préaux d'ouvrir les portes de la ville à leur souverain. Ceux-ci répondirent qu'ils recevraient volontiers leur roi, mais jamais l'ennemi de l'état : le monarque anglais résolut de prendre Melun à quelque prix que ce fût. Le duc de Bourgogne le seconda en lui prodiguant des secours de toute espèce. Malgré tant d'efforts, l'entreprise échouait, si les assiégés n'eussent eu à combattre un ennemi plus terrible que les Anglais et les Bourguignons; telle avait été la négligence des ministres du dauphin, qu'ils n'avaient établi de magasin de vivres dans la place que pour trois mois : à la fin du quatrième, la viande et le pain manquèrent. Les assiégés eurent recours aux aliments les plus dégoûtants pour subsister : de là les maladies épidémiques qui se répandirent dans la ville et qui enlevèrent plus d'hommes que le fer et le feu de l'ennemi. Mais plus les ressources s'épuisaient, plus le courage des assiégés semblait augmenter.

Le dauphin avait eu le temps d'accourir du Languedoc avec une armée de quinze mille combattants. Il parut enfin à la vue des lignes des Anglais, qu'il envoya reconnaître; elles furent jugées inattaquables. Le dauphin se retira en déplorant le sort de la garnison. Cependant les maladies contagieuses avaient pénétré de la ville dans le camp de l'ennemi : elles y firent tant de ravages, que le duc de Bourgogne fut obligé d'appeler de Picardie une armée que Luxembourg commandait dans cette province. En voyant du haut des murs avancer ces nouvelles troupes, les assiégés, persuadés que c'étaient celles du dauphin, se préparaient à seconder ses efforts par une sortie générale; mais quelle fut leur consternation, lorsqu'ils entendirent les cris de joie et les acclamations des assiégeants, qui célébraient l'arrivée de ce puissant renfort!

Barbazan et Préaux offrirent alors de rendre la place. Henri ne voulut les recevoir qu'à discrétion; les assiégés déclarèrent qu'ils s'enseveliraient sous les débris de Melun, plutôt que de subir des lois si honteuses. Le roi d'Angleterre s'adoucit alors, et promit de laisser la vie et les biens aux habitants aussi bien qu'à la garnison, qui serait désarmée et qui ne servirait jamais contre les deux rois. Henri n'excepta que les assassins du duc de Bourgogne. On lui livra douze otages, à la tête desquels marchaient Barbazan et le prince de Bourbon-Préaux. Henri V ne rougit pas de violer ses serments et le droit des gens en faisant renfermer Barbazan au château de Rouen, et conduire à la Bastille Bourbon-Préaux. Il n'écouta que son ressentiment, ou plutôt son avarice, en détenant surtout ce dernier prisonnier pendant plus d'un an, terme au bout duquel il ne sortit de ses mains qu'après avoir été échangé.

Le sire de Préaux avait fait, en faveur du dauphin, le sacrifice de tous ses biens situés en Normandie, et que le roi d'Angleterre avait confisqués. En sortant de prison, il fut joindre ce prince, qui l'admit dans ses conseils, honneur que Préaux paya bientôt après de sa vie.

Le duc de Bretagne avait reçu des ministres du dauphin l'injure la plus sanglante. Ils avaient autorisé le comte de Penthièvre à l'arrêter prisonnier, et il s'était vu longtemps entre la vie et la mort. Les Bretons, dont il était adoré, avaient brisé ses fers ; et il s'était joint au roi d'Angleterre et au duc de Bourgogne pour tirer vengeance de la trahison des favoris du dauphin. Il avait porté le théâtre de la guerre en Poitou, et une conspiration devait lui livrer la Rochelle. Charles, averti du complot, accourut à la Rochelle suivi de sa cour, et fit échouer l'entreprise ; mais ce voyage manqua de lui être fatal. Il présidait son conseil assemblé, dans une salle haute de l'hôtel qu'il occupait : pendant qu'il délibère avec ses généraux et ses ministres, tout à coup le plancher surchargé manque sous leurs pieds, s'écroule, et entraîne sous ses ruines tous les membres du conseil. Les uns sont tués, les autres plus ou moins blessés ; une circonstance fortuite sauva l'héritier de la couronne. Ce prince, dont le fauteuil était placé sur une partie du gros mur, demeura seul en place. On accourut à son secours, et on l'arracha du sein des débris. Il en fut quitte pour quelques légères blessures ;

mais le prince de Bourbon-Préaux périt malheureusement.

Chaque jour éclairait de nouveaux désastres. Le gain de la bataille de Baugé, remportée non par le comte de Clermont, comme quelques-uns l'ont prétendu, mais par le sire de la Fayette, alors son maréchal, n'arrêta pas même les progrès de l'ennemi. Henri V s'était rendu maître de Dreux, de Meaux et de Compiègne. Le dauphin ne paraissait à la tête des troupes que pour y essuyer de nouveaux affronts : il avait été forcé de lever les siéges de Chartres et de Cône. Son rival était au comble de la gloire et de la prospérité, lorsqu'une mort prématurée l'enleva au milieu de sa carrière. Charles VI le suivit deux mois après au tombeau, laissant le dauphin et la France dans une situation désespérée.

La mort de ces deux princes ne donna pas une province, une ville, un sujet de plus au nouveau roi. Il était à Espally, château situé auprès du Puy-en-Velai, lorsqu'il apprit le trépas de Charles VI ; le comte de Clermont, qui était venu le joindre, le fit proclamer roi dans la chapelle du château. Cette inauguration ne fut accompagnée d'aucune pompe.

Voici quel était l'état du royaume à l'avénement de Charles VII (1425). Les Anglais étaient en possession de la Picardie, de la Champagne, de la Normandie, de la Guienne, de l'Ile-de-France, et de la capitale du royaume. L'autorité immédiate du roi légitime ne s'étendait que sur le Languedoc, le Dauphiné, le Lyonnais, le Berry, le Poitou et la Touraine; il pouvait compter sur les provinces d'Anjou, du Maine, du Bourbonnais, de l'Auvergne, de la Marche, du Forez, du Beaujolais et de Dombes, possédées par les maisons d'Anjou et de Bourbon; mais le seul duc de Bourgogne avait à ses ordres plus de sujets que tous les princes qui combattaient en faveur de l'état. Il possédait à lui seul plus de trésors que le roi et tous ses alliés n'en avaient ensemble.

Le duc de Bedfort, appelé à la régence du royaume d'Angleterre, était un ennemi non moins formidable que Henri **V.** Il avait sous ses ordres les généraux les plus renommés, Warvick, Salisbury, Suffolk et Talbot. Charles n'avait à lui opposer que des soldats mal payés, sans frein et sans discipline, commandés par des officiers remplis de valeur, mais sans expérience. Ce ne fut que dans le cours de cette longue et sanglante querelle que se formèrent les habiles généraux qui depuis s'immortalisèrent par leurs exploits.

La réputation et le caractère de Charles VII ne rassuraient pas les Français sur la destinée de l'état chancelant. Ce prince, qui, vers le milieu de son règne, déploya tant de courage, de sagesse et de grandeur d'âme, n'était connu alors que par ses malheurs, ses erreurs, ses faiblesses, et les crimes de ses favoris.

L'idée peu avantageuse qu'on avait conçue de Charles VII ne fut que trop confirmée dans les commencements de son règne. Cessant de paraître à la tête des troupes, il passait les jours et les nuits dans les amusements les plus vains, tandis que toutes les provinces étaient inondées de sang pour sa querelle. En voyant l'état ainsi abandonné à lui-même, les princes et la noblesse crurent que c'était à eux à le défendre. La perte des batailles de Crévant, de Verneuil et de Saint-James de Beuvron ne ralentit pas leur zèle. Bientôt les Français résistèrent partout aux vainqueurs avec constance et courage. Le salut de l'état fut l'ouvrage du caractère national.

Le comte de Clermont fut un des princes qui soutinrent avec le plus de succès le trône ébranlé : dès qu'il eut affermi l'autorité du prince en Languedoc, il en remit le gouvernement. Charles VII l'établit alors commandant général du Nivernais, du Bourbonnais, du Forez, du Beaujolais, du Lyonnais et du Mâconnais; mais il ne lui donna que mille hommes d'armes et cinq cents hommes de trait, pour conserver tant de provinces devenues frontières; c'était au comte de Clermont à faire subsister ses troupes, qui n'étaient point payées du prince. Il veilla avec tant d'application et d'activité au salut de ces provinces, que presque aucune d'elles ne fut entamée pendant le cours d'une guerre qui dura près de trente ans.

Mais le comte de Clermont, qui désespérait du salut de la patrie, à moins qu'on ne détachât le duc de Bourgogne de l'alliance des Anglais, tourna toutes ses vues vers cet objet capital; les circonstances le servirent. Le duc de Bourgogne épousa Marie d'Eu. Cette princesse était veuve du comte de Nevers, frère de Jean-sans-Peur, duc de Bourgogne, et sœur utérine du comte de Clermont. Par cette alliance, les deux princes commencèrent à se rapprocher : leur liaison prit une nouvelle force par le mariage du comte avec Agnès de Bourgogne, qui avait été arrêté huit mois auparavant. Dès ce moment, Charles de Bourbon entreprit de rendre son beau-frère à l'état; il n'y réussit qu'après dix ans d'efforts. Si le comte de Clermont rendit des services signalés au roi, il fut un de ceux qui les lui vendirent le plus cher en contrariant ses affections. Il ne pouvait soutenir l'idée de voir ce jeune prince languir dans la mollesse, et abandonner les rênes du gouvernement à des ministres sans honneur. Il fut, avec le fameux connétable de Richemont, le fléau des favoris dont ils purgèrent la cour. L'autorité du sire de la Trémouille surtout devint si odieuse au comte de Clermont et au comte de la Marche, son cousin, qu'ils entreprirent de le perdre à force ouverte. Ils partent de Chinon à la tête de presque toute la noblesse de la cour, marchent sur Bourges, et surprennent cette ville, regardée alors comme la capitale de ce qui restait de l'empire des Français. Le seigneur de Prie, qui défendait la place, fut tué; le sire de la Borde se défendit dans la grosse tour jusqu'à l'arrivée du secours qu'il attendait. C'était le roi lui-même qui, à la tête de ses gardes, le conduisait. Il faisait pour la Trémouille ce qu'il n'osait entreprendre pour la défense de sa couronne. Bientôt les deux corps d'armée se rangent en bataille : on se dispose au combat. A l'aspect du danger qui menace le roi, la Trémouille se rapproche des princes de Bourbon, et leur accorde presque tout ce qu'ils demandaient, excepté le retour du connétable de Richemont, éloigné naguère par son influence.

On est étonné de ne pas voir les Anglais profiter des troubles de la cour de Charles VII (1427) ; mais la guerre s'était élevée entre le duc de Bourgogne et le duc de Glocester, au sujet des comtés de Hainaut, de Hollande et de Zélande. Toutes les forces de l'Angleterre et de la Bourgogne furent portées dans les Pays-Bas. Le comte de Clermont attisa autant qu'il put le feu de la discorde, et permit à tous ses sujets de combattre sous les drapeaux de son beau-frère. Enfin, le duc de Bourgogne triompha du duc de Glocester, et annexa à ses états les pays en litige. La destinée de la France dépendait de plus en plus de ce prince, devenu l'un des plus puissants potentats de l'Europe. Bedfort l'emporta encore sur le comte de Clermont, et obtint du duc de Bourgogne qu'il oublierait l'injure de Glocester pour ne songer qu'à venger la mort de son père.

Libre alors (1428) d'employer toutes les forces de l'Angleterre et de la Bourgogne, le duc de Bedfort se prépara à porter le coup mortel à Charles VII, qu'on n'appelait plus que le *petit roi de Bourges*. Le danger de l'état parut suspendre la haine et l'animosité qui partageaient les courtisans de ce prince. C'est dans ce temps de crise que Louis de Bourbon, comte de Vendôme, grand maître de France, vint offrir au roi sa vie et ses biens.

Ce prince avait été pris à Azincourt, et sa rançon fixée à cent mille écus. Il vendit ses bijoux et une partie de ses domaines, qui ne lui rendirent que cinquante-quatre mille écus ;

mais il n'avait nulle espérance de compléter la somme. En effet, le Vendômois, son patrimoine, devenu le théâtre de la guerre, avait essuyé de tels ravages, qu'il n'en retirait aucun secours. La misère du roi et des princes du sang était telle, qu'il leur était impossible de contribuer à sa rançon. Les nouvelles que ce prince recevait du royaume devenaient de jour en jour plus affligeantes. Le spectacle des malheurs de l'état presque anéanti, joint au sentiment vif et douloureux de ses propres maux, et au bruit qui se répandait que Henri V, en mourant, avait ordonné de ne relâcher aucun seigneur du sang de France avant la majorité de son successeur, fit une impression si profonde sur le comte de Vendôme, qu'il tomba dangereusement malade; bientôt on désespéra de sa vie. Vendôme eut recours à Dieu. Il fit vœu à la Tour de Londres, où il était renfermé, que s'il pouvait être délivré des mains des Anglais, « sans mort, sans déshonneur » de sa personne, et sans perdition de sa seigneurie et héri- » tage, » il présenterait, nu en chemise, à la Sainte-Larme de Vendôme, un cierge du poids de trente-trois livres trois onces, qui brûlerait depuis le vendredi de devant les Rameaux jusqu'au jour de la résurrection de Notre-Seigneur.

Soit que les Anglais fussent touchés du sort de ce prince, soit plutôt qu'ils craignissent de perdre par sa mort la moitié de sa rançon, ils l'élargirent à la fin de l'année 1423, en se faisant donner caution de la somme dont il leur était encore redevable. Vendôme regarda comme un miracle l'indulgence dont les Anglais avaient usé à son égard; non content de s'acquitter de son vœu, il voulut transmettre à la postérité le souvenir du bienfait signalé qu'il avait reçu de la Providence. Il institua à Vendôme une procession solennelle, dans laquelle on voyait paraître un malfaiteur condamné à mort, mais dont le crime était rémissible, nu jusqu'à la ceinture, chargé d'un cierge du poids de trente-trois livres trois onces; la procession se rendait à l'abbaye de la Trinité de Vendôme. Là, le criminel consacrait à la Sainte-Larme, conservée dans une des chapelles de l'église, le cierge qu'il portait et qui brûlait depuis le vendredi de devant les Rameaux jusqu'à Pâques; aussitôt après cette offrande, le criminel était absous et élargi. Quoique ce privilége de faire grâce de la vie à un criminel condamné à mort n'eût jamais été autorisé par les lettres patentes des rois de France, il fut toujours inviolablement respecté jusqu'aux temps de la révolution.

Le comte de Vendôme, de retour en France, s'abstint de servir le roi dans ses conseils et dans ses armées, jusqu'à ce qu'il eût achevé d'acquitter sa rançon. Il profita de cette inaction forcée pour épouser Jeanne de Laval, dont la dot, très-considérable pour ce siècle, le mit sans doute à portée de satisfaire les Anglais. Sa longue expérience, son courage et sa sagesse ne contribuèrent pas peu au rétablissement des affaires.

Elles étaient alors presque désespérées. Le comte de Salisbury assiégeait Orléans avec une armée de vingt-trois mille combattants. Charles VII ne comptait peut-être pas autant de soldats sous ses drapeaux qu'il y en avait devant la ville assiégée. Du sort d'Orléans dépendait la destinée de l'état. Le Berry, la Touraine et le Poitou, dénués de places fortes, ne pouvaient arrêter le vainqueur plus d'une campagne.

C'en était fait de la monarchie, si les habitants d'Orléans eussent cédé alors; loin de se laisser abattre devant le danger, ils firent la plus héroïque résistance. Celle-ci, toutefois, devenait inutile, si les seigneurs donnaient suite à la résolution qu'ils avaient déjà prise de se soumettre à l'ennemi. Mais le comte de Clermont rassembla la noblesse du Bourbonnais, de l'Auvergne et du Forez, forma un corps de trois mille hommes, et l'amena au roi. Ce prince joignit à ce secours tout ce qui lui restait de troupes, c'est-à-dire deux ou trois autres mille hommes, à la tête desquels le comte de Clermont s'avança vers Orléans.

Il apprit à Blois (1429) que le général anglais Falstof conduisait au camp des assiégeants un grand convoi de munitions de guerre et de bouche, sous une escorte d'environ trois mille hommes. Résolu d'intercepter ce convoi, le comte marcha sur Janville. Ce fut là que Dunois, la Hire et Xaintrailles, avertis de son dessein, vinrent le joindre avec une partie de la garnison d'Orléans. Aussitôt le comte de Clermont tint conseil à cheval, avec presque tous les généraux de Charles VII, qui l'avaient suivi dans cette expédition. On convint d'une voix unanime que les hommes d'armes combattraient à cheval et les gens de trait à pied. L'armée poursuivit sa route, et arriva sur les trois heures du matin à la vue de l'ennemi, qui s'était arrêté auprès de Rouvrai-Saint-Denys. Avant de donner le signal de l'attaque, le comte de Clermont se fit armer chevalier par le maréchal de la Fayette.

Falstof, prévenu de la marche des Français, s'était formé de tous les chariots du convoi un retranchement, derrière lequel il avait rangé en bataille ses hommes d'armes, et auquel il n'avait laissé que deux ouvertures, défendues par l'artillerie et les archers. Déjà les hommes de trait du comte de Clermont avaient engagé le combat et obligé les archers anglais, qui étaient en avant de l'une des ouvertures, d'entrer dans l'intérieur. A la vue de ce léger succès, le connétable d'Écosse et presque tous les officiers descendent de cheval, et marchent aux retranchements sans attendre l'ordre du général. Cette imprudence coûta cher aux Français. Le connétable d'Écosse, son frère, les sires d'Orval, de Rochechouart, de Châteaubrun et de Montpipeau, furent tués avec six cents hommes d'armes. Le comte de Clermont prit alors le parti de se retirer plutôt que d'exposer à une défaite entière des troupes découragées, l'unique et dernière ressource de l'état.

Il entra dans Orléans pour consoler et encourager les assiégés, à qui il promit de prompts et puissants secours. En attendant, il leur laissa le maréchal de la Fayette avec cinq cents hommes d'armes ; ensuite, il fut rendre compte au roi du malheureux succès de ce combat, connu dans l'histoire sous le nom de la *Journée des Harengs*, parce que le convoi était principalement composé de barils de ce poisson qui, pendant le Carême, faisait la nourriture des assiégeants.

Orléans manquait de tout. Les habitants, réduits aux dernières extrémités, ne pouvaient cependant consentir à subir le joug des Anglais. Ils envoyèrent offrir au duc de Bourgogne de remettre leur ville en séquestre entre ses mains : le duc agréait cette proposition. Mais le régent, qui déjà se croyait sûr de la conquête du royaume entier, rejeta cet expédient ; le duc de Bourgogne l'en punit en l'abandonnant à ses propres forces ; et les Orléanais se confirmèrent dans la résolution de tout sacrifier plutôt que de se rendre.

La consternation était si grande à la cour, qu'on agita, en présence de Charles VII, s'il n'abandonnerait pas les bords de la Loire pour chercher un asile en Dauphiné. La reine Marie d'Anjou d'un côté, Agnès Sorel de l'autre, s'opposèrent à une démarche si honteuse. Telle était la triste situation des affaires lorsqu'une pauvre paysanne, Jeanne d'Arc, inspirée du ciel, se crut appelée à guérir les maux de la patrie. L'enthousiasme en fit une héroïne dont la mission fut reçue avec transport. Jeanne surpassa les espérances qu'on avait conçues d'elle : avec une poignée de ces mêmes soldats vaincus et consternés à la journée des Harengs, elle défit en détail l'armée ennemie. Orléans fut délivré et l'état sauvé.

Le duc d'Alençon et le comte de Vendôme profitèrent habilement de cette révolution. Ils conduisirent devant Jergeau cinq ou six mille Français, qui se croyaient invincibles en voyant combattre Jeanne à leur tête. Jergeau fut emporté d'assaut; le comte de Suffolk, général des Anglais, tomba entre les mains du vainqueur; un de ses frères fut tué avec onze cents hommes; la bataille de Patai, gagnée aussitôt que livrée, mit le comble à ces prospérités. Charles VII vint recueillir le fruit de ces victoires. Les soldats épars, dispersés ou fugitifs, accoururent en foule dans son camp, et lui formèrent une armée de dix-huit à vingt mille combattants, que le duc d'Alençon, les comtes de Clermont et de Vendôme commandaient sous ses ordres.

Jeanne propose de marcher à Reims pour y faire sacrer le monarque français. Malgré la témérité apparente de cette entreprise, le roi, les princes et les généraux, subjugués par l'ascendant de cette fille intrépide, et par le vœu de l'armée, qui la disait inspirée de Dieu, approuvent ce projet et se mettent en mesure de l'exécuter. Les obstacles qu'on redoutait le plus s'évanouissent. Charles VII entre en triomphe dans cette même ville de Troyes, où huit ans auparavant une mère dénaturée avait conspiré sa ruine. La garnison bourguignonne avait évacué Reims, où le roi fait son entrée. Il y est sacré avec la pompe la plus guerrière.

Le sacre du roi, précédé et accompagné de tant de succès merveilleux, ne pouvait qu'exciter l'amour des Français pour Charles VII. Déjà un grand nombre de villes de Champagne, de Brie et de Picardie secouaient le joug des Anglais, et proclamaient avec transport l'autorité du roi, et pourtant le monarque se proposait de retourner à Bourges. Les princes combattirent sa résolution. Bientôt Charles lui-même en rougit, et chercha à réparer la honte de cette première résolution en marchant contre le duc de Bedfort, qui, malgré tant de pertes, avait assemblé une armée supérieure à celle des Français. Les deux armées se joignirent auprès de Dammartin. Bedfort se retrancha dans l'espérance que les Français ne manqueraient pas de l'attaquer dans son poste. Il ne tint pas en effet au roi que ses vues ne fussent remplies; mais les princes, et le comte de Vendôme surtout, arrêtèrent le monarque, en lui rappelant les funestes journées de Crécy, de Poitiers, d'Azincourt et de Verneuil, perdues plutôt par la témérité française que par le courage des Anglais. Charles demeura immobile dans son camp, jusqu'à ce que l'ennemi eût été obligé de se retirer; il dirigea alors sa route vers Compiègne, qui venait de se soumettre. Le roi n'était encore qu'à Montpilay, auprès de Senlis, lorsque lui fut remis le cartel du duc de Bedfort, qui le défiait au combat. Il attendit l'ennemi, et rangea son armée en bataille, aidé du comte de Clermont et de la Trémouille : le duc d'Alençon et le comte de Vendôme avaient la conduite du corps de bataille; le duc de Bar commandait l'aile droite, les maréchaux de Rais et de Boussac la gauche; le sire d'Albret, le bâtard d'Orléans, la Hire, Xaintrailles et la Pucelle avaient ordre d'entamer l'action avec un corps d'élite. Toujours accompagné du comte de Clermont et du sire de la Trémouille, lui-même devait combattre avec ses gardes partout où le péril l'appellerait. Ce prince exhortait les siens, et parcourait toute l'étendue du front de l'armée, à la portée du trait de l'ennemi, qui s'était approché à la distance de cent pas. Après un défi si solennel, la bataille semblait inévitable; mais le duc de Bedfort ne voulait combattre qu'autant qu'il serait sûr de vaincre. Il eut recours à la manœuvre qui avait fait triompher tant de fois les Anglais; il se couvrit de pieux et de palissades; en vain les Français le provoquèrent au combat par des cris injurieux, il ne sortit point de ses retranchements. Charles ne pouvait plus contenir son ardeur; mais l'expérience avait corrigé ses généraux : tout se réduisit donc de part et d'autre à des escarmouches qui coûtèrent la vie à trois ou quatre cents hommes. Les deux armées décampèrent presque en même temps; celle de France continua de marcher sur Compiègne, pendant que celle d'Angleterre se rendait en Normandie pour arrêter les progrès du connétable de Richemont.

Dès que le roi eut pris possession de Compiègne et de Beauvais, les princes l'exhortèrent à profiter de l'éloignement du duc de Bedfort pour former une entreprise sur Paris, où ils entretenaient des intelligences. Le comte de Clermont emporta d'assaut le boulevard de la porte Saint-Honoré ; mais les habitants, surveillés de trop près par les Anglais, n'osèrent fondre sur eux et ouvrir les portes à l'armée royale. Charles marcha à des conquêtes plus faciles : il emporta en peu de jours plusieurs places. Partout où les habitants se trouvaient les plus forts, ils chassaient les garnisons anglaises.

Le comte de Clermont rendit pendant cette campagne des services si éclatants, que le roi lui confia le gouvernement général de toutes les conquêtes qu'il avait faites en Champagne, en Brie, en Picardie et dans l'Ile-de-France. Il avait sous ses ordres le comte de Vendôme, l'amiral de Culant, Chabannes, la Hire et Xaintrailles. Clermont justifia le choix du roi : il se rendit maître de Corbeil, de Saint-Denis et du bois de Vincennes ; peu s'en fallut qu'une conspiration qui échoua ne le mît en possession de Paris.

Le duc de Bedfort comprit que c'en était fait de la domination anglaise en France, s'il ne ranimait le zèle du duc de Bourgogne dont il avait épousé la sœur. Depuis que ce prince avait abandonné les Anglais à eux-mêmes, ils n'avaient éprouvé qu'un enchaînement de revers. Bedfort eut recours aux déférences et aux supplications. Le comte de Clermont, de son côté, le faisait souvenir par ses lettres de ce qu'il devait à la patrie. Le duc de Bourgogne paraissait incertain et chancelant ; mais enfin l'intérêt l'emporta sur le devoir. Le duc de Bedfort, qui peu auparavant lui avait refusé le séquestre d'une seule ville, lui fit don des comtés de Champagne et de Brie ; il disposa aussi du comté de Poitou en faveur du duc de Bretagne. Ce fut à ce prix que deux princes du sang consentirent à prolonger les malheurs de l'état.

Le comte de Clermont fut d'autant plus affligé de la résolution de son beau-frère, qu'il perdait l'espérance de recouvrer la capitale, fortement attachée à ce prince. Il profita de la trêve pour passer dans le camp du duc de Bourgogne alors près de Senlis : il était accompagné de soixante chevaliers ; mais le Bourguignon évita toujours de se trouver seul avec lui. Cet accueil indigna le comte de Clermont, et contribua pour beaucoup, sans doute, à la guerre particulière qui s'éleva entre ces deux princes.

Au milieu des maux qui désolaient le pays, le comte de Clermont faisait tous ses efforts pour modérer le brigandage ; mais soldats et officiers restèrent sourds à ses instances : entreprendre de les châtier, c'était s'exposer à les voir passer dans le parti ennemi ; il aima mieux renoncer à son commandement que d'être plus longtemps spectateur de la misère et de la dépopulation. Il fut remplacé par Louis de Bourbon, comte de Vendôme, et retourna dans ses domaines, résolu d'attaquer la Bourgogne et la Franche-Comté.

Tout se réduisit d'abord à des escarmouches, à de petits combats et à des surprises de places ; mais enfin, les Anglais et les Bourguignons réunis s'attachèrent au siége de Compiègne. On sait que ce siége fut le terme fatal des exploits de la Pucelle ; on sait aussi que le comte de Vendôme fut le premier des généraux français qui eut la gloire de venger Jeanne d'Arc.

Il y avait six mois que Compiègne résistait aux Anglais et aux Bourguignons, commandés par Jean de Luxembourg, comte de Ligny (1430). La garnison et les habitants périssaient de faim : le comte de Vendôme n'avait pu les secourir faute de troupes. Mais enfin il prit le parti de rassembler les garnisons des places de l'Ile-de-France, qui lui formèrent un corps de trois à quatre mille hommes. C'est à la tête de cette poignée de braves, commandés sous ses ordres par le maréchal de Boussac, Xaintrailles, Chabannes, Gaucourt et Longueval, qu'il marcha sur les ennemis, défendus par des forts appelés alors *bastilles*.

Luxembourg ne l'attendit pas dans ses lignes ; il prit une partie de son armée et s'avança au-devant des Français jusqu'à l'abbaye de Royal-Lieu. Vendôme, dont les forces étaient bien inférieures, feignit de vouloir l'attaquer ; mais pendant qu'il l'amusait par de fausses démonstrations, Xaintrailles, détaché avec quelques compagnies d'hommes d'armes, trouva le secret d'entrer dans la place. Aussitôt les habitants pressent Xaintrailles de les conduire à l'ennemi : tous ensemble attaquent à grands cris un fort construit auprès de la principale bastille des assiégeants, et s'en rendent maîtres. Vendôme, pendant ce temps-là, tenait en échec les principales forces de Luxembourg. Il n'eut pas plutôt appris le succès de Xaintrailles qu'il se retira en bon ordre, et, prenant un détour, il se rendit dans la ville par la même porte que Xaintrailles. Il y fut reçu en triomphe ; mais dès qu'il eut fait rafraîchir sa troupe, il sortit de la ville, passa l'Oise, attaqua et prit un fort construit sur le bord de la rivière. Luxembourg, vaincu en détail, n'eut plus d'autre parti à prendre que la retraite ; elle fut accompagnée des plus grandes marques de frayeur : il abandonna son artillerie et ses munitions de guerre et de bouche ; l'armée qu'il commandait acheva de se fondre par la fuite et par la désertion. Cette victoire fait d'autant plus d'honneur à Vendôme, que le roi avait eu la faiblesse d'envoyer ordre de livrer Compiègne au duc de Bourgogne, dans l'espérance de le disposer à une paix particulière.

Vendôme, maître alors de la campagne, conquit un grand

nombre de places, dont il fit les garnisons prisonnières de guerre ; il entra même en Artois, où il porta la terreur et le ravage. Le duc de Bourgogne accourut du fond des Pays-Bas avec une nouvelle armée. Vendôme, dont les succès avaient attiré sous ses drapeaux un grand nombre de soldats, l'envoya sur-le-champ défier au combat. Le duc de Bourgogne voulait accepter le cartel ; mais il en fut détourné par ses généraux. Croyant sauver son honneur, il répondit qu'il ne pouvait recevoir de défi que de la part d'un prince ; que si les Français avaient tant d'envie de combattre, il enverrait chercher Luxembourg, et qu'en attendant son arrivée, il leur fournirait des vivres. Cette réponse ne pouvait que le couvrir de ridicule, car le comte de Vendôme était prince du sang comme lui. Vendôme, indigné de ce refus, poursuivit le duc de Bourgogne pour le combattre malgré lui. Celui-ci n'évita la bataille qu'en se réfugiant derrière des marais impraticables. Les Français ne purent donc se venger qu'en désolant ses états. Les lieutenants de Vendôme soutinrent la gloire de la nation avec la même vigueur : Xaintrailles gagna la bataille de Germigny, Barbazan tailla en pièces une armée anglaise et bourguignonne. On est étonné de ne pas voir paraître Charles VII à la tête de si braves troupes, et profiter de tant de succès : ce prince, naturellement intrépide, faisait cependant la guerre, mais c'était contre le premier officier de sa couronne, et en faveur de la Trémouille, son favori.

Pendant ce temps-là, le comte de Clermont, devenu duc de Bourbon (1433) par la mort de son père, prisonnier en Angleterre, déclarait la guerre au duc de Bourgogne, sous prétexte de l'inexécution des conventions de son mariage avec Agnès de Bourgogne ; le véritable motif, c'était l'espérance de le détacher de l'alliance des Anglais, en faisant éprouver à ses sujets toutes les calamités de la guerre. Le duc de Bourbon fondit sur la Bourgogne, dégarnie de troupes, et eut des succès faciles et rapides ; il pénétra même jusque dans l'intérieur de la Franche-Comté. La crainte de perdre deux belles provinces arracha bientôt le duc de Bourgogne des Pays-Bas avec toutes ses forces : la guerre devint alors inégale ; Bourbon, peu secondé par le roi, perdit toutes ses conquêtes, il vit le Beaujolais, le Forez et la principauté de Dombes en proie à la dévastation. Il se retira avec ses troupes sous Villefranche. Les généraux du duc de Bourgogne le poursuivirent et l'envoyèrent défier. Bourbon, se rappelant le fait que nous venons de rapporter plus haut, répondit que si le duc de Bourgogne était à la tête de son armée, il prendrait volontiers jour, mais qu'il ne pouvait mesurer ses forces qu'avec son égal. En même temps il sortit de la ville à cheval, vêtu d'une robe longue, telle qu'en portaient encore alors les princes du sang en temps de paix, et armé seulement d'une baguette, il fit entrer dans Villefranche son corps de troupes. Sa réponse excita de plus en plus le ressentiment des Bourguignons, qui commirent les plus affreux ravages. Mais enfin les amis des deux princes les disposèrent l'un et l'autre à la paix. Ils envoyèrent à Mâcon leurs ministres, qui arrêtèrent une suspension d'armes, et convinrent que les ducs de Bourgogne et de Bourbon s'aboucheraient à Nevers (1454).

Le duc de Bourgogne s'y rendit le premier, suivi d'une cour brillante. La duchesse de Bourbon, et ensuite le duc son époux, ne tardèrent pas à le joindre avec la principale noblesse de ses domaines. Une seule conférence termina la querelle : il n'y eut de difficulté que pour savoir qui des deux princes serait nommé le premier dans le traité ; mais le duc de Bourbon céda comme il convenait, non à la puissance supérieure du duc de Bourgogne, mais au degré de naissance qui l'approchait plus près de la couronne. A la guerre la plus sanglante succédèrent, selon l'usage du temps, les fêtes, les bals, les tournois, les spectacles et les caresses les plus tendres. Un chevalier bourguignon qui avait vu, et peut-être éprouvé, les barbaries exercées tour à tour dans les états des deux princes, en croyait à peine le témoignage de ses yeux; il ne put s'empêcher de crier tout haut, en adressant la parole aux seigneurs des deux cours : « Entre nous autres, » sommes bien mal conseillés de nous adventurer et mettre » en péril et danger de corps et d'âme, pour les singulières » voulantés des princes et grands seigneurs, lesquels, quand » il leur plaist, se reconseillent l'un avec l'autre, et souventes » fois advient que nous en sommes poures et détruits. »

Ce n'était rien pour le duc de Bourbon que d'avoir procuré la paix à ses états, si le royaume entier ne participait à ce bienfait. Il plaida avec tant de force la cause de la patrie, qu'il attendrit enfin le duc de Bourgogne, et obtint de ce prince qu'il recevrait à Nevers même les ambassadeurs du roi. Le connétable de Richemont se rendit le premier dans cette ville; bientôt après parut l'archevêque de Reims, chancelier de France, accompagné de presque tous les gens du conseil du roi. Les ducs de Bourgogne et de Bourbon furent au-devant du premier magistrat du royaume, et l'accueillirent avec honneur. Les conférences s'ouvrirent bientôt : le duc de Bourbon remplissait les nobles fonctions de médiateur; son zèle fut suivi d'un si grand succès, que dès lors le grand ouvrage de la paix eût été consommé, si le duc de Bourgogne n'eût déclaré qu'il ne pouvait terminer la guerre à l'insu et sans la participation des Anglais ses alliés. Il demanda l'assemblée d'un congrès, auquel seraient invités nonseulement le roi d'Angleterre, mais toutes les puissances chrétiennes. Le congrès fut indiqué à Arras. L'assemblée s'y composa (1435) non-seulement des légats du pape Eugène et du concile de Bâle, des ambassadeurs de toutes les têtes couronnées et de tous les souverains, mais encore des ministres des ducs d'Orléans, de Bretagne et d'Alençon, des députés de Paris et des villes les plus considérables du royaume et des Pays-Bas. La suite seule des princes et des ambassadeurs montait à environ dix mille chevaux. Le duc de Bourbon fut déclaré chef de l'ambassade française, composée de vingt-cinq ministres distingués par la naissance, la sagesse ou les lumières : après lui marchaient le comte de Richemont et le comte de Vendôme, l'un connétable, l'autre grand maître de France, et tous les deux princes du sang; l'archevêque de Reims, chancelier de France; messire Christophe de Harcourt, Théolde de Valperghe, le maréchal de la Fayette, maître Adam de Cambrai, premier président.

Aussitôt que le duc de Bourgogne eut appris que le duc de Bourbon et ses collègues approchaient d'Arras, il fut les recevoir à une longue distance de la ville, suivi du cortége le plus brillant. Le duc de Bourbon, précédé de rois d'armes, de hérauts et de trompettes, marchait à cheval au milieu des ducs de Bourgogne et de Gueldres. Les autres membres de l'ambassade suivaient, accompagnés chacun de deux des principaux seigneurs bourguignons : les places, les rues, les fenêtres, les toits des maisons étaient remplis d'une multitude de citoyens de tout rang, de tout âge, de tout sexe, qui faisaient les vœux les plus ardents pour le succès des négociations. L'air retentissait des cris de *Noël! Noël!* C'est au milieu des acclamations que le duc de Bourbon, regardé comme le dieu tutélaire de l'état, fut conduit au palais qui lui était destiné.

Peu après, le cardinal de Winchester, grand-oncle d'Henri VI, roi d'Angleterre, fit son entrée à Arras avec la même pompe. Il était à la tête de vingt-six ambassadeurs, parmi lesquels on comptait quatre évêques et plusieurs pairs.

C'est dans une vaste salle de l'abbaye de Saint-Waast d'Arras, décorée avec magnificence, que les princes et les ministres, chargés de la destinée de tant de peuples, s'assemblèrent. Le cardinal de Sainte-Croix, autrefois chartreux, et le cardinal de Chypre, de la maison royale de Lusignan, présidaient aux conférences au nom du pape et du concile de Bâle, en qualité d'arbitres et de modérateurs. Le duc de Bourbon offrit d'abord aux Anglais, par l'organe du chancelier de France, la cession entière de la Normandie et de la Guienne. sous la foi de l'hommage-lige à la couronne, et à condition que le roi d'Angleterre renoncerait à toutes ses prétentions, et spécialement au vain titre de roi de France. Les ambassadeurs d'Angleterre ne daignèrent pas même répondre à cette offre ; ils sortirent de l'assemblée, et peu après de la ville. Le duc de Bourgogne les laissa partir ; il continua la négociation, qui fut terminée en quinze jours ; mais il dicta des conditions telles que jamais sujet n'en imposa de plus dures à son roi. Charles VII se soumit à la nécessité. Le traité d'Arras serait le monument le plus honteux de faiblesse et d'infortune, s'il n'eût sauvé l'état.

Il n'y a pas un seul article du traité d'Arras, qui en contient trente et un, qui ne soit attentatoire à l'autorité du monarque. Charles désavoua le meurtre du duc de Bourgogne, et ne se soumit pas moins à toutes les réparations que le Bourguignon exigea. Le roi consentit, s'il venait à enfreindre le traité, à être excommunié ; il autorisait de plus les ducs d'Anjou, d'Alençon et de Bourbon, le connétable de Richemont, les comtes de Vendôme et de la Marche, et les autres grands du royaume, garants du traité, à joindre leurs armes à celles du duc de Bourgogne. C'est à ces conditions que ce dernier daigna reconnaître Charles VII pour son roi ; encore ne le reconnaissait-il que de nom, puisqu'il se fit dispenser par le traité de lui rendre jamais hommage. Enfin, il exigea que le duc de Bourbon et le connétable de Richemont lui demandassent pardon au nom du roi du meurtre de son père. Voici comment s'exprime Monstrelet au sujet de cette humiliante cérémonie : « Aussitôt après la signature du traité, et

» mêmement au propre lieu où icelle paix se traitoit, fut
» mis par le cardinal de Saint-Croix le saint-sacrement de
» l'autel et une croix d'or sur un coussin, sur lesquels ledit
» cardinal fit jurer et promettre audit duc de Bourgogne que
» jamais ne ramenteroit la mort de son feu père, et qu'il en-
» tretiendroit bonne paix et union avecques le roi Charle son
» suzerain seigneur et les siens; et après le duc de Bourbon
» et le connétable, tenans la main sur la dicte croix, prièrent
» mercy audit duc de Bourgogne, de par le roi, pour la mort
» de son dict feu père, lequel leur pardonna pour l'amour de
» Dieu. »

Il faut bien reconnaître, après tout, que le traité d'Arras
ruina le pouvoir des Anglais en France. En effet, il n'y avait
guère plus de six mois que la paix était conclue, et déjà le
roi avait recouvré Paris (1436). Le duc de Bourbon principalement contribua à ce succès. Dans le même temps, ce prince
brisait les fers d'un roi prisonnier; c'était René d'Anjou, qui,
n'étant encore que duc de Bar, avait été vaincu et pris à la
fameuse journée de Brugneville. Il était détenu à Dijon,
lorsque, par la mort de son frère aîné, il succéda à la couronne de Sicile, au duché d'Anjou et au comté de Provence.
La ville de Naples et un parti puissant l'appelaient en Italie.
Charles VII souhaitait vivement de voir libre ce prince, dont
il était beau-frère. Le duc de Bourbon se rendit à Dijon avec
le connétable, le comte de Vendôme, le chancelier, messire
Christophe de Harcourt, le maréchal de la Fayette, et le plus
brillant cortége, pour traiter avec le duc de Bourgogne de la
rançon de René.

Ce prince exigea de son prisonnier une somme de deux
cent mille écus et plusieurs beaux domaines : il fallut souscrire à ces conditions. La paix entre les maisons d'Anjou et
de Bourgogne fut scellée par le mariage du duc de Calabre,
fils aîné et héritier du roi de Sicile, avec Marie, fille aînée du

duc de Bourbon. Le duc de Bourgogne avait voué les sentiments de la plus vive tendresse à la duchesse de Bourbon sa sœur ; il regardait les enfants de cette princesse comme les siens. Le mariage fut célébré à Moulins (1437) avec une pompe et une magnificence royales.

Le duc de Bourbon eut encore la consolation de délivrer de prison le comte d'Eu, son frère utérin, qui languissait à la Tour de Londres depuis la bataille d'Azincourt. Le duc de Bourbon avait acheté le comte de Sommerset, fait prisonnier longtemps auparavant à la bataille de Crévant, dans la vue de l'échanger un jour contre le comte d'Eu ; mais les Anglais n'avaient jamais voulu y consentir jusqu'à la majorité de leur roi. Bourbon eut enfin (1439) la joie d'embrasser libre ce frère, qui depuis rendit des services signalés à l'état.

Le comte de Vendôme, de son côté, remplissait une carrière glorieuse ; tantôt on le voyait à la tête des armées gagner des batailles, tantôt négocier, et toujours exhorter le roi à la paix, que les circonstances rendaient de plus en plus nécessaire. En effet, la guerre, faute d'argent et d'hommes, dégénérait en incursions et en pillages. C'est par l'épuisement absolu de toutes ressources où se trouvait le roi que les Anglais se soutinrent en France après la défection du duc de Bourgogne et la mort du duc de Bedfort.

Charles, maître de la capitale par ses généraux, n'avait encore osé s'y rendre. Il fit un effort en rassemblant six mille hommes, à la tête desquels il fut assiéger Montereau-Faut-Yonne. Les comtes de Richemond et de Vendôme commandaient l'armée sous les ordres du monarque. Charles monta le premier à la brèche. Son premier soin, après avoir emporté la ville d'assaut, fut d'en sauver tous les habitants. Après cette conquête, il entra en triomphe dans la capitale, ayant à sa droite le connétable à sa gauche Vendôme ; marchait ensuite le dauphin suivi de Dunois et de l'armée.

I.

21

Bientôt après, Vendôme fut chargé, avec le chancelier et plusieurs ministres, de s'aboucher avec le cardinal de Winchester pour traiter de la paix ou au moins d'une trêve; mais les Anglais ne pouvaient se résoudre à la paix sans partager le royaume avec Charles VII. Ils prétendaient surtout posséder en pleine souveraineté les provinces qui leur seraient abandonnées par le traité : la négociation échoua. De retour à la cour, Vendôme conjura le roi de sacrifier une partie de ses droits à l'intérêt public. Charles avait peine à résister à ses instances; d'un autre côté, il n'osait prendre sur lui de démembrer la monarchie. Dans cette perplexité, il prit le parti de laisser les états généraux, assemblés à Orléans, maîtres de décider une question aussi délicate. Vendôme lui-même et Juvénal des Ursins furent chargés de plaider la cause du peuple. Ils représentèrent que c'en était fait de la nation, en proie depuis trente ans aux maux les plus destructeurs, si on ne la laissait respirer en lui procurant la paix; qu'un souverain n'avait point de devoir plus sacré que le salut du peuple qui lui était confié par la Providence ; en un mot, qu'il fallait se résoudre à voir périr de faim et de misère tout ce qui restait de cultivateurs dans le royaume, ou acheter la paix au prix de la cession pure et absolue de quelques provinces. Le comte de Dunois et le maréchal de la Fayette combattirent les raisons de Vendôme et de des Ursins; ils firent voir qu'on ne pouvait démembrer le domaine de la couronne sans renverser la constitution de l'état. Mais le discours des orateurs de la paix avait fait l'impression la plus profonde sur la plupart des députés; le roi paraissait incertain et chancelant entre l'honneur de la couronne et le salut du peuple. On convint de se rassembler à Bourges pour prendre une dernière résolution; mais le roi, appelé ailleurs par des affaires importantes, ne put s'y trouver. Les états n'osèrent rien décider, et les espérances de la paix s'évanouirent.

Jusqu'ici la conduite du duc de Bourbon avait été honorable ; tout à coup il changea (1440), sans que l'on puisse démêler les motifs qui le déterminèrent : il forma des ligues et des complots où l'on voit avec étonnement participer le duc de Vendôme, le duc d'Alençon et Dunois, Alexandre, bâtard de Bourbon, guerrier intrépide, mais cruel et inhumain. Antoine de Chabannes, les sires de Prie, de Chaumont, de Boucicaut, de la Roche, étaient, après les princes, les principaux auteurs de cette entreprise criminelle. Georges de la Trémoille en était l'âme : c'est le même qui, à la tête de l'administration, avait bravé si longtemps le connétable et les princes de Bourbon. Il avait enfin succombé sous les coups de ses adversaires : sa place de favori était remplie par Charles d'Anjou, comte du Maine, beau-frère du roi. La Trémoille, qui ne voyait qu'avec indignation les triomphes de ses ennemis, avait fait passer toute sa haine et sa fureur contre le connétable et le comte du Maine dans le cœur du duc de Bourbon. C'était par l'ascendant d'un ministre disgracié, qu'il avait combattu dans sa puissance, que Bourbon levait l'étendard de la révolte.

La conspiration se formait à la cour et sous les yeux du roi avec un profond secret. Un grand nombre d'officiers d'une valeur éprouvée avaient été gagnés au parti sans que le monarque et ses ministres se doutassent du danger qui les menaçait. On prétend que les conjurés n'avaient pas seulement pour objet d'exclure de la faveur, des conseils et du commandement des armées le connétable et le comte du Maine ; qu'ils voulaient réduire le roi dans une espèce de tutelle, et gouverner le royaume sous les auspices du dauphin, qui fut depuis Louis XI.

Le bâtard de Bourbon et Chabannes séduisirent sans peine un jeune prince déjà corrompu par sa propre ambition ; ils ne lui eurent pas plus tôt vanté l'union des princes du sang et des grands capitaines du royaume, qui n'attendaient que son aveu pour le mettre à la tête du gouvernement, qu'il consentit à se faire enlever. Le duc d'Alençon parut bientôt après avec une nombreuse et brillante noblesse : il s'empara de la personne du dauphin, chassa le comte de la Marche, son gouverneur, et commença, sous le nom du fils, une guerre impie contre le père.

Pendant que tout ceci se passait à Loches, le duc de Bourbon manquait à Blois un coup décisif. Il s'était rendu dans cette ville avec les comtes de Vendôme et de Dunois, Chabannes et quelques autres chefs ; ils travaillaient ensemble au manifeste le plus sanglant contre les abus vrais ou faux de l'administration, lorsque le connétable de Richemond arriva à Blois. Ignorant la conspiration, il se présenta avec confiance au duc de Bourbon son beau-frère ; mais il en fut très-mal accueilli : on ne s'en tint pas aux reproches et aux menaces ; Dunois, dont la gloire militaire était éclipsée par le connétable, proposa de l'arrêter. Antoine de Chabannes représenta que si on en venait à cette extrémité, il y aurait lieu de craindre que la plupart des places de l'Ile-de-France, dont le connétable avait le gouvernement, ne tombassent entre les mains des Anglais. Il n'en fallut pas davantage pour adoucir le duc de Bourbon. Ce prince souhaitait ardemment de gouverner le royaume ; mais il était bien éloigné de vouloir le perdre : il laissa partir le connétable.

A peine échappé d'un si grand danger, Richemond reçut à Beaugency l'ordre le plus pressant du roi de venir le joindre à Amboise. Le connétable se jeta dans une barque armée sur la Loire, et passa pendant la nuit sous le pont de Blois, sans être arrêté ni même aperçu par les princes, maîtres de la ville. En voyant paraître Richemond, le roi l'embrassa avec transport, en disant : « Puisque j'ai mon connétable, je ne » crains plus rien. » Les espérances du monarque ne furent point trompées; il lui dut son salut. En effet, Charles VII, étonné du soulèvement des princes et des grands, ne songeait qu'à chercher un asile dans une place forte en attendant l'événement de la guerre; mais le connétable le décida à se mettre à la tête des troupes. Ils partirent d'Amboise et se rendirent à Poitiers, d'où le roi envoya un héraut sommer le duc d'Alençon de lui rendre son fils.

Le duc ne répondit à la sommation qu'en allant surprendre Saint-Maixent; mais il éprouva une telle résistance de la part des moines et de quelques habitants réfugiés dans l'abbaye, que le roi eut le temps d'envoyer un détachement à leur secours. Le duc d'Alençon, dont les forces étaient bien inférieures, se retira.

Cependant le manifeste, sur lequel les princes avaient tant compté pour exciter le royaume entier à la révolte, n'avait fait presque aucune impression. Une triste expérience avait enfin appris au peuple à se défier du prétendu zèle des princes pour ses intérêts : aussi les provinces soutinrent-elles le monarque.

Le roi poursuivit le dauphin et le duc d'Alençon de province en province, de ville en ville; déjà les deux princes fugitifs ne voyaient plus d'asile pour eux dans le royaume. Ils implorèrent en vain les secours du duc de Bourgogne. Le dauphin fut donc obligé de se réfugier dans les états du duc de Bourbon son complice, dont les forces ne pouvaient se mesurer avec celles du roi. L'arrivée du dauphin fut le signal de la ruine et de la dévastation des vassaux du duc de Bourbon; ses villes furent emportées, les unes d'assaut, les autres d'emblée; tout succombait sous les coups des royalistes. Le seul avantage que les rebelles remportèrent dans cette guerre fut la prise de l'artillerie et des équipages du roi, que Chabannes, sénéchal du Bourbonnais, enleva auprès d'Aigueperse en Auvergne.

Le spectacle déplorable qu'offraient le Forez et le Bourbonnais affligeait le duc de Bourbon. Heureusement, son frère utérin, le comte d'Eu, agit auprès du roi avec tant de chaleur, que ce prince promit de pardonner au duc de Bourbon, à condition qu'il lui ramènerait son fils. On était convenu de tous les articles de l'amnistie ; mais Bourbon et Louis manquèrent à leur parole. Le monarque irrité passa l'Allier, prit beaucoup de places qu'il abandonna au pillage, et menaça les rebelles jusque dans Moulins. Bourbon enfin s'abandonna à la clémence de Charles, et lui amena le dauphin à Cusset en Auvergne.

Au moment où les deux princes arrivaient à la vue de Cusset, le roi envoya ordre aux sires de la Trémoille, de Chaumont et de Prie, qui les accompagnaient, de se retirer, sous peine d'être arrêtés. Le roi ne pouvait se résoudre à voir ces seigneurs qu'il regardait comme les auteurs de la rébellion. Le dauphin, indigné, s'en prit en quelque sorte au duc de Bourbon : « Beau compère, lui dit-il, vous n'aviez talent » de dire comment la chose étoit faite, et que le roi n'eût » point pardonné à ceux de mon hôtel. » Il voulait rebrousser chemin, mais Bourbon l'en empêcha : « Monseigneur, » lui répondit-il, tout se fera bien, n'en soyez en quelque » doute ; vous ne pouvez retourner, car l'avant-garde du roi » est en votre chemin. » Le dauphin, enveloppé de toutes parts, fut forcé de continuer sa route. Il descendit avec le duc de Bourbon chez le roi, qui les attendait seul ; ils ne l'abordèrent qu'après avoir mis trois fois le genou en terre et lui avoir crié merci trois fois. « Loys, dit le monarque, vous » soïes le bien venu ; vous avez moult longuement demouré ; » alez vous en reposer en vostre hostel pour aujourd'hui, et » demain nous parlerons à vous. » Ensuite se tournant vers le duc de Bourbon, il lui adressa ces paroles : « Beau cousin, » il vous desplaist de la faute que maintenant et autrefois

» avez faicte contre nostre majesté par cinq fois. » Il lui cita
le temps et les lieux où Bourbon s'était écarté de son devoir.
« Si ne fut point pour l'honneur et l'amour d'aucuns, lesquels
» nous ne voulons point nommer, nous vous eussions mon-
» tré le déplaisir que vous nous avez fait, si vous gardez
» doresnavant de plus y rencheoir. »

Le lendemain, il fallut renouveler en plein conseil la cérémonie de demander pardon. Puis les deux princes sollicitè-
rent la grâce des sires de la Trémoille, de Chaumont et de
Prie. Le roi répondit que toute la grâce qu'il pouvait leur
accorder était de se retirer dans leurs terres, à condition
qu'ils ne paraîtraient jamais devant lui. Le dauphin insista
et menaça le roi de se retirer lui-même. « Monseigneur, dit-
» il, donc faut-il que je m'en revoise, car ainsi leur ai pro-
» mis. » Le roi repartit : « Loys, les portes sont ouvertes, et
» si elles ne vous sont assez grandes, je vous en ferai abattre
» seize ou vingt toises de murs, pour passer où mieux vous
» semblera. Vous êtes mon fils, et ne vous pouvez obliger à
» quelque personne sans mon congé et consentement ; mais
» s'il vous plaist en aller, nous trouverons, au plaisir de Dieu,
» aucuns de notre sang qui nous ayderont mieux à maintenir
» et entretenir nostre honneur et seigneurie qu'encore n'avez
» fait jusqu'icy. » Il le quitta sans attendre sa réponse, et
fut recevoir le nouveau serment de fidélité du duc de Bourbon. Ce prince dut abandonner les places de Corbeil, du bois
de Vincennes, de Sancerre et de Loches. Le duc d'Alençon
et le comte de Vendôme obtinrent aussi grâce ; le comte de
Dunois avait abandonné le parti avant qu'il eût été accablé.
Ainsi finit la révolte connue dans notre histoire sous le nom
de *Praguerie*.

Cette guerre ne fut presque funeste qu'à Alexandre, bâtard
de Bourbon. Ce seigneur avait rendu des services pendant la
guerre, mais il en avait souillé la gloire par ses brigandages.

On le voit toujours suivi d'une troupe d'hommes d'armes aussi déterminés que lui, parcourir presque toutes les provinces du royaume, combattre les Anglais et piller les Français; d'une main il soutenait la couronne, de l'autre il en opprimait les vassaux. Puis, dans les premiers événements, il avait le premier quitté la frontière pour allumer le feu de la révolte. C'était lui qui avait le plus contribué à la défection du dauphin. Enfin, lorsque la rébellion était aux abois, il avait fait les derniers efforts auprès du duc de Bourgogne pour l'engager à la soutenir. Cependant, depuis l'extinction de la Praguerie, le roi l'avait mis avec Dunois à la tête d'une armée pour recouvrer Harfleur. Le bâtard se défiait si peu du ressentiment du monarque, qu'il vint le trouver à Bar-sur-Aube avec une suite peu nombreuse; mais à peine arrivé, il est arrêté, jugé, condamné, renfermé dans un sac et précipité dans la rivière : ses amis le retirèrent de l'eau et lui rendirent les derniers devoirs.

Puis le roi mit le comte de Vendôme à la tête d'une ambassade chargée de négocier la paix avec les Anglais à Saint-Omer. Vendôme s'était attendu à traiter avec des princes; mais en voyant arriver au congrès l'évêque de Rochester et le lord Fanhope, il refusa d'entrer en conférence avec des ministres d'un rang si inférieur au sien. Il quitta Saint-Omer, et la cour approuva sa conduite.

Vendôme réussit mieux pour le duc d'Orléans. Il contribua à son élargissement par ses négociations et sa générosité; il répondit de sa rançon avec le dauphin, les ducs de Bretagne et d'Alençon, les comtes de la Marche et d'Harcourt, les archevêques de Reims et de Narbonne, les sires de Mailly et de Laval-Loheac. Mais le duc de Bourgogne fit plus lui seul que tous ces personnages : ce fut lui qui brisa les fers de ce prince, son rival, et lui donna pour épouse mademoiselle de Clèves, sa nièce.

Cette liaison déplut au roi. Les ducs d'Orléans et de Bourgogne, mécontents de se voir traités par lui comme des hommes suspects, invitèrent tous les princes du sang à se rendre à Nevers pour concerter ensemble les moyens de rendre la paix au royaume, de soulager le peuple, de réformer les vices de l'administration, et d'obtenir dans le gouvernement la même autorité dont avaient joui leurs pères. Le duc de Bourbon fut le premier à se joindre à eux; les ducs de Bretagne et d'Alençon, les comtes de Nevers et de Vendôme, achevèrent de rendre cette ligue formidable. Chacun d'eux accourut à Nevers, accompagné d'une nombreuse noblesse.

Charles était alors à la tête d'une armée victorieuse sur les frontières de la Guienne et du Languedoc : il fut tenté de fondre sur les mécontents et de les accabler avant qu'ils eussent le temps de se reconnaître. Mais, dans la crainte de s'engager dans une guerre civile dangereuse, il recourut à la prudence. Il envoya à Nevers l'archevêque de Reims, son chancelier, pour se plaindre aux princes du parti extrême qu'ils avaient pris; il ajoutait que son dessein avait été de les convoquer à Bourges, à la fin de la campagne, pour délibérer avec eux sur les affaires les plus importantes; qu'au reste, il écouterait volontiers toutes les remontrances qui seraient dictées par l'amour de l'état, et qu'il donnerait aux princes toute la satisfaction qu'ils pourraient désirer légitimement.

Bientôt il reçut un long mémoire qui contenait tous les griefs du peuple et des princes. Ils demandaient qu'une prompte paix avec l'Angleterre terminât les longues calamités sous lesquelles le royaume gémissait; que les villes et les campagnes fussent soulagées par la diminution des tailles et des autres impositions; que les excès des gens de guerre fussent réprimés; que la justice fût mieux administrée; que les procédures fussent abrégées. De plus, ils reprochaient au roi de ne les avoir point initiés à l'administration des affaires, comme l'avaient été leurs prédécesseurs. A ce grief général, les ducs d'Orléans, de Bourgogne, d'Alençon et de Bourbon, les comtes de Nevers et de Vendôme, en ajoutaient de particuliers. Le duc de Bourbon demandait le payement de sa pension de 14,400 livres ; le comte de Vendôme voulait remplir les fonctions de grand-maître de France, qu'il n'exerçait plus depuis la part qu'il avait eue à la Praguerie.

Charles VII (1442) répondit article par article à ce mémoire. Sa modération eût dû arrêter les projets des mécontents, si le motif du bien public les avait seul dirigés ; mais ils travaillaient de jour en jour à séduire tous les ordres de l'état, et ils se préparaient à la guerre civile. Le roi comprit qu'il ne pouvait triompher du parti qu'en le divisant ; il gagna le duc d'Orléans. Les ducs de Bourgogne et de Bretagne ne s'étaient prêtés à la faction que pour venger les injures de ce prince : dès que ses vœux furent remplis, ils parurent satisfaits. Les autres princes, abandonnés à eux-mêmes, n'étaient pas assez puissants pour résister à l'autorité royale, qui prévalait de jour en jour.

Il paraît que les Bourbons se réunirent sincèrement au roi (1445). Il ne manquait à la gloire du comte de Vendôme que de couronner ses services par une réconciliation solide entre la France et l'Angleterre. Il passa la mer à l'âge de près de soixante-dix ans, et se rendit à Londres, à la tête d'une ambassade composée de l'archevêque de Reims, chancelier de France, du comte de Laval, des seigneurs de Boissigny, de Guillaume Cousinot, maîtres des requêtes, et d'Étienne Chevalier, secrétaire du roi. Vendôme fut accueilli avec honneur en Angleterre ; mais il échoua dans ses négociations. Pourtant il obtint des deux rois de profiter de la trêve pour s'aboucher ensemble, et terminer entre Paris et Rouen une querelle si longue. Cette entrevue n'eut pas lieu néanmoins.

Au reste, la France respira encore une fois par les soins du comte de Vendôme ; mais ce prince ne jouit pas du fruit de ses travaux ; les fatigues du voyage achevèrent d'altérer sa santé déjà usée par celles de la guerre. Il mourut à Tours, le 21 décembre 1446, âgé de plus de soixante-dix ans. On doit le mettre au nombre des princes qui ont rendu les plus grands services à l'état. Il laissa de Jeanne de Laval un fils unique, qui fut l'héritier de ses vertus comme de ses titres.

Le duc de Bourbon, dont la vie n'avait pas été moins agitée et moins éclatante, préféra à la fin de sa carrière la gloire solide de gouverner ses vastes domaines à l'honneur dangereux de dominer dans les conseils du roi. Charles VII oublia ses fautes, et voulut récompenser en la personne du fils les services qu'il avait reçus du père. Il donna au comte de Clermont Jeanne de France, sa fille. Le jeune comte vengea sur les Anglais la captivité et les infortunes de son aïeul. Le duc de Bourbon fut le témoin des victoires de son fils ; il eut la consolation de voir chasser les Anglais du royaume. La mort surprit ce prince à Moulins, le 4 décembre 1456 ; il n'avait pas encore cinquante-six ans. Il laissa d'Agnès de Bourgogne, qui lui survécut vingt ans, la postérité la plus brillante et la plus nombreuse : onze enfants, six princes et cinq princesses. Il eut aussi trois enfants naturels et légitimés, deux fils et une fille : l'aîné devint amiral de France, et le cadet archevêque de Narbonne.

Le duc de Bourbon ne le cédait en richesses qu'au roi et au duc de Bourgogne. Il donna cent cinquante mille écus à la princesse Marie sa fille en la mariant au duc de Calabre, appelé par sa naissance aux couronnes d'Aragon et de Sicile, aux duchés d'Anjou, de Lorraine et de Bar, et au comté de

Provence. Il ne traita pas avec moins de magnificence la princesse Isabelle, sa seconde fille, qui épousa, en 1454, Charles le Téméraire, alors comte de Charolais, et depuis duc de Bourgogne. Cette opulence, de la part d'un prince chargé d'une nombreuse famille, donne la plus haute idée de l'ordre qu'il établit dans ses finances; elle mérite d'autant plus d'être observée, que la dot des dames de France était alors fixée à cent mille écus. On peut ajouter que Louis de Bourbon, comte de Montpensier, et frère puîné du duc, auteur de la première branche de Bourbon-Montpensier, eut douze mille livres de rente pour son partage, tandis que l'apanage des puînés des ducs de Bretagne, princes d'ailleurs très-puissants, ne montait qu'à huit mille livres de rente.

CHAPITRE VIII.

Le spectacle des malheurs de la France avait fait sur l'âme de Jean II une impression profonde ; dès son enfance il avait voué aux Anglais des sentiments de haine et de vengeance. Mais lorsque l'âge lui permit de soutenir le poids des armes, une trêve enchaînait son courage. Il fut assez heureux pour rendre à l'état des services plus utiles alors que des victoires. Bientôt il suivit le roi dans sa campagne de Lorraine (1444) ; mais il n'y trouva point les occasions de signaler sa valeur ; il contribua puissamment, ainsi que les autres princes du sang, à former la première armée permanente qu'ait eue la France, et à purger le royaume des brigands qui l'infestaient encore.

En 1445, Charles VII assujettit les domaines des grands vassaux à l'impôt de la taille, uniquement destiné à l'entretien de l'armée toujours subsistante. Il n'excepta que les domaines des ducs de Bourgogne et de Bretagne, qu'il n'était pas assez puissant pour soumettre aux lois de l'état. Ce prince politique porta même la condescendance jusqu'à indemniser les plus grandes maisons, en leur accordant une partie de l'impôt levé dans leurs domaines. Ainsi les ducs de Bourbon obtinrent une pension de quatorze mille livres sur le produit de la taille dans la seule province du Bourbonnais, et ils en jouirent jusqu'à la défection du connétable de Bourbon sous François Ier.

Clermont avait concouru avec tant de zèle à ces réformes, que le roi lui donna en mariage Jeanne de France, sa fille. Le jeune prince prouva sa reconnaissance en contribuant aux succès de la campagne qui mit Charles VII en possession de Rouen (1449). L'année suivante, de concert avec le connétable, il gagna sur les Anglais la bataille de Formigny; puis, après avoir aidé le connétable à prendre Vire, il accourut devant Bayeux, qu'il assiégea sous les ordres du comte de Dunois. La conquête de cette ville fut suivie de celle de plusieurs autres places; et le comte de Clermont eut encore une part importante à la soumission de Caen et de Cherbourg. En 1451, il se signala, ainsi que Jean II de Bourbon, comte de Vendôme, dans l'importante et heureuse campagne de Guienne. Charles VII nomma le comte de Clermont gouverneur général de cette province. Les habitants pourtant se révoltèrent, et appelèrent Talbot; mais en 1453 celui-ci fut défait et tué à Castillon. Dès lors la Guienne fut pour toujours enlevée aux Anglais, et le comte de Clermont consolida cette conquête par la sagesse de son gouvernement. En 1455 il contribua efficacement à réprimer la révolte de Jean V, comte d'Armagnac.

Il ne sortit de son gouvernement que pour aller recueillir à Moulins, en 1456, le brillant héritage qui lui était échu par la mort du duc Charles Ier, son père. C'est désormais sous le nom de duc de Bourbon que sera connu ce prince, qui, à l'âge de trente ans, avait rempli une si belle carrière; mais avant d'entrer dans le détail des grands événements qui l'agitèrent le reste de ses jours, il convient de faire connaître l'état de la maison dont il était devenu le chef.

Elle était partagée en quatre branches : la gloire, la puissance, les titres et les richesses distinguaient la branche ducale, composée de six princes et de cinq princesses mariées alors (1), ou qui le furent depuis, à des souverains. Voici le nom des princes qui parurent presque tous avec éclat sur la scène : Jean II, neveu du duc de Bourbon ; Philippe, seigneur de Beaujeu, mort à la veille de parvenir à la couronne de Chypre, du chef de Charlotte de Lusignan, à laquelle il était fiancé ; Charles, archevêque de Lyon à l'âge de neuf ans, depuis cardinal, légat d'Avignon, et chef des conseils de Louis XI. Après la mort du duc Jean II, il abandonna l'opulent héritage de sa maison à son frère puîné qui suit : Pierre, seigneur de Beaujeu, ensuite duc de Bourbon et lieutenant général du royaume sous le règne de Charles VIII ; Louis, évêque de Liége, et Jacques, chevalier de la Toison d'or, mort sans alliance à la fleur de son âge. Le duc Charles Ier, craignant que des partages trop multipliés ne vinssent à tarir la fortune des aînés de sa branche, consacra, comme on voit, deux de ses fils au culte des autels ; mais il ne consulta pas leurs inclinations. Le cardinal de Bourbon vécut en prince guerrier, voluptueux et magnifique ; il avait pris pour devise une main entourée de flammes, avec ces mots, plus dignes d'un soldat que d'un évêque : *n'espoir, ne peur*. Louis de Bourbon, élu évêque et souverain de Liége à l'âge de dix-huit ans, ne fit jamais cas que du dernier titre ; il porta encore plus loin que son frère le dégoût pour les fonctions du

(1) 1° Marie, épouse de Jean d'Anjou, duc de Calabre, de Lorraine et de Bar.

2° Isabelle, épouse de Charles, comte de Charolais, depuis duc de Bourgogne ; elle en eut Marie, héritière de Bourgogne.

3° Catherine, épouse d'Adolphe d'Egmont, duc de Gueldres.

4° Jeanne, épouse de Jean de Châlons, prince d'Orange.

5° Marguerite, épouse de Philippe, comte de Bresse, depuis duc de Savoie.

ministère sacré : sa passion pour les armes, la galanterie, le
faste et la dissipation, indignèrent et soulevèrent ses sujets.
De là ces guerres atroces qui ne furent terminées que par
l'incendie et la destruction de Dinant et de Liége même.
Louis de Bourbon périt lui-même de la main d'un traître
qu'il avait cru son ami : tels furent les fruits amers de la pré-
tendue sagesse du duc Charles Ier. Il hâta l'extinction de sa
maison pour avoir dévoué au célibat deux princes que la nature semblait avoir formés pour la perpétuer.

Louis de Bourbon, oncle des princes dont on vient de parler, et bien différent de l'évêque de Liége qui portait le même
nom, commençait alors la première branche de Montpensier,
non moins illustre qu'infortunée : la douceur, l'aménité, la
modestie, la bienfaisance et la piété formaient son caractère.
Uniquement occupé du bonheur de sa famille et de ses vassaux, ne paraissant à la cour et dans les armées que lorsque
les besoins de l'état demandaient sa présence, le comte de
Montpensier dédaigna toute sa vie les brillantes illusions de
la fortune et de l'ambition ; il ne fut jaloux que de mériter
le surnom de *Bon*, dont la voix publique l'honora.

La branche de Vendôme, à laquelle étaient attachées les
plus hautes destinées, s'annonçait par la sagesse, l'honneur,
le désintéressement et la valeur ; on voyait revivre en Jean II,
comte de Vendôme, les qualités, le courage de ses ancêtres.
Après s'être signalé dans les guerres contre les Anglais, ce
prince venait d'épouser Isabelle de Beauveau, qui lui apporta les belles terres de la Roche-sur-Yon et de Champigny.
C'est à ce couple qu'il était réservé de perpétuer la maison
de Bourbon.

La dernière branche, connue sous le nom de Carency,
issue de Jean Ier, comte de la Marche, et de Catherine, héritière de Vendôme, n'était pas dans une position digne de
son origine ; transplantée en Artois, où elle possédait quelques

terres médiocres, confondue pour ainsi dire dans l'ordre de la noblesse, elle était réduite à suivre les ducs de Bourgogne, dont elle était vassale, dans les guerres qu'ils entreprenaient contre le roi même. Pierre, seigneur de Carency, Jacques, seigneur d'Aubigny, et Philippe, seigneur de Duisant, tous les trois frères, formaient cette branche.

Il existait donc alors environ douze princes du sang de la seule maison de Bourbon; si on y ajoute les princes des branches d'Orléans, d'Angoulême, d'Anjou, du Maine, de Bourgogne, de Nevers, d'Alençon, d'Artois et de Bretagne, on verra que le trône de France ne fut jamais environné d'un plus grand nombre d'héritiers; mais il s'en fallait bien qu'ils conspirassent tous à la gloire et au bonheur de l'état dont ils tenaient leur grandeur. Ainsi Jean, duc d'Alençon, forma le projet de rappeler les Anglais en France. Charles VII le livra à la rigueur des lois (1458) ; il lui fit toutefois grâce de la vie.

Louis XI ayant succédé à son père Charles VII (1461), il donna d'abord une idée sinistre et terrible de son caractère, en élevant les uns, en abaissant les autres, en récompensant ceux-ci, en punissant ceux-là, au gré de ses caprices et de ses vengeances particulières ; il priva des grands emplois les généraux, les ministres, les magistrats, dont la valeur et la prudence avaient si bien secondé son prédécesseur : le duc de Bourbon même partagea plus tard la disgrâce de tous ces personnages.

Louis XI crut devoir dissimuler d'abord à l'égard d'un prince du sang, son beau-frère, puissant par lui-même, plus puissant encore pas l'ascendant qu'il avait sur l'esprit du duc de Bourgogne, son oncle, et par la faveur de tous les gens de guerre. Bourbon attendait du monarque l'épée de connétable, comme la seule récompense qui fût proportionnée à la grandeur de ses services et de son zèle. Mais, au lieu d'obtenir la première dignité de l'état, il se vit privé du gouvernement de Guienne. Cachant son dépit, il ne cessait d'accompagner le roi partout; mais il ne recueillit d'autres fruits de ses soins et de sa persévérance que d'être témoin de l'élévation de plusieurs favoris sans honneur. Alors il trempa dans la conspiration de tous les grands contre le monarque.

Aussitôt après que Charles VII eut rendu les derniers soupirs, le duc de Bourbon vint rendre ses hommages au nouveau roi dans les Pays-Bas, avec ses quatre frères : son exemple fut suivi de presque tous les grands du royaume. Il accompagna le monarque à Reims, et représenta le duc d'Aquitaine à la cérémonie de son sacre : il précédait, en qualité de chef de branche, les comtes d'Angoulême et de Nevers, puînés des maisons d'Orléans et de Bourgogne; le comte de Vendôme fut choisi préférablement à beaucoup d'autres princes du sang, qui appartenaient de plus près à la couronne, pour remplir les fonctions du comte de Champagne. Bourbon essaya, mais sans succès, de profiter des apparences de faveur dont il jouissait pour protéger Antoine de Chabannes, comte de Dammartin, qui s'était attiré la haine de Louis XI pour avoir découvert à Charles VII une conspiration que ce prince, encore dauphin, tramait contre lui.

Au reste, les commencements du règne de Louis XI (1462-1464) furent marqués par de grands succès; il agrandit le royaume des provinces de Roussillon et de Cerdagne; il racheta les places importantes situées sur la Somme et engagées au duc de Bourgogne; il contint les grands comme les petits dans la soumission : déjà il allait réduire le duc de Bretagne à la même dépendance que les autres vassaux de la couronne, pour réunir toutes les forces de l'état contre la redoutable maison de Bourgogne. Peut-être eût-il réussi, s'il n'eût soulevé contre lui, parmi la noblesse, un mécontentement général.

Ce ne fut pourtant ni la noblesse indignée ni le peuple foulé qui levèrent l'étendard. de la révolte, mais les grands, qui n'avaient que trop pénétré les projets de Louis XI pour les abaisser : le duc de Bourbon fut l'âme de la conspiration qu'il forma de concert avec le comte de Charolais et le duc de Bretagne. En accompagnant Louis XI dans ses voyages, en parcourant le royaume avec lui, ce prince avait observé la haine secrète dont la plupart des seigneurs étaient animés contre le roi ; il ne désespérait point de les engager à prendre les armes : mais venant à comparer les forces éparses des mécontents avec les troupes aguerries et toujours subsistantes du monarque, il n'osait se flatter du succès, à moins qu'il ne déterminât le duc de Bourgogne à se mettre à la tête de la confédération. Mais le duc de Bourgogne, Philippe le Bon, était parvenu à cet âge où l'on n'aspire qu'au repos. En vain le comte de Charolais, son fils, offensé par Louis XI et son ennemi personnel, avait fait tous ses efforts pour l'engager à rompre avec le monarque. Bourbon demeurait sans vengeance si son oncle restait dans l'inaction ; le ressentiment et l'ambition le conduisirent dans les Pays-Bas, sous prétexte de visiter la princesse sa mère, qui s'était retirée auprès du duc de Bourgogne, mais en effet pour exciter dans l'âme de ce prince le ressentiment dont il était agité.

Tout concourait à lui donner la plus haute considération à la cour du duc de Bourgogne, le crédit de sa mère, la faveur de ses frères, et l'ascendant particulier qu'il avait sur le cœur et l'esprit du vieillard. Philippe le Bon s'était fait un plaisir et un devoir, toute sa vie, de prévenir ou de combler tous les vœux d'Agnès de Bourgogne. Il lui avait accordé une dot bien plus considérable qu'à ses autres sœurs. Il avait disposé en sa faveur du comté de Bourgogne, s'il venait à mourir sans postérité légitime. Enfin, regardant comme ses enfants tous ceux à qui Agnès avait donné le jour, il avait procuré à l'un d'eux l'évêché de Liége, et préféré Isabelle de Bourbon aux filles des rois les plus puissants pour l'unir au comte de Charolais.

Mais sa prédilection éclatait surtout pour le duc de Bourbon ; il l'accueillit à Lille comme l'homme du royaume qu'il aimait le plus.

Bourbon passa quarante jours dans cette ville au milieu des fêtes ; mais dans les entretiens secrets qu'il avait tous les jours avec son oncle, il lui peignait avec autant de chaleur que de force la politique artificieuse de Louis XI, son ambition profonde et active, son caractère sombre et vindicatif, sa haine et sa jalousie contre les grands ; il lui montrait le monarque marchant à grands pas au pouvoir absolu, opprimant les seigneurs du sang et les généraux qui avaient si bien mérité de la France sous le dernier règne, menaçant le duc de Bretagne, et méditant déjà d'accabler la maison de Bourgogne. Il parvint à le faire trembler sur la destinée du comte de Charolais, son fils unique. « Mais, ajouta-t-il, il est » temps encore d'assurer notre salut : joignez vos intérêts à » ceux des grands qu'il a si maltraités ; ordonnez qu'on lève » des troupes dans vos états, sans bruit et sans attention, » tenez-les prêtes à marcher. Dès que le roi nous verra unis, » armés et redoutables, la prudence l'arrêtera, il n'osera » poursuivre ses ambitieux projets, et nous obtiendrons de » lui, sans peine, sans délai et sans effusion de sang, qu'il » réforme les abus et qu'il gouverne désormais selon les lois » du royaume. »

Le duc de Bourgogne entra d'autant plus volontiers dans les vues de son neveu, qu'il était persuadé que Louis XI consentirait plutôt à quelques sacrifices que d'avoir à combattre toutes les forces des grands vassaux de la couronne. Mais Bourbon n'eut garde de laisser pénétrer au bon vieillard qu'il était résolu, avec les principaux mécontents, à porter les choses à la dernière extrémité, sans entrer en négociation avec le roi, sans même lui donner le temps de se reconnaître. Il lui suffisait alors d'engager le duc de Bourgogne à mettre de nombreuses troupes sur pied ; le comte de Charolais se chargeait du reste. Le succès justifia ses mesures, et le duc de Bourgogne fut entraîné comme malgré lui dans cette guerre impie qui fut la suite de toutes ces intrigues.

Bourbon se rendit à Tours, où le roi appelait les princes du sang, les grands du royaume et les députés de la plupart des provinces, pour délibérer avec eux sur les moyens d'obliger le duc de Bretagne à se soumettre à tous les devoirs de l'hommage lige. Tous feignirent d'entrer dans ses projets, et le duc de Bretagne négocia pour gagner du temps et achever de concerter avec ses alliés le plan de la guerre civile.

Cependant le royaume était rempli d'émissaires secrets des princes confédérés, qui, déguisés les uns en religieux, les autres en marchands ou en artisans, parcouraient les provinces, soufflant partout le feu de la rébellion ; ils se réunirent ensuite à Paris, pour conférer ensemble et prendre leurs dernières résolutions. On compta dans une assemblée nocturne, tenue en l'église cathédrale, jusqu'à cinq cents conjurés qui délivrèrent leur scel aux ministres des chefs de la confédération. On convint que le comte de Charolais, le duc de Bretagne, le duc de Calabre et de Lorraine, le duc de Bourbon, le duc de Nemours, les comtes d'Armagnac et d'Albret, chacun à la tête de toutes ses forces, se présenteraient le 4 juillet devant Paris, dont la prise entraînait presque nécessairement la chute de la monarchie.

L'activité des factieux répondit au secret dont ils avaient enveloppé leurs trames. Louis XI n'aperçut l'orage qu'en entendant gronder la foudre sur sa tête. Ce prince, las et impatient des délais éternels du duc de Bretagne, avait enfin réuni toutes ses forces pour l'accabler ; déjà il avait écrit au duc de Bourbon de venir le joindre avec ses troupes pour l'accompagner à la conquête de la Bretagne. Dans l'instant qu'il se flattait des plus brillants succès, il apprit que le duc de Berri, son frère unique, alors héritier présomptif de la couronne, s'était échappé de la cour pour aller se mettre à la tête des Bretons ; l'évasion du jeune prince devait être le signal de la révolte dans toute la France.

Le roi, indigné d'avoir été le jouet du duc de Bretagne, et se voyant menacé de toutes parts, rechercha avec un nouvel empressement le duc de Bourbon ; il lui écrivit pour la seconde fois, en le conjurant de laisser la conduite de ses troupes à Louis de Bourbon, seigneur de Châtillac, son frère naturel, et d'accourir auprès de lui pour l'aider de ses conseils.

C'était là que l'attendait Bourbon. Dans sa réponse, dictée par l'indignation, il lui reproche tous les abus vrais ou prétendus de son administration, ses fautes multipliées, l'oppression du peuple ; il insiste surtout sur le mépris qu'il avait fait paraître pour les conseils et les remontrances des seigneurs du sang. « Pourquoi, continue-t-il, mon très-redouté seigneur, tous ensemble (les princes et les grands vassaux) et d'une voix et commun assentement, meus de pitié et de compassion du pauvre peuple à eux sujets, la clameur et oppression duquel à tous les états est parvenue souvent à leurs oreilles, après ce qu'ils ont veu et cognû que, par remontrances particulières, ne requeste que on vous ait sur ce faites, vous n'y avez voulû donner remède, ordre ne provision convenable, ont convenu, en ont conclu et délibéré, par serment et scels authentiques, et tels qu'il appartient en tel cas, de eux trouver et mettre ensemble pour vous remontrer, donner à connaître par aucunes voies, telles que Dieu, raison et équité leur enseignent, les choses susdites. »

La voie que Dieu, raison et équité, enseignaient au duc de

Bourbon et à ses complices, pour réformer l'état, était d'attaquer et de renverser l'état avec deux cent mille hommes ; ils osèrent appeler *guerre du bien public* une révolte inspirée par l'intérêt particulier.

Bourbon avait à peine fait partir sa lettre, qu'il fit arrêter le seigneur de Crussol, Juvénal des Ursins et Dorioli, général des finances ; il enleva en même temps tous les revenus du roi dans les cinq provinces qui lui appartenaient ; il étendit ses contributions jusqu'en Languedoc, et enleva une partie des deniers publics, qui lui furent livrés par son oncle naturel, Jean de Bourbon, évêque du Puy. Peut-être même qu'il se fût rendu maître de cette province sans l'activité du roi, qui le réduisit bientôt à craindre pour ses propres domaines.

Louis XI abandonna ses projets sur la Bretagne pour fondre sur le Bourbonnais. Le duc de Bourbon ne s'attendait pas à cette soudaine attaque : il n'avait avec lui que cinq cents hommes d'armes et cinq ou six mille fantassins ; mais l'espérance d'être bientôt soutenu par ses alliés ajoutait à son courage. D'abord, pour arrêter le roi, il jeta le bâtard de Bourbon avec une partie de ses troupes dans la ville de Bourges ; mais le roi n'eut garde d'entreprendre le siége de cette place ; il poursuivit sa route, entra dans le Bourbonnais, prit d'assaut la ville de Saint-Amand-l'Allier, réduisit Montluçon. Déjà il menaçait Moulins, lorsque la duchesse Jeanne de France entreprit de réconcilier son mari et son frère. Louis XI la reçut avec les honneurs dus à son rang. Il était tout disposé à se réconcilier avec le duc de Bourbon, mais celui-ci ne cherchait qu'à amuser le roi par une feinte négociation pour donner le temps à ses alliés de venir à son secours. Louis XI pénétra son artifice, il rompit la trêve et s'avança vers Moulins.

Il n'était plus temps d'assiéger cette place, l'archevêque

de Lyon et le sire de Beaujeu la gardaient avec six mille hommes ; d'un autre côté, le duc de Nemours, le comte d'Armagnac et le sire d'Albret paraissaient sur la frontière d'Auvergne avec toutes leurs forces ; ces renforts ne rendaient pas l'armée de Bourbon égale à celle du roi, mais ils suspendaient sa chute.

Il était de l'intérêt de Louis XI de terminer, à quelque prix que ce fût, la guerre du Bourbonnais ; il s'adressa au duc de Nemours et au comte d'Armagnac, pour les engager à une suspension d'armes. Mais Nemours ne consentit à une entrevue avec le roi que pour se saisir de sa personne, qui devait lui être livrée par Château-Neuf-du-Lau ; ce projet échoua. Louis XI alors poursuivit la guerre avec une nouvelle ardeur. Le duc de Bourbon n'osait tenir la campagne avec des troupes inférieures en nombre ; il manquait d'argent et d'artillerie : il ne s'attacha donc qu'à la défense de ses principales places. Il entra lui-même dans Riom avec le duc de Nemours, les comtes d'Armagnac et d'Albret, et sept à huit mille hommes. Aussitôt Louis XI forme le projet décisif d'enlever à la fois la place, les chefs et l'armée des rebelles ; Bourbon n'eut que le temps de sortir de Riom pour aller chercher à Moulins le corps des troupes bourguignonnes ; le roi profita de son absence pour presser les attaques. Le duc de Nemours, Armagnac et Albret, demandèrent alors une suspension d'armes, et l'obtinrent à condition qu'ils abandonneraient Bourbon si ce prince s'opiniâtrait à la guerre civile. Le duc consentit enfin à traiter par le ministère de la duchesse son épouse ; la nécessité rapprocha les deux partis. Louis XI ne recueillit pas tous les fruits qu'il devait espérer de sa supériorité. Il accorda une trêve aux vaincus, pendant laquelle il désigna le jour de Notre-Dame d'août pour écouter les griefs des ducs de Bourbon et de Nemours, des comtes d'Armagnac et d'Albret. On convint que les autres confédérés seraient invités à profiter du même avantage ; mais que s'ils persistaient dans la rébellion, Bourbon et ses trois compagnons d'armes, après avoir obtenu une satisfaction convenable, se joindraient au roi pour les obliger à rentrer dans le devoir. Par un autre article, le duc de Bourbon se chargeait du rôle de médiateur et de pacificateur. C'est en cette qualité qu'il demanda et qu'il obtint que le duché de Berri, les deux Bourgognes et le Charolais, jouiraient du bénéfice de la trêve ; on convint aussi que les places et les prisonniers seraient rendus de part et d'autre : tels furent les principaux articles du traité de Moissiac.

Il était temps que le roi fût délivré de la guerre du Bourbonnais ; déjà le comte de Charolais se présentait avec une puissante armée devant Paris, dont les habitants témoignèrent tant de résolution, que le comte de Charolais n'osa entreprendre de les forcer. Il attendait l'armée de Bretagne, qui était en marche, pour former, de concert avec elle, le siége de la capitale. Dans ces circonstances, un Bourbon, Jean II, comte de Vendôme, répara les écarts du chef de sa maison ; il sauva l'état, et son dévouement mérite d'autant plus d'éloges, qu'il avait à se plaindre du roi, qui le tenait éloigné des emplois. Il maintint la capitale dans l'ordre et combattit vaillamment à la journée de Montlhéri.

Le duc de Bourbon avait noué une intrigue avec madame de Brézé, veuve du grand sénéchal de Normandie. Dès qu'il eut pris toutes ses mesures avec cette femme riche, puissante, rusée et ambitieuse, il partit du camp à la tête d'un détachement de cavalerie et se présenta devant Rouen le 29 septembre ; sur-le-champ madame de Brézé lui livra le château, d'où Bourbon se rendit à l'hôtel de ville ; il harangua les habitants, et reçut le serment de fidélité au nom de *Monsieur*. De Rouen, le duc de Bourbon courut à Caen, où il eut le même succès ; en moins de vingt jours, il enleva au roi la plus belle et la plus riche province de ses états, qui seule supportait la troisième partie des impositions publiques.

A la nouvelle de la perte de Rouen, Louis XI, cédant à la nécessité, demanda une entrevue au comte de Charolais, lui annonça lui-même les succès imprévus de Bourbon, dont il n'était pas encore informé, conclut avec lui une suspension d'armes et lui fournit même des vivres.

La paix enfin fut conclue, et Louis XI s'attacha dès lors à rendre au trône toute sa force. Il crut surtout y arriver en achetant les services de tous les hommes auxquels il avait reconnu quelque valeur. Il rechercha surtout le duc de Bourbon, qui, par le traité de Conflans et de Saint-Maur, avait déjà obtenu la châtellenie d'Usson, une partie de l'Auvergne, Donchéri, le commandement de trois cents lances, cent mille écus et le rétablissement de deux pensions considérables dont il jouissait avant sa révolte. Dans une entrevue que le roi demanda à Bourbon, à la grange de Reuilli, auprès du faubourg Saint-Antoine, il ne rougit point de lui avouer ses fautes et de lui demander le secours de ses lumières pour les réparer ; il accompagna cette démarche de tant de marques de confiance que Bourbon parut touché.

D'après ces dispositions mutuelles du roi et de Bourbon, la réconciliation ne pouvait manquer d'être vraie, sincère, également avantageuse à l'un et à l'autre. Dès que la paix eut été publiée (1465), Bourbon se rendit auprès de Louis XI, tandis que les autres chefs reprenaient le chemin de leurs états, ou suivaient *Monsieur* à Rouen, pour s'engraisser des dépouilles de la Normandie.

Louis XI accueillit Bourbon à Paris comme un homme qu'il s'agissait d'enchaîner à ses intérêts à quelque prix que ce fût : honneurs, caresses, grâces, bienfaits, tout lui fut prodigué. Depuis dix-neuf ans que le duc était uni à Jeanne de France, il n'en avait pas eu d'enfants ; il regardait le sire

de Beaujeu moins comme son frère que comme son fils : le
roi lui offrit, pour ce jeune prince, Anne de France, sa fille
aînée; mais cette alliance ne pouvait se conclure sitôt à cause
du bas âge de la princesse, qui n'avait que six ans. Louis XI
proposa le mariage actuel de Marguerite de Valois, l'aînée
de ses filles légitimées, avec Louis de Bourbon, seigneur de
Châtillac; c'était prendre Bourbon par la partie la plus sensible de son cœur : il aimait tendrement ce frère naturel,
comblé de tous les dons de la nature; il l'avait élevé aux
charges de sénéchal du Bourbonnais, de gouverneur de Verneuil et de lieutenant général dans toutes les provinces de ses
domaines : le duc ajouta à tant de bienfaits le don de la baronnie de Roussillon en Dauphiné, que le roi érigea en
comté, titre alors très-illustre et très-rare en France. Le monarque, de son côté, constitua en dot à sa fille 40,000 écus
d'or, 6,000 livres de rente en fonds de terre, qui ne pouvaient être rachetées que par la somme de 100,000 écus
d'or : enfin il destinait à son gendre les plus belles charges
et les principaux emplois de l'état : ce mariage fut célébré à
Paris avec une pompe vraiment royale.

A tant de grâces répandues sur tout ce que Bourbon avait
de plus cher, le roi en ajouta d'autres qui lui étaient person-
nelles : il lui donna le gouvernement général de la partie de
l'Orléanais située à la gauche de la Loire, de la Sologne, du
Blaisois, du Berri, du Querci, du Limousin et du Périgord,
c'est-à-dire de la moitié du royaume. Bourbon, dont les services étaient nécessaires à la tête des armées et dans les conseils, se reposa de l'administration de ces provinces sur Bertrand, comte d'Auvergne et de Boulogne, qu'il nomma son
lieutenant.

C'est alors que Louis XI, sûr du zèle et du dévouement de
Bourbon, lui communiqua le projet qu'il avait conçu de reprendre la Normandie, en accordant un autre apanage à *Mon-*

sieur. Bourbon ne manqua pas d'applaudir aux vues du roi, qui le chargea du principal commandement de cette guerre.

Tout à coup la Normandie fut inondée de troupes ; Bourbon s'empara d'Évreux et de Vernon, Melun de Normanville, de Gisors et de Gournai ; le roi prenait lui-même en Basse-Normandie Argentan, Hyemes et Falaise. Cette invasion si brusque, si imprévue au milieu de l'hiver, porta le trouble et la terreur dans la cour de *Monsieur*, déjà en proie aux factions et à la discorde, excitées ou fomentées secrètement par l'artificieux monarque. *Monsieur* aurait pu opposer des forces presque égales à celles de ses ennemis ; mais ses troupes, celles des ducs de Calabre et de Bretagne, et du comte de Dunois, dispersées dans les principaux postes de cette province, ne résistaient nulle part. Louis XI et Bourbon combattaient l'or et le fer à la main.

En une telle extrémité, *Monsieur* prit le parti d'écrire à Bourbon, et de lui assigner un rendez-vous à Louviers pour lui demander une explication. Bourbon promit d'abord de s'y trouver ; mais il manqua à sa parole, et pressa la guerre avec une nouvelle ardeur. Il emporta d'assaut, le 1er janvier, la ville de Louviers ; de là il fut joindre, devant le Pont-de-l'Arche, le roi, qui avait mieux aimé tromper le duc de Bretagne en Basse-Normandie, par un traité insidieux, que de l'accabler par les armes. Les supplices punirent les ennemis du roi : le duc de Bourbon n'approuvait pas ces exécutions ; il entreprit plusieurs fois d'arrêter les effets terribles de la rigueur de Louis XI. Ce monarque céda quelquefois aux mouvements de l'intérêt, jamais à ceux de la compassion. Il envoyait déjà au supplice le petit baillif et plusieurs officiers de *Monsieur*, pris les armes à la main : Bourbon survint et demanda leur grâce, mais en vain ; il insista, il représenta que le petit baillif était si estimé dans son parti qu'il pouvait déterminer la garnison du Pont-de-l'Arche à rendre la place. Aussitôt le roi promit la vie au petit baillif et à ses compagnons, pourvu que la place lui fût livrée sur-le-champ. La garnison ne balança pas : elle ouvrit les portes au monarque, et Bourbon eut la gloire de sauver de braves guerriers et de mettre Louis XI en possession du poste le plus important.

La soumission de Rouen fut en grande partie l'ouvrage de Bourbon. *Monsieur* se réfugia en Bretagne (1466). Louis XI redoubla de rigueur contre ceux qu'il jugeait ses ennemis. Il confia la garde de Châteauneuf du Lau, qu'il avait voué à la mort, au bâtard de Bourbon, qui le conduisit au château d'Usson en Auvergne : le bâtard le traita avec égard. Le roi, craignant que sa victime ne lui échappât, ordonna qu'elle fût enfermée dans une gage de fer. Le bâtard écrivit au monarque que s'il voulait traiter ses prisonniers avec tant de rigueur, il pouvait les garder lui-même ; il ne paraît pas que Louis XI ait été choqué de cette noble franchise ; il le déchargea de la garde du prisonnier, qui, confié à d'autres mains, trouva le secret de se sauver. Quant au duc du Maine, Louis XI lui ôta le gouvernement du Languedoc pour le donner au duc de Bourbon. Les honoraires de ce grand emploi étaient fixés à 24,000 livres, somme alors très-considérable : la charge de connétable n'en produisait pas davantage. En même temps le roi mit Bourbon en possession du comté de Sommières et de plusieurs autres domaines, dont il lui abandonnait les revenus jusqu'à ce qu'il lui eût fait compter la somme de 100,000 écus. Les bienfaits du roi, multipliés avec tant de profusion sur le chef de la maison de Bourbon, le rendirent le prince le plus opulent du royaume après le duc de Bourgogne. Bourbon fit un noble usage de ses richesses ; il combla de bienfaits ses serviteurs, ses amis et ses vassaux.

Ce prince se déchargea de l'administration du Languedoc sur Jean de Bourbon, évêque du Puy, son oncle naturel, et sur Geoffroi de Chabannes, seigneur de Charlus, qu'il créa ses lieutenants. L'histoire célèbre les bonnes qualités de l'évêque du Puy : il bâtit des églises, fonda des hôpitaux, enrichit et orna avec magnificence la bibliothèque de Cluni, dont il était abbé. Ce prélat, d'abord bénédictin, avait été élu archevêque de Lyon après Amé de Talaru ; il résigna le siége primatial des Gaules à Charles de Bourbon, son neveu, qui n'avait que neuf ans ; il lui céda aussi la riche abbaye de Saint-Vaast d'Arras et le prieuré de Saint-Rambert ; mais ce qui fonde la gloire de l'évêque du Puy, c'est qu'il rendit les plus importants services, en Languedoc, au roi et à la province.

La conquête rapide de la Normandie avait rétabli la puissance et la réputation de Louis XI, presque anéanties par les traités de Conflans et de Saint-Maur-des-Fossés ; ce prince infatigable préparait déjà au duc de Bretagne le même sort qu'à *Monsieur* : il voulait accabler du même coup le protecteur et le protégé ; mais il n'osait se flatter d'un prompt succès, à moins qu'il ne privât ce prince de l'appui du roi d'Angleterre et du comte de Charolais, qui avaient tant d'intérêt à ne pas le laiser succomber. Deux Bourbons, le comte de Roussillon et l'évêque de Liége, servirent également le roi dans ses vues ; mais, comme on le verra dans la suite, par des moyens bien opposés. La trêve avec l'Angleterre, où régnait alors Édouard IV, allait expirer. Louis XI souhaitait vivement de la renouveler ; il jeta les yeux sur le bâtard de Bourbon pour lui confier une négociation si importante ; il lui associa pour collègues l'évêque de Langres, le sire de la Barde, Popincourt et Olivier le Roux : le bâtard réussit au delà des espérances du roi ; non-seulement la trêve fut renouvelée pour huit mois, mais il obtint d'Édouard que le fameux Warwick, surnommé *le Faiseur de rois*, passerait en France pour conclure un traité de paix perpétuel entre les deux couronnes. Pour prix de ce service, le roi conféra au bâtard de Bourbon la charge d'amiral; il lui donna le gouvernement de Honfleur, de Grandville et de plusieurs autres places; enfin il ajouta de si magnifiques dons à tant de grâces, que le nouvel amiral, qui deux ans auparavant n'avait d'autres biens que son courage et l'amitié du duc de Bourbon, se trouva tout à coup un des plus grands seigneurs du royaume.

Alors même Louis de Bourbon, évêque de Liége, dégradait sa naissance par les désordres de sa conduite; il éprouvait les contradictions et les malheurs presque toujours inséparables de l'imprudence et du mépris des lois. A l'âge de dix-huit ans, souverain de Liége, il eût vécu heureux s'il eût connu et respecté les mœurs, le caractère et les préjugés du peuple qu'il avait à gouverner; mais nourri à la cour de Bourgogne, dans le sein du faste, de l'ambition et de la volupté, les devoirs austères de l'épiscopat, l'habit même ecclésiastique, ne lui inspiraient que du dégoût et de l'aversion; ses refus constants d'entrer dans les ordres sacrés et de *chanter messe* indignaient et inquiétaient les Liégeois, également zélés pour le culte extérieur de la religion et la liberté. Ils craignaient que Louis de Bourbon, jeune, ardent, guerrier, en proie à la plus violente passion pour Catherine de Gueldres, ne sécularisât la principauté et n'abolît la forme de gouvernement pour établir sur ses ruines le pouvoir absolu et héréditaire. De là une vive opposition qui bientôt éclata en révolte. Louis de Bourbon lança un interdit sur son diocèse : les Liégeois en appelèrent à l'archevêque de Cologne, métropolitain, qui prononça qu'il y avait abus de la part de l'évêque. La cause fut portée à Rome, d'où le pape envoya des commissaires pour informer de la conduite de Louis de Bourbon et de ses sujets. Ce prince leva alors l'interdit pour six semaines, afin de donner le temps au peuple de le désarmer par ses soumissions; mais le peuple ne put se résoudre à s'humiler devant un pontife qui n'en avait que le nom; il appela même à son secours Charles de Bade, chanoine de Strasbourg, qu'il déclara tuteur ou protecteur de la principauté, en le flattant bientôt d'un titre plus éminent. Les Liégeois espéraient de puissants secours de Charles de Bade, frère d'un souverain, allié des plus grandes maisons de l'Allemagne; ils s'imaginaient qu'il ébranlerait le corps germanique en leur faveur contre les forces du duc de Bourgogne dont Louis de Bourbon disposait. Le pape, Paul II, vint au secours du prélat : il condamna les Liégeois par une bulle du 10 janvier 1465. Cet acte d'autorité acheva de les révolter. Ils chassent Louis de Bourbon de Liége, le poursuivent dans toute l'étendue de la souveraineté, et le réduisent à se sauver auprès du duc de Bourgogne, son oncle.

La France était alors dans les convulsions de la guerre du bien public; le comte de Charolais avait conduit devant Paris toutes les forces des Pays-Bas. Le duc de Bourgogne n'en embrassa pas avec moins d'ardeur la querelle de son neveu; il lui promit des troupes pour châtier les rebelles. Louis XI, de son côté, se déclara leur protecteur. Encouragés par les promesses de Louis XI, les Liégeois osèrent être les agresseurs; ils parcoururent, le fer et le feu à la main, les provinces de Luxembourg et de Limbourg, et accompagnèrent cette insulte de tous les outrages dont ils purent s'aviser contre la maison de Bourgogne. Les habitants de Dinant surtout se signalèrent par leurs excès.

L'évêque de Liége vengea ses injures et celles de ses alliés : il battit en détail le marquis de Bade, qui avait amené des troupes au secours du chanoine de Strasbourg, son frère. Le marquis abandonna les Liégeois. Ceux-ci rassemblent une armée formidable, et se mettent en marche, résolus d'attaquer le duc de Bourgogne jusque dans Bruxelles. C'est alors que le comte de Charolais arriva dans les Pays-Bas avec son armée. Les Liégeois n'osèrent pas se mesurer avec lui. Le comte de Charolais les traita en sujets révoltés; il les obligea de lui demander grâce à genoux, et de paraître en la même posture devant le duc de Bourgogne et Louis de Bourbon; de lui rembourser les frais de la guerre, et de reconnaître son père et lui-même en qualité de capitaines généraux; il les soumit enfin à une amende de 200,000 florins s'ils venaient à violer les articles du traité. Louis de Bourbon, de son côté, consentit à prendre les ordres et à *chanter messe.*

Malgré les outrages personnels qu'il avait reçus des Dinandais, le comte de Charolais les comprit dans le traité; mais loin de lui savoir gré de sa modération, ce peuple fit périr sur un échafaud quatre de ses députés pour avoir signé la paix; de là il courut aux armes et fut assiéger Bovines, dans la résolution de détruire cette ville. Les transports imprévus des Dinandais étaient le fruit des intrigues de Louis XI.

A la nouvelle du siége de Bovines, le comte de Charolais, le vieux duc de Bourgogne lui-même, marchèrent sur Dinant. Louis de Bourbon les joignit devant cette ville. C'était assez que ce prince épousât la querelle du duc de Bourgogne pour que les Liégeois embrassassent la défense de Dinant: ils prirent les armes au nombre de trente-deux mille hommes.

Mais déjà le comte de Charolais avait renversé les fortifications et les murs de Dinant, et livré cette ville à toutes les passions de son armée; puis il l'incendia.

Les Liégeois effrayés tombèrent pour la seconde fois aux genoux du comte de Charolais. Ce prince leur pardonna à condition qu'ils lui livreraient trois cents otages, au choix de Louis de Bourbon, et qu'ils donneraient à ce prince la somme, alors immense, de 600,000 florins, qu'il dissipa bientôt dans le faste et la volupté.

I.	25

Le comte de Charolais venait de succéder à son père en qualité de duc de Bourgogne : Louis XI redoubla d'intrigues contre lui ; il donna de nouvelles espérances aux Liégeois. Ceux-ci, sans s'inquiéter du sort de leurs otages, prirent les armes (1467) et fondirent sur le palais de leur souverain. Louis de Bourbon n'eut que le temps de se sauver à Huy, où il fut assiégé par trente mille hommes ; il échappa pourtant avec Imbercourt, général et ministre du duc de Bourgogne : le lendemain Huy fut emporté et livré au pillage.

Le duc de Bourgogne déclara la guerre aux Liégeois par des hérauts, qui d'une main tenaient une épée nue, et de l'autre un flambeau ardent : c'était leur annoncer qu'il voulait les faire périr par le fer et le feu. Bientôt après, ce prince marcha avec son armée sur Saint-Tron, où les Liégeois avaient établi une garnison de trois mille hommes ; ils tenaient la campagne avec trente mille combattants. Avant de leur livrer bataille, le duc de Bourgogne convoqua un grand conseil, pour décider du sort des trois cents otages qui lui avaient été livrés huit mois auparavant. Déjà plusieurs généraux opinaient pour la mort de ces malheureux ; mais Imbercourt plaida avec tant de chaleur la cause de l'humanité, que le duc de Bourgogne lui-même en fut attendri. Il porta même la générosité jusqu'à mettre les otages en liberté ; mais telle était la haine des Liégeois contre lui, que la plupart de ces otages, poussant l'ingratitude à ses dernières limites, ne profitèrent du bienfait de la vie et de la liberté qu'ils tenaient de ce prince que pour le combattre.

Louis XI parut enfin sur la scène ; mais, au lieu d'envoyer une armée au secours de ses alliés, il fit partir des ambassadeurs : le cardinal Balue et le connétable de Saint-Pol sommèrent en public le duc de Bourgogne de laisser tranquilles les Liégeois, que le roi avouait pour ses alliés ; en secret ils offraient de les abandonner à sa vengeance, pourvu qu'il sacrifiât le duc de Bretagne à celle du roi : cet horrible trafic inspira le plus juste dégoût au duc de Bourgogne. « Les Liégeois, dit ce prince au connétable, sont assemblés, et m'attends d'avoir la bataille avant qu'il soit trois jours; si je la gagne, vous laisserez en paix les Bretons; si je la perds, vous ferez comme vous l'entendrez. » En même temps il monta à cheval, accompagné de Louis de Bourbon, et fut assiéger Saint-Tron. Les Liégeois accoururent au secours de la place, et se retranchèrent auprès du village de Breustein; bientôt on en vint aux mains. Le duc de Bourgogne et Louis de Bourbon furent victorieux : les villes de Saint-Tron et de Tongres se rendirent à discrétion; Liége, accablée de ce revers, demanda pour toute grâce, en ouvrant ses portes, d'être préservée du pillage et de l'incendie. Le duc de Bourgogne consentit encore à laisser subsister cette grande ville; d'ailleurs il tira de sa victoire les avantages les plus signalés; il condamna à mort les otages qui avaient été assez ingrats pour le combattre; il rétablit Louis de Bourbon dans tous les droits de la souveraineté; il exigea des sommes prodigieuses, tant pour ce prince que pour lui-même; il enleva de Liége l'artillerie, les armes et toutes les munitions de guerre; il fit raser les fortifications, les murs même de la ville; il la soumit à de nouvelles lois et à une nouvelle police.

Pendant que le duc de Bourgogne accablait les Liégeois, Louis XI préparait le même sort aux Bretons; il les attaqua avec une puissante armée, commandée, sous ses ordres, par le duc de Bourbon, l'archevêque de Lyon, le sire de Beaujeu et l'amiral; mais le duc de Bourgogne entra en Picardie avec son armée victorieuse. Louis XI trembla pour Paris; il détacha le duc de Bourbon et le maréchal de Lohéac au secours de cette ville. La présence du prince rassura les habitants. Cependant la paix fut conclue entre le roi de France et le duc de Bretagne.

La guerre civile, dont le frère du roi était le prétexte, éclata de nouveau en France en 1468. Louis XI, chaque jour plus méfiant, avait conçu de violents soupçons contre Agnès de Bourgogne, duchesse douairière de Bourbon ; il la croyait capable de livrer le royaume, si elle eût pu le faire, au duc de Bourgogne, son neveu : il ordonna au duc de Bourbon de chasser sa mère de Moulins ; mais comme il craignait que ce prince n'exécutât point cet ordre, il chargea Gaston de Lyon d'arrêter la princesse, qui avait près de soixante-dix ans. Cependant Bourbon et ses frères, dont le monarque avait besoin, plaidèrent la cause de leur mère avec tant de zèle, que le roi s'apaisa enfin. La duchesse douairière acheva de calmer ses soupçons en se rendant à la cour, où elle assista au mariage de Bonne de Savoie, sœur de la reine, avec Galéas Sforze, duc de Milan.

Libre d'inquiétude au dedans, Louis XI ne songea plus qu'à repousser les efforts de ses ennemis ; il distribua toutes les forces de la monarchie en trois armées : il commandait la première en Picardie, ayant sous ses ordres le connétable, le duc de Bourbon, l'archevêque de Lyon, le sire de Beaujeu et le comte de Dammartin. L'amiral et Nicolas d'Anjou, marquis de Pont, marchaient à la tête des deux autres armées, le premier en Basse-Normandie et l'autre en Bretagne. Le traité d'Ancenis mit fin aux hostilités avec le duc de Bretagne. Quant au duc de Bourgogne, Louis XI voulut le désarmer par la ruse ; il lui demanda une entrevue qui eut lieu à Péronne. Tandis que les deux princes étaient réunis, les Liégeois, excités par les intrigues du roi, se révoltèrent de nouveau.

La confiance et la sécurité perdirent l'évêque Louis de Bourbon : arrivé à Tongres, aux portes de Liége, ce prince n'aperçut dans cette ville que les apparences du calme le plus profond ; il se livra à la joie de recevoir les hommages de son chapitre et de la noblesse, qui lui composaient une cour brillante. Il accueillit aussi avec de grands honneurs Onuphre, évêque de Tricario, légat du pape, qui le trahissait. Ce ministre, chargé par son maître de pacifier les troubles de la principauté, les encourageait sourdement ; il voulait perdre Louis de Bourbon, dans l'espérance de lui succéder. On prétend que ce fut lui qui conseilla aux Liégeois de surprendre Tongres et qui leur en fournit les moyens.

Quoi qu'il en soit, Louis de Bourbon croyait toucher au moment de régner sur des sujets soumis, lorsque dans la nuit du 10 au 11 octobre il fut éveillé par les cris et les menaces des Liégeois, qui se présentèrent à lui en furieux ; ils venaient d'escalader et d'emporter Tongres : le général Imbercourt, ses troupes, le chapitre, le légat même, qui voulait cacher la part qu'il avait au complot, tombèrent entre les mains des vainqueurs.

Les Liégeois commencèrent à mettre en pièces, sous les yeux de Louis de Bourbon, l'archidiacre Mariamen, son premier ministre et son favori ; ils traitèrent avec la même barbarie cinq autres chanoines, se saisirent de leurs membres encore chauds et palpitants, et se les jetèrent en riant à la tête les uns des autres. Louis de Bourbon était rempli d'horreur, de pitié et d'effroi. Le lendemain, nouveau spectacle d'atrocité. Comme on le conduisait prisonnier à Liége avec le reste de son noble chapitre, il vit massacrer sur la route onze chanoines. Toute la rage de ce peuple, d'ailleurs si dévot, s'était tournée contre les prêtres ; il épargna Imbercourt et les guerriers bourguignons. Louis de Bourbon entra dans sa capitale la mort dans les yeux et le désespoir dans le cœur ; il était persuadé qu'on ne lui laissait une vie si misérable que pour la lui arracher dans les plus cruels tourments ; mais les Liégeois n'eurent garde de tremper leurs mains dans le sang d'un prince dont la tête devait leur répondre des emportements du duc de Bourgogne ; ils le resserrèrent dans une étroite prison.

A la nouvelle de ces épouvantables désordres, le duc de Bourgogne retint Louis XI prisonnier dans le château de Péronne ; dans sa colère, il pensa à lui faire payer de sa vie ses coupables menées ; enfin le roi acheta la paix au prix des plus grands sacrifices et des conditions les plus honteuses. Il consentit même à arborer la croix de Saint-André, et marcha contre Liége sous les étendards du duc de Bourgogne, avec toutes les apparences du zèle et de la satisfaction ; le duc de Bourbon, l'archevêque de Lyon, le sire de Beaujeu, ne faisaient pas paraître plus d'ardeur et de courage dans une expédition où il s'agissait du salut et de la liberté d'un frère. Les Liégeois se défendirent d'abord courageusement ; mais bientôt, désespérant de leur salut, ils brisèrent les fers de leur souverain ; ils le conjurèrent de fléchir le duc de Bourgogne à quelque prix que ce fût. Louis de Bourbon avait vu la mort de trop près pour ne pas être attendri ; il consola son peuple, et lui promit de venir s'ensevelir avec lui sous les débris de la patrie, s'il trouvait le duc de Bourgogne impitoyable. Avant de sortir de Liége, le prélat célébra le sacrifice de la messe, qui fut interrompu par les sanglots et les gémissements des assistants : il partit ensuite, accompagné de plusieurs députés de la ville.

Mais le duc de Bourgogne avait voué à la mort tout ce qui portait le nom de Liégeois : il fit arrêter et exécuter les députés comme de vils criminels, sous les yeux même de Louis de Bourbon, qui fit tous ses efforts pour leur sauver la vie. Il ne fut pas plus heureux en faveur de Liége. Il paraissait disposé à retourner à Liége pour dégager sa foi ; mais le duc de Bourgogne le retint dans son armée. Jusqu'ici Louis de Bourbon s'était conduit en souverain qui sait pardonner, en pontife qui avait des entrailles paternelles pour son troupeau ;

mais à la vue d'une armée, ses inclinations martiales se réveillèrent, il joignit ses armes à celles de son fatal allié pour anéantir ses sujets.

Les Liégeois prirent la résolution de ne mourir que couverts du sang de leurs ennemis. La veille du jour même que le duc de Bourgogne avait marqué pour être le dernier d'un peuple entier, le magistrat de Liége convoqua l'assemblée de tous les citoyens, et les invita à profiter de l'unique nuit qui leur restait pour fondre sur les assiégeants. Aussitôt six cents soldats du pays de Franchimont réclamèrent l'honneur de se faire jour à travers l'ennemi, et de pénétrer jusqu'à un faubourg que le roi, le duc de Bourgogne, le duc d'Alençon et les trois princes de Bourbon, avaient choisi pour leur quartier, de les enlever, de les tuer ou de périr. Les Liégeois en état de porter les armes parurent transportés de la même ardeur; ils proposèrent de sortir en même temps de toutes les brèches de la ville, et d'attaquer les postes des ennemis pour les empêcher de marcher au secours des chefs: ce projet fut exécuté avec audace.

Sur les onze heures du soir, cette troupe déterminée sortit de la ville, guidée par les maîtres des maisons où logeaient le roi, le duc de Bourgogne et les princes; en un moment l'espace qui sépare la ville du faubourg fut franchi; tout favorisa ces vaillants guerriers. Il y avait quatre jours que le roi, le duc de Bourgogne et les princes ne s'étaient couchés et désarmés; ils avaient consacré cette nuit au repos: une garde de trois cents hommes d'armes, postée dans une vaste grange attenant les maisons du roi et du duc de Bourgogne, veillait seule.

Arrivés sans être découverts aux portes des maisons occupées par le roi et le duc de Bourgogne, il ne tenait qu'aux montagnards de les enfoncer; mais ils résolurent auparavant de tailler en pièces la garde dont nous venons de parler. Au tumulte, le roi, le duc de Bourgogne s'éveillèrent et saisirent leurs armes. Les montagnards, trouvant plus de résistance qu'ils ne s'étaient attendus dans la garde qu'ils attaquaient, une partie se détacha de l'assaut et donna tête baissée, les uns dans le logis du roi, les autres dans celui du duc de Bourgogne : Louis XI eût perdu la vie sans la valeur de quelques archers de sa garde écossaise ; douze gardes du corps du duc de Bourgogne le sauvèrent. Les Liégeois, repoussés au premier choc, abandonnèrent lâchement leurs compagnons, qui combattirent jusqu'au dernier soupir sans demander quartier. Échappé à ce péril, le duc de Bourgogne ordonna l'assaut. Louis XI suivit son vassal à cette attaque. Il était entouré du duc de Bourbon, du comte de Beaujeu, de l'archevêque de Lyon et de l'évêque de Liége. Dans la ville, la multitude (car les citoyens les plus distingués avaient pris la fuite) se réfugia dans les églises dès qu'elle vit flotter les étendards du duc de Bourgogne. Les assiégeants, maîtres sans combat et sans péril d'une des plus florissantes cités de l'Europe, abusèrent cruellement des droits de la victoire. Charles le Téméraire, après les scènes les plus odieuses, livra Liége aux flammes. Louis de Bourbon régna dès lors sans contradiction sur un pays ruiné ; et le duc de Bourgogne lui fit payer sa fatale protection en lui imposant un tribut de trente mille florins du Rhin.

Le chagrin, la honte et le remords poursuivaient Louis XI en France ; les trois princes de Bourbon ne le quittaient point ; ils recueillirent le fruit de leur zèle en obtenant la grâce de Pierre de Bourbon, prince de Carency, condamné à perdre la tête sur un échafaud. L'histoire ne nous fournit point de lumière sur les délits de ce prince ni sur les juges qui instruisirent son procès ; on présume que Pierre de Bourbon, établi en Artois, porta bien au delà des bornes du devoir le zèle en faveur du duc de Bourgogne, son seigneur suzerain ; car, d'après les institutions féodales, le roi n'aurait pu lui faire un crime d'avoir suivi le duc de Bourgogne dans les guerres entreprises contre la couronne même. Quoi qu'il en soit, Louis XI commua la peine de mort en une prison perpétuelle, et disposa de la confiscation des biens en faveur de Jacques de Bourbon, seigneur d'Aubigni, frère du coupable : celui-ci obtint dans la suite l'élargissement du prince de Carency, et le fit subsister avec honneur jusqu'à la fin de ses jours. Le duc de Bourbon, pour récompenser le seigneur d'Aubigni, lui donna sa terre de Rochefort et d'autres domaines. Bientôt après, le duc de Bourbon détermina Monsieur à accepter la Guienne à la place de la Champagne et de la Brie. Aussitôt que le traité eut été signé, Bourbon, muni des pouvoirs de Monsieur, en fit jurer l'observation au roi sur la croix de Saint-Laud, relique sacrée et formidable aux yeux du superstitieux monarque, la seule par laquelle il craignît de se parjurer. Bourbon alla ensuite chercher le nouveau duc de Guienne en Bretagne, et l'amena en triomphe à la cour.

A la tête de la première promotion de l'ordre de Saint-Michel, créé à cette époque, on voit les noms de Monsieur et du duc de Bourbon ; le bâtard de Bourbon, amiral de France, fut aussi un des grands de l'état dont Louis XI récompensa les services par le collier de son ordre.

Le duc de Bourbon acheva son ouvrage ; il fut installer le duc de Guienne dans son apanage, avec les comtes de Nevers et de Vendôme. La concorde qu'il venait de rétablir dans la famille royale semblait annoncer à la France des jours plus sereins ; mais Louis XI jeta de nouveau le trouble dans son royaume.

Dans l'assemblée des états généraux tenue à Tours, le monarque exposa en détail toutes les insultes qu'il avait essuyées du duc de Bourgogne. Les représentants de la nation, à la tête desquels on voyait huit princes du sang, dont quatre de la branche de Bourbon, ne parurent pas moins sensibles que l'adroit monarque aux insultes que le duc de Bourgogne s'était permises envers la couronne. Il fut résolu de citer ce prince à la cour des pairs pour rendre compte de sa conduite et de ses actions.

Charles le Téméraire ne répondit à l'ajournement qu'en faisant mettre au cachot l'huissier qui avait osé le lui signifier. L'indignation fut générale : Louis XI en profita pour lever de nombreuses forces; le duc de Bourgogne, de son côté, arma puissamment. On s'attendait à voir bientôt les provinces frontières inondées de sang; mais le roi, ne voulant tirer l'épée qu'autant qu'il serait sûr de la victoire, suspendit la foudre entre ses mains. Le duc de Bourgogne, menacé, défié, mais jamais attaqué, se lassa de tenir sur pied des armées dont l'entretien ruinait ses sujets; il les congédia. Cependant Louis XI, toujours actif et intrigant, lui enleva ses alliés, débaucha ses sujets, et frappa le coup le plus décisif en fournissant à propos des vaisseaux, de l'argent et des hommes au comte de Warwick pour détrôner le roi d'Angleterre, ami du duc de Bourgogne.

Le duc de Bourbon et son frère naturel, Louis de Bourbon, secondèrent bien le roi dans ces circonstances; le premier, de concert avec le roi de Sicile et le duc de Guienne, détacha le duc de Bretagne des intérêts du duc de Bourgogne; le second, en qualité d'amiral, fit les préparatifs de l'expédition de Warwick avec tant de rapidité et d'intelligence, qu'il contribua infiniment au succès de la révolution. Ce ne fut qu'après avoir entouré le duc de Bourgogne de tous les piéges et de tous les périls que le roi fondit sur ses états avec des troupes formidables, commandées sous lui par le connétable, l'archevêque de Lyon, le comte de Beaujeu, et Dammartin. Il était moins fier de la supériorité de ses forces que de sa politique; rien ne le touchait tant que l'ardeur du duc de

Guienne, du duc de Bretagne, du connétable et de presque tous les grands autrefois si liés avec le duc de Bourgogne, et qui maintenant pressaient sa vengeance contre lui. Mais comment Louis XI, dont on vante tant la finesse et la pénétration, ne se défiait-il pas d'un zèle si peu naturel? Comment était-il le jouet de ces princes qu'il devait connaître, et qui en effet ne le servaient que pour le mieux perdre? Leur projet était d'obliger le duc de Bourgogne, par la force et la terreur, de donner sa fille et son héritière au duc de Guienne; alors ils devaient lui tendre une main secourable et se joindre à lui pour attaquer ensemble le roi et l'accabler sans ressource.

Les conjurés invitèrent le duc de Bourbon à entrer dans cette conspiration (1470), mais il s'y refusa, et éclaira le duc de Bourgogne sur le danger dont il était menacé. Charles le Téméraire accourut presque seul en Picardie; il n'arriva que pour être témoin de la prise d'Amiens, de Saint-Quentin, de Roye, de Mondidier et de plusieurs autres places livrées au connétable et à Dammartin. En Bourgogne, Gilbert de Bourbon-Montpensier, dauphin d'Auvergne, triomphait de la noblesse et des communes, qu'il battit à Bussi et à Cluny; enfin, Baudoin de Bourgogne, seigneur de Falaise, frère naturel du duc, se jeta entre les bras du roi.

Charles le Téméraire (1471) était enfin réduit à cet état de faiblesse que les conjurés désiraient pour entrer en négociation avec lui. Il reçut une lettre anonyme par laquelle on l'exhortait à prendre courage; on lui déclarait cependant qu'il n'avait d'autre espérance de salut qu'en donnant sa fille au duc de Guienne : cette lettre éclaira le duc de Bourgogne et le rendit à son intrépidité naturelle; il résolut de résister aux conjurés. Lorsque Louis XI le vit à la tête de nouvelles forces, il lui accorda une trêve, dont Charles profita pour exciter de nouvelles tempêtes. Déjà l'intérêt l'avait reconcilié avec les ducs de Guienne et de Bretagne (1472). La France était à la veille d'être en feu, lorsque le duc de Guienne mourut empoisonné. La voix publique en accusa Louis XI, et le duc de Bourgogne, dans un manifeste sanglant, osa le déférer au tribunal de tous les hommes comme un fratricide. Le monarque ne répondit au manifeste qu'en se saisissant de la Guienne, qu'il réunit à la couronne. Il en confia le gouvernement à Pierre de Bourbon, comte de Beaujeu. Beaujeu lutta d'abord avec avantage contre Jean V, comte d'Armagnac, toujours rebelle et renfermé dans Lectoure. Le prince pressa le siége de cette ville avec tant de vigueur qu'Armagnac céda à sa fortune : Beaujeu permit à Jean V de sortir de Lectoure avec ses troupes; il lui assigna une pension de 12,000 livres, et lui donna les villes d'Eause, de Florence, de Barrau et de Nogaro pour sa résidence. Le roi approuva un traité qui semblait éteindre pour jamais la guerre en Gascogne. Mais en jetant les yeux sur la situation du royaume, attaqué en Picardie par les Bourguignons, en Normandie par les Bretons, et en Roussillon par le roi d'Aragon, Armagnac se flatta de pouvoir être encore une fois rebelle impunément; il prit des mesures si justes avec les seigneurs de Saint-Bazeille et Jacques de Lomaigne, que Beaujeu et Lectoure lui furent livrés en même temps.

Louis XI, qui était alors sur la frontière de Bretagne, s'avança sur-le-champ jusqu'à la Rochelle, d'où il voulait aller lui-même briser les fers du comte de Beaujeu; mais le salut de la France demandait sa présence au centre du royaume : il chargea le cardinal d'Albi de sa vengeance, et lui donna pour officiers généraux le sire de Lude, Ruffec de Balzac et Gaston de Lyon. Le cardinal d'Albi parut devant Lectoure au commencement de janvier (1473) avec une armée de quarante mille hommes. Armagnac se défendit énergiquement pendant deux mois. Le cardinal d'Albi eut recours à la ruse:

il offrit la paix à Armagnac ; mais celui-ci, au moment où il la regardait comme cimentée, fut assassiné : les soldats du roi se livrèrent ensuite dans la ville aux plus affreux excès. Beaujeu sortit de prison ; les traîtres qui l'avaient livré au comte d'Armagnac périrent dans les supplices.

A son retour à la cour, le comte de Beaujeu fut reçu du roi avec les plus vives démonstrations de bienveillance. Louis XI l'adopta pour son fils en l'unissant à madame Anne de France, sa fille aînée. Beaujeu fut d'autant plus touché de son bonheur qu'il en avait longtemps désespéré. Après le traité de Conflans, Louis XI, ayant besoin de l'appui du duc de Bourbon, lui avait promis sa fille pour ce frère puîné ; mais le roi oublia ses promesses ; il offrit Madame, tantôt au duc de Bourgogne, tantôt au duc de Guienne, son frère, tantôt au duc de Calabre. Le sire de Beaujeu n'opposa que sa patience et sa soumission aux caprices du monarque ; il continua de le servir avec le même zèle. Cependant il avait renoncé, par ordre de Louis XI, à la main de la princesse Marie d'Orléans ; ses plus beaux jours s'écoulaient dans le célibat, et il avait atteint sa trentième année, sans qu'on pensât à l'établir, quoiqu'il fût appelé à la substitution de tous les biens de la maison de Bourbon. Louis XI eut la douleur de voir échouer tous ses projets sur le mariage de sa fille ; alors il récompensa la patience de Beaujeu en lui donnant enfin la main de cette princesse. On prétend toutefois que le délabrement des affaires domestiques de Beaujeu ne contribua pas peu à son mariage. Il avait dissipé dans le faste et la magnificence la plus grande partie de son patrimoine ; il était réduit à cet état d'indigence et de détresse que Louis XI désirait dans les princes du sang pour les tenir dans la plus humble dépendance. Au reste, le roi corrompit son propre bienfait ; il exigea de Beaujeu, en considération d'une si grande alliance, qu'il consentirait à la réunion de tous les domaines de la maison de Bourbon à la couronne, s'il venait à mourir sans enfants mâles de Madame. Louis XI s'abstint d'assister au contrat de mariage pour éviter le reproche d'avoir obligé par sa présence le prince, son gendre, à signer une clause si funeste aux intérêts de sa maison. Beaujeu, sachant bien que son consentement ne pouvait préjudicier aux droits de la branche de Montpensier, se soumit aux volontés du roi ; il ajouta pourtant ces mots : « En tant qu'il peut toucher audit » futur pour le présent et l'avenir. » Au surplus, Beaujeu recueillit de grands avantages de son mariage : Louis XI lui prodigua les dons, les honneurs et les commandements ; il le déclara chef de ses conseils. Beaujeu justifia la confiance de Louis XI par ses services. Sa faveur rejaillit jusque sur l'archevêque de Lyon, son frère, dont le caractère doux, enjoué, et le goût pour les plaisirs, étaient d'ailleurs très-agréables au roi. Les deux frères secondèrent dignement Louis XI dans les guerres qui agitèrent l'état pendant tout son règne. En 1474 les seigneurs formèrent une conspiration pour inviter Édouard IV à réaliser le vain titre de roi de France, qu'il prenait à l'exemple de ses prédécesseurs. A la tête de la conspiration paraissait le duc de Bourgogne, et elle était favorisée par des princes étrangers. Le connétable de Saint-Pol essaya d'y faire entrer le duc de Bourbon ; il envoya, dans ce but, Hector de l'Écluse à Moulins.

Bourbon n'aimait pas Louis XI ; il avait le même intérêt que les grands vassaux à arrêter les progrès rapides de l'autorité absolue ; mais lorsqu'il apprit qu'il s'agissait de livrer l'état aux Anglais, il recula : en vain l'agent du connétable le menaça du même sort que Louis XI s'il embrassait la défense du monarque. Bourbon le congédia en lui déclarant « qu'il » aimerait mieux être plus pauvre que Job que de manquer à » la foi de son serment. »

Cependant le duc de Bourgogne formait un plan de campagne digne d'Annibal, qu'il avait pris pour modèle; il voulait que le roi d'Angleterre débarquât à la Hogue, en Normandie, et que, sans s'arrêter dans cette province, il s'avançât rapidement sur Paris; lui-même avec toutes ses forces, le duc de Bretagne suivi des siennes, devaient le joindre en même temps aux portes de la capitale. Louis XI, enveloppé de toutes parts, abandonné, trahi des grands, n'eût eu d'autre parti à prendre que de s'ensevelir sous les débris du trône ou de fuir dans les pays étrangers.

Le bâtard de Bourbon semblait avoir deviné le plan de la campagne du duc de Bourgogne; il pressait alors le roi de faire fortifier le port de la Hogue; il offrit même de construire à ses dépens, à la Hogue, une ville et une citadelle. Le roi lui accorda sans peine les priviléges qu'il demandait pour la colonie dont il voulait être le fondateur. Mais l'exécution de l'entreprise surpassait les forces d'un particulier, quelque riche qu'il fût. Le bâtard, effrayé à la vue des dépenses qu'elle exigeait, renonça à ce projet.

Au reste, le plan de campagne du duc de Bourgogne ne fut point exécuté par sa faute. Ce prince, entassant projets sur projets, conduisit son armée en Allemagne, et s'attacha au siége de Neuss, sous prétexte de secourir l'électeur de Cologne, son allié, mais en effet pour se rendre maître du cours du Rhin, et régner sur les provinces que ce beau fleuve arrose depuis sa source jusqu'à son embouchure en Hollande.

Ce ne fut qu'à l'expiration de la trève que le roi fondit sur l'Artois avec une grande armée, commandée sous ses ordres par le comte de Beaujeu, le bâtard de Bourbon et le comte de Dammartin. Il avait laissé à Paris l'archevêque de Lyon avec le titre de chef du conseil. Il écrivit au duc de Bourbon pour le prier de l'aider de ses troupes, de ses conseils et de son expérience. Bourbon s'excusa sur la nécessité de défendre le Bourbonnais contre une armée de Bourguignons qui le menaçait; mais il lui prouva sa fidélité en lui envoyant les scellés du connétable, qui avait fait tant d'efforts pour le séduire.

Louis XI, tranquille du côté de ce prince, se jeta sur l'Artois et sur les Pays-Bas : il eut des succès; mais ses progrès eussent été bien plus considérables sans la perfidie du connétable, qui, par de faux avis, le détermina à faire une excursion en Normandie. Louis XI revint et voulut s'emparer d'Arras. Le bâtard de Bourbon, chargé de cette expédition, ne réussit pas à se rendre maître de la place, malgré une victoire qu'il avait remportée sous ses murs, et malgré les intelligences qu'on y avait ménagées (1475).

Le duc de Bourbon exécutait de plus grandes choses encore en Bourgogne: il avait rassemblé des troupes contre l'armée de Charles le Téméraire qui menaçait le Bourbonnais. Une violente attaque de goutte ne lui permit pas d'abord d'en prendre le commandement; mais il avait tellement excité l'ardeur des officiers et des soldats qu'ils parurent invincibles. Les deux armées en vinrent aux mains auprès de Château-Chinon. Bernard, dauphin d'Auvergne, combattait à la tête des Français, et le comte de Roucy, fils aîné du connétable, à la tête des Bourguignons et de deux cents lances italiennes; il fut vaincu et pris avec le comte de Joigni, les sires de Givry, de Longwi, de l'Ile, de Saligny, de Raguy, de Digoine, d'Andelot, de Montmartin et beaucoup d'autres seigneurs. Le duc de Bourbon, devenu maître de la campagne, s'empara de Château-Chinon et de Bar-sur-Seine. Il eût pu conquérir les deux Bourgognes, si le danger de l'état ne l'eût appelé en Picardie.

C'est dans cette province, inondée de troupes anglaises, que les opérations de la guerre devaient être décisives. Bourbon accourut avec cinq cents hommes d'armes, et joignit le roi à Beauvais. L'archevêque de Lyon se rendit également au camp; la noblesse accourut en foule, et bientôt on compta dans l'armée royale plus de cent mille chevaux. Avec de telles forces Louis XI pouvait livrer bataille aux Anglais, mais il aima mieux mendier la paix et même l'acheter. Le bâtard de Bourbon dirigea les négociations pour la France : le traité de Péquigny mit fin à la guerre avec l'Angleterre; ensuite Louis XI conclut une trêve particulière avec le duc de Bourgogne; elle fut suivie du supplice public du connétable de Saint-Pol, puis de la cruelle exécution du duc de Nemours, de la maison d'Armagnac; le comte de Beaujeu eut le malheur d'être l'instrument de la perte de ce dernier (1477). Louis XI distribua la dépouille de Nemours aux généraux qui l'avaient pris et aux juges qui l'avaient condamné. Le comte de Beaujeu eut le comté de la Marche et la seigneurie de Montaigu en Combrailles, qu'Éléonore de Bourbon avait portés avec beaucoup d'autres biens dans la maison d'Armagnac.

Le duc de Bourbon, malgré ses services, sentait que lui-même ne pourrait jamais vaincre la haine et les soupçons que Louis XI nourrissait contre tous les grands; il abandonna donc sans peine, et même avec joie, au comte de Beaujeu et au cardinal de Bourbon, la faveur, le crédit et les commandements, pour jouir, à Moulins, du bonheur de faire des heureux. La méfiance du monarque le poursuivit jusque dans sa retraite : l'espèce de neutralité que Bourbon affecta dans les événements qui suivirent acheva d'aigrir Louis contre lui.

Charles le Téméraire venait de mourir (1477); il ne laissait pour héritière de ses vastes états qu'une fille, qu'il avait eue d'Isabelle de Bourbon; le duc souhaitait, dit-on, que sa nièce épousât le dauphin, et que ce prince réunît ainsi à la couronne vingt provinces que Marie de Bourgogne avait pour dot. On ne peut affirmer que ces projets de mariage aient été sérieux; quoi qu'il en soit, Louis XI ne les réalisa pas; il voulut au contraire s'emparer par la force des armes de l'héritage de Marie de Bourgogne. En vain demanda-t-il l'assistance du duc de Bourbon dans cette guerre ; en vain lui offrit-il les premiers commandements ; le duc éluda toutes ses avances. Quant au bâtard de Bourbon, il fut l'un des héros de cette entreprise.

Marie de Bourgogne, attaquée au dehors, dénuée de troupes et d'argent, avait, pour comble de malheur, à dévorer de la part des habitants de Gand toutes sortes d'insultes. Louis de Bourbon, évêque de Liége, eut pitié de la situation de sa nièce ; il vola à son secours avec un petit corps de troupes, commandé sous lui par Guillaume de la Mark, alors son ministre et son général, et depuis son assassin ; mais en offrant ses services, il en exigea sur-le-champ la récompense : il voulut être déchargé du tribut de 30,000 florins que le duc de Bourgogne lui avait imposé après la destruction de Liége. Non-seulement Marie de Bourgogne lui accorda cette grâce, mais elle donna 15,000 florins à la Mark, dont Bourbon lui vantait le courage extraordinaire et les talents. Louis de Bourbon fit en vain tous ses efforts pour amener le mariage de la fille de Charles le Téméraire avec le dauphin. La princesse entama directement, à ce sujet, des négociations avec Louis XI, qui sut endormir ses envoyés et leur extorquer l'ordre de livrer Arras aux Français.

Le roi chargea le cardinal de Bourbon de prendre possession de la cité et de recevoir le serment de fidélité des habitants ; cette commission manqua de lui coûter la vie. La capitale de l'Artois est divisée en deux parties, la ville et la cité. Les habitants de la ville détestaient la domination des Français, et les voyaient avec colère établis dans la cité ; ils résolurent de les chasser et de les massacrer le jour même qui avait été choisi pour la cérémonie. Le cardinal de Bourbon avait invité à un somptueux dîner, dans son abbaye de Saint-Vaast, le chancelier, Desquerdes, Gui-Pot, et beaucoup de seigneurs ; tout à coup on entendit dans la rue un tumulte affreux, accompagné de ces cris terribles : *Tue! tue!* C'était une troupe de citoyens déterminés de la ville, qui, ayant surpris la cité, s'étaient ouvert un passage jusqu'aux portes de l'abbaye ; le cardinal et ses hôtes se croyaient perdus, lorsque l'ennemi s'arrêta tout à coup, et retourna dans ses postes. Louis XI, à la tête d'une armée commandée sous ses ordres par le comte de Beaujeu, le bâtard de Bourbon, auquel il avait donné le gouvernement de Picardie, et le maréchal Desquerdes, prenait Hesdin, Boulogne et la ville même d'Arras. En le voyant ainsi approcher de leurs foyers, les Gantois effrayés lui demandèrent la paix par une députation solennelle, avouée de Marie de Bourgogne. Louis XI attendait avec impatience ce moment d'exciter la discorde entre la princesse et ses sujets. Il refusa d'entrer en négociation avec les Gantois, et, pour justifier son refus, il leur communiqua et livra même une lettre de Marie de Bourgogne, qui avait voulu traiter à leur insu. Armés de cet acte fatal, les députés retournent à Gand, ne respirant que vengeance : la ville entière partagea leur fureur. La duchesse douairière et le seigneur de Ravestein sont chassés honteusement ; Hugonet et Imbercourt, négociateurs de Marie, arrêtés, appliqués à la question, sont condamnés à mort. Louis de Bourbon, qui s'en prenait à eux de l'incendie de Liége, jaloux d'ailleurs de leur crédit, eut le malheur de contribuer à leur perte.

Les Gantois achevèrent de porter la douleur dans l'âme de la princesse en lui destinant pour époux Adolphe d'Egmont, duc de Gueldres. Catherine, sœur du duc de Bourbon, n'avait pas survécu longtemps au malheur d'avoir épousé ce scélérat renommé par ses forfaits : il avait diffamé, dépouillé, enfermé son père, contre qui il avait été près de se battre en duel. Arrêté par ordre du dernier duc de Bourgogne, il expiait ses crimes dans les fers, lorsque les Gantois brisent ses chaînes, lui rendent ses états, et lui offrent la main de leur souveraine pour prix des services qu'ils attendaient de lui contre les Français. Heureusement pour Marie, Adolphe d'Egmont fut tué dans un combat contre le bâtard de Bourbon avant que cette indigne alliance eût pu s'accomplir. Marie de Bourgogne alors épousa Maximilien, archiduc d'Autriche.

L'évêque de Liége se retira dans ses états, pour ne pas être témoin d'un mariage dont il appréhendait les suites funestes ; peu à peu les avances de Maximilien, les secours qu'il lui offrait contre des sujets inquiets et mutins, la nécessité enfin le rapprochèrent de ce prince : il renouvela avec lui les anciens traités d'alliance qui l'avaient uni si étroitement aux derniers ducs de Bourgogne. Dès ce moment Louis XI oublia les marques de zèle et d'attachement que ce prélat venait de lui donner ; il le traita en ennemi et encouragea toutes les conspirations qui éclatèrent contre lui.

L'archiduc Maximilien fut plus heureux ; il soutint contre la France une guerre mêlée de succès et de revers ; il luttait seul contre toutes les forces d'une monarchie qui prenait tous les jours de nouveaux accroissements. L'extinction de la branche d'Anjou avait mis Louis XI en possession de la Provence, de l'Anjou et du Maine ; peu s'en fallut que l'imposture et la calomnie ne le rendissent maître en même temps du Bourbonnais, du duché d'Auvergne, du Forez, du Beaujolais et de la principauté de Dombes.

Le duc de Bourbon était trop suspect au roi pour que des ambitieux n'entreprissent pas de le perdre. D'Oyac, né en Auvergne, et vassal du duc de Bourbon, ébloui des récompenses que Louis XI attachait à l'état infâme de délateur, dénonça son seigneur comme coupable des plus grands excès. Il présenta au roi le mémoire le plus sanglant contre ce prince ; il n'y avait pas un seul article qui ne dût être regardé comme un crime de lèse-majesté (1479). Il l'accusait de soudoyer un nombreux corps de troupes pour opprimer ses vassaux, de fortifier ses places sans en avoir obtenu la permission de la cour, de faire grâce aux criminels, d'arrêter les appels de sa justice aux tribunaux de sa majesté, d'avoir même fait mourir pendant la nuit des prisonniers qui avaient eu recours à cette voie d'appel, de réformer les monnaies, et d'exclure de l'assemblée des états des provinces qui lui appartenaient les députés des villes dont il connaissait le zèle et l'attachement au service du roi, pour substituer en leur place ses propres officiers, ceux du cardinal de Bourbon et du vieux comte de Montpensier, son oncle. Louis XI ordonna au parlement d'instruire le procès du prétendu criminel.

Le parlement (1480) nomma des commissaires pour informer en Bourbonnais et en Auvergne des délits de l'accusé. Il associa le délateur d'Oyac au conseiller Avein : l'un et l'autre étaient bien résolus de mériter des bienfaits que Louis XI prodiguait lorsqu'il s'agissait de récompenser les ministres de ses vengeances. Il paraît que ces misérables avaient formé le projet d'exciter Bourbon à la révolte à force de persécutions et d'outrages ; ils commencèrent leur procédure par exiger de la noblesse et des magistrats du Bourbonnais et d'Auvergne le serment de ne jamais entretenir de commerce avec la maison de Bourbon ; ils cherchèrent ensuite tous les ennemis du duc et les engagèrent à déposer contre lui ; enfin ils lancèrent un décret de prise de corps contre le chancelier, le procureur général, le capitaine des gardes et les principaux officiers du prince. C'était lui tendre le piége le plus dangereux : s'il avouait ses ministres, et qu'ils fussent convaincus d'excès et de malversation, il devait être enveloppé dans la même condamnation ; si au contraire on les désavouait, on les intimiderait par l'appareil de la torture, et on les engagerait, soit par la terreur des menaces, soit par l'appât des promesses, à le charger. Les amis de Bourbon l'exhortaient à se dérober par la fuite à la prison , peut-être même à la mort. Mais Bourbon dédaigna des conseils si timides; lui-même livra ses grands officiers aux commissaires et les avoua de tout ce qu'ils avaient fait à son service : c'était confiier à leur courage et à leur probité sa fortune, son honneur et son salut. Une conduite si noble et si magnanime acheva de mettre la nation dans ses intérêts. On conduisit prisonniers à la Bastille les principaux officiers de ce prince, veillé de près en Bourbonnais; ils essuyèrent toutes les rigueurs d'un long procès criminel; enfin ils justifièrent leur innocence et celle de leur maître avec tant d'éclat, que le parlement les élargit et les déchargea des accusations intentées contre eux. Au lieu de punir d'Oyac, Louis XI devint en quelque sorte son complice et le combla d'honneurs et de bienfaits ; il lui donna le gouvernement d'Auvergne, et pour humilier de plus en plus Bourbon, qui avait de grands domaines dans cette province, il voulut que d'Oyac présidât aux grands jours qui furent convoqués à Montferrand. Mais le peuple, révolté de l'élévation subite du malheureux qu'il avait vu naître dans l'obscurité, et plus encore de son orgueil et de son infamie, le chargea d'imprécations, d'insultes et d'outrages. D'Oyac demanda et obtint un arrêt en réparation des injures qu'il avait reçues; mais plus tard les lois devaient venger Bourbon avec plus de succès que les emportements de la multitude.

A peine échappé aux piéges de la calomnie (1482), le duc de Bourbon perdit Jeanne de France, son épouse, qui lui fut enlevée par une de ces maladies épidémiques qui ravageaient alors le royaume.

Vers ce même temps, Louis de Bourbon, évêque de Liége, avait eu la satisfaction de voir sa capitale renaître de ses cendres; mais les Liégeois ne cessèrent de conspirer contre son autorité et même contre ses jours. Environné de piéges et de périls, Bourbon ne cessa de vivre dans le désordre. Il abandonna les rênes du gouvernement à des favoris et à des ministres, dont l'administration ne le réconcilia point avec ses sujets. Le plus célèbre de tous fut Guillaume de la Marck, seigneur de Lumain, de la même race que les ducs de Clèves. A une force de corps extraordinaire, à l'énergie de l'âme, à un courage indomptable, la Marck joignait l'activité, l'étendue de l'esprit et les talents de la guerre; mais livré à ses passions impétueuses, à l'ambition, à la cupidité, il ne fut qu'un brigand. Il se faisait honneur du surnom de *Sanglier des Ardennes*. Louis de Bourbon eut des guerres à soutenir contre ce seigneur; mais bientôt il jeta les yeux sur lui pour en faire son appui. La Marck devint son tyran; cet homme sanguinaire s'emporta chez le prince à des actes affreux de violence. Bourbon lui pardonna tous ses excès; mais le ministre abusa de la faiblesse de son maître jusqu'à massacrer en sa présence Richard, garde du sceau, dont il était jaloux; Louis de Bourbon se contenta de bannir l'assassin de ses états. La Marck jura d'immoler Louis de Bourbon à sa vengeance et à son ambition; il voulait placer un de ses fils sur le trône de Liége; il concerta son complot avec les factieux; mais, malgré leur appui, il désespéra du succès à moins qu'il ne fût aidé des forces et de la protection de la France. Louis XI était alors dans le fort de la guerre avec l'archiduc Maximilien; la Marck fut le trouver, et lui offrit d'exciter une révolution à Liége, et d'ouvrir à ses troupes tous les chemins du Brabant et de Bruxelles même. Louis XI le traita en allié, lui donna une compagnie de cent lances, lui avança de grosses sommes d'argent, et comme s'il eût déjà été en possession de l'état de Liége, l'en nomma gouverneur. La Marck ne perdit pas un instant, il leva des troupes à Paris, et trouva jusqu'à quinze cents bandits disposés à le suivre ; il les habilla d'un uniforme rouge, sur la manche duquel il avait fait broder une hure de cet animal terrible dont il avait adopté le surnom. Aussitôt que l'aventurier eut terminé ses préparatifs, Louis XI, pour inspirer plus de sécurité à l'évêque de Liége, feignit d'être dégoûté de ses services et lui ordonna de sortir du royaume. La Marck prit la route des Ardennes, et se présenta inopinément aux portes de Liége, d'où il insulta et brava Louis de Bourbon. Les partisans qu'il avait dans la ville ameutent le peuple et le conduisent au palais, en criant qu'il est honteux de souffrir les ravages d'une poignée d'ennemis, qu'il faut armer la milice nationale, fondre sur les troupes de la Marck, et purger la principauté du brigand qui en est le fléau. Le prélat, au lieu d'attendre l'archiduc Maximilien, le prince d'Orange et le comte de Romont, ses alliés, qui venaient à son secours, céda aux instances du peuple et sortit de la ville à la tête de vingt mille combattants. On prétend que ce malheureux prince, soit pressentiment de sa mort, soit repentir de ses désordres, se confessa avec les marques les plus touchantes de contrition ; quoi qu'il en soit, à peine sorti de la ville et engagé dans un défilé, il est abandonné de son armée. Bientôt la Marck s'offre à ses regards : « Louis de Bourbon, lui dit- » il, j'ai recherché votre amitié, vous me l'avez refusée. » En même temps il lui décharge un coup de hache sur la tête et l'étend mort à ses pieds. Il entra ensuite en triomphe dans Liége, conduisant à sa suite le corps de son bienfaiteur, qu'il fit exposer nu aux portes de l'église de Saint-Lambert, afin qu'il fût reconnu de tous ses sujets : il ordonna qu'on le jetât dans la Meuse ; mais à force de supplications, on obtint qu'il serait inhumé sans cérémonie dans l'église de Saint-Lambert. Le fruit de ce crime échappa au meurtrier. Le jeune la Marck ne fut point élu prince de Liége ; Jean de Hornes l'emporta sur lui : de là une guerre qui acheva de désoler ce malheureux pays. La Marck obtint pour prix de ses exploits le duché de Bouillon, qui fut démembré de l'état de Liége ; mais il n'en jouit pas longtemps. Poursuivi par les amis de Louis de Bourbon, trahi à son tour par le comte de Hornes-Montigny, livré à l'archiduc Maximilien, il expia ses crimes sur un échafaud, à Maëstricht, en 1485.

Louis de Bourbon, évêque de Liége, eut de la princesse Catherine de Gueldres trois fils qu'il laissa dans l'indigence : le comte de Beaujeu les éleva ; ils furent connus à la cour de Charles VIII sous le nom de *Bâtards de Liége*. Un d'eux, chevalier de Saint-Jean de Jérusalem, fut grand prieur de France ; l'aîné de tous épousa Marguerite d'Aligre, dame de Busset : il est la tige des comtes de Bourbon-Busset.

Cependant Louis XI venait de déclarer le comte de Beaujeu tuteur et curateur du dauphin. Une telle marque de confiance de sa part doit surprendre, d'autant plus que le soupçonneux monarque avait en quelque sorte dérobé l'héritier du trône à tous les regards. Le jeune prince, élevé au château d'Amboise, abandonné aux jeux et à l'oisiveté, commençait sa treizième année sans savoir ni lire ni écrire. C'était à Beaujeu à réparer les suites d'une négligence ou d'une politique si criminelle : ses soins malheureusement furent presque infructueux.

Louis XI se sentait près de sa fin (1483) ; il conclut avec Maximilien une paix que le mariage de Marguerite d'Autriche avec le dauphin devait rendre à jamais durable ; cette princesse, encore enfant, fut amenée en France. Tout contribuait à l'élévation du comte de Beaujeu : en lui confiant la tutelle du dauphin, le roi ordonna que Madame (c'est ainsi qu'on nommait à la cour la comtesse de Beaujeu) élèverait la dauphine et lui tiendrait lieu de mère. En conséquence, Madame fut recevoir Marguerite d'Autriche sur la frontière. Avant

que de se mettre en route, elle fit son entrée solennelle à
Paris en qualité de fille de France, où on lui déféra tous les
honneurs dus à son rang. Elle réclama la noble prérogative
de délivrer les prisonniers; mais le parlement s'y opposa; il
prouva que cet acte d'autorité bienfaisante n'appartenait
qu'au roi, à la reine, au dauphin et à la dauphine. Beaujeu
escorta la princesse son épouse jusque sur la frontière, à la
tête de tout ce qu'il y avait de plus grand dans le royaume.
On appréhendait que l'archiduc Maximilien, qui ne voyait
qu'à regret sa fille épouser le dauphin et lui porter de belles
provinces, n'entreprît de l'enlever sur la route; mais le
comte de Beaujeu avait pris de si sages mesures que son
voyage fut couronné par le plus heureux succès. La princesse sa petite-nièce fut remise entre les mains de Madame,
qui l'amena à Paris; de là elle la conduisit à Plessis-les-
Tours.

C'est dans ce château que Louis XI s'était, pour ainsi dire,
condamné lui-même à la prison. Lorsqu'il fut assuré que l'instant fatal de sa mort était arrivé, il manda monsieur et madame de Beaujeu et ses ministres; il ordonna qu'on lût son testament, dans lequel il confiait à Madame les rênes du gouvernement en lui associant son époux : il acheva de déposer
dans leur sein tous les secrets de l'état, et leur donna ensuite
des conseils également sages et utiles. Enfin, s'adressant particulièrement au comte de Beaujeu, il lui recommanda son
fils et le royaume; peu après il les pria de se rendre auprès
du roi (c'est ainsi qu'il appelait déjà le dauphin) avec le
chancelier, les ministres, la plus grande partie de sa garde,
la venerie, la fauconnerie et tout ce qui constituait en France
la pompe du rang suprême. Louis XI ne survécut pas longtemps à ce pénible effort: il mourut, laissant l'état agrandi
et des sujets réduits à la misère et au désespoir.

Charles VIII n'avait que treize ans à la mort de son père,

Anne de Beaujeu en avait vingt-six. Le duc de Bourbon, beau-frère d'Anne, montra du mécontentement; on l'apaisa en lui envoyant l'épée de connétable. Le duc d'Orléans lui donnait plus d'embarras; elle voyait en lui, à défaut de Charles, dont la santé était chancelante, l'héritier de la couronne; déjà se formait autour de ce prince un parti considérable : Anne convoqua les états généraux. Leur réunion eut lieu à Tours (1484), sous la présidence du chancelier Gui de Rochefort. Il y fut décidé qu'il n'y aurait pas de régent, mais seulement un conseil qui serait présidé par le roi, et, en l'absence du roi, par le duc d'Orléans; que la personne du roi resterait confiée, comme par le passé, aux mains de sa sœur Anne, et que le roi serait majeur à quatorze ans.

Anne renouvela l'ancienne alliance avec l'Écosse, et celle que son père avait contractée avec les Suisses; elle resserra celle qui existait avec le duc de Lorraine, en lui restituant le duché de Bar; elle se montra surtout disposée à faire droit aux diverses demandes des états. Le conseil ne lui opposait aucune résistance, car, chaque fois qu'elle l'assemblait, elle avait soin d'amener le roi avec elle, ce qui rendait illusoire la présidence du duc d'Orléans. Pour priver Anne de cette ressource, d'Orléans et les siens formèrent le projet d'enlever le roi; le secret des conjurés fut livré, dit-on, à la princesse par le ministre du duc de Bretagne, qui était du complot. D'Orléans fut privé du gouvernement de Paris; le comte de Dunois et d'autres seigneurs le furent de leurs charges. Dunois, qui excellait dans l'art de créer et de diriger des intrigues, forma une coalition nouvelle (1485). Anne leva des troupes et les fit marcher vers Orléans, au lieu du rendez-vous des conjurés : elle en avait donné le commandement à la Trémouille. Les conjurés, avertis de la marche des troupes, se séparèrent à la hâte. D'Orléans, assiégé dans Beaugency, fut contraint de se rendre, et le duc de Bretagne de souscrire à un traité imposé. Dunois ne perdit point courage ; il gagna (1486) le duc de Savoie, le sire d'Albret, les comtes de Béarn, de Bigorre, et beaucoup d'autres seigneurs. Le duc de Bretagne parut de nouveau disposé à s'unir à la ligue, de même que le fils de Maximilien, Philippe, devenu comte de Flandre. Une lettre interceptée découvrit à madame de Beaujeu cette nouvelle conspiration. Sans perdre un instant, elle fit arrêter plusieurs seigneurs de la cour ; en même temps elle dirigea des troupes sur tous les points menacés : d'Orléans et Dunois se réfugièrent en Bretagne. Anne, traînant le roi à sa suite, parcourut tout le Midi, qu'elle pacifia, remonta vers le Nord, seconda les seigneurs bretons, qui s'étaient réunis pour obtenir, par la force, l'expulsion des réfugiés français, et leur envoya un corps d'armée qui s'empara de quelques villes. Anne ne s'arrêta pas là ; elle tint un lit de justice où furent appelés les princes et les pairs. Le duc d'Orléans, le duc de Bretagne et même le jeune Philippe, comte de Flandre, et à ce titre vassal de la couronne, furent sommés d'y comparaître dans le délai de deux mois.

Le duc de Bourbon n'assista pas à ce lit de justice, non par un reste de ménagement pour le duc d'Orléans, dont il avait embrassé autrefois la querelle avec tant de chaleur, mais parce qu'il était en proie aux attaques les plus violentes de la goutte ; il ne lutta pas encore longtemps contre cette maladie qui le retenait au lit pendant plus de la moitié de l'année. On remarque que, malgré les maux qu'il souffrait, il ne perdit jamais l'espérance d'avoir un fils à qui il pût laisser ses grands biens. C'est par ce motif qu'après le décès de Catherine d'Armagnac, morte en couches d'un enfant mâle qui ne lui survécut que quinze jours, il épousa en troisièmes noces Jeanne de Bourbon-Vendôme, sa cousine : la jeunesse et la beauté de cette princesse abrégèrent peut-être ses jours ; il mourut le 1er avril 1488, âgé d'environ soixante-deux ans : il fut enterré au prieuré de Souvigny.

Jean II, duc de Bourbon, eut un caractère remarquable : la franchise, la probité, la bienfaisance et l'amour de la gloire, le distinguèrent de tous les princes de son temps ; cher au peuple et à la noblesse, il fut surtout l'amour de ses nombreux vassaux, au milieu desquels il vécut comme un père dans le sein de sa famille : ils couvrirent son tombeau de fleurs et de larmes, et le surnommèrent *le Bon*, titre bien supérieur à celui de *Fléau des Anglais*, que l'enthousiasme lui avait donné. Jamais prince ne mérita mieux l'attachement de ses amis et de ses serviteurs, qu'il combla de biens. Son crédit et sa libéralité lui avaient acquis une si haute considération, que les chefs des plus illustres familles s'empressaient d'entrer dans sa maison, qui d'ailleurs ne le cédait en éclat qu'à celles du roi et du duc de Bourgogne. Il comptait au nombre de ses chambellans des Joyeuse, des Chabannes, des d'Escars, des Albon de Saint-André et des la Fayette. Mais il avait aussi de grands défauts : le connétable fut opiniâtre, fier, ambitieux et non moins jaloux que les autres grands vassaux de la couronne des progrès rapides de l'autorité royale : l'élévation et les succès de monsieur et de madame de Beaujeu, qu'il ne voyait qu'à regret à la tête des affaires, répandirent l'amertume sur les dernières années de sa vie. Enfin, malgré l'estime et l'attachement qu'il témoignait à Jeanne de France, sa première femme, il laissa de plusieurs maîtresses cinq enfants qui furent légitimés : 1° Mathieu, seigneur de la Roche en Renier, gouverneur de Guienne et de Picardie, chevalier de Saint-Michel, capitaine de cent hommes d'armes, le premier des neuf preux de Charles VIII à la journée de Fornoue ; 2° Charles de Bourbon, seigneur de Lavédan et de Malause, gouverneur et maréchal du Bourbonnais, auteur de la branche illustre de Bourbon-Malause (il avait pour mère Jeanne d'Albret, dame d'Étouteville); 3° Hector de Bourbon, archevêque de Toulouse; 4° **Marie de Bourbon**, épouse de Jacques de Sainte-Colombe, seigneur du Thil; 5° **Marguerite de Bourbon**, épouse de Jean de Serpières, seigneur de Prêle. Jean II commença la Sainte-Chapelle de Bourbon-l'Archambaud, une des plus belles du royaume, qui ne fut achevée qu'en 1508: on voyait sur le portail la statue en pierre de saint Louis, celles de Pierre de Bourbon et d'Anne de France, son épouse: on conservait aussi dans la chapelle souterraine du trésor de la même ville un superbe monument de la piété et de la magnificence de ce prince et de Louis II, duc de Bourbon, son bisaïeul. C'était une croix d'or de ducat, pesant environ quatorze marcs, au sommet de laquelle était une couronne d'or enrichie de trente grosses perles et de cinq pierres précieuses; elle renfermait une épine de la couronne de Jésus-Christ et du bois de la vraie croix: ce morceau avait pour piédestal une montagne de vermeil, au bas de laquelle étaient prosternés, à genoux, Jean II et Jeanne de France sa première femme, la couronne sur la tête et le manteau ducal sur les épaules,

Quant à la veuve du connétable, Jeanne de Bourbon-Vendôme, Charles VIII fut tellement épris de ses charmes, qu'il lui promit de l'épouser. Le mariage devait être célébré à Moulins; mais madame de Beaujeu rompit ce projet.

Déchue des plus brillantes espérances, la duchesse douairière de Bourbon épousa Jean de la Tour, comte d'Auvergne et de Lauragais; elle en eut deux filles, Anne de la Tour d'Auvergne, mariée à Jean Stuart, duc d'Albanie, premier prince du sang d'Écosse; et Magdeleine de la Tour-d'Auvergne, épouse de Laurent de Médicis, duc d'Urbin. De ce dernier mariage était issue la fameuse Catherine de Médicis, qui fit tant de mal à la France, et en particulier à la maison de Bourbon. La suite de la vie de Jeanne de Bourbon-Vendôme ne répondit pas à de si beaux commencements : jeune encore, elle perdit son second époux, et par une faiblesse dont l'histoire n'offre que trop d'exemples, cette princesse, veuve du duc de Bourbon, et qui avait manqué d'épouser un roi de France, se maria en troisièmes noces avec François de la Pause, baron de la Garde, qu'on prétend avoir été son maître d'hôtel : elle mourut en 1511.

CHAPITRE IX.

CHARLES II, DUC DE BOURBON ET D'AUVERGNE,
COMTE DE FOREZ, PRINCE SOUVERAIN DE DOMBES, SEIGNEUR DE BEAUJOLAIS,
CARDINAL DU TITRE DE SAINT-MARTIN-DES-MONTS,
ARCHEVÊQUE DE LYON ET DE BORDEAUX, ÉVÊQUE DE CLERMONT,
LÉGAT D'AVIGNON, ABBÉ DE SAINT-VAAST, D'ARRAS ET DE GRANDMONT,
PRIEUR DE LA CHARITÉ-SUR-LOIRE,
GOUVERNEUR DE PARIS ET DE L'ILE-DE-FRANCE, CHEF DES CONSEILS DE LOUIS XI.

A la mort de Jean II duc de Bourbon, qui ne laissait pas de postérité légitime, la substitution des biens de la maison était incontestablement ouverte au profit du cardinal, devenu l'aîné; mais la force l'emporta sur le droit : Madame s'empara de la succession entière. Lorsqu'elle fut en possession des places fortes et de tous les domaines, elle consentit à négocier avec le cardinal. Celui-ci, retiré à Lyon, accablé d'infirmités, menacé d'une mort prochaine, transigea; il céda au comte de Beaujeu les duchés de Bourbonnais et d'Auvergne, le comté de Forez, la principauté de Dombes, et beaucoup d'autres terres, ne se réservant que la seigneurie de Beaujolais, dont le revenu était considérable, et 20,000 livres de pension : il n'en jouit que six mois. Ce prince, brave, libéral, galant, voluptueux et magnifique, n'était point né pour les fonctions paisibles du sacerdoce; il n'avait de goût que pour le tumulte des armes, l'agitation de la cour et l'éclat de la représentation. On voit dans les mémoires du temps que

Louis XI se reposait volontiers sur lui du soin de faire les honneurs de la France aux souverains étrangers et aux ambassadeurs; le cardinal s'en acquittait avec beaucoup de grandeur et de dignité; mais il fut plus utile à l'état dans les emplois considérables qui lui furent confiés. On est étonné qu'il ait eu tant de part à la faveur de Louis XI, ennemi secret de tous les grands qui ébranlèrent son trône dans la guerre du bien public, et Charles de Bourbon avait été un des premiers à se révolter; on connaît sa devise si peu épiscopale, si audacieuse : *N'espoir, ne peur.* Un dévouement complet au roi lui fit pardonner ses torts : Louis goûta son humeur enjouée et l'admit dans sa plus intime familiarité. Bientôt il lui prodigua les honneurs et les commandements; Charles de Bourbon fut toujours en action pendant le règne orageux de son bienfaiteur : on le voit au milieu des armées, à la tête du conseil et des négociations, jouer le rôle de général et de ministre, mais jamais celui d'évêque. Louis XI le préféra à tous les rois pour être parrain du dauphin, depuis Charles VIII; il avait pour collègue, dans cette cérémonie, Édouard, prince de Galles, fils infortuné de l'imbécile Henri VI et de Marguerite d'Anjou; le cardinal donna son nom au dauphin.

Malgré d'immenses revenus, le cardinal de Bourbon laissa peu de monuments de sa magnificence; il fit bâtir le palais archiépiscopal de Lyon : il construisit aussi la chapelle de son nom dans l'église primatiale de Saint-Jean, où il fut enseveli sous un beau mausolée de marbre blanc. Il eut de Gabrielle Bartine une fille que Charles VIII légitima, et maria à Gibert de Chantelot, seigneur de la Chaise.

29

CHAPITRE X.

PIERRE II , DUC DE BOURBONNAIS ET D'AUVERGNE,

COMTE DE CLERMONT EN BEAUVAISIS , DE FOREZ , DE LA MARCHE ET DE GIEN ;

PRINCE SOUVERAIN DE DOMBES ,

VICOMTE DE CHATELLERAUT , DE CARLAT ET DE MURAT ;

SEIGNEUR DE BEAUJOLAIS , DE CHATEAU-CHINON , DE BOURBON-LANCI ET D'ANNONAY ;

PAIR ET GRAND CHAMBRIER DE FRANCE ; CHEVALIER DE SAINT-MICHEL ,

GOUVERNEUR DE GUYENNE ET ENSUITE DE LANGUEDOC ;

CHEF DES CONSEILS DU ROI LOUIS XI , TUTEUR DE CHARLES VIII,

ADMINISTRATEUR ET LIEUTENANT-GÉNÉRAL DU ROYAUME SOUS LE RÈGNE DE CE PRINCE.

Avant d'entrer dans le détail de la vie de Pierre II , il convient d'exposer le tableau des branches légitimes et légitimées alors existantes de la maison de Bourbon. Chaque jour voyait s'accroître la splendeur de cette famille , et quoiqu'on ne comptât que sept degrés de filiation entre Robert de France, apanagé seulement du comté de Clermont et de la seigneurie de Creil, et le nouveau duc Pierre II, celui-ci se trouvait en possession du plus brillant héritage qu'il augmenta encore : il ne le cédait qu'aux têtes couronnées en richesses, en domaines et en considération. Appelé avec Anne de France, son épouse, à la tutelle du roi et au gouvernement de l'état, il rendit des services réels, quoique modestes, à la France. Mais son bonheur était troublé par le chagrin de n'avoir pas d'enfants à qui il pût transmettre ses titres et ses biens. Madame partageait son affliction; car, malgré la différence d'âge et de caractère, elle vécut toujours avec lui dans la plus étroite union. Ils firent signer au roi Charles VIII des lettres patentes, en vertu desquelles, dérogeant aux clauses de leur contrat de mariage, il leur permettait de disposer de leurs biens par telle donation mutuelle et perpétuelle qu'ils jugeraient à propos. Cette disposition inquiéta Gilbert de Bourbon, comte de Montpensier, chef de la branche substituée aux principales terres de la maison ; il avait à réparer les fautes du comte Louis de Montpensier, son père : ce prince faible, cédant aux menaces, aux artifices et aux caresses des ducs Charles Ier et Jean II, avait signé des actes de renonciation si absolus, qu'il semblait s'être privé lui-même et sa postérité de l'expectative des domaines dont les ducs de Bourbon n'étaient que les usufruitiers. Gilbert, voyant la branche aînée près de s'éteindre, réclama ses droits et intenta action au parlement contre le duc Pierre II, pour l'obliger à les reconnaître ; le duc, frappé de la légitimité de ses titres, transigea avec le comte de Montpensier : il consentit, par un traité signé à Chinon le 19 mars 1488, que, s'il venait à mourir sans enfants mâles, tous ses biens substitués passeraient à la branche de Montpensier, « afin, ajoutait-il, que ces beaux domaines, possédés depuis si longtemps par leurs ancêtres » communs, ne fussent ni démembrés, ni transférés dans une » famille étrangère, mais demeurassent à perpétuité à l'aîné » du nom. » On verra bientôt ce prince, séduit par l'amour paternel, changer de langage lorsqu'il eut Suzanne de Bourbon, et employer tout son crédit pour détruire les effets de la substitution qu'il avait confirmée avec tant d'authenticité.

François de Bourbon, comte de Vendôme, réunissait tous les avantages qui frappent les regards d'une nation ; mais ce prince n'avait pas une fortune proportionnée à sa naissance et à son rang ; il ne possédait que le comté de Vendôme et les baronnies de Montdoubleau et d'Épernon ; les biens d'Isa-

belle de Beauveau, sa mère, qui consistaient dans les terres
de la Roche-sur-Yon et de Champigny, devaient être le partage de Louis, monsieur de Vendôme, son frère puîné, qui,
dans la suite, prit le titre de prince de la Roche–sur–Yon, et
fut la tige de la seconde branche de Bourbon-Montpensier.
Le Vendômois et la baronnie de Montdoubleau relevaient du
duché d'Anjou et du comté du Maine ; ils étaient par conséquent soumis à la coutume de ces provinces, établie dans les
siècles barbares du gouvernement féodal : telle était la rigueur de cette coutume, que le tuteur d'un mineur noble
jouissait, non-seulement des revenus du fief de son pupille
qu'il était obligé de desservir, mais encore de ses biens meubles ; ainsi le mineur était condamné à la misère jusqu'à sa
majorité. Le comte de Vendôme, Jean II, put à peine réparer,
dans le cours de sa vie, les pertes qu'il avait essuyées dans sa
minorité : ce prince, en mourant, eut la douleur de laisser sa
famille, presque encore au berceau, exposée aux mêmes
extrémités qu'il avait épouvées. Ce fut pour affranchir sa postérité du joug d'une loi si dure, que François de Bourbon eut
recours à l'autorité royale : il demanda que la baronnie de
Montdoubleau fût unie au comté de Vendôme, et que le comté
ne relevât plus désormais que de la couronne. Charles VIII
lui accorda cette grâce ; il fit plus, il lui ménagea l'alliance de
Marie de Luxembourg, sa cousine germaine, la plus riche héritière du royaume. Cette princesse, petite-fille du fameux connétable de Saint-Pol, veuve, à la fleur de son âge, de Jacques
de Savoie, comte de Romont, son oncle, ne possédait que les
biens de sa maison, situés dans les Pays-Bas; les riches domaines dont le connétable jouissait en France avaient été confisqués et abandonnés à des courtisans ; il est vrai que Louis XI
avait promis, par un article du traité d'Arras, de les restituer
à ses héritiers ; mais ce monarque n'avait pas rempli ses enga-
gements. Dès que Charles VIII eut arrêté le mariage du comte

de Vendôme avec Marie de Luxembourg, il rendit tout ce qu'il retenait encore de la dépouille du connétable. On doit dire, à la gloire des chefs de la noblesse française, donataires de la confiscation du premier officier de la couronne, qu'ils s'empressèrent de suivre un exemple si généreux ; l'histoire nomme surtout Charles de Bourbon, comte de Roussillon ; Jacques de Luxembourg, seigneur de Richebourg ; Pierre de Rohan, seigneur de Gié ; Georges de la Trémoille, seigneur de Craon ; Antoine, bâtard de Bourgogne ; Louis de Graville, seigneur de Montaigu ; et Jean Blosset, seigneur de Saint-Pierre ; il n'y eut que Gui Pot, possesseur de Saint-Pol, et Charles d'Amboise, seigneur de Chaumont, qui ne purent se résoudre à restituer les domaines de cette maison. Le comte de Vendôme, autorisé par des lettres-patentes du roi, les poursuivit devant le parlement, et obtint un arrêt solennel qui les privait du fruit des largesses de Louis XI.

Jacques de Bourbon, seigneur d'Aubigni, chef de la branche de Carency, commençait à réparer les injustices du sort qui avait mis tant d'inégalité entre sa fortune et celle des autres princes de sa maison ; il obtint plusieurs terres de la générosité du duc de Bourbon, qui l'établit son lieutenant général dans toutes les provinces qui lui appartenaient, et même dans l'exercice de la charge de connétable. Le seigneur d'Aubigni laissa d'Antoinette de la Tour-d'Auvergne deux fils : l'aîné, connu sous le nom de prince de Carency, mourut à la bataille de Marignan, sans postérité masculine de Didière de Vergy ; le second, appelé sire de Rochefort, ne laissa point d'enfants.

Il existait encore un rameau de la branche de Bourbon-Carency, connu sous le nom de Bourbon-Duisant, mais pauvre et négligé ; le dernier rejeton de ce rameau s'attacha au connétable de Bourbon, tué devant Rome : il partagea ses malheurs et mourut en pays étranger.

Les branches bâtardes et légitimes jouissaient alors de l'éclat attaché aux grandes dignités, à la faveur, aux richesses. Le bâtard de Bourbon, Louis, comte de Roussillon, était en même temps amiral de France, gouverneur de Picardie, chevalier de Saint-Michel, capitaine de cent hommes d'armes, ministre général et gendre de Louis XI ; il conserva sous Charles VIII tout son crédit : il précédait au conseil les plus grands seigneurs du royaume, les maréchaux de France même ; il mourut en 1486. Il laissa de Jeanne, fille légitimée de Louis XI, Charles de Bourbon, comte de Roussillon, qui mourut à la fleur de son âge, sans enfants d'Anne de la Tour-d'Auvergne. C'est lui qui rendit généreusement le comté de Ligny à Marie de Luxembourg, comtesse de Vendôme.

Renaud de Bourbon, archevêque de Narbonne, fils naturel de Charles Ier, duc de Bourbon ; Mathieu, seigneur de la Roche-en-Renier, gouverneur de Picardie et de Guyenne, chevalier de Saint-Michel, le premier des neuf preux de Charles VIII ; Charles, vicomte de Lavedan, seigneur de Malause, sénéchal de Toulouse ; Hector, archevêque de Toulouse, bâtard du duc Jean II, servaient l'état et l'église. Le roi les honorait du titre de cousin. Reprenons maintenant le fil des événements.

Après le lit de justice dont nous avons parlé, madame de Beaujeu ne poussa pas les choses plus loin, de peur que ces princes n'appelassent les Anglais en France ; mais elle envoya des renforts à l'armée de la Trémoille, car les seigneurs bretons s'étaient réconciliés avec les réfugiés et avec leur duc, ce qui rendait plus difficile la position de la Trémoille.

Celui-ci assiégeait la ville de Fougères (1490) ; une armée bretonne se réunit pour aller au secours de la place : elle arriva trop tard, la place avait capitulé. Les Bretons rétrogradèrent, et les vainqueurs les poursuivirent ; les deux armées se joignirent sous les murs de Saint-Aubin-du-Cormier.

La fortune se déclara pour les Français; le duc d'Orléans, le prince d'Orange, et presque tous les seigneurs réfugiés, furent faits prisonniers. Ils eurent tous la tête tranchée, à l'exception des deux premiers. Le duc d'Orléans, après avoir été transféré de prison en prison, fut définitivement enfermé dans une tour de Bourges; et l'on dit qu'il était obligé, la nuit, d'entrer dans une cage de fer. Les Bretons demandèrent et obtinrent la paix. Peu de temps après la signature du traité, le duc François mourut, laissant pour unique héritière sa fille Anne, âgée d'environ quatorze ans. Dunois, qui se trouvait en Bretagne et qui avait la confiance de la jeune princesse, imagina de la donner pour épouse à Charles VIII avec la Bretagne pour dot; son projet fut accueilli par Anne de Beaujeu, mais il y mit pour condition, en cas de succès, la mise en liberté du duc d'Orléans.

Ce ne fut pas sans peine que Dunois triompha des obstacles; ces obstacles venaient surtout de la jeune Anne, qui craignait, en épousant le roi de France, de cesser d'être souveraine de la Bretagne. Ne prenant conseil que de ses idées de domination, elle alla jusqu'au point d'épouser par procuration l'allemand Maximilien. Dunois eut alors recours à un dernier stratagème; il écrivit à madame de Beaujeu d'envoyer de nouveau la Trémoille avec une armée, et d'investir la princesse dans Rennes. Ce moyen réussit; Anne, épouvantée, consentit à recevoir la couronne (1492). Il fut stipulé que, si elle mourait sans enfants, tous ses droits sur la Bretagne passeraient sur la tête du roi; et que, si elle lui survivait et qu'elle n'eût pas d'enfants, elle ne pourrait se remarier qu'avec son successeur. Pour contracter ce mariage, Charles fut obligé de renvoyer la fille de Maximilien, et de rendre l'Artois et la Franche-Comté. Maximilien, irrité, lança une déclaration de guerre; le roi d'Angleterre débarqua des troupes à Calais; Charles négocia, offrit de l'argent et conserva la paix. Peu de mois après, il rendit à Ferdinand d'Aragon le Roussillon et ses dépendances, sans exiger le remboursement du prix pour lequel cette province avait été engagée à son père. Ce fut contre l'avis unanime de son conseil et même contre le gré des Roussillonnais; on assure que Ferdinand avait gagné le cordelier Maillard, confesseur de Charles.

Le jeune souverain ne renonçait ainsi à de riches provinces que par le désir de maintenir la paix avec l'empire, l'Angleterre et l'Espagne, afin d'avoir la liberté d'aller conquérir le royaume de Naples, et successivement l'empire de Constantinople. Ainsi commencèrent en 1494 ces malheureuses guerres d'Italie, dont plusieurs princes de la maison de Bourbon périrent victimes dans l'espace d'environ trente ans. La première de ces victimes fut François de Bourbon, comte de Vendôme, dont descendent toutes les branches de Bourbon qui existent aujourd'hui.

A la fin de la retraite de Charles VIII d'Italie, le bruit courut (1494) en France que le roi n'attendait qu'un renfort de Suisses pour attaquer l'ennemi; aussitôt le comte de Vendôme prit la poste pour avoir part aux derniers exploits de cette fameuse campagne. Son zèle lui coûta la vie; l'armée délabrée, épuisée de fatigues, en proie aux maladies, campait sous les murs de Verceil, dans un terrain que les pluies de l'automne rendaient humide et fangeux; le soldat témoignait un extrême dégoût du service dont il ne pouvait plus soutenir les travaux, il désertait en foule; les volontaires, les officiers mêmes partaient, les uns sans obtenir, les autres sans même demander de congé. Le comte de Vendôme, voulant donner l'exemple du devoir, s'établit dans un camp si mal sain et coucha sous la tente; mais bientôt attaqué de la dyssenterie, on fut obligé de le transporter à Verceil : la maladie fit des progrès si rapides, que malgré sa jeunesse, sa vigueur et tous les secours de l'art, on désespéra bientôt de ses jours. Le péril de ce prince excita la compassion de toute l'armée; ses parents, ses amis, ses serviteurs, ne pouvaient cacher la douleur qu'ils ressentaient en le voyant ainsi périr à la fleur de son âge, et dans le sein de la prospérité et de la faveur; ils fondaient en larmes auprès de son lit. Vendôme mourant avait la force et le courage de les consoler : « Mes amis, mes enfants, leur disait-il, ne pleurez point pour » moi, car c'est le plaisir de Dieu que je meure, et puisqu'il » lui plaît, je prends la mort en patience, et le remercie du » bien qu'il me fait de le reconnaître et de le requérir au » dernier de mes jours; et partant, mes amis, ne pleurez » point et priez Dieu qu'il lui plaise dé me donner connais- » sance de lui, jusqu'à ce que mon âme soit séparée de mon » corps, après laquelle séparation je me recommande à vos »b onnes prières. »

Ses derniers regards cherchèrent en vain son épouse et cinq enfants encore au berceau dont le sort l'attendrissait; il s'en occupa jusqu'à son dernier soupir. Quelques moments avant d'expirer, il écrivit au roi pour lui faire ses éternels adieux et lui recommander ces gages de la plus tendre union; il lui rappelait dans sa lettre qu'il n'était venu en Italie que pour lui donner des marques de son dévouement; mais que, puisque son heure fatale était arrivée, il se soumettait sans murmure aux ordres de l'arbitre suprême de la vie et de la mort : il avouait qu'il n'avait d'autre peine en mourant que d'être privé de la vue de sa famille. Il finissait ainsi : « Mon très-cher seigneur, je vous dis adieu en vous recom- » mandant trois choses principalement après ma mort : pre- » mièrement ma pauvre âme, ma très-bonne amie et loyale » femme et mes petits enfants, lesquels demeurent veuve et » orphelins; si vous supplie, en faveur d'amour et d'équité, » qu'il vous plaise être leur mari et père, ou du moins leur » vrai seigneur, garde et protecteur, tant de leur corps que

» de leurs biens, en laquelle garde et protection, pour d'ici
» en avant, je les remets entièrement pour la bonne fiance
» que j'y ai. »

A la lecture de cette lettre, Charles VIII répandit des
pleurs qui honorent également sa mémoire et celle du comte
de Vendôme. La France et le camp retentirent des mêmes
regrets et des mêmes éloges. Les historiens contemporains
ne tarissent point sur les louanges du bisaïeul de Henri IV.
« C'était, dit l'un d'eux, l'escarboucle des princes de son
» temps en beauté, bonté, humanité, sagesse, douceur et bé-
» nignité. » Comines lui rend la même justice ; voici ses
paroles : « Le comte de Vendôme y prit un mal de flux (au
» camp de Verceil) dont il mourut, qui fut dommage, car il
» était beau personnage, jeune et sage, et y était venu en
» poste, parce qu'il devait y avoir bataille, car il n'avait point
» fait le voyage d'Italie avec le roi. »

Le roi, qui avait toujours traité le comte de Vendôme
comme son frère d'armes, voulut qu'on rendît à sa mémoire
les mêmes honneurs que s'il eût été en effet le fils du roi
Louis XI ; trois cardinaux, dont un fut depuis le pape
Jules II, deux archevêques et trois évêques, officièrent à ses
obsèques : le duc d'Orléans, sorti depuis peu de Novare à la
faveur d'un traité, Louis Monsieur de Vendôme, frère du
défunt, tous les grands de France et d'Italie, qui étaient à la
cour, marchaient à la tête du deuil, composé de la maison
militaire et domestique du roi, et de l'armée entière, qui
éclatait en gémissements.

Le comte de Vendôme laissa de Marie de Luxembourg
trois fils et deux filles. Cette princesse lui survécut cinquante
et un ans ; elle ne mourut qu'en 1546. Elle porta la bienfaisance jusqu'à mériter le surnom de mère et de nourrice des
pauvres ; elle accorda, dans son domaine de la Fère, un
emplacement considérable à de pauvres gentilshommes pour

établir une verrerie, qui devint la plus belle du royaume ; elle ajouta à ce don celui d'une quantité considérable d'arpens de bois, d'une vaste prairie, et la permission de faire paître les bestiaux dans la forêt de la Fère et d'y chasser.

La seconde victime que la maison de Bourbon eut à déplorer dans ces guerres d'Italie, si malheureusement entamées par Charles VIII, fut Gilbert, comte de Montpensier. Ce prince, surnommé le *comte-dauphin* du vivant de Louis de Bourbon son père (troisième fils de Jean Ier), avait remporté de grands avantages sur le duc de Bourgogne au combat de Bussi, en 1470, et à celui de Cluni. Il fut lieutenant général en Poitou sous le roi Charles VIII, prit sur les ducs de Bretagne et d'Orléans, Parthenai, Saint-Aubin-du-Cormier et Dol. En 1494, il fut établi gouverneur de Paris et de l'île de France, suivit le roi dans la guerre de Naples, où il conduisit l'avant-garde, et, après la conquête de ce royaume, il en fut créé vice-roi et duc de Sessa ; mais ayant été attaqué par Ferdinand d'Aragon, il fut contraint de rendre le Château-Neuf de Naples, et mourut à Pouzzoles le 5 octobre 1496, non de poison, comme nos historiens trop passionnés contre les Italiens l'ont soupçonné, mais de la contagion qui décimait alors l'armée française, ou peut-être de douleur. Il fut enterré sans pompe sur le bord de la mer. Charles VIII ne survécut pas longtemps à la perte du comte de Montpensier et du royaume de Naples ; il mourut à Amboise le 7 avril 1498, et eut pour successeur le duc d'Orléans, sous le nom de Louis XII. Celui-ci, oubliant les vieilles injures, témoigna la plus haute confiance à l'ancienne régente Anne de Beaujeu, dont il lui eût été si facile de se venger, et au duc Pierre de Bourbon.

Depuis la transaction de Chinon, dans laquelle le duc de Bourbon avait reconnu les droits de la branche de Montpensier à la substitution de ses principaux domaines, il avait eu

Suzanne de Bourbon, née en 1491. Le sort de cette fille unique l'inquiétait ; il considérait que, si les clauses de son mariage avec Anne de France étaient exécutées à la rigueur, les duchés de Bourbonnais et d'Auvergne, les comtés de Clermont et de Forez, le Beaujolais et la principauté de Dombes, seraient réunis à la couronne ; que, si au contraire les pactes de famille prévalaient, ces grands biens appartiendraient à Louis de Bourbon (fils de Gilbert), comte de Montpensier, son neveu à la mode de Bretagne : dans l'un et l'autre cas, la meilleure partie de l'héritage de ses ancêtres échappait à Suzanne de Bourbon. Le duc sollicita donc et obtint de Louis XII des lettres-patentes dérogatoires de la clause insérée dans son contrat de mariage, qui réunissait à la couronne les plus grands biens de sa maison, s'il venait à mourir sans enfants mâles d'Anne de France.

Il paraît que le duc de Bourbon ne voulait que rendre la fortune de sa fille indépendante, et qu'il la destinait au comte de Montpensier. En effet, il traitait celui-ci plutôt en fils qu'en neveu ; il veillait à son éducation et à l'administration de ses biens : mais le jeune Montpensier, poussé par d'imprudents conseils, attaqua son oncle devant le parlement, et forma opposition à l'entérinement des lettres-patentes qu'il avait obtenues du roi. Le duc de Bourbon, indigné de la conduite de son neveu, l'en punit en destinant son héritière au duc d'Alençon ; il avait ce projet tellement à cœur (1500), qu'il proposa un dédit de cent mille livres, payable par la partie contractante qui retirerait sa parole : ce mariage devait porter des biens immenses dans la branche d'Alençon déjà très-opulente. Louis XII approuva les dispositions du duc de Bourbon ; il donna même de nouvelles lettres-patentes, en vertu desquelles les enfants nés de ce mariage hériteraient de tous les biens de la maison de Bourbon, malgré les prétentions et les oppositions du comte de Montpensier.

Cependant Montpensier (1501) demanda et obtint la permission de faire ses premières armes en Italie, sous la conduite de Stuart d'Aubigny, que Louis XII envoyait à la conquête du royaume de Naples. Le jeune prince se signala dans cette guerre.

Mais il était de la destinée des princes de la première branche de Montpensier de mériter les faveurs de la fortune et de mourir à la veille de les obtenir. Le jeune Montpensier, à peine arrivé à Naples, s'arracha des délices de cette ville pour aller à Pouzzoles honorer la cendre de son père. Son premier soin fut d'ordonner un service solennel dans l'église où il le fit transporter ; la cérémonie était à peine achevée, que, cédant au désir de voir les restes de l'auteur de ses jours, il se fit ouvrir son cercueil. A cet aspect, le saisissement resserre toutes les facultés de son âme, il demeure muet et immobile ; au silence de la douleur succède un torrent de larmes qui auraient dû lui sauver la vie, mais le coup mortel était porté ; on ne l'arracha que malgré lui de cette funeste contemplation pour le transporter à son hôtel, où il mourut en arrivant ; d'autres prétendent qu'il expira sur le cercueil même de son père. Son corps, enfermé dans le même cercueil que celui de son père, fut porté en France et inhumé dans l'église de Saint-Louis d'Aigueperse.

Ainsi mourut, à l'âge de dix-huit ans, Louis de Bourbon, comte de Montpensier ; Charles Monsieur de Bourbon, son frère puîné, hérita de ses titres et de ses biens : c'est ce fameux connétable de Bourbon que nous allons voir bientôt élever et abaisser tour à tour les destinées de la France.

Le nouveau comte de Montpensier, filleul de Charles VIII et de la duchesse de Bourbon, n'avait point de fautes à expier ni d'injures à réparer à l'égard du chef de sa maison ; cependant le duc de Bourbon, lié par le serment qui l'engageait envers le duc d'Alençon, ne pensa jamais à lui donner sa fille ;

sa mort fit échouer les arrangements qu'il avait pris, et qui avaient répandu l'alarme dans toutes les branches de sa maison.

Il s'était rendu à Mâcon, pour visiter le roi (1503). A son retour, la fièvre le suprit à Cluni; il se fit porter dans son palais à Moulins, où il languit pendant plus de deux mois : les approches de la mort ne l'effrayèrent point. Il avait obtenu du pape une bulle qui lui permettait d'avoir toujours dans son appartement, et même dans ses voyages, une hostie consacrée; chaque jour il allait se prosterner deux fois devant ce signe de la rédemption des chrétiens. Tout faible, tout exténué qu'il était dans sa maladie, il voulait encore se traîner à l'autel; mais obligé de céder aux supplications de sa famille et au conseil de ses médecins, il se consolait, en versant des aumônes abondantes dans le sein des malades, des vieillards, des veuves et des orphelins; ses bienfaits s'étendirent au delà de son trépas; il légua des sommes considérables pour doter un grand nombre de pauvres filles dans toutes les provinces de sa domination; enfin la mort le délivra de ses souffrances. Ses funérailles furent célébrées avec la même pompe que celles des rois. La duchesse douairière, pour mieux honorer sa mémoire, ordonna trois aumônes générales auxquelles se présentèrent jusqu'à quinze mille pauvres; on leur distribua chaque fois dix deniers par tête; elle fit porter en secret des sommes bien plus considérables aux vieillards, aux veuves, aux orphelins et même aux religieux mendiants.

Pierre II ne s'était distingué que par ses qualités privées; dans la vie publique, il ne fit jamais rien de remarquable et ne brilla que du mérite de sa femme. En lui finit la branche aînée de la maison de Bourbon, après avoir subsisté pendant plus de deux siècles avec un éclat qui fut toujours en augmentant; on remarquera que dans le temps même qu'elle était

le plus éloignée de la couronne, par l'existence des branches
d'Orléans, d'Angoulême, d'Anjou, de Berri, de Bourgogne,
de Nevers, d'Alençon et d'Évreux-Navarre, elle ne contracta,
pour ainsi dire, que des alliances royales. A l'exemple des
derniers ducs de Bourgogne et de Bretagne, les ducs de
Bourbon représentaient plutôt en souverains puissants qu'en
vassaux de la couronne.

Anne de France survécut vingt ans à un époux qui l'avait
instituée en mourant son héritière universelle, au défaut de
Suzanne de Bourbon, sa fille unique; elle fixa son séjour à
Moulins, d'où elle gouverna avec sagesse les provinces de la
maison de Bourbon. Des richesses immenses, dont elle faisait
l'usage le plus généreux, la mettaient à portée d'avoir une maison presque aussi brillante que celle de la reine Anne de Bretagne; elle entretenait comme elle un grand nombre de filles
d'honneur choisies dans les familles les plus nobles; on ne
l'appelait que la grande duchesse, titre qu'elle devait plus à
l'énergie de son caractère qu'à l'éclat de sa fortune; accoutumée à la domination, madame de Bourbon se donnait rarement en spectacle à la cour, qu'elle ne voyait plus à ses
pieds; elle n'y venait que dans les grandes occasions, et les
princes affectaient alors de lui prodiguer les honneurs.
Louis XII respecta singulièrement cette princesse. Sous François Ier, lorsque la duchesse d'Angoulême persécuta le connétable de Bourbon, Anne de France embrassa la querelle
de ce prince avec cette force et cette hauteur qui la caractéri-
saient, et elle trouva à la cour même de nombreux partisans.

Le génie actif, ardent et appliqué de cette princesse fut
utile aux provinces qu'elle administrait; elle réforma les cou-
tumes vicieuses établies depuis plusieurs siècles et en fit rédi-
ger de nouvelles qui assurèrent sur des fondements plus solides, l'honneur, la vie et l'état des citoyens.

Anne de France répara, orna et construisit un grand nombre d'églises ; elle fonda avec son époux la Sainte-Chapelle de Riom : le monastère des Minimes de Gien était un monument de sa reconnaissance envers l'ermite de Calabre (saint François de Paule), aux prières de qui elle attribuait la naissance de Suzanne de Bourbon. Elle fit aussi beaucoup de bien à l'ordre des Annonciades, institué par la reine Jeanne, sa sœur ; mais rien ne fait plus d'honneur à sa bienfaisance que d'avoir doté et marié un grand nombre de pauvres filles. Du reste, elle méritait, à beaucoup d'égards, l'éloge pompeux et magnifique qu'en a fait un historien qui écrivait sous François Ier (1) : « C'était, dit-il, une héroïne supérieure à son sexe par ses lumières et sa fermeté, égale aux plus grands hommes en prudence et en courage, femme accomplie et destinée pour être la gloire de l'empire français, si la nature l'eût fait naître homme ; génie enfin incroyable, si les talents sublimes de cette princesse dont nous sommes encore les témoins, n'attestaient hautement cette vérité. »

Mais Anne de France, qu'on nous peint si fière et si forte, eut quelquefois toute la faiblesse de la superstition ; elle se laissa honteusement subjuguer et tromper par l'imposture et l'hypocrisie dans la fameuse affaire du Roussillon : on nous a conservé un monument curieux, qui, vu l'esprit du temps, n'était qu'une grâce accordée à la princesse, et serait pour notre siècle de la superstition : c'est une bulle du pape, en vertu de laquelle il lui est permis de se faire absoudre de toute sorte de péché, avec dix personnes de sa maison à son choix, non-seulement tous les dimanches, mais encore quarante-sept jours de l'année : l'histoire ne lui a jamais reproché d'avoir abusé d'une telle indulgence ; sa vertu et ses mœurs furent toujours au-dessus du soupçon.

(1) Nicolas Barthélemi, prieur de Bonnes-Nouvelles d'Orléans.

Elle fut plus blâmable en achetant les droits de René, duc de Lorraine, sur la Provence, droits qu'elle avait proscrits lorsqu'elle gouvernait l'état. Elle les laissa par son testament au connétable de Bourbon, qui, à la faveur de la victoire de Pavie, essaya de les faire valoir et de démembrer la monarchie. Enfin que penser des contradictions du cœur humain, s'il est vrai que cette célèbre fille de Louis XI, égarée par le ressentiment, ait donné au connétable de Bourbon, veuf de sa fille, le funeste conseil d'aspirer à la main d'Éléonore d'Autriche, sœur du plus redoutable ennemi de la France?

CHAPITRE XI.

CHARLES III, DUC DE BOURBONNAIS, D'AUVERGNE ET DE CHATELLERAUT,
COMTE DE CLERMONT EN BEAUVAISIS ET DE CLERMONT EN AUVERGNE, DE FOREZ,
DE MONTPENSIER, DE LA MARCHE ET DE GIEN;
DAUPHIN D'AUVERGNE, PRINCE SOUVERAIN DE DOMBES,
VICOMTE DE CARLAT ET DE MURAT;
SEIGNEUR DE BEAUJOLAIS, DE MERCOEUR, DE BOURBON-LANCY, DE COMBRAILLES,
D'ANNONAI, DE LA ROCHE-EN-RENIER, DE THIERS, ETC.;
CHEVALIER DE SAINT-MICHEL, GOUVERNEUR DE LANGUEDOC ET DU MILANÈS,
PAIR, CHAMBRIER ET CONNÉTABLE DE FRANCE,
PREMIER PRINCE DU SANG.

Charles de Bourbon n'avait que quatorze ans lorsqu'il devint l'aîné de sa maison (par la mort de Pierre II, chef de la branche ainée, qui ne laissait qu'uue fille unique, Suzanne de Bourbon); il était élevé à Moulins dans le palais de ses ancêtres, dont l'héritage était près de lui échapper. L'escrime, la lutte, le saut, la danse, le manége, les courses à pied et à cheval, furent les exercices et les jeux de son adolescence; ils formaient des guerriers robustes, adroits et agiles. On lui donna aussi quelques leçons de tactique. Ce jeune prince, dont la santé était vigoureuse, l'esprit vif et l'âme élevée, devint en peu de temps un des chevaliers les plus accomplis du royaume. Sa conduite, plus réfléchie que son âge ne semblait le comporter, donnait du reste une haute idée de son caractère.

Les peuples du Bourbonnais et de l'Auvergne le voyaient croître sous leurs yeux avec la joie la plus vive et un noble orgueil; accoutumés à la domination paternelle des Bour-

Leberthais Lith.

Imp de Maur...

bons, ils ne souhaitaient rien tant que d'être gouvernés par
ce rejeton de leurs anciens maîtres : l'intérêt d'ailleurs justi-
fiait leurs vœux. Les ducs de Bourbon avaient fixé leur demeure à Moulins, dans le centre de leurs possessions ; ils
n'en sortaient que lorsque les besoins de l'état les appelaient
à la tête des armées ou du gouvernement : des revenus immenses, dépensés dans le pays, vivifiaient les campagnes,
animaient les arts utiles et répandaient l'argent et l'abondance dans les villes. Ces avantages allaient être enlevés pour
toujours à la province, si Suzanne de Bourbon épousait le
duc d'Alençon. En effet, il n'était pas douteux que ce prince
ne préférât le séjour de la Normandie, où il possédait de
grands domaines, à celui du Bourbonnais. D'injustes préjugés
contre le caractère, les mœurs et l'ambition des Normands,
achevaient d'inquiéter et d'effrayer le clergé, la noblesse et
le peuple ; ils s'imaginaient déjà voir toutes les dignités du
pays, les gouvernements, les bénéfices, envahis par les vassaux plus actifs, plus entreprenants, plus favorisés du nouveau
seigneur. Il n'y avait qu'un moyen d'écarter les malheurs
dont on se croyait menacé ; c'était de rompre les engage-
ments de Suzanne de Bourbon avec le duc d'Alençon, pour
la donner au jeune Charles, alors comte de Montpensier ;
mais Pierre II avait si bien pris ses mesures, que l'exécution
de ce projet paraissait impossible. Pourtant, Louis de Bourbon-Vendôme, prince de la Roche-sur-Yon, tuteur et beau-
frère du comte de Montpensier, ne fut point effrayé des obstacles (1504) : il se rendit à Moulins, aborda la duchesse de
Bourbon, et lui représenta que l'autorité royale ne pouvait
anéantir les droits du comte de Montpensier, que tôt ou tard
mademoiselle de Bourbon serait inquiétée et troublée dans la
possession des domaines que son père lui avait laissés ; qu'il
naîtrait des procès ruineux, des querelles interminables entre
elle et son cousin ; il la conjura, en finissant, de permettre à

son pupille de mettre ses droits à couvert par la voie des protestations ; il ménagea si bien le caractère altier et impérieux de la fille de Louis XI, qu'elle consentit de bonne grâce à ce qu'elle n'aurait pu refuser sans injustice ; elle prêta même au comte de Montpensier une partie de sa vaisselle d'argent pour paraître à Paris, où cette grande affaire l'appelait, avec l'éclat convenable à. sa naissance. De Moulins, le prince de la Roche-sur-Yon alla à la cour, et plaida auprès du roi la cause de Montpensier avec autant de force que de succès ; il fut bien secondé par l'amiral de Graville, et Louis XII ordonna une commission composée de princes, de ministres, de seigneurs, de conseillers d'état et de jurisconsultes, pour examiner les titres respectifs de Suzanne de Bourbon et du comte de Montpensier.

Le droit de Montpensier parut incontestable ; mais comme il semblait bien dur à la commission de dépouiller de l'héritage de son père une jeune princesse élevée dans l'espérance de la plus haute fortune, elle proposa d'éteindre à jamais le différend en mariant les deux prétendants. Louis XII approuva un moyen si sage ; il se chargea de le communiquer à la duchesse de Bourbon, qu'il instruisit des droits de Montpensier, et auprès de laquelle il réussit sans peine (1505).

Louis XII regardait le mariage de Montpensier et de Suzanne de Bourbon comme une affaire tellement capitale, qu'il voulut que les articles du contrat fussent discutés et dressés à la face du royaume dans une assemblée de princes, de grands, d'évêques et de magistrats ; la goutte seule qui le retenait au lit l'empêcha d'y présider ; mais il se fit représenter par le cardinal d'Amboise, chef de ses conseils : l'équité et la prudence dictèrent les conventions matrimoniales ; il fut stipulé : 1° que les deux époux se feraient une donation mutuelle et générale de tous leurs biens en faveur du survivant ; 2° que les enfants qui naîtraient du mariage héri-

teraient de tous les domaines de la maison de Bourbon ;
3° qu'au défaut d'enfants la succcession entière serait dévolue à François Monsieur de Bourbon, frère nuique de Montpensier ; 4° Montpensier assignait un douaire de 10,000 livres de rente à son épouse sur le Bourbonnais (le douaire de Jeanne et d'Anne de France, femmes des deux derniers ducs de Bourbon, n'avait été que de 6,000 livres); enfin le roi acheva de détruire le système frauduleux et inique de Louis XI, en renonçant pour lui et pour ses successeurs aux prétendus droits que le traité de mariage du duc Pierre II et d'Anne de France donnait à la couronne sur tous les biens de la maison de Bourbon, si le prince Pierre venait à mourir sans enfants mâles ; la duchesse douairière, de son côté, voulant cimenter de plus en plus la grandeur de ses enfants, leur fit don du comté de Gien, du vicomté de Châtelleraut et de la Basse-Marche ; elle leur assura par un autre acte les biens immenses qu'elle tenait de la libéralité de Louis XI et de Charles VIII.

Le mariage fut célébré à Moulins avec la même pompe que celui des têtes couronnées : Montpensier, devenu duc de Bourbon, eut pour compagne une princesse petite, contrefaite à la vérité, mais si douce, si modeste, si affable, si dévouée à son époux et à ses devoirs, qu'il la traita toujours avec les plus grands égards.

A peine libre des fêtes dont Moulins avait été le théâtre, le duc de Bourbon fut prendre possession, avec son épouse et sa belle-mère, des provinces de son nouveau domaine. Ce voyage fut un vrai triomphe : Bourbon s'y montra affable, appliqué, juste et généreux ; son palais était ouvert aux petits comme aux grands ; il lisait les requêtes, corrigeait les abus, distribuait les charges et les grâces à la vertu et au mérite ; en un mot, il laissa partout sur son passage les traces de l'ordre et de la bienfaisance. Les états du Bourbonnais lui firent un don gratuit de 100,000 livres, somme alors très-considérable; cet exemple fut imité dans le duché d'Auvergne, le Forez, le Beaujolais, la principauté de Dombes et le comté de Clermont en Beauvaisis (1506).

Devenu le plus riche de tous les princes de sa branche qui n'ont pas porté la couronne, le nouveau duc fut aussi le plus libéral, le plus magnifique; il ne marchait jamais qu'escorté d'une garde leste et brillante à cheval, et environné des chefs de la noblesse de ses domaines et de ses principaux officiers, qui lui composaient une cour presque égale à celle d'un puissant monarque; c'est ainsi qu'il parut à Tours en 1506, lors du mariage de madame Claude, fille de Louis XII, avec François, comte d'Angoulême (depuis François Ier). C'est là, dit-on, que prit naissance l'amour que tant d'historiens attribuent à Louise de Savoie, mère de François Ier, pour Charles de Bourbon, amour qui plus tard eut des suites si fatales.

Bourbon était impatient de se signaler; il avait pris pour devise un cerf-volant, avec ce mot: *Penetrabit;* voulait-il faire entendre qu'à force de célérité rien ne serait innaccessible à son audace? Les événements répondirent à ses vœux ; il lui fut permis de déployer son courage en Italie, alors l'école la plus célèbre de la guerre

Depuis que Louis XII avait conquis le royaume de Naples par les mains de d'Aubigny et du jeune comte de Montpensier, il n'avait éprouvé que des revers au delà des Alpes; trompé dans tous les traités par Ferdinand le Catholique, vaincu par les armes et le génie de Gonsalve de Cordoue, il regrettait la perte de cinq ou six armées florissantes détruites dans ces beaux climats; cependant malgré tant de désastres, il était encore en possession du Milanès et de la Ligurie.

Mais la ville de Gênes venait de lui échapper par les intrigues des ennemis de la France ; craignant que l'exemple de la révolte des Génois n'influât sur le Milanès, il se chargea lui-même de la conduite de cette guerre. Il partit accompagné du duc d'Alençon, du duc de Bourbon, du prince de la Roche-sur-Yon, d'Antoine, prince héréditaire de Lorraine, de Gaston de Foix et de tous les grands en âge de porter les armes : les rebelles ne cédèrent qu'après la perte de deux sanglants combats. C'est dans cette expédition (1507) que le duc de Bourbon jeta les fondements de la haute réputation dont il jouit toute sa vie. Les armées françaises n'avaient pas encore vu de jeune prince plus appliqué, plus avide de connaissances, plus passionné pour la gloire ; il choisit pour ses amis et ses maîtres les la Trémoille, les la Palisse, les Bayard, les Louis d'Ars et les d'Aligre. Il ne se lassait point de s'entretenir avec eux sur le grand art de la guerre ; projets de campagne, marches, campements, détails de discipline et de subsistances, rien ne lui échappait ; il saisissait avec la même sagacité les manœuvres les plus difficiles et les plus compliquées de la tactique. De la conversation des généraux il passait à celle des officiers particuliers qui avaient acquis de la réputation ; le soir, retiré dans son cabinet, il rédigeait, la plume à la main, ses observations et le résultat de ses conférences ; c'est ainsi qu'en s'appropriant les lumières, l'expérience et les réflexions de chaque guerrier célèbre, il se mettait en état de les surpasser tous un jour. Sa générosité acheva de lui gagner le cœur des troupes.

Soit excès d'application, soit changement de climat, le duc de Bourbon tomba dangereusement malade à Gênes ; à peine rétabli, son premier soin fut de visiter la Lombardie, qu'il devait illustrer par ses exploits ; il en étudia le terrain et les positions, et en examina les places fortes ; enfin il prit la route des Alpes pour retourner en France : il en était sorti soldat, il y rentra général.

Il en montra les talents dans la guerre de la ligue de Cambrai (1509) : personne n'ignore que Louis XII se joignit au pape Jules II, à l'empereur et au roi d'Espagne, ses ennemis naturels, pour accabler la république de Venise dont l'alliance lui était utile et peut-être nécessaire ; il fit plus, il se chargea presque seul de sa ruine ; il passa les Alpes suivi d'une armée de quarante mille combattants, accompagné du duc d'Alençon, du duc de Bourbon, du comte de Vendôme, du prince de la Roche-sur-Yon, du duc de Lorraine et de Gaston de Foix, la Trémoille, Trivulce, Chaumont, la Palisse et Bayard.

Impatient de triompher sans le secours de ses alliés, Louis XII commença aussitôt les opérations. Ses succès furent rapides ; mais la bataille d'Aignadel fut surtout glorieuse pour lui. Après le roi, nul chevalier n'eut plus de part à la victoire que le duc de Bourbon. Louis XII, témoin de la valeur froide et réfléchie du jeune prince, déclara qu'il n'attendrait pas qu'il fût plus avancé en âge pour le mettre à la tête des armées : c'était répondre aux vœux des troupes également frappées du courage de Bourbon, de ses talents et de son caractère généreux. Charles de Bourbon, comte de Vendôme, montra la même valeur que le chef de sa maison ; il mérita d'être fait chevalier par le roi lui-même et sur le champ de bataille.

Les alliés de Louis XII n'eurent pas plus tôt recueilli les fruits de sa valeur, qu'ils conspirèrent sa perte (1512). Le pape Jules II animait cette nouvelle ligue : dans un corps glacé par l'âge, épuisé par les travaux et la volupté, il cachait un génie de feu, un courage invincible ; il voulait s'immortaliser par l'expulsion de tous les étrangers de l'Italie ; il commençait par les Français, qu'il craignait le plus, réservant, dans la suite, le même sort aux Espagnols et aux Allemands ; aux foudres de la guerre il joignait ceux du Vatican ; tout lui paraissait sacré pourvu qu'il accablât Louis XII.

Malgré son activité, ses talents, son intrépidité et la puissance de ses confédérés, la tiare chancela sur sa tête ; il aurait peut-être eu le même sort que Boniface VIII , si Gaston de Foix, après avoir étonné l'Europe par ses exploits, n'eût été tué à la journée de Ravenne, au sein de ses triomphes ; sa mort fut le terme des succès de la France.

L'armée d'Italie demandait à grands cris Bourbon pour son chef ; mais soit qu'on eût trop parlé à la cour de la gloire qu'il avait acquise à la bataille d'Aignadel , ou plutôt què Louis XII eût pénétré le caractère d'inquiétude, d'indépendance et d'audace du jeune prince , qui perçait malgré des dehors froids et modestes, il le laissa dans l'inaction : on sait même qu'il lui échappa de dire qu'il aimait Bourbon , mais qu'il aurait désiré en lui une âme plus ouverte : *rien n'est pire*, ajoutait-il, *que l'eau qui dort.*

Cependant au lieu de marcher en Italie et de venger Gaston de Foix, Louis XII assemblait des évêques et convoquait des conciles ; Jules II, de son côté, opposait concile à concile, mais en même temps il assiégeait des villes, montait à l'assaut, et déployait à la fois le courage d'un conquérant, les vues d'un politique et l'enthousiasme d'un pontife. Il entourait Louis XII de piéges, d'ennemis et de périls : les besoins de l'état obligèrent enfin le roi à employer les talents de Bourbon. Ferdinand V avait formé le projet d'envahir la Navarre sur Jean d'Albret ; pour réussir, il fallait tenir en échec les principales forces de la France : ce prince invita le jeune Henri VIII, roi d'Angleterre , à porter ses armes en Gascogne et en Guyenne, en promettant de l'appuyer. Les Anglais parurent vers Bayonne avec une flotte nombreuse. Bourbon eut ordre de marcher au secours de ces belles provinces ; le duc de Longueville en était gouverneur ; il prétendait à ce titre commander en chef , et l'usage autorisait ses prétentions : c'est alors que Bourbon commença à faire éclater toute la fierté de son caractère ; il déclara qu'en qualité de prince du sang, il ne devait obéir qu'au roi ; jusqu'ici il n'avait eu en effet d'autre général que Louis XII lui-même. Il trouva de nombreux partisans dans l'armée qui couvrait Bayonne ; l'autorité fut partagée et par conséquent affaiblie. Ferdinand, profitant des circonstances, s'empara de la Navarre. Bourbon ne voulait pas qu'on lui laissât le temps de s'affermir dans sa conquête, il traça un plan de campagne pour l'en chasser ; ce plan fut admiré des officiers généraux, mais le duc de Longueville s'opposa à son exécution : de là les murmures, l'aigreur, la discorde, avant-coureurs des désastres. Louis XII, instruit de la division de ses généraux, envoya à l'armée le duc de Valois, héritier présomptif de la couronne, à qui ils furent obligés d'obéir.

Le jeune prince entra dans les projets de Bourbon ; il essaya d'arracher au roi d'Espagne sa conquête ; mais l'instant de vaincre était échappé ; on touchait au mois d'octobre ; le duc d'Albe, posté à Saint-Jean-Pié-de-Port, couvrait la Navarre : on le défia au combat ; le sage Espagnol, qui n'avait besoin que du secours de l'hiver pour faire échouer les opérations des Français, répondit que son maître lui ayant lié les mains, il ne pouvait avoir l'honneur de mesurer ses armes avec celles du duc de Valois. On prit alors le parti de diviser l'armée en trois corps ; le duc de Valois garda le plus considérable pour contenir le duc d'Albe ; le roi de Navarre et le duc de Bourbon partirent avec les deux autres, le premier pour recouvrer son royaume, l'autre pour tenter une diversion dans la province de Guipuscoa. Tout céda aux efforts de Bourbon, il fit la conquête de Guipuscoa, dont il rasa toutes les places pour ne pas affaiblir son détachement ; pendant ce temps-là, Jean d'Albret reprenait toute la Navarre, excepté Pampelune : le duc d'Albe se hâta d'évacuer Saint-Jean-Pié-de-Port pour aller se jeter dans cette capitale. Cette marche lui eût été fatale si Jean d'Albret eût su vaincre ; il n'avait qu'à s'avancer vers lui pour l'enfermer dans les

gorges des montagnes entre ses troupes et celles du duc de
Valois ; mais ce prince était plus propre à figurer dans un bal
qu'à la tête d'une armée : il n'opposa aucun obstacle au duc
d'Albe, qui entra dans Pampelune. Le siége de cette place
resta sans succès.

Loin de recevoir quelque atteinte des mauvais résultats de
cette campagne, la réputation de Bourbon sembla prendre un
nouvel éclat ; les officiers vantaient son zèle, son activité, ses
vues sûres, son génie fait pour le commandement : on affectait de publier que, si son plan d'opérations eût été suivi,
Jean d'Albret aurait conservé son royaume. Louis XII, forcé
en quelque sorte par la voix publique (1513), disposa en sa
faveur du gouvernement de Languedoc et lui destina la conduite de l'armée qu'il préparait pour arracher le Milanès à
ses ennemis.

Bourbon n'avait que vingt-quatre ans ; il brûlait d'é-
galer et même d'effacer les exploits de Gaston de Foix ;
mais aussi sage que courageux, il compara les moyens avec
les obstacles, et jugeant l'armée trop faible pour réussir,
il refusa de se charger de cette expédition. Louis de la Trémoille se montra plus zélé et moins prudent ; il passa les
Alpes, et ce ne fut que pour fournir aux Suisses la matière d'un des plus beaux triomphes qu'ils aient jamais remporté.

La France fut alors exposée au plus grand danger ; l'empereur Maximilien et le roi d'Angleterre entamaient la Picardie avec une armée de plus de 50,000 combattants ; les
Suisses, victorieux à Novarre, pénétrèrent jusqu'à Dijon : la
déroute de Guinegate acheva de répandre la consternation
dans le royaume. Louis XII envoya toutes ses forces en Picardie sous les ordres du duc de Valois ; le jeune prince, secondé de Bourbon et de Vendôme, arrêta les progrès de l'ennemi ; la Trémoille, assiégé dans Dijon, ne sauva la Bourgo-

gne que par un traité honteux. Il s'attendait à être désavoué et le fut en effet.

On craignait avec raison que les Suisses ne rentrassent en Bourgogne. Louis XII confia le salut de cette province au duc de Bourbon.

L'emploi dont Bourbon était chargé (1514) exigeait des travaux infatigables ; il s'agissait de mettre en état de défense une province dénuée de places fortes, ouverte de toutes parts, consternée. Mais Bourbon paraît, et tout se ranime, tout est en action ; c'est à qui des gentilshommes, des bourgeois et des paysans témoignera le plus de zèle et d'ardeur : pionniers, armes, chevaux, munitions, il trouva toutes sortes de ressources dans le cœur des peuples : en peu de mois les places sont fortifiées, garnies d'artillerie, de magasins et de troupes ; la Bourgogne devint presque impénétrable aux invasions des Suisses. Louis XII, regardant le jeune prince comme le seul général capable de rétablir la discipline et de rappeler la victoire sous ses drapeaux, lui destinait à la fois la dignité de connétable et le commandement de la guerre en Italie.

Déjà il avait concerté avec Bourbon les opérations de la campagne, déjà il l'avait envoyé à Moulins pour rassembler l'armée. Bourbon préparait le succès de l'invasion lorsqu'il apprit que Louis XII avait cessé de vivre.

François Ier lui succéda. Le duc de Bourbon eut le plus de part à l'estime et à la confiance du nouveau roi ; il avait commandé sous ses ordres dans les deux dernières campagnes, et lui avait donné une telle idée de son génie, que ce prince crut ne pouvoir s'assurer de la victoire qu'en l'établissant chef de la milice française ; il n'attendit pas même qu'il fût venu lui rendre hommage pour le déclarer connétable.

Avant de suivre Bourbon dans la carrière de succès et de revers, de gloire et d'infortune, qui s'ouvre devant lui, nous allons exposer le tableau de la maison de Bourbon, et faire connaître les princes de ce nom, qui, nés presque tous en même temps que le connétable, moins grands sans doute, mais aussi braves et plus heureux, réparèrent autant qu'il fut en eux les maux qu'il causa à l'état.

On voyait disparaître de jour en jour l'intervalle immense qu'il y avait eu sous Louis XI entre le trône et les Bourbons ; de toutes les branches de la maison royale, le temps n'avait respecté que celles de Valois, d'Alençon et de Bourbon ; cette dernière était elle-même subdivisée en trois branches.

Le duc de Bourbon formait la première avec François, son frère, en faveur de qui le roi venait d'ériger le vicomté de Châtelleraut et la Basse-Marche en duché-pairie. Les mêmes vues unissaient les deux frères autant que les liens du sang : le duc de Châtelleraut secondait dignement le connétable dans le projet de rétablir la discipline militaire ; il donnait les plus belles espérances lorsqu'une mort glorieuse, à la journée de Marignan, l'enleva à la fleur de son âge.

La branche de Vendôme était composée de Charles, comte de Vendôme, de François, comte de Saint-Pol, et de Louis, qui fut fait cardinal à l'âge de vingt-quatre ans ; ils étaient fils de ce comte de Vendôme, qui, en mourant à Verceil, les avait recommandés avec tant de tendresse à Charles VIII. Louis XII acquitta la dette de son prédécesseur, qui avait suivi de près Vendôme au tombeau ; ils furent élevés près de lui. Aux talents de la guerre, Vendôme joignait d'estimables vertus. François Ier eut toujours pour lui une grande considération, et dès qu'il fut sur le trône, il lui donna le gouvernement de Paris et de l'Ile-de-France ; il érigea en sa faveur le Vendômois en duché-pairie.

Le comte de Saint-Pol avait les mêmes principes et les mêmes goûts que François Ier ; une amitié sincère les unit toute leur vie. Le comte de Saint-Pol donnait aux soldats l'exemple de la plus audacieuse valeur, toujours le premier

aux coups et le dernier à la retraite; la fortune couronna
tous ses efforts tant qu'il ne conduisit que des corps particuliers, mais elle l'abandonna à la tête des armées, et il ne
conserva pas comme général la réputation qu'il avait acquise
comme chevalier.

Plus sage et plus réfléchi, le prince de la Roche-sur-Yon,
compagnon des victoires de Charles VIII et de Louis XII,
contribua beaucoup à celles de François Ier; il commandait à
la journée de Marignan la troupe formidable des gentilshommes pensionnaires de la maison du roi qui fit des prodiges de valeur. Il avait deux fils de Louise de Bourbon, sœur
du connétable, dont l'aîné recueillit les débris de la fortune
immense de son oncle, et commença la seconde branche de
Montpensier.

Celle de Bourbon-Carency allait s'éteindre: Bertrand,
prince de Carency, devait éprouver le même sort que le duc
de Châtelleraut, et payer de son sang la gloire de l'état. Philippe de Bourbon-Duisant, son cousin, attaché à la fortune
du connétable, renonça à sa patrie pour le suivre dans les
pays étrangers, où il mourut sans postérité.

On comptait alors trois branches bâtardes de la maison de
Bourbon : Bourbon-Malause, Bourbon-Busset et Bourbon-Ru-
bempré : on a fait connaître l'origine des deux premières; la
dernière avait pour auteurs Jean II, comte de Vendôme, et
Philippe de Gournai, d'une des plus illustres familles d'Artois.

A peine entré dans sa charge de connétable, Bourbon fit
rendre et exécuter une sévère ordonnance sur l'armée. Une
discipline presque inconnue jusqu'alors s'y introduisit rapidement. Cependant François Ier se disposait à enlever le Milanais à Maximilien Sforze : Bourbon facilita cette conquête (1515) par une heureuse négociation, sans sortir de son
palais ; il gagna le doge Octavian Frégose, et Gênes fut rendue à la France. Ici se place le passage de soixante mille

Français à travers les rochers impénétrables de l'Argentive et la victoire de Marignan. Le connétable, qui dirigea tous les mouvements, toutes les opérations de l'armée, se montra aussi habile capitaine que valeureux champion. On doit seulement lui reprocher de s'être aventureusement exposé dans ces deux journées, où combattirent sept princes de la maison de Bourbon. Le duc de Châtelleraut, son frère, fut tué à ses côtés, et lui-même, enveloppé par l'un des bataillons suisses auxquels il venait d'arracher l'artillerie française, eût trouvé la mort sans le dévouement de quelques chevaliers de la Marche et du Bourbonnais qui parvinrent à le dégager. Le danger qu'il avait couru valut aux Dominicains un couvent de plus; car Bourbon avait fait vœu de le fonder à Moulins, s'il échappait à la mort. La journée de Marignan, suivie vingt jours après de la prise du château de Milan par le connétable, rendit François Ier maître de tout le Milanais. Bourbon voulait profiter de cet éclatant succès pour marcher sur Naples; mais le pape Léon X détourna l'orage, et les conférences de Bologne firent perdre à la France les avantages d'un si brillant début. Il n'est pas inutile de remarquer que ce même connétable, qui quelques années après devait attaquer Rome et le pape, se fit honneur à Bologne de remplir les fonctions de clerc à la messe que Léon X célébra en présence du roi.

Vainqueur à Marignan, mais vaincu à Bologne, François Ier retourna dans son royaume (1516), laissant en Lombardie le connétable en qualité de son lieutenant général; sous ce titre, Bourbon avait toute l'autorité d'un vice-roi : le commandement des troupes, l'administration des finances et la haute police lui étaient attribués. Le roi crut qu'un corps de sept cents lances et de six mille lansquenets lui suffirait pour contenir l'Italie dans l'état où il l'avait réduite. Mais quatre mille Français, presque tous gentilshommes, demandèrent à servir sous les ordres de Bourbon : à leur tête était le comte de Saint-Pol. Bourbon devait aider les Vénitiens à reprendre sur l'empereur toutes les places qu'ils avaient perdues après la journée d'Aignadel.

François Ier, dans sa reconnaissance, égala en quelque sorte les honneurs du connétable à ceux de l'héritier présomptif de la couronne ; il lui accorda la prérogative de créer des métiers dans toutes les villes du royaume. Lorsque le parlement enregistra les lettres patentes du roi, il déclara que « c'était » en considération de la vertu extraordinaire de Bourbon, » jointe à la qualité de prince du sang, et non à cause de sa » charge de connétable. »

La Lombardie avait depuis vingt ans éprouvé bien des révolutions ; envahie tour à tour par les Sforze et les rois de France, déchirée par les factions des Gibelins et des Guelfes, elle se ressentait de ces violentes commotions : il s'agissait de fermer des plaies encore saignantes, de rendre une justice impartiale à des citoyens aigris et jaloux les uns des autres, et surtout de les contenir tous par l'autorité des lois. Bourbon se forma un conseil domestique, composé de Français et d'Italiens ; il les chargea d'examiner toutes les requêtes qui lui étaient adressées ; lui-même donnait tous les jours des audiences réglées : son palais était constamment ouvert à tous.

Pendant qu'il travaillait à réconcilier le peuple conquis avec la nation victorieuse et dominante, il tendait une main secourable aux Vénitiens ; il étudiait la marche de toutes les puissances de l'Italie ; il observait leurs intrigues, et démêlait avec une sagacité supérieure les ressorts de la politique déliée et artificieuse qui les faisait agir. La haine et la jalousie de Léon X contre la France ne lui échappèrent point ; il pénétra ses projets et demanda à les déjouer ; mais François Ier comptait encore sur les promesses de cet allié infidèle, dans le temps même qu'il ébranlait secrètement presque toute l'Europe contre lui.

Bourbon proposa à la cour la conquête du royaume de Naples, où il était attendu par un puissant parti; il ne demandait que huit cents lances et dix mille fantassins. François Ier approuva son plan : le connétable, du reste, avait lui-même des prétentions au trône de Naples, du chef de la duchesse de Bourbon, sa belle-mère. En effet, la loi salique qui, après la mort de Charles VIII, avait exclu cette princesse du trône en France, n'était pas reconnue à Naples. Mais avant d'entreprendre cette expédition, il dut faire face à d'autres dangers. Il était mal secondé par les Vénitiens et par des troupes suisses qu'il avait prises à sa solde en vendant sa propre vaisselle. Néanmoins il sut faire échouer les projets de l'empereur Maximilien, qui était entré en Italie à la tête d'une armée formidable. Maître du Milanès, Bourbon se disposait à marcher enfin sur le royaume de Naples, lorsqu'il reçut ordre de rentrer en France.

Bourbon parut à la cour, qui séjournait à Lyon, avec la même splendeur qu'il en était parti : « Le roi, dit le maréchal » de Fleuranges, lui fit merveilleusement bonne chère; » mais peu à peu il se refroidit. Ce changement fut l'ouvrage de l'amour méprisé. Il faut entrer dans le détail de cette intrigue fatale dont les suites furent la source des égarements du connétable, des fautes et des humiliations de François Ier et des désastres de la France.

Louise de Savoie, duchesse d'Angoulême, conservait à quarante ans des restes éclatants de beauté : son adresse, sa sagacité, ses talents étaient remarquables; mais elle se laissait facilement subjuguer par la violence de ses passions. Ambitieuse, avide, fastueuse, galante et vindicative, elle ne voyait dans la grandeur de son fils que des moyens plus faciles de satisfaire ses penchants. Depuis longtemps elle aimait le duc de Bourbon, et elle avait employé tous les moyens pour lui faire partager cet amour. Louis XII avait destiné à ce prince l'épée de connétable ; c'était peut-être une raison pour que son successeur se dispensât de remplir ses vues. Louise de Savoie aplanit tous les obstacles : Bourbon fut, ainsi que nous l'avons dit, revêtu de la première place de l'état, à un âge où l'on fait encore l'apprentissage de la guerre.

S'il flatta sa bienfaitrice de quelque tendre retour, il ne la laissa pas longtemps dans cette douce illusion : né pour les combats et la politique, l'austère connétable oubliait en Lombardie une amante dont il dédaignait les feux.

La duchesse d'Angoulême n'avait pas élevé Bourbon à une dignité qui le constituait chef des conseils comme chef des armées, pour qu'il vécût constamment éloigné d'elle ; d'un autre côté, ce prince avait le caractère trop haut pour se soumettre aux caprices d'une maîtresse, quelque élevé que fût son rang. La duchesse outragée travailla, de concert avec le chancelier Duprat et le favori Bonnivet, à le perdre dans l'esprit du roi.

Le prince avait à répéter sur le trésor royal le remboursement des sommes qu'il avait empruntées pour sauver le Milanès. Le payement de cette dette sacrée lui fut refusé, ainsi que celui de tous les appointements et des pensions dont il jouissait, comme prince du sang, connétable, chambrier de France et gouverneur de Languedoc ; il est vrai que les troupes n'étaient guère mieux traitées que leur chef, puisqu'on voit la gendarmerie, sous ce règne, servir quelquefois des années entières à ses dépens. Cependant François Ier tirait plus d'argent de ses sujets en temps de paix que son prédécesseur dans la guerre. La funeste industrie du chancelier Duprat lui avait ouvert des mines d'or presque inépuisables par la vénalité qu'il avait introduite dans les charges de la magistrature ; mais les profusions de ce prince et la cupidité de sa mère tarissaient en peu de temps les sources les plus abondantes.

Le connétable ne daigna pas se plaindre (1517) ; il affecta au contraire d'étaler toute la grandeur d'un prince dont la fortune était indépendante des grâces de la cour.

La duchesse douairière de Bourbon parut plus indignée de la conduite du ministère ; elle s'expliqua vivement avec la duchesse d'Angoulême. De là, une querelle éclatante qui partagea la cour. François Ier se crut obligé d'en arrêter les suites en ménageant une espèce de réconciliation entre les deux princesses. La fille de Louis XI ne consentit à oüblier le passé qu'à condition que son gendre serait remboursé des sommes qu'il avait empruntées pour le service de l'état, et que ses appointements et ses pensions seraient rétablies ; on lui fit des promesses positives, et on n'eut pas honte d'y manquer : l'aigreur et l'animosité augmentèrent de part et d'autre.

Au milieu de toutes ces intrigues la femme du connétable accoucha d'un fils. Bourbon s'empressa d'annoncer cette nouvelle au roi, en le priant de vouloir bien tenir son fils sur les fonts de baptême avec la duchesse douairière de Bourbon. François Ier se rendit à Moulins, accompagné de sa mère et de sa cour : la magnificence de Bourbon étonna le magnifique François Ier. Le connétable lui donna pendant quinze jours des fêtes dont l'élégance, le goût, l'ordre et la variété éblouirent tous les spectateurs. François Ier parut d'abord flatté de la générosité du connétable ; mais enfin un sentiment jaloux se glissa dans son cœur, et il ne put s'empêcher de dire qu'un roi de France aurait bien de la peine à en faire autant.

Ce trait était à peine lâché, que Louise de Savoie, humiliée de l'éclat du connétable, les favoris accablés du poids de sa grandeur, ne manquèrent pas de faire observer au roi qu'un prince assez riche pour étaler tant de faste n'avait pas besoin des secours que l'état accorde aux grands officiers de la couronne pour soutenir leur dignité; peut-être la malignité lui insinua-t-elle que le Bourbon ne l'avait invité à Moulins que pour le braver par l'ostentation de sa puissance. Quoi qu'il en soit, la créance de Bourbon sur le trésor royal ne fut point acquittée.

C'était là tout le mal que Madame et sa cabale pouvaient faire à un prince du sang, connétable de France, maître de cinq provinces, chef d'une maison féconde en princes braves, polis, affables, adorés de la noblesse; plus son crédit baissait à la cour, plus sa considération augmentait dans le public: on le voyait environné d'une foule de mécontents distingués, généraux, officiers, magistrats. Dans son indignation, Bourbon ne tarissait pas sur les désordres du gouvernement, sur le relâchement de la discipline militaire et les destinées de la monarchie, abandonnées à des mains avides et ambitieuses; il n'épargnait au ministère vendu à Madame, ni les railleries ni les sarcasmes.

Les favoris, de leur côté, encouragés par cette princesse, et peut-être aussi par le roi, comme le présume Brantôme, affectaient de le contrarier et de le braver; l'amiral Bonnivet fut celui qui signala le plus son audace; mais Bourbon ne laissait échapper aucune occasion de l'humilier.

Bonnivet, vassal de Bourbon, faisait construire auprès de Châtelleraut un château vaste et magnifique : « On eût dit, » rapporte Brantôme, qu'il eût voulu dominer en cavalier la » maison de monsieur de Bourbon, qui ne semblait qu'un » petit nid auprès. » C'était alors une espèce d'attentat contre les droits de suzeraineté. François Ier conduisit un jour le connétable, presque malgré lui, sur ce théâtre de l'orgueil de son favori, et lui demanda ce qu'il en pensait : « Je pense, répondit froidement Bourbon, que la cage est trop grande et trop belle pour un tel oiseau. — Vous n'en parlez que par envie, reprit le monarque. — Moi! repartit le prince, j'envierais un gentilhomme dont les ancêtres se sont trouvés bien heureux d'être les écuyers des miens ! »

Bourbon repoussait avec la même humeur les saillies d'enjouement et de plaisanterie qui échappaient au roi dans le commerce de la société. On dit que ce prince, le raillant sur l'attachement qu'on le soupçonnait d'avoir eu pour une dame de la cour, le connétable osa lui répondre : « Monsieur. » ce que vous dites là ne doit point me faire de dépit, mais » bien à ceux qui n'ont pas été si avant que moi aux bonnes » grâces de la dame. » Il entendait parler du roi lui-même, qui se contenta de lui dire : « Ah! mon cousin, vous vous » fâchez de tout et êtes bien mal endurant. » (Le nom de prince Mal-Endurant lui en demeura.) C'est ainsi que l'estime qui avait autrefois uni François Ier et Bourbon dégénérait insensiblement en aversion ; il est vrai qu'on remarquait dans le caractère des deux princes beaucoup d'antipathie : François Ier était enjoué, ouvert, galant, vif et brillant, indiscret et inappliqué ; Bourbon, sérieux, réservé, réfléchi, profond et laborieux. Les besoins de l'état auraient pu les rapprocher ; mais il y avait tant d'hommes à la cour intéressés à écarter un prince capable d'éclairer et de réprimer les abus ! L'avide Duprat était du nombre ; le désir qu'il avait d'acquérir les belles terres de Thiers et de Thouri, appartenant au connétable, l'engagea pourtant à faire des démarches pour recouvrer ses bonnes grâces. Bourbon ne répondit à ses avances que par le mépris. Duprat n'avait été jusqu'ici que l'instrument des persécutions sourdes de Madame contre le prince : il le haït alors pour son propre compte, et ce magistrat, que Beaucaire appela le plus méchant de tous les hommes, goûta bientôt l'ignoble plaisir de satisfaire son ressentiment, en réduisant au désespoir l'homme qui devint l'ennemi le plus dangereux de la France.

Bourbon, indigné de voir ce Duprat dominer dans les conseils avec Bonnivet et le bâtard de Savoie, s'en éloigna peu à peu, et enfin se confina dans ses domaines, ne se montrant à la cour que dans les grandes occasions.

Quoique François Ier ne l'aimât point, il ne pouvait s'empêcher de lui donner quelquefois des marques d'estime, surtout aux yeux des étrangers, qui le regardaient comme le héros de la nation : ainsi il choisit la duchesse douairière de Bourbon pour tenir le dauphin sur les fonts de baptême avec le pape Léon X, représenté par le duc d'Urbin, son neveu.

A la fameuse entrevue de François Ier et de Henri VIII au camp d'Ardres (1518), il avait été réglé que les rois ne se verraient d'abord qu'accompagnés de deux grands personnages. Le choix de François Ier tomba sur Bourbon et Bonnivet, étonnés sans doute de marcher sur la même ligne ; Henri VIII parut avec le duc de Suffolk, son beau-frère, et le duc de Norfolk. Le monarque anglais observa Bourbon avec cette attention avide et réfléchie qu'on n'accorde qu'aux hommes célèbres ; il pénétra son caractère fier et indépendant, et en porta le jugement le plus vrai, comme on verra bientôt.

Mais les marques de considération que Bourbon recevait du roi ne pouvaient être que momentanées, tant qu'il braverait la duchesse d'Angoulême.

Au reste, le ressentiment de cette princesse contre le connétable n'influa point contre les princes de sa branche, quoiqu'ils lui fussent bien attachés ; c'est même au plus fort de la querelle de Bourbon avec la mère du roi que celui-ci donna au duc de Vendôme le gouvernement de Picardie, la frontière la plus importante et la plus exposée du royaume, à cause du voisinage de Calais et des Pays-Bas ; il disposa en même temps du gouvernement de Paris et de l'Ile-de-France en faveur du comte de Saint-Pol, son compagnon fidèle dans les exercices violents et tumultueux de la chevalerie.

Vers cette époque, au mois d'avril 1521, Suzanne de Bourbon mourut à Châtelleraut ; elle avait perdu son fils : deux enfants jumeaux qu'elle avait mis au monde l'année suivante avaient eu le même sort : en expirant elle légua tous ses domaines et ses biens au connétable son mari.

Cette même année 1521, commença la longue et sanglante lutte entre François Iᵉʳ et Charles-Quint, et lorsque l'armée française marcha dans les Pays-Bas contre le nouvel empereur, le roi, dérogeant à un usage constamment suivi depuis le règne de Philippe-Auguste, ne craignit pas d'enlever au connétable le commandement de l'avant-garde pour le confier au duc d'Alençon : Bourbon ressentit vivement cet outrage ; dès ce moment il se regarda comme dégradé de sa dignité, et quoique personne ne fût plus maître que lui de ses paroles, son indignation le trahit ; on l'entendit citer souvent et avec affectation , cette réponse fière d'un courtisan à Charles VII, qui lui demandait si quelque chose était capable d'ébranler sa fidélité : « Non, sire, non, répondit le seigneur, » pas même l'offre de trois royaumes tels que le vôtre, mais » bien un affront. » François Iᵉʳ ne daignait pas s'apercevoir des chagrins du connétable ; il l'aigrit davantage encore par de nouveaux traits de mépris. La suite des persécutions fut incessante.

Après la mort de Suzanne de Bourbon, la duchesse d'Angoulême avait d'abord respecté la douleur du connétable, peut-être même n'aurait-elle jamais pensé à le troubler dans la possession des biens de la maison de Bourbon, tant le droit de ce prince paraissait sacré, si elle n'eût été encouragée par le chancelier Duprat.

Ce Duprat, si justement décrié dans notre histoire, ne manquait ni de génie, ni de fermeté, ni de talents ; mais nourri dans les artifices de la chicane, il en conservait l'esprit dans les postes les plus élevés : on était étonné de dé-

couvrir sous la pourpre d'un chancelier de France l'âme
subtile, avide, injuste, impitoyable, d'un praticien ; il excellait surtout dans l'art honteux de détourner le sens de la loi
et de l'appliquer à ses vues. Bourbon avait prodigué le mépris à cet homme dangereux ; le chancelier, de son côté, lui
avait voué toute sa haine : la mort de Suzanne de Bourbon
ouvrit une carrière à sa vengeance. A force d'examiner les
titres de la maison de Bourbon, il crut entrevoir qu'en abu-
sant de quelques mots insérés dans les transactions, en inter-
prétant les clauses les plus claires, il viendrait à bout d'enlever au connétable la brillante fortune dont il jouissait, et
de la transporter à la duchesse d'Angoulême ou au roi. Fier
de sa découverte, il va trouver la princesse et lui explique la
nature des biens de la maison de Bourbon ; il lui prouve
qu'elle est en droit d'en revendiquer la plus grande partie en
qualité de la plus proche parente de Suzanne de Bourbon,
et que le reste est reversible à la couronne ; il ajouta que le
roi ne plaidant jamais dessaisi, l'indigence serait bientôt le
partage du connétable. Madame admira l'habileté du chancelier ; elle donna de grands éloges à son zèle et entra dans
ses vues, non qu'elle formât alors le désir de s'enrichir des
dépouilles du malheureux Bourbon ; mais elle se flattait que
ce prince fastueux aimerait mieux confondre ses droits avec
ceux de la mère du roi et l'épouser que d'être réduit à la misère.

La conduite qu'elle tint d'abord (1523) ne pouvait être
plus modérée ; elle envoya au connétable le comte de Saint-
Pol pour le prier de trouver bon qu'elle poursuivît ses droits
en justice ; qu'elle le laissait le maître de choisir tel tribunal
qu'il lui plairait ; que si les juges prononçaient en sa faveur,
elle lui abandonnerait l'usufruit des biens qui étaient en
litige, et qu'il pourrait même en disposer en faveur de leurs
communs parents ; en un mot qu'elle ne cherchait qu'à assurer le droit de ses héritiers.

Bourbon reçut ces avances en homme qui en pénétrait le motif ; il répondit qu'il était si sûr de son droit, qu'il était prêt à le défendre devant tous les tribunaux, et qu'il ne demandait point d'autres juges que les magistrats du parlement de Paris, dont il connaissait l'intégrité et les lumières. Ses amis, effrayés du crédit de Madame, tremblaient sur l'issue de ce procès ; ils le pressaient d'épouser cette princesse dont ils lui vantaient la puissance, l'esprit et les richesses, qui régnait enfin sous le non de son fils. Bourbon les fit taire, en déclarant que l'honneur lui était plus cher que le bien, et qu'il ne lui serait jamais reproché de s'être avili jusqu'à partager son lit avec une femme sans mœurs.

Louise de Savoie ne conserva pas longtemps le caractère de généreuse modération qu'elle avait affecté dans le principe. Ce qui l'irrita surtout, ce fut de voir Bourbon aspirer à la main de Renée de France ; la reine Claude appuyait ses prétentions, le roi lui-même paraissait approuver cette alliance ; mais tout à coup les espérances de Bourbon sont renversées, Madame lui est durement refusée. L'influence de la duchesse d'Angoulême est évidente ici ; elle obtint du roi la permission d'intenter action au parlement contre le connétable.

Rappelons en peu de mots les droits de cette princesse : de onze enfants, cinq garçons et six filles, que Charles Ier, duc de Bourbon, avait eus d'Agnès de Bourgogne, il ne restait plus de postérité des premiers : la succession de Suzanne de Bourbon, petite-fille de Charles Ier et d'Agnès de Bourgogne, était donc dévolue à ses tantes paternelles ou à leurs ayant-cause, supposé que la substitution n'eût pas lieu dans la branche de Montpensier.

Ces princesses étaient au nombre de cinq : 1° Marie, duchesse de Calabre, dont la postérité était éteinte ; 2° Isabelle, mariée à Charles, comte de Charolais, depuis duc de Bour-

gogne, dont la postérité existait en la personne de Marguerite d'Autriche, sa petite-fille, de l'empereur Charles-Quint,
de l'archiduc Ferdinand et de leurs sœurs, ses arrière-petits-
enfants; 5 Catherine, épouse d'Adolphe, duc de Gueldres,
qui vivait alors; 4° Jeanne, épouse de Jean de Châlon, prince
d'Orange, morte sans enfants; 5 Marguerite, mariée à Philippe, comte de Bresse, et depuis duc de Savoie, dont était
issue la duchesse d'Angoulême.

On voit par là qu'il n'y avait que Charles, duc de Gueldres, et Louise de Savoie, qui pussent se porter pour héritiers de Suzanne de Bourbon, leur cousine germaine.

Pourquoi donc le duc de Gueldres ne réclama-t-il pas cette
succession? Catherine de Bourbon, sa mère, aurait-elle renoncé aux biens de ses pères en se mariant? La qualité d'é-
tranger l'excluait-elle d'un héritage en France, ou bien
aurait-il regardé son droit comme vain et illusoire? Quoi
qu'il en soit, il n'est question dans ce fameux procès que de
la duchesse d'Angoulême; on la regarda comme seule subro-
gée à tous les droits de Suzanne de Bourbon, droits sans
doute incontestables si la loi salique n'eût été adoptée dans la
maison de Bourbon.

La cause fut appelée le 11 août 1525, avec éclat et appareil : d'un côté, la mère du roi et le roi lui-même; de l'autre,
un prince du sang, connétable de France, aussi grand par ses
victoires que par sa naissance, assisté d'Anne de France,
dont on n'avait oublié ni la gloire ni les grandes actions.
C'était un spectacle digne d'être observé, que de voir cette
princesse invoquer, en faveur de Bourbon, les effets de la loi
salique qui l'avait exclue du trône; elle réclamait aussi
l'exécution des dernières volontés de sa fille. Les intérêts ne
pouvaient être plus grands : il s'agissait de prononcer à qui
appartiendrait le Bourbonnais, l'Auvergne, la Marche, le Forez, le Beaujolais, la souveraineté de Dombes, le comté de

Chaumont-en-Beauvaisis, le duché de Châtelleraut et une infinité d'autres terres. Toute la France prenait le plus grand intérêt à ce fameux procès ; elle en attendait le dénouement avec impatience. Si on eût compté et même pesé les suffrages, Bourbon eût triomphé. La duchesse d'Angoulême n'avait guère pour partisans que les Duprat, les Bonnivet et les courtisans vendus à la faveur. Les vœux des princes du sang, des sages et de la multitude, étaient pour le connétable ; on était persuadé que Louise de Savoie et les ministres ne lui avaient suscité une persécution si odieuse et si injuste, que pour se venger de la hardiesse avec laquelle il censurait les vices, les fautes et la dureté du gouvernement.

Le choix des avocats répondit à l'éclat de la cause, et il faut avouer que le nom des Poyet, des Lizet, des Monthelon, est encore aujourd'hui célèbre ; mais peut-être sont-ils moins redevables de leur réputation à leurs talents qu'à la grandeur des clients dont ils plaidaient les intérêts ; car enfin l'éloquence n'avait pas encore pénétré dans le sanctuaire de Thémis. Au reste, ce procès si fatal au connétable et à la France fit leur fortune : Poyet, qui parlait pour la duchesse d'Angoulême, vit son zèle et ses sophismes récompensés par la dignité de chancelier ; Lizet, avocat général du parlement (on ne les appelait alors qu'avocats du roi), seconda tous les projets de Duprat, et devint premier président. La vertu seule fraya à Monthelon, défenseur du connétable, le chemin à la place de garde des sceaux.

Poyet entra le premier en lice ; il demanda la succession entière de la maison de Bourbon au nom de Louise de Savoie, comme la plus proche parente et l'héritière légitime de la duchesse Suzanne, sa cousine germaine : son plaidoyer n'est qu'un tissu de subtilités ; il ne pouvait employer d'autres armes pour détruire l'évidence et ébranler les fondements du droit sacré de la propriété. Monthelon réfuta les moyens

de son adversaire avec autant d'ordre que de clarté ; il établit
le droit du connétable sur la loi salique, reconnue et observée dans la maison de Bourbon, dès le temps des Archambaud, sires de Bourbon, sur les pactes de famille confirmés
par les rois ; tous les monuments déposaient en faveur de la
cause qu'il défendait : ses raisonnements, vrais, solides et ner-
veux, furent applaudis du public ; les juges même en parurent frappés. C'est alors que le chancelier remua de nouveaux ressorts, et fit intervenir les droits de la couronne.

Pendant que toute la France était en suspens sur l'issue
de ce procès, la douleur conduisait Anne de France au tombeau. Se voyant près d'expirer, elle fit un testament, dans
lequel elle disposa de tous ses biens en faveur du connétable,
confirmant ainsi le don qu'elle lui avait fait entre vifs de tous
les biens qu'elle tenait de la libéralité de Louis XI et de la reconnaissance de Charles VIII. Bourbon, de son côté, testa le
même jour ; il appelait à la succession de tous ses biens
Anne de France, et à son défaut Louis et Charles de Bourbon, ses neveux, selon l'ordre de leur naissance, à condition
que celui qui recueillerait l'héritage serait tenu de donner
100,000 livres à la duchesse de Lorraine. On prétend
qu'Anne de France en mourant conseilla au connétable de se
jeter entre les bras de Charles-Quint et d'épouser la sœur de
ce prince.

Abandonné à lui-même, Bourbon fit tout ce qu'on pouvait
attendre de lui pour conjurer l'orage ; Monthelon continua de
déployer en sa faveur tout son zèle et toute sa fermeté ; mais
l'iniquité devait prévaloir : la mort d'Anne de France fournit
de nouvelles armes à Duprat.

Plein de l'esprit et des maximes du chancelier, l'avocat
général Lizet prit la parole ; il dit que : « Tel faisoit souvent
» lever le lièvre qu'il ne prenoit pas, ains tomboit ès mains
» d'un autre qui n'y pensoit ; que Poyet et Monthelon dispu-

» toient de la chape à l'évêque, et que nul n'avoit aucun
» droit que le roi à la succession de la maison de Bourbon. »
Ainsi s'exprimait le prédécesseur des d'Aguesseau, des La-
moignon et des Séguier. Après ce préambule si peu digne
de la dignité du parquet, il demanda au nom du procureur
général communication des titres respectifs pour poursuivre
son action. Cette démarche était concertée entre Madame et
le chancelier.

D'abord Lizet requit la réversion à la couronne du comté
de la Marche et de la seigneurie de Montaigu-en-Combraille,
dépouilles de l'infortuné duc de Nemours, mort sur l'échafaud : Louis XI en avait disposé en faveur de M. et de madame
de Beaujeu ; il forma la même demande par rapport aux
vicomtés de Carlat et de Murat. Pourtant, après la mort de
Louis XI, le sire de Beaujeu avait non-seulement indemnisé
les enfants de Nemours de ces seigneuries confisquées sur leur
père, mais même il en avait payé le prix aux courtisans qui
les avaient obtenues du roi. Néanmoins le parlement déclara
qu'Anne de France n'avait pu disposer de ces domaines en
faveur du connétable, et ils furent réunis à la couronne :
François Ier se hâta de les donner à sa mère, qui n'eut garde
d'en laisser l'usufruit au connétable comme elle l'avait
promis.

Cet avantage animait Lizet ; il demanda alors, au nom du
roi, le duché d'Auvergne, le Bourbonnais, le comté de Clermont-en-Beauvoisis, le Forez, le Beaujolais et la principauté
de Dombes ; il fondait ses prétentions sur des titres bien différents : il soutenait que le duché d'Auvergne, donné en apanage à Jean de France, duc de Berri, aurait dû être réuni à la
couronne à la mort de ce prince, qui n'avait point laissé
d'enfants mâles ; mais que Marie de Berri, duchesse de Bourbon, sa fille, avait eu recours tantôt à la force, tantôt à la surprise, pour s'assurer la possession de ce riche apanage ; il

avouait que Charles VI et Charles VII, forcés par les circonstances les plus malheureuses, avaient consenti à cette
aliénation du domaine; mais que la cession des deux rois n'a-
vait pu anéantir les droits imprescriptibles de la couronne.
Quant au comté de Clermont, au Bourbonnais et aux autres
terres de la maison de Bourbon, Lizet adoptait le système
de fraude et d'iniquité conçu par Louis XI; il prétendait
qu'un monarque si puissant ne s'était déterminé à donner sa
fille à un puîné de la maison de Bourbon, alors très-pauvre,
qu'en considération des plus grands avantages : qu'en effet,
le sire de Beaujeu avait consenti que les biens immenses dont
il serait un jour en possession fussent reversibles à la couronne s'il ne laissait point d'enfants mâles; que le cas étant
arrivé, Louis XII avait été le maître de recueillir cet héritage; qu'il n'y avait renoncé qu'en faveur de Suzanne de
Bourbon, mais que la mort de cette princesse faisait revivre
tous les droits de la couronne. Monthelon détruisit tous les
moyens de Lizet; il fit voir 1° que le duché d'Auvergne n'é-
tait entré dans la maison de Bourbon que de l'aveu de
Charles VI et de son conseil, sans préjudice des droits de la
couronne, puisque Louis II, duc de Bourbon, avait consenti
que le Bourbonnais, qui était un propre, prît nature d'apanage, et fût reversible au domaine au défaut de sa postérité
masculine; 2° il prouva qu'il n'avait jamais été au pouvoir
du sire de Beaujeu de priver la branche de Montpensier,
issue comme lui de Jean I", duc de Bourbon, et de Marie de
Berri, de l'expectative des biens auxquels elle était substituée; qu'il n'avait même inséré dans son contrat de mariage
cette clause, « en tant que cela le toucherait ou le pouvait
» toucher, » que pour mettre à couvert les droits de la branche de Montpensier; il aurait pu ajouter qu'après la mort de
Louis XI, lorsque Beaujeu put s'expliquer en liberté, ce
prince avait reconnu et confirmé la substitution de la ma-

nière la plus solennelle, dans la transaction de Chinon.

On jugera de la droiture et de la bonne foi de Lizet par ce trait : dans l'acte fameux par lequel Louis II, duc de Bourbon, appelle les rois de France à la substitution de ses grands biens au défaut de sa postérité masculine et *directe*, l'avocat général prétendait qu'on devait entendre par le mot *directe* la branche aînée seulement, interprétation aussi fausse que ridicule.

Malgré la force de ses raisons, Monthelon prévoyait que le crédit, l'intrigue et la séduction feraient pencher la balance en faveur du roi ; il demanda et obtint plusieurs délais ; mais enfin le parlement, après avoir tenu toute la France en suspens pendant onze mois, ordonna par un arrêt du mois d'août 1525 : « Que les parties seraient appointées au conseil, » et que tous les biens en litige seraient mis en séquestre. » C'était réduire Bourbon à la misère et au désespoir.

Il ne se répandit point en plaintes vaines et frivoles ; mais renfermant dans son âme le désir de la vengeance, il forma le projet de marcher l'égal du roi qui l'avait laissé opprimer.

Avant de frapper le coup terrible qu'il méditait, il entreprit d'éclairer le roi sur le caractère odieux de sa mère. Le maréchal de Lautrec avait perdu le Milanès, plus encore par la négligence de la cour que par sa faute : avant que de partir pour l'Italie, il avait représenté à François Ier qu'il ne se chargerait de la conduite de l'armée qu'autant qu'il serait assuré des fonds nécessaires pour la campagne. On lui promit une somme de 400,000 écus ; mais le jour même qu'elle devait être transportée à l'armée, Madame, qui détestait dans Lautrec le frère de la favorite du roi et l'ami de Bourbon, voulant le faire échouer, demanda d'autorité ce dépôt et l'obtint du ministre de la finance. Cependant, livré à la dissipation et à la volupté, le léger monarque ignorait que sa mère avait trahi et volé l'état ; il n'imputa la perte du Milanès qu'à l'imprudence de Lautrec, qu'il refusa de voir : madame de Châteaubriant n'osait entreprendre de justifier son frère.

Bourbon fut plus intrépide ; il arracha du roi, qui séjournait alors au château de Moulins, la permission de lui présenter le malheureux Lautrec. François Ier détourna ses regards en l'apercevant : Lautrec osa lui demander la raison d'un accueil si froid. « Eh ! puis-je voir tranquillement, répondit le monarque, un homme qui vient de perdre le Milanès ? — C'est vous, Sire, qui l'avez perdu, et non pas moi. » En même temps, il lui apprit tout ce que l'armée avait eu à souffrir par le défaut de solde. « Quoi donc ! répliqua le roi, n'avez-vous pas reçu la somme de 400,000 écus ? — Non, Sire, elle est encore à venir. »

Confondu d'une telle prévarication, François Ier voulut approfondir le mystère ; il envoie chercher Semblançai, surintendant des finances, et lui demande ce qu'il a fait des 400,000 mille écus : Semblançai répond qu'il a remis cette somme à Madame, qui l'avait envoyé prendre le jour même qu'elle devait partir pour l'armée. François Ier entra en fureur ; il reprocha à sa mère les suites de sa cupidité. Louise de Savoie, joignant l'imposture au brigandage, soutint que la somme qu'elle avait touchée n'était qu'un dépôt qu'elle avait confié au surintendant. Le vieillard essaya de se justifier, son trouble déposa contre lui ; il parut coupable aux yeux fascinés du roi : la mort la plus ignominieuse fut le fruit de cinquante ans de services.

En jetant un coup d'œil sur la situation du royaume engagé dans une guerre malheureuse contre presque toute l'Europe, sur l'épuisement des finances et le mécontentement général des peuples, Bourbon jugea qu'il ne lui serait peut-être pas impossible de renverser le trône et de s'établir sur ses débris.

Voici les moyens que le désespoir suggéra à ce malheureux prince pour perdre l'état et se perdre lui-même. Depuis la prise de Hesdin, il entretenait une correspondance secrète avec la comtesse de Rœux; il lui confia les chagrins dont il était dévoré; il la pria de ne pas les laisser ignorer à l'empereur qui était en Espagne. Charles-Quint avait appris avec toute l'Europe que Bourbon, éloigné du commandement des armées et des conseils, poursuivi par la fraude et l'ingratitude, était menacé de perdre tous ses biens; il se félicitait de l'imprudence de son rival qui laissait opprimer le plus grand capitaine de son royaume, dans l'instant même où la guerre lui rendait ses services si nécessaires. Mais quelles furent sa joie et ses espérances lorsqu'il sut que Bourbon était avide de vengeance! Il affecta de prendre, en qualité de proche parent de ce prince, l'intérêt le plus vif à son sort; il plaignit ses malheurs, il irrita ses ennemis, et fit briller à ses yeux les promesses les plus capables d'enflammer et d'égarer un ambitieux.

Il se servit d'Adrien de Croi, seigneur de Beaurain, fils de la comtesse de Rœux, pour achever de faire tomber Bourbon dans le précipice; il ne pouvait choisir un ministre plus adroit. Beaurain traversa une grande partie du royaume pour aller trouver le connétable dans ses domaines; il ne marchait que la nuit et déguisé en paysan.

Bourbon ne négocia pas avec l'empereur en traître obscur, mais en allié puissant et presque en égal; il ne consentit à prendre les armes contre sa patrie qu'à condition qu'il épouserait Éléonore d'Autriche, veuve du roi de Portugal, et que cette princesse, l'aînée des sœurs de Charles-Quint, serait déclarée héritière unique de l'empire autrichien, si l'empereur et l'archiduc son frère mouraient sans enfants mâles. Éléonore apportait au connétable 20,000 écus de rente, une dot de 200,000 écus; on évaluait ses bijoux et se diamants à

5 où 600,000 écus. Bourbon lui assignait pour douaire le Beaujolais, dont il estimait le revenu 20,000 écus; il accédait au traité de ligue offensive et défensive de Charles-Quint et de Henri VIII; il entrait avec eux en partage de la monarchie française; il devait régner sur les provinces de ses domaines et sur plusieurs autres.

Ce traité ne fut que verbal, soit que Bourbon craignît qu'il ne transpirât, soit qu'il ne voulût laisser aucune trace de son crime si le sort le rapprochait du roi.

Lorsque l'empereur se rappelait tous les maux que les grands vassaux de la couronne, et surtout les ducs de Bourgogne, ses ancêtres maternels, avaient causés à la France, il ne mettait plus de bornes à ses espérances; il ne doutait point que Bourbon, plus grand capitaine, plus aimé de la noblesse et des gens de guerre, ne lui portât des coups encore plus mortels. Plein de ces grands projets, il ordonna à Beaurain de les communiquer au roi d'Angleterre. Ce seigneur exagérait tous les avantages qu'on était à la veille d'obtenir de l'alliance de Bourbon; il s'étendait aussi sur les justes récompenses qu'il était à propos de lui accorder: « Et moi, interrompit brusquement le monarque anglais, qu'aurai-je donc?—Sire, vous seriez roi de France, interrompit Beaurain. — Ah! s'écria-t-il, il y aura bien à faire pour que monsieur de Bourbon m'obéisse; » tant il était encore frappé de la fierté qu'il avait observée dans les regards de ce prince à l'entrevue d'Ardres. Au reste, il ne se trompait pas dans son jugement: le connétable n'était pas homme à violer toutes les lois pour transporter à Henri Tudor, petit-fils d'un gentilhomme obscur, le serment qu'il ne devait qu'au chef de sa maison; s'il se rendait coupable, c'était surtout pour ne plus jamais reconnaître de maître qui le laissât opprimer.

Il ne faisait pas un pas qui ne le conduisît au précipice: déjà son contrat de mariage était dressé et signé, déjà la cérémonie des fiançailles avait été célébrée en présence du comte de Beaurain, chargé de la procuration d'Éléonore d'Autriche et de l'empereur ; il ne s'agissait plus que de recueillir le fruit de cet hymen.

Le connétable ne chercha point de complices dans sa famille et parmi les guerriers qui étaient les plus fiers de son estime : le duc de Vendôme, le duc de Lorraine, le comte de Saint-Pol, le comte de Guise, Louis de la Tremoille, le maréchal de Chabannes, Bayard, Louis d'Ars, plaignaient ses malheurs, admiraient ses talents, chérissaient sa personne ; mais ils chérissaient encore plus l'état. Bourbon le savait ; il ne s'adressa donc qu'aux mécontents dont il connaissait depuis longtemps la haine contre le ministère. Le plus distingué de tous, Jean de Poitiers, comte de Saint-Vallier, fit, si on doit l'en croire, tout ce qu'on peut attendre d'un bon citoyen pour sauver sa patrie et son ami. Il était allé rendre visite au connétable à Montbrison ; ce prince, qui l'aimait comme un frère, l'entraîne dans un cabinet, et là, après lui avoir fait présent de quelques bijoux, il exige de lui le serment, sur un morceau de la vraie croix, de ne jamais révéler le secret qu'il va verser dans son sein. Quoique préparé par ce préambule à de funestes mystères, Saint-Vallier ne put entendre le complot sans épouvante et sans douleur ; il conjura Bourbon de renoncer à des projets qui devaient entraîner sa perte et celle de l'état ; mais le prince l'interrompant : « Beaurain, lui dit-il, est chez moi, tu le verras ce soir ; tu jugeras toi-même du prix que l'empereur attache à mon alliance. » Saint-Vallier assista à l'entrevue qui se passa sur les onze heures du soir ; il fut pleinement informé des mesures que la vengeance et l'ambition prenaient pour déchirer la France. Il se retira chez lui le cœur navré de douleur ; il passa la nuit dans l'agitation et les regrets : le lendemain matin, il alla trouver le connétable et fit de nouveaux efforts pour arracher le voile qui offusquait sa raison. Son langage fut touchant ; à mesure qu'il parlait, la pitié, la terreur pénétraient dans le cœur de Bourbon : il était troublé, confus, saisi ; ses larmes coulèrent enfin ; il éclata en soupirs, en sanglots, qui n'étaient interrompus que par des exclamations douloureuses contre ses oppresseurs : « Les barbares ! s'écria-t-il, ils m'ont tout enlevé ; ils ne m'ont laissé que la pauvreté, l'opprobre et le désespoir ! Que ferai-je ? que deviendrai-je ? » Saint-Vallier profita de cet instant de sensibilité ; il mêla ses larmes à celles de son ami, le serra dans ses bras et lui arracha enfin la promesse de renoncer à ses terribles projets.

Mais l'émotion de Bourbon fut passagère et son repentir momentané. Saint-Vallier finit lui-même par se laisser entraîner, et consentit à être le dépositaire du chiffre dont le connétable se servait pour négocier avec Charles-Quint.

Bourbon croyait toucher au moment de son triomphe : François I⁵ʳ avait ressenti jusqu'au fond du cœur le malheureux succès de ses armes en Italie ; il déclara qu'il passerait les Alpes, et ne mettrait les armes bas que lorsqu'il aurait arraché à ses ennemis toutes les conquêtes dont ils s'enorgueillissaient tant ; mais jaloux en secret du connétable, au génie de qui on avait attribué la victoire de Marignan, il résolut de le laisser en France avec le titre de lieutenant général du royaume.

C'était lui livrer l'état. Pour hâter le succès de ses machinations, le duc forma le projet d'enlever le roi sur la route de Lyon, lorsqu'il prendrait le chemin de l'Italie ; si l'entreprise échoue, il attendra que le monarque soit engagé dans le Milanais pour lever le masque : alors, pendant que l'empereur fondra sur la Guienne et le Languedoc, le roi d'Angleterre sur la Picardie et la Normandie, il rassemblera mille gentilshommes et six mille hommes de pied, se joindra à un corps de douze mille lansquenets impériaux, et se portera vers les

Alpes pour couper au roi toute communication avec la France.

Sur ces entrefaites, Bourbon reçut de la cour une lettre qui fut pour lui un coup de foudre ; ses intrigues avaient transpiré. Le roi eut avis que Beaurain était entré dans le royaume déguisé en paysan, et qu'il avait eu des conférences nocturnes avec Bourbon ; il n'en fallait pas tant pour exciter ses soupçons. Cependant il crut qu'il suffirait, pour s'assurer du connétable, de le mener avec lui à l'expédition du Milanais ; il lui écrivit donc qu'après de mûres réflexions, il avait pensé que ses services lui seraient plus utiles en Lombardie qu'en France, et qu'il le priait de se tenir prêt à l'accompagner au delà des Alpes.

Cet ordre imprévu fit sur l'esprit de Bourbon une impression profonde ; il tomba malade. Toutefois, il répondit au roi qu'il obéirait ; mais, peu après, feignant de se trouver beaucoup plus mal qu'il n'était, il demanda à être dispensé de la campagne. Ces variations confirmèrent les soupçons du roi ; il prit le parti de les aller éclaircir lui-même à Moulins, accompagné d'une partie des troupes qui filaient vers les Alpes.

Arrivé aux portes de Moulins, le monarque n'aperçut que les apparences du calme et de la soumission. Il monta au château et trouva le connétable dans son lit, languissant et abattu. Cet aspect le toucha ; il ne doutait point que le chagrin ne fût la cause de sa maladie, et, faisant sortir tout le monde, il essaya de ramener l'espérance dans le cœur de son parent. Celui-ci sut habilement dissimuler ; François Ier se retira très-satisfait ; mais ses ministres ne l'étaient pas. Ils le pressaient toujours de s'assurer d'un prince si dangereux. François Ier rejeta ce conseil, qui lui parut trop violent ; tout ce qu'il accorda à leurs instances fut de faire signer à Bourbon une promesse de lui demeurer toujours fidèle.

Encore un pas et François Ier sauvait la France, il sauvait le connétable lui-même de sa propre fureur ; il n'avait qu'à lever le séquestre des biens de la maison de Bourbon. Mais, dira-t-on, il promettait de les rendre ! Si déjà Bourbon n'eût pas été victime des artifices de ses ennemis, s'il n'eût pas connu leur empire sur l'esprit trop facile du roi, si depuis sept ans on ne l'eût pas laissé attendre impatiemment le remboursement de sa créance sur le trésor royal, sans doute il eût pu ajouter foi aux paroles de François Ier ; mais las d'être le jouet des promesses d'une cour frivole, il voulait des effets. Enfin, il le faut dire, sa fidélité semblait attachée à la possession de ces biens.

Avant de sortir de Moulins, François Ier présenta au prince, Pierre de Bretonnières, seigneur de Warty, qu'il laissait auprès de lui pour lui rendre compte de sa santé. Bourbon ne se trompa point sur le ministère secret de ce gentilhomme et le regarda comme un espion ; cependant il se levait et allait respirer l'air dans son parc, pour reprendre peu à peu des forces. Après avoir amusé ainsi pendant quelque temps Warty, il l'envoya au roi pour lui annoncer qu'il allait se mettre en route ; il ne doutait point que François Ier, dont il connaissait l'impatience et la vivacité, ne prît aussitôt les devants ; il se trompa. François Ier voulut l'attendre à Lyon : inquiet de ne le point voir arriver, il lui renvoya bientôt Warty, avec ordre de le faire partir de gré ou de force.

Bourbon était enfin en marche avec toute sa maison ; il ne faisait que de très-petites traites, séjournant dans presque tous les bourgs et affectant toujours d'être malade. Il rencontra Warty à Saint-Geran, et lui fit valoir le zèle avec lequel il exécutait les ordres du roi, malgré l'état d'accablement où il se trouvait. Arrivé à la Palice, il eut recours à la ruse pour se défaire de son surveillant ; il feint de se trouver extraordinairement mal pendant la nuit : tout est en action dans la maison pour le secourir. Warty, bientôt éveillé, s'informe de la cause de ce tumulte : on lui répond que le prince n'a peut-être plus qu'un souffle de vie. Il demande à le voir ; on l'introduit non sans peine dans la chambre du malade: « Vous voyez, dit Bourbon, d'un ton de voix faible et cassée, l'extrémité où je suis réduit ; les médecins m'ordonnent d'aller respirer mon air natal : c'est ma dernière ressource, mais j'y compte peu. Partez ; allez informer le roi du regret que j'ai de ne pouvoir lui rendre de nouveaux services. » Warty ne fut pas la dupe de la fourberie ; il partit pourtant, mais ce fut pour apprendre à François 1ᵉʳ qu'il était joué et trahi.

A peine délivré de la présence de Warty, le connétable monte à cheval et gagne Chantelle, place forte située sur les confins du Bourbonnais et de l'Auvergne. Aussitôt on dispose l'artillerie sur les remparts, on fait venir de tous côtés des vivres et des munitions, on se prépare à la défense la plus vigoureuse. Quelques jours sont à peine écoulés, que Warty paraît à la vue du château, chargé d'une lettre du roi remplie de reproches et de menaces. On le laissa languir longtemps à la porte, mais enfin Bourbon la lui fit ouvrir. « Quoi donc, Warty, lui dit-il d'un air sévère, vous me chaussez les éperons de bien près ! — Monseigneur, lui dit le gentilhomme en riant, vous en avez de meilleurs que je ne pensais ; vous ne veniez pas avec cette diligence. — Il est vrai, répondit Bourbon ; mais ayant appris qu'on voulait attenter à ma liberté, j'ai fait un effort qui me coûtera peut-être la vie. C'est ici que je prétends confondre l'imposture et la calomnie devant le bâtard de Savoie et le maréchal de Chabannes : je les attends, je ne sortirai point de Chantelle, ou je ne m'en éloignerai que de cinq ou six lieues, — Je le crois bien, repartit Warty, où iriez-vous ? sortiriez-vous du royaume ? Le roi est le maître de tous les passages ; vous ne le pourriez pas. — Je le veux encore moins, répondit le prince. Tenez, ajouta-t-il, portez ces lettres au roi, au bâtard de Savoie et au ma-

réchal de Chabannes. » Le gentilhomme qui avait ordre de
ne le pas perdre de vue refusait de s'en charger ; il ne voulait
point partir. « Faites ce que je vous ordonne, » lui dit Bourbon d'un ton fier et impérieux. Il obéit et fit bien, car il était
question, parmi les serviteurs du prince, de l'arrêter et même
de le pendre aux créneaux du château.

En apprenant la retraite du connétable à Chantelle, le roi
comprit enfin qu'il était trahi. « Ah ! le perfide ! s'écria-t-il ; ma
» bonté aurait dû lui crever le cœur ; mais, puisqu'il veut pé-
» rir, qu'il périsse ! » Il donna ordre en même temps au bâtard de Savoie et au maréchal de Chabannes d'aller le chercher, à la tête de quatre compagnies d'hommes d'armes, et de
l'amener mort ou vif.

La situation de Bourbon semblait désespérée ; on lui con-
seillait de soutenir un siége dans Chantelle en attendant le
secours de ses alliés, conseil insensé qu'il rejeta. Il n'avait
cherché un asile à Chantelle que pour avoir le temps de recueillir ses esprits et de prendre sa dernière résolution. Voici
celle à laquelle il s'arrêta : de défendre l'état comme il avait
toujours fait, pourvu que l'héritage de la maison de Bourbon
lui fût restitué sur-le-champ, ou d'en être le fléau, dût-il périr, si ses vœux étaient repoussés.

Il s'expliqua à son tour avec la franchise la plus audacieuse ;
il sommait plutôt qu'il ne priait François I⁰ de lui rendre
ses biens : ce n'était qu'à cette condition qu'il consentait à le
servir. « Mais qu'il plaise au roi de faire rendre les biens de
feu monsieur de Bourbon, il promet de le bien et loyalement
servir et de bon cœur, sans lui faire faute en tous endroits
où il plaira audit seigneur ; et de cela, il l'en assurera jusqu'au bout de sa vie. Aussi, plaise audit seigneur pardonner
à ceux à qui il en veut pour cette affaire. »

L'évêque d'Autun se chargea de la dangereuse commission
de porter au roi cette dépêche ; mais arrêté en chemin, il ex-

pia dans une étroite prison la part qu'il eut à ces intrigues.

Ses papiers furent saisis et portés au roi. Lorsque ce prince vit que le connétable osait dicter des lois et traiter avec lui d'égal à égal, il se livra à toute son indignation; il venait d'apprendre les détails de la conspiration qu'il ne faisait encore que soupçonner; ils lui parvinrent par une voie bien extraordinaire.

Pour exciter un soulèvement dans le royaume, le connétable avait besoin de ministres et de coopérateurs presque aussi déterminés que lui; il regardait comme tels Matignon et Argouges, gentilshommes de la plus illustre extraction, élevés dans la maison de Bourbon dont ils remplissaient les premières charges. Il prétendait se servir de ces seigneurs très-puissants en Normandie pour livrer cette province au roi d'Angleterre. Il leur écrivit à l'un et à l'autre, qu'ayant une affaire importante à leur communiquer, il les priait de se rendre à Vendôme, où ils trouveraient Leurcy, son secrétaire de confiance, qui leur expliquerait ses intentions. Leurcy s'aboucha donc à Vendôme avec Matignon et Argouges; il leur présenta d'abord un crucifix sur lequel il exigea d'eux le serment de ne jamais révéler le secret qu'il allait confier à leur foi. Il exposa ensuite et exagéra les fautes, les malheurs et les désordres de l'administration, la misère des peuples, l'indignation de tous les ordres de l'état, prête à éclater. Il leur retraça la persécution qui avait été suscitée au connétable, les artifices dont on s'était servi pour le dépouiller de ses biens. « Au reste, ajouta-t-il, c'est moins pour venger ses injures que pour délivrer la France de l'oppression sous laquelle elle gémit, qu'il s'est joint à l'empereur et au roi d'Angleterre : vous connaissez sa prudence, ses talents et les forces de ses alliés. Le succès de l'entreprise est certain, mais il veut en partager la gloire avec ses plus fidèles amis; il attend de votre zèle que vous introduisiez le roi d'Angleterre en Nor mandie : vous-mêmes vous mettrez, le prix au service éclatant que vous lui rendrez. »

A ces mots, la douleur et l'effroi s'emparent de Matignon et d'Argouges ; Leurcy ne s'en aperçut pas ; il entra dans le détail des mesures que les conjurés prenaient pour enlever François Ier et l'enfermer dans une forteresse. Il se vanta d'avoir ouvert l'avis exécrable de le tuer ; il ajouta que le connétable s'était toujours opposé à ce moyen qu'il trouvait inutile pour le succès de la conspiration. Enfin, il les quitta, croyant les avoir gagnés, lorsqu'il ne leur avait laissé que le sentiment de l'horreur et de l'épouvante.

Argouges et Matignon retournèrent en Normandie ; ils crurent concilier ce qu'ils devaient à leur souverain et à leur conscience, en allant trouver un prêtre savant et vertueux, à qui ils déclarèrent, dans le tribunal de la confession , qu'un des gros personnages du royaume et du sang royal avait formé le projet de livrer l'état à l'empereur et au roi d'Angleterre : ils le chargeaient d'en donner avis au sire de Brezé, grand sénéchal de Normandie, de la part de deux gentilshommes qui ne voulaient pas être connus. Brezé se hâta d'informer la régente de ce mystère; aussitôt la princesse lui envoya ordre de faire partir pour Blois, où elle résidait alors, les deux gentilshommes qui ne devaient s'attendre qu'à des récompenses.

Les scrupules de Matignon et d'Argouges s'évanouirent ; ils se rendirent auprès de Madame , et le chancelier Duprat reçut leur déposition. C'est peut-être par le conseil de ce magistrat qu'on répandit le bruit qu'il s'agissait non-seulement de livrer l'état aux ennemis, mais encore d'arrêter le roi, de confiner sa mère en prison, et *de faire des pâtés des enfants de France.*

Au récit de tant d'horreurs, François Ier déplora la faute qu'il avait faite d'avoir plutôt suivi à Moulins les mouvements de sa bonté que les conseils de sa prudence. Il essaya de prévenir les suites de sa funeste indulgence, en détachant des troupes de tous côtés pour tâcher d'envelopper le criminel. Les frontières étaient si bien gardées, qu'il semblait ne pouvoir échapper.

Bourbon était toujours à Chantelle ; il apprend coup sur coup que l'évêque d'Autun est dans les fers, que Matignon et Argougesont révélé la conspiration ; enfin, le bâtard de Savoie et le maréchal de Chabanes marchent contre lui pour l'arrêter. Il n'y avait plus à délibérer : la fuite la plus prompte était sa dernière ressource ; mais comment se sauver du centre du royaume, à travers une route de cent lieues, semée de piéges, inondée de milliers de soldats attachés à sa poursuite ! Dans un si grand péril, Bourbon montra autant de fermeté que de présence d'esprit ; il se détermina à diriger sa retraite à travers le Dauphiné et la Savoie, et pour ainsi dire sous les yeux de l'armée qui prenait la route de l'Italie.

Sorti de Chantelle, il prit la route d'Herment, petite ville d'Auvergne, suivi de sa maison qu'il avait conservée dans toute sa splendeur, malgré la perte de ses biens ; ces marques d'éclat et de grandeur ne pouvaient que le trahir. Pour mieux échapper aux recherches de la cour, il se déguisa à l'entrée de la nuit et s'écarta du chemin qu'il faisait prendre à sa maison. Il était accompagné de quatre ou cinq de ses serviteurs les plus déterminés ; mais trouvant encore cette suite trop grande, il s'en sépara et ne garda que le seul Pomperant, gentilhomme célèbre par son adresse, son esprit, son courage et de grandes aventures : il avait brillé à la cour et à la guerre ; ayant eu la malheur de tuer en duel Chissai, favori du roi, la colère du monarque le poursuivait partout ; il n'avait trouvé d'asile qu'auprès du connétable, et lui avait consacré sa vie.

Pendant que le connétable, sous le nom de valet de chambre de Pomperant, errait dans ses domaines, sa maison continuait la route qui l'éloignait le plus des lieux où il portait ses pas. Montagnac de Tausannes, monté sur le cheval de bataille du prince, couvert de ses habits, avait pris les devants et marchait à la lueur de quelques flambeaux. Les officiers de Bourbon croyaient suivre leur maître; mais quel fut leur étonnement, lorsque Montagnac, voyant le lendemain matin que le jour allait découvrir son stratagème, s'arrête, et déposant le personnage qu'il jouait, se fait reconnaître! Il leur déclara que le connétable avait disparu, et qu'il était chargé de sa part de les remercier de leurs fidèles services. A ce triste congé, tous fondent en larmes; chacun de ces zélés serviteurs était moins inquiet de son propre sort que de celui de son maître.

Cependant les obstacles, les alarmes et les périls se multipliaient autour du prince fugitif. En quittant Herment, il avait eu la précaution de faire mettre les fers de ses chevaux à rebours; mais il avait beau changer de route, prendre les chemins les plus déserts, ne marcher que la nuit, n'habiter le jour que des châteaux dont les maîtres lui étaient dévoués, il ne faisait presque pas aucun sans rencontrer des émissaires qui le cherchaient. Il s'enfonça dans les montagnes de l'Auvergne, du Gévaudan et des Cévennes, d'où il gagna le Rhône, presque vis-à-vis de Vienne; il entra dans un bac et se trouva au milieu de douze ou quinze soldats, dont plusieurs reconnurent Pomperant. Il n'en fallait pas tant pour conjecturer que son compagnon était Bourbon lui-même. Le prince avait peine à cacher son inquiétude. Pomperant avait pris le parti de couper le câble du bac et de le faire échouer sur la côte du Vivarais, au premier mouvement qu'il apercevrait parmi les soldats; mais ceux-ci les laissèrent passer tranquillement. Bourbon continua sa route par le grand chemin de Grenoble, alors très-fréquenté, à cause de la marche des troupes qui prenaient la route des Alpes; il le quitta quelque temps après pour se jeter dans les bois voisins de Saint-Antoine en Viennois. Accablé de faim et de lassitude, il se présenta au château de Nanti appartenant à une vieille dame qui lui accorda l'hospitalité ; elle reconnut Pomperant à table : « Ne seriez-vous pas, lui dit-elle, de ces gens qui ont fait les fous avec M. de Bourbon? — Je voudrais, lui répondit-il froidement, avoir perdu tout mon bien et être avec lui. » On parlait des aventures du prince, lorsqu'à la fin du repas arrive un homme qui annonce à la compagnie qu'il venait de rencontrer le prévôt de l'hôtel avec ses archers qui cherchaient le duc de Bourbon, à une lieue de là. A ces mots, le prince tressaille et fait un mouvement pour se lever et fuir ; Pomperant l'arrête, et cachant adroitement aux convives le trouble de son ami, il continue à les entretenir gaiement. Le souper fini, ils montent précipitamment à cheval et courent toute la nuit à travers les montagnes. Ils s'arrêtèrent un jour entier dans une espèce de désert pour laisser reposer leurs chevaux. Ils marchèrent ensuite vers Chambéry, au risque d'être reconnus par les officiers généraux et les compagnies de cavalerie qui remplissaient cette route. Bourbon, voyant qu'il ne pouvait aller plus loin sans se livrer lui-même à ses ennemis, rebroussa chemin du côté du Rhône, qu'il passa huit lieues au-dessus de Lyon. Enfin, il arriva heureusement à Saint-Claude, en Franche-Comté, où le cardinal de Baume vint le prendre avec une escorte et le conduisit à Besançon.

Bourbon respirait à peine de tant de fatigues et d'agitation ; sa douleur égalait sa misère. Son affliction parut s'adoucir à la vue d'un grand nombre de ses serviteurs qui s'étaient sauvés comme lui; ils lui apportaient une somme de cent mille livres. Ce trésor était cousu dans des *jaques*, espèce d'habillement de guerre, qui leur avait été confié à Chantelle. Le prince n'avait pas oublié d'emporter avec lui ses pierreries; c'était là tout ce qui lui restait de sa fortune. Le sort de ses principaux complices, arrêtés et menacés du supplice, le touchait plus que ses propres infortunes. On comptait parmi eux le comte de Saint-Vallier ; François d'Escars, seigneur de la Vauguyon, époux de l'héritière de la branche de Bourbon Carency ; Aimar de Prie ; le seigneur de Lallières ; Popillon, chancelier du Bourbonnais ; Antoine de Chabanes, évêque d'Autun, et beaucoup d'autres. On arrêtait tous les jours de nouveaux complices. Les prisons pouvaient à peine contenir les Français et même les étrangers accusés d'avoir eu part à la conspiration : le parlement était chargé d'instruire leur procès.

Il n'eût tenu encore qu'à Bourbon de les sauver et de se sauver lui-même. François Ier, vaincu par les larmes et les supplications de la duchesse de Lorraine, sœur du connétable, et peut-être aussi intimidé par les suites de la défection d'un si grand capitaine, envoya deux fois en Franche-Comté un gentilhomme de sa maison, appelé Imbaut ; il le chargea d'offrir au fugitif : 1° la restitution actuelle et entière de tous les biens de la maison de Bourbon ; 2° le remboursement de sa créance sur le trésor royal ; 3° le rétablissement de ses pensions et appointements ; 4° une amnistie générale pour tous ses partisans, à condition qu'il reviendrait sur-le-champ servir l'état comme il y était obligé par son serment. Ces derniers efforts du noble François Ier échouèrent. Imbaut, voyant que le connétable s'obstinait dans ses refus, lui demanda enfin, de la part du roi, l'épée de connétable et le collier de l'ordre de Saint-Michel. « L'épée, répondit Bourbon, ne me l'a-t-il pas ôtée au voyage de Valenciennes, lorsqu'il a disposé du commandement de l'avant-garde, en faveur de M. d'Alençon ? pour le collier, je l'ai laissé à Chantelle, sous le chevet de mon lit. » A ces mots il quitte l'envoyé du roi. Dégradé de l'ordre de Saint-Michel, Bourbon dédaigna de le remplacer par celui de la Toison-d'Or. Il aurait fallu prêter serment à l'empereur, et ce prince, plus fier à mesure qu'il était plus malheureux, se regarda toujours comme l'allié de Charles-Quint, jamais comme son vassal et son sujet. Il se garda bien de faire souvenir l'empereur des promesses qu'il lui avait prodiguées ; il n'aspirait alors qu'à mériter, comme général, ou même comme soldat, s'il le fallait, la part que Charles-Quint voudrait bien lui assigner dans les dépouilles de François Ier. C'est dans cette espérance que, suivi de quatre-vingts chevaux, il traversa une grande partit de l'Allemagne pour se rendre en Italie, où la guerre et la vengeance l'entraînaient.

Il s'arrêta quelque temps chez le marquis de Mantoue, son cousin-germain, qui l'accueillit avec le même éclat que s'il eût tenu entre ses mains les destinées de l'Italie. Gonzague lui fit présent d'équipages magnifiques, plus convenables à sa fortune passée qu'à sa situation présente. De Mantoue, Bourbon prit la route de Plaisance : Lannoi, vice-roi de Naples ; Pescaire, le duc d'Urbain et tous les généraux de l'empereur, vinrent le trouver dans cette ville pour conférer sur les opérations de la campagne. Les discours de Bourbon, ses vues, ses réflexions, ajoutèrent à la haute opinion qu'ils avaient conçue de son génie. Après les avoir éclairés sur le fort et le faible des troupes françaises, il parti pour Gênes, où il attendit pendant plus de six semaines des nouvelles de l'empereur, à qui il avait dépêché Leurcy pour l'informer de sa position.

Charles-Quint apprit avec douleur le funeste dénoûment de la conspiration de Bourbon : au lieu d'un allié puissant, dont la main désespérée allait lui ouvrir toutes les barrières de la France, le sort ne lui envoyait qu'un banni à protéger ; il est vrai que ce banni était un grand homme de guerre dont il pouvait attendre d'importants services ; mais était-il de sa prudence de se fier à un prince qui, né près du trône, avait trahi son roi, son parent et abjuré sa patrie? Charles-Quint se serait sans doute assuré de sa foi s'il lui eût donné en mariage Éléonore d'Autriche qui lui était déjà fiancée; mais il ne pouvait plus se résoudre à lier la destinée d'une reine, de sa sœur, à celle d'un prince également misérable et criminel. Il se détermina pourtant à le déclarer son lieutenant général en Italie; mais il l'entoura de tant de collègues et de surveillants, qu'il n'eut rien à craindre d'un repentir possible.

Au reste, si Charles-Quint ne recueillit pas de la conjuration de Bourbon tous les avantages qu'il en avait espérés, si la France ne fut pas accablée comme il s'en était flatté, il lui fut au moins redevable du salut du Milanais.

François I", que la défection du connétable retenait en France, mit Bonnivet à la tête de l'expédition d'Italie. Bourbon combattit; il vit fuir devant lui, à Biagrasso, ce général de cour; il vit à Rebec le chevalier Bayard, frappé d'un coup d'arquebuse, adossé au pied d'un arbre et mourant (30 avril 1524). A cet aspect il ne put retenir ses larmes : « Ah ! Bayard ! lui cria-t-il, que je vous plains ! — Moi, monseigneur ? non, ce n'est pas moi qu'il faut plaindre ; je meurs en homme de bien ; mais c'est vous, qui portez les armes contre votre serment, votre roi et votre patrie ! » Arrêt terrible, prononcé par l'homme et la vérité, accepté par la postérité, et qui dégrade le vainqueur jusque dans le sein du triomphe. Le coupable Bourbon n'osa soutenir plus longtemps les regards de la vertu expirante : il continua de poursuivre ses funestes avantages.

Tandis que Bourbon commençait à goûter le plaisir de la vengeance, le parlement instruisait le procès de ses complices : un seul arrêt de mort fut prononcé, ce fut contre Saint-Vallier : une telle modération étonna le violent Duprat. François I" éclata contre le parlement et lui fit des reproches durs et amers ; pourtant il fit grâce de la vie à Saint-

Vallier. Le parlement ne pouvait se dispenser de déployer plus de sévérité envers les partisans de Bourbon qui, s'étant sauvés du royaume, portaient les armes contre l'état : il les condamna tous à la mort ; leurs biens confisqués furent abandonnés à l'avidité de quelques courtisans.

Il ne restait plus que le chef de la conspiration à juger ; mais le procès d'un prince du sang exigeait les formalités les plus solennelles ; il ne tint pourtant pas à l'avocat général Lizet qu'elles ne fussent violées. Le roi était venu tenir son lit de justice, accompagné des princes, des pairs et des grands du royaume, dans l'appareil le plus majestueux et le plus effrayant. Pierre Lizet rendit un réquisitoire sanglant contre Bourbon ; il tâcha de prouver à la cour qu'elle était en droit de prononcer sur-le-champ l'arrêt de mort du criminel, attendu l'énormité et la notoriété de son attentat ; il ajouta que, si elle aimait mieux suivre les formes usitées, il demandait que Charles de Bourbon fût décrété de prise de corps, et qu'on envoyât à Lyon et à Moulins des huissiers pour le sommer de comparaître devant le parlement. Ce dernier mode de procédure fut adopté comme plus conforme au droit public.

Bourbon ne répondit à la sommation qu'en se présentant sur la frontière avec une armée victorieuse ; il inspira tant d'effroi, qu'il ne fut plus question de le juger, mais de le repousser. Son procès suspendu ne fut repris qu'après sa mort, lorsque la France n'eut plus rien à redouter de son ressentiment.

A peine l'armée de Bonnivet eut évacué l'Italie, que le connétable obtint de l'empereur la permission d'envahir la France à son tour. C'était seulement par des conquêtes en France qu'il pouvait soutenir les prétentions qu'il avait annoncées, prendre rang parmi les souverains et mériter la main de la reine Éléonore. Il croyait qu'à sa première appa-

I.37

rition dans le royaume ses vassaux viendraient se ranger avec lui sous les drapeaux de l'étranger : personne ne bougea ; et si plusieurs villes de Provence, entre autres Toulon, ouvrirent leurs portes, Marseille fit la plus vive résistance. « Trois coups de canon, avait-il dit, suffiront pour amener ces timides bourgeois à nos pieds, les clefs à la main et la corde au cou. » Le siége commença le 19 août ; les Marseillais s'encouragèrent mutuellement à la défense : on fortifia la place avec une promptitude incroyable ; les femmes même, et des premières maisons, travaillèrent à une tranchée qu'on appela la *tranchée des Dames*. L'artillerie protégea les travaux, et ce fut seulement le 7 septembre que Bourbon et Pescaire parvinrent à mettre en batterie de gros canons amenés de Toulon et Briançon : l'artillerie légère ne faisait aucune impression sur les murs. Un prêtre, qui disait la messe dans la tente de Pescaire, fut tué d'un boulet de canon tiré de la place. Bourbon, qui prenait déjà le titre de comte de Provence, accourut au bruit, et en demanda la cause : « Ce sont, dit Pescaire, les timides bourgeois de Marseille qui vous apportent les clefs. » Pendant que les Marseillais se défendaient si bien, François Ier rassemblait une armée sous les murs d'Avignon. Quand il s'avança vers la place, les impériaux, après quarante jours de siége, affaiblis par la disette et les maladies, se retirèrent en Italie. Bourbon perdit dans cette retraite une partie de ses équipages. Il lui fallut endurer les insolences de Pescaire. On disait de lui qu'il était venu faire *une rodomontade espagnole sur les terres de France.*

François Ier se hâta de rentrer en Italie, poussa droit à Milan, où il entra sans coup férir, et vint mettre le siége devant Pavie. Les impériaux semblaient hors d'état de résister à des forces si imposantes ; mais Bourbon, que sa haine implacable rend fécond en ressources, quitte secrètement son camp, se rend à Turin, détache le duc de Savoie de l'alliance de la

France, et obtient de lui des valeurs considérables en or et en pierreries, avec lesquelles il va lever en Allemagne un corps de treize mille *landsknechts*, puis il revient en Italie contribuer au gain de la bataille de Pavie (24 février 1525). Le malheur de François Ier voulut qu'il fût fait prisonnier par un des gentilshommes du duc de Bourbon (Pomperant, qui eut la gloire de garantir de la mort le roi, qui ne voulait rendre son épée qu'à Lannoi, vice-roi de Naples). Bourbon put du moins, le jour même et le lendemain, jouir de son triomphe en présence de François Ier, tout en l'accablant de protestations hypocrites de déférence et de respect. De concert avec Pescaire, il le fit garder étroitement dans la prison de Pizzighitone.

Une telle précaution ne les rassurait pas; ils croyaient avoir tout à craindre de la force ouverte, des entreprises secrètes de la ruse, de la séduction et des autres moyens que l'audace et l'industrie peuvent employer en faveur d'un monarque au sort duquel la liberté de l'Europe semblait être attachée; ils découvraient tous les jours de nouveaux complots formés par des officiers intrépides dont le comte de Saint-Pol encourageait et dirigeait le zèle.

On avait cru ce prince tué à la bataille de Pavie : il était tombé aux pieds du roi percé de coups et nageant dans son sang; un soldat ennemi, qui cherchait les dépouilles des vaincus, arrive à l'endroit où le comte était confondu parmi les morts; il aperçoit briller à son doigt un très-beau diamant, il essaye de le lui ôter; mais, n'en pouvant venir à bout, il veut le lui couper; la douleur arrache un cri au comte de Saint-Pol qui n'était qu'évanoui; il se nomma et eut la présence d'esprit de recommander le silence au soldat, en l'avertissant que, s'il se vantait d'avoir en son pouvoir un prince de la maison de France, les généraux de l'empereur le lui enlèveraient pour profiter de sa rançon; il promit de lui faire sa fortune s'il voulait avoir soin de ses blessures et le suivre en France : le soldat porta en secret le prince à Pavie, le fit guérir et le guida dans sa fuite ; il en reçut la plus magnifique récompense.

Le comte de Saint-Pol ne fit usage de la liberté qu'il venait de recouvrer que pour tâcher de sauver le roi. Comme il n'attendait de la France épuisée que des vœux impuisants, il eut recours aux intrigues ; mais tous ses efforts n'aboutirent qu'à exciter les soupçons de Lannoi, et à faire resserrer de plus en plus le monarque prisonnier.

Si le zèle de ce prince fut inutile, le duc de Vendôme, son frère, sauva la France. La nation , sans roi , sans argent et sans ressources, s'en prenait à Louise de Savoie de tant de calamités ; on s'indignait plus vivement encore contre Duprat, cet instrument servile des passions de la régente. On voulait ôter à la mère du roi le pouvoir dont elle avait abusé, et punir le chancelier des maux qu'il avait faits à l'état. La fermentation était si générale, que, sans l'énergie du comte de Vendôme, on aurait éprouvé les mêmes désastres qui avaient manqué d'anéantir la monarchie pendant la captivité du roi Jean.

Les mécontents, à la tête desquels se trouvaient des évêques, de grands seigneurs et l'ordre presque entier de la magistrature, particulièrement irrité contre Duprat, avaient jeté les yeux sur le duc de Vendôme pour l'élever à la régence : on lui envoya à ce sujet une députation solennelle. D'un seul mot Vendôme confondit les députés : « Messieurs, leur dit-il, je vais à Lyon recevoir les ordres de Madame la régente, qui m'appelle, avec tous les grands du royaume, pour travailler à la liberté du roi et à votre salut. »

Quant à Charles-Quint, au lieu de profiter de sa victoire en réalisant les projets de Bourbon, il entama avec le royal captif une négociation qui n'eut pas de suites. Peu confiant dans les intentions du connétable, il ne songeait qu'à tirer de ses mains un prisonnier dont la possession le rendait l'arbitre des événements. Par les soins de Lannoi, qui était jaloux de Pescaire et de Bourbon, François Ier fut embarqué pour l'Espagne à l'insu de ces deux généraux. Le connétable, dévorant son dépit, suivit son captif en Castille, où la réception magnifique que lui fit Charles-Quint ne le dédommagea ni du manque de foi de ce prince à son égard, ni des mépris des Espagnols. Les grands de Castille ne voyaient en lui qu'un transfuge; ils ne l'appelaient que le *traître*, et lorsque Charles demanda au marquis de Villena de le loger dans son palais, ce seigneur répondit qu'il ne pouvait rien lui refuser, mais qu'aussitôt que le *traître* serait sorti de son palais il y mettrait le feu de sa main comme désormais indigne de recevoir un homme d'honneur. C'est Guichardin qui rapporte ce trait. On ne voit point de traces de ce sentiment de mépris dans les historiens espagnols Ferreras et Mariana. Voltaire, qui s'est fait l'apologiste de Bourbon, a montré sa légèreté ordinaire comme historien en renvoyant cette anecdote aux livres en *ana*, et en affirmant que le connétable *n'alla jamais en Espagne*. Bourbon, en se rendant à Madrid, avait espéré que sa présence empêcherait Charles-Quint de négliger ses intérêts dans le traité qu'il devait conclure avec François Ier. Son espoir fut déçu : à Pizzghitone, l'empereur avait proposé en faveur du connétable le rétablissement du royaume de Provence avec la restitution de tous les biens de la maison de Bourbon; par le traité de Madrid, il ne fut question que de cette restitution, et Charles-Quint lui enleva la main de sa sœur pour la donner à François Ier. On assure même qu'il empêcha le monarque vaincu d'offrir à Bourbon Marguerite de Valois comme gage de réconciliation. L'empereur s'efforça cependant d'apaiser le juste ressentiment du connétable par la promesse de la souveraineté du Milanais;

mais l'injure que lui faisait Charles-Quint demeura profondément gravée dans son âme; il lui voua la même haine qu'à François Ier, et la dissimula soigneusement jusqu'à ce qu'il pût la faire éclater avec le même succès. Quoi qu'il en soit, si le traité de Madrid eût été exécuté, Bourbon, remis en possession de tous ses biens, aurait été rendu à la France; mais, devenu libre, François Ier éluda toutes ses promesses, et le connétable à jamais ruiné accepta, comme une dernière chance de fortune, la promesse du duché de Milan.

A son arrivée à Milan, il trouva cette ville en proie depuis dix mois à la froide barbarie des troupes impériales qui, mal payées par Charles-Quint, exerçaient toutes les horreurs de la guerre sur un peuple désarmé. Les principaux habitants vinrent se jeter aux pieds du connétable pour qu'il fît cesser le régime affreux qui pesait sur leurs têtes. Il leur promit de faire sortir les troupes de Milan, moyennant une dernière contribution de guerre de trente mille ducats. « Si je vous trompe, ajouta-t-il, j'adjure Dieu qu'à la première action, le premier coup soit pour moi. » Mais de peur d'exciter une sédition parmi ces soldats indisciplinés, dont les généraux espagnols encourageaient la licence, il n'osa ou ne put tenir cette parole si solennellement donnée, et qui devint pour lui une sentence prophétique. Cependant, avec de telles troupes, il parvint à s'emparer du château de Milan, à la vue de trois armées d'insurgés italiens; et cet exploit, en ajoutant à sa gloire, lui rendit plus de confiance. Dès ce moment il agit dans le Milanais comme souverain, sans attendre l'investiture impériale. Il nomma gouverneur du château de Milan, la plus forte place d'Italie, Montagnac de Tauzanes, et chancelier du Milanais, l'évêque d'Autun; enfin, il distribua tous les emplois vacants à des Français qui l'avaient suivi dans son exil.

Mais, en présence d'une armée confédérée de trente-cinq mille hommes, pouvait-il se soutenir avec neuf mille soldats épuisés par la débauche et la maladie? Bourbon, que Charles-Quint abandonna à ses propres ressources, eut recours à l'expédient qui l'avait déjà si bien servi. A sa voix, treize ou quatorze mille Allemands, affamés de pillage, passèrent les Alpes sous la conduite de Georges Frondsberg. Nouvel embarras : comment payer ces nouvelles troupes? Comment arracher au séjour de Milan les soldats espagnols, qui depuis dix mois disposaient à leur gré des femmes, des filles et des biens des habitants? Bourbon, à force de supplications, obtint qu'ils sortiraient, moyennant une partie de leur solde arriérée. Pour fournir à cette dépense, il fit vendre les vases sacrés des églises et appliquer à la question les plus riches citoyens ; puis, sortant enfin de Milan où il laissait Antoine de Lève avec quelques troupes, il marcha vers Pavie, où l'attendait Frondsberg avec ses Allemands (janvier 1527). C'est alors que, dans une courte harangue, Bourbon annonça à son armée qu'il allait la conduire dans une contrée où elle pourrait s'enrichir à jamais. « Nous vous suivrons partout, s'écrièrent les soldats, dussiez-vous nous mener à tous les diables. » Ces transports, ce dévouement aveugle des soldats, dit l'historien Gaillard, étaient pour Bourbon le dédommagement le plus flatteur de ses disgrâces ; ses longs ennuis cédaient au plaisir si touchant de se voir adoré par tant de braves hommes, et d'être plus roi dans son camp que Charles et François ne l'étaient dans leurs cours. Il affectait avec eux ce ton d'égalité qu'il connaissait si propre à les séduire! Il leur avait distribué sa vaisselle, ses meubles, ses bijoux, ses habits, et ne s'était réservé qu'une casaque de toile d'argent qu'il portait sur ses armes. Son armée était devenue sa famille, sa patrie, sa fortune; ses soldats l'élevaient au-dessus de tous les capitaines de l'antiquité. On connaît cette chanson des soldats espagnols qui nous a été conservée en partie :

Calla , calla , Julio Cesar , Hannibal , Scipion ;
Viva la fama de Bourbon.

Ils avaient mis en vers sa harangue ; ils l'introduisaient
lui-même sur la scène et le faisaient parler ainsi :

Dezia le mis senores , yo soi probre cavallero
Y tanbien, como vos otros , no tengo un denaro.

« Je suis un pauvre chevalier, je n'ai pas le sol non plus que vous. »

Dès que Bourbon paraissait, l'air retentissait de cette chanson qu'il semblait entendre avec plaisir ; lui-même se mêlait
aux jeux militaires des siens, chantait le dernier couplet.
Tant d'affabilité de la part d'un chef si illustre, qui voulait
bien se confondre avec la multitude, transportait le soldat ;
il s'étourdissait sur les besoins et les fatigues d'une marche
que l'horrible difficulté des chemins retardait et allongeait
sans cesse.

Cependant le pape comptait sur l'exécution de la trêve qu'il
achetait si cher ; il licencia ses troupes. Surpris d'apprendre
que Bourbon continuait ses ravages et poursuivait sa route,
il lui envoya le seigneur Fieramosca, pour le prier de sortir
de ses états. Bourbon répondit qu'il était entraîné malgré lui
par une troupe de furieux qui le mettraient en pièces s'il re-
broussait chemin ; mais qu'il espérait que la faim et le péril
les rebuteraient bientôt et les feraient rentrer en eux-mêmes.

Arrivé aux pieds de l'Apennin, il reçut un envoyé de Lannoi, qui le sommait d'accepter la trêve qu'il venait de conclure : l'envoyé allait être massacré par les Espagnols, si
Bourbon ne l'eût arraché de leurs mains. Le marquis du
Guast, l'un des principaux chefs de l'armée, n'osant résister
aux ordres de l'empereur dont il regardait Lannoi comme
l'unique et véritable interprète en Italie, se retira secrètement du camp et passa dans le royaume de Naples. Aussitôt

les Espagnols, dont il était colonel général, s'assemblent, lui font son procès dans les formes, et le condamnent comme déserteur et traître.

Lannoi s'imagina alors que Bourbon n'avait rejeté la trêve que pour obtenir de plus grosses sommes d'argent; aux soixante mille ducats que le pape consentait à payer et qui étaient destinés aux troupes de ce prince, il en ajouta vingt mille qu'il devait prendre sur les revenus du royaume de Naples; mais Bourbon ne daigna pas même lui répondre. Lannoi indigné sortit de Rome pour aller le trouver dans son camp, en se vantant de lui enlever les Espagnols et de le réduire aux seuls Allemands, s'il continuait de mettre à feu et à sang les états du saint-père; mais lorsque ce ministre fut arrivé à Florence, il n'osa poursuivre son chemin, il aima mieux traiter de loin avec un prince dont il connaissait le caractère fier et vindicatif.

Au premier mouvement des impériaux vers la Toscane, le pape trembla pour la république de Florence, qu'il gouvernait avec une autorité absolue; il implora à grands cris le secours de ses alliés. Le marquis de Saluces, qui, avec un détachement de cavalerie, avait prévenu Bourbon à Plaisance, à Parme, à Modène et à Bologne, le prévint encore au delà de l'Apennin. Cependant l'armée de Bourbon, isolée, enveloppée par les troupes confédérées, ne trouvait plus de vivres dans les campagnes; elle ne pouvait en recouvrer qu'en forçant les villes et les châteaux où on les avait transportés. Le soldat dans sa fureur n'épargnait pas plus les places qui se rendaient à la première sommation, que celles qu'il emportait l'épée à la main. Un corps de Français réfugiés auprès de Bourbon se signala surtout par sa cruauté; il se rendit maître d'un château appelé Pienne, dans lequel il égorgea impitoyablement huit cents malheureux paysans.

Bourbon feignait toujours de désirer la paix; il fit dire à

Lannoi et aux ministres du pape, qui étaient à Florence, qu'il se retirerait dans cinq jours, pourvu qu'on joignît aux quatre-vingt mille ducats qu'on lui offrait, une nouvelle somme de soixante mille ducats.

Lannoi y consentit, et regardant cette affaire comme terminée, il écrivit à Bourbon qu'il irait le trouver pour lui porter cet argent, et fondre ensuite avec lui sur les états des Vénitiens, qui, de tous les confédérés, avaient témoigné le plus de vigueur contre l'empereur.

Bourbon, enchanté de voir Lannoi, et même les généraux des alliés, donner dans le piége, assigna au vice-roi un rendez-vous dans un village situé auprès de l'Apennin; mais son courrier était à peine parti, qu'il se mit en marche, et franchit, en deux jours, cette chaîne de montagnes, au milieu desquelles il eût été aisé aux ennemis de le faire périr avec toutes ses troupes. Ce succès flatta Bourbon, et il ne fut pas moins sensible au plaisir de faire sentir à Lannoi tout le mépris qu'il avait pour lui, en le rendant la fable de l'Italie. Le vice-roi n'avait trouvé au rendez-vous que des paysans ruinés par les brigandages des impériaux qui manquèrent de le tuer; il s'obstina à suivre les traces du prince qui lui donna d'autres rendez-vous où il n'eut garde de se trouver. Lannoi, las de dévorer des affronts et d'être le jouet de Bourbon, chercha enfin un asile à Florence. Au reste, il dut s'applaudir de la conduite insultante de Bourbon ; car, s'il eût paru dans le camp et qu'il eût entrepris d'arrêter l'armée dans sa course victorieuse, rien n'aurait pu le soustraire à la fureur des soldats.

Le danger de la Toscane accéléra la marche du duc d'Urbin, qui arriva dans ce pays presque en même temps que Bourbon. La Toscane était menacée des mêmes calamités que la Lombardie; elle semblait devoir être le théâtre des plus grands événements. Déjà la république de Sienne, rivale et ennemie de Florence, offrait à Bourbon des vivres, des munitions, de l'argent et des pionniers pour entreprendre le siége de cette ville; mais ce prince, ferme et inébranlable dans ses ses projets, était bien éloigné de s'attacher à une conquête incertaine et difficile : Rome seule fixait ses regards; c'est dans cette capitale du monde chrétien qu'il voulait entrer en triomphe et faire éclater les desseins qu'il méditait depuis si longtemps. La nouvelle qu'il reçut que le pape venait de renouveler ses traités de confédération avec la France et l'Angletere, ne fit qu'ajouter à son activité; il voulait accabler Rome et le pape, avant qu'ils pussent être secourus efficacement par des alliés trop éloignés. Il s'avisa alors d'écrire au pontife, pour se justifier d'être entré en Toscane; il lui représentait que, n'ayant pu déterminer son armée à la paix, il avait pris le parti de l'accompagner pour la contenir, et qu'il suppliait le pontife de ne pas ménager ses trésors pour écarter du centre de ses états l'orage qui les enveloppait déjà.

Mais Clément VII, qui peu auparavant avait témoigné tant de faiblesse, était devenu tout à coup fier et intrépide; il ne répondit à Bourbon qu'en lançant contre lui et son armée les foudres de l'excommunication; et comme si ces armes eussent suffi pour vaincre, il porta la sécurité jusqu'à ne faire aucun préparatif de défense, et même à empêcher ses sujets de sortir de la capitale. Cette confiance insensée fut la cause de la plus terrible catastrophe que Rome ait jamais éprouvée.

Bourbon était encore à Arrezzo, lorsqu'enfin il jugea à propos de communiquer à son armée le projet dont l'exécution avait souffert de si grandes difficultés. Il n'eut pas plus tôt déclaré que c'était à Rome qu'il s'agissait de pénétrer, qu'au seul nom de cette ville, il fut interrompu par les plus vives acclamations; le soldat, qui déjà dévorait en idée les trésors du pape et de l'Église, pressait lui-même la marche.

Le prince ne laissa pas refroidir cette ardeur ; il déposa à Arrezzo le peu d'artillerie et d'équipages qu'il traînait à sa suite , et il se mit en route avec une célérité égale à l'audace qui l'animait ; il arriva devant Rome , lorsque le pape le croyait encore au fond de la Toscane.

La défense de la ville fut confiée à Renzo de Ceré, qui s'était signalé au siége de Marseille contre Bourbon. Ce général, secondé de du Bellai et de quelques autres officiers français , se hâta d'élever des retranchements au Borgo, le poste le plus exposé de la ville ; il arma tous les habitants en état de combattre. Des prêtres , des religieux , des évêques , le crucifix à la main , parcouraient les rues de Rome , et exhortaient le peuple à vaincre ou à mourir pour la religion et la patrie , également menacées par des luthériens et des brigands impies ; ils annonçaient de prompts secours de la part des généraux de la ligue sainte.

Le départ imprévu des impériaux d'Arrezzo n'avait point étonné les généraux des alliés ; ils avaient détaché sur-le-champ un corps considérable de cavalerie avec cinq mille hommes d'infanterie armés à la légère, sous les ordres du marquis de Saluces ; ils étaient persuadés que si Bourbon conduisait avec lui du canon, ce détachement le préviendrait devant Rome ; que si , au contraire , ce prince s'était mis en route sans artillerie, Saluces arriverait assez tôt pour sauver la ville ; mais l'activité et l'audace déconcertèrent toutes les précautions de la prévoyance.

En arrivant devant Rome, le 5 mai au soir , Bourbon vit les remparts couverts d'hommes armés, et tous les préparatifs d'une vigoureuse résistance ; il comprit qu'il fallait vaincre sur-le-champ ou s'attendre à périr en peu de jours sous les horreurs de la faim ou par le fer des confédérés qui le suivaient de près ; il ne différa donc l'assaut qu'il voulait livrer qu'au lendemain à la pointe du jour. Pour enflammer encore l'ardeur de ses soldats : « Voici, leur dit-il en leur montrant la ville éternelle, l'objet de nos désirs, le terme de nos travaux, la source de notre fortune. »

Le lendemain, à la pointe du jour, Bourbon parut à la tête des troupes, armé de toutes pièces, et portant par-dessus son armure une casaque blanche pour être mieux remarqué des siens et des ennemis; mais il était encore plus remarquable par sa taille, l'audace et le feu de ses regards; ses dispositions furent sages et rapides; il choisit parmi les guerriers des trois nations qui composaient son armée, trois corps séparés, l'un d'Allemands, l'autre d'Espagnols, et le troisième d'Italiens, à chacun desquels il confia une attaque différente; c'était pour mieux exciter l'émulation nationale. Le reste de l'armée était à portée de soutenir les assaillants. Bourbon profita d'un brouillard épais pour conduire ses troupes en silence jusqu'auprès des retranchements élevés à la hâte au faubourg du Vatican; lorsqu'il n'en fut qu'à une très-petite distance, il leur fit faire halte, et s'approcha presque seul des murs pour en examiner la hauteur et mieux diriger l'escalade; car, faute de canon, il était réduit à ce genre de combat, le plus meurtrier et le plus terrible de tous. Un moment après, le brouillard s'étant dissipé, le jour offrit aux regards des Romains, postés sur les remparts, l'armée impériale rangée en bataille dans la plaine, qui n'attendait que le signal du carnage. Un porte-enseigne, à qui Renzo de Ceré avait confié la garde d'une brèche qu'on n'avait pas eu le temps de réparer, effrayé de ce spectacle, voulut rentrer dans la ville; mais, égaré par la peur, il marche droit à Bourbon qui s'arrête et observe tous ses mouvements. Comme le prince s'attendait à une vigoureuse sortie, il fit sonner la charge. Au bruit des tambours et des trompettes, le porte-enseigne revint de son erreur, et reprit le chemin de la ville par la brèche qu'il avait quittée.

Aussitôt Bourbon, qui ne le perdait point de vue, s'écria, transporté de joie : « Courage, amis! le ciel nous montre lui-même le chemin de la victoire ! » En même temps il arrache une échelle des mains d'un soldat, l'applique à la brèche, et monte le premier en élevant sa pique pour atteindre l'enne-mi; mais un coup d'arquebuse, parti, dit-on, de la main d'un prêtre, lui perce le flanc et le renverse, mortellement blessé, dans le fossé ; quoiqu'il ne lui restât qu'un souffle de vie, Bour-bon, toujours plein de la grande idée de vaincre, même après son trépas, eut la force et la présence d'esprit de faire signe au capitaine Jonas de le couvrir d'un manteau pour ôter la connaissance de sa mort à l'armée dont il craignait que le courage n'expirât avec lui.

Ainsi fut remplie la terrible imprécation que ce malheu-reux prince avait prononcée contre lui-même, lorsque, trom-pant par de faux serments les Milanais désespérés, il avait prié l'Être suprême de diriger contre son sein la première balle lancée par l'ennemi dans un assaut ou une bataille.

Cependant le bruit des instruments militaires, les cris, les menaces, l'impétuosité, l'acharnement et le tumulte insépa-rables d'un si furieux combat, dérobèrent pendant quelque temps aux troupes la perte irréparable qu'elles venaient de faire ; mais enfin, le soldat ne voyant pas paraître son géné-ral qui était toujours le premier aux coups, commença à soup-çonner l'accident qui lui était arrivé. Les larmes du capitaine Jonas trahirent le secret qui lui était confié, et le prince d'O-range, qui avait vu tomber Bourbon et recueilli ses derniers soupirs, déclara, en gémissant, qu'il ne fallait plus penser qu'à le venger.

Cette funeste nouvelle, répandue de rang en rang, porta la douleur et la rage dans l'âme de tous les soldats. Bientôt on n'entend plus retentir en l'air que ces terribles paroles : *Car-né! carné ! sangré ! sangré ! sierra! sierra ! Au sang ! au carnage!*

à la scie ! Le nom de Bourbon, répété sans cesse avec tous les accents du désespoir, devient le signal des plus valeureux exploits. Forcés de poste en poste, les Romains fuient et se dispersent dans toutes les rues qui, soudain, sont inondées de sang. Le farouche vainqueur ne cessa d'immoler des victimes aux mânes de son chef, que lorsqu'il ne trouva plus d'ennemis sous les armes.

La ville fut emportée avec tant de rapidité, que le pape, qui pendant toute l'action était demeuré prosterné devant l'autel de Saint-Pierre, eut à peine le temps de se sauver au château Saint-Ange, avec treize ou quatorze cardinaux; les autres membres du sacré collége, toute la prélature romaine, les princes, la noblesse, les citoyens et la multitude furent la proie des impériaux.

Qu'on imagine les caprices infâmes, les excès horribles auxquels peuvent se porter des hommes qui ne sont retenus par aucun frein, et on aura quelque idée des maux et des opprobres que Rome eut à souffrir des soldats de Bourbon, plus avares, plus cruels, plus dissolus et plus impies que les Goths et les Vandales, qui autrefois avaient conquis cette capitale des nations. La beauté, la jeunesse, l'innocence et la faiblesse, tourmentées, livrées à l'ignominie; les outrages les plus honteux réservés aux plus grandes dames et aux vierges consacrées au culte de la religion, les unes soumises à la prostitution en présence de leurs époux et de leurs familles, les autres violées sur les autels témoins de leurs vœux sacrés; les églises profanées, dépouillées de leurs ornements, converties en écuries; les choses saintes foulées aux pieds, jetées dans la boue; d'un côté des vieillards, des évêques, des cardinaux même, montés à reculons sur des ânes et des mulets, promenés dans les places publiques, exposés aux huées, aux insultes et aux coups; de l'autre des processions de goujats, vêtus d'habits sacerdotaux, contrefaisant le chant divin et les cérémonies de la religion , se faisant porter la queue de la chape par des prélats réduits à la triste condition d'estafiers et de laquais. Ici des groupes de femmes et de filles éplorées, traînées avec violence par les brigands qui les avaient enlevées ; là des citoyens enchaînés, déchirés de coups, mutilés, appliqués à la question , jusqu'à ce qu'ils eussent découvert le lieu où ils avaient enfoui leurs trésors : partout l'image de la douleur et du désespoir.

Voilà le spectacle que Rome présenta, non un jour ou deux, mais durant l'espace de plus de deux mois.

C'était à qui des Espagnols, si savants dans l'art de tourmenter les vaincus, et des Allemands presque tous luthériens forcenés, se signalerait par plus d'attentats contre la religion, la pudeur et l'humanité. Les premiers, plus exercés, emportèrent le prix de la cruauté et de la débauche; ils n'épargnèrent pas plus les étrangers qui étaient en grand nombre dans la ville, que les habitants, et ils firent éprouver aux prélats espagnols ou allemands les plus dévoués à l'empereur, les mêmes traitements qu'aux ministres et aux courtisans du pape; enfin, cette horde de barbares étendit sa fureur jusque sur les plus beaux monuments échappés aux injures des Goths, des Vandales et du temps.

Le pape voyait du haut du château Saint-Ange cette scène de désolation; il entendait les gémissements de ses sujets; lui-même était menacé du sort le plus indigne; il eût mieux aimé mourir mille fois que d'être le jouet de l'insolence des luthériens ; cependant, pressé par le double fléau de la faim et de la contagion, abandonné, trahi peut-être par le duc d'Urbin, dont il attendait en vain sa délivrance, il prit le parti de se rendre aux Espagnols. Il lui en coûta quatre cent mille ducats pour obtenir la grâce d'être gardé au château Saint-Ange par le capitaine Alarçon, qui le garantit des insultes des hérétiques. Si l'on joint à cette somme toutes les richesses accumulées dans les églises et les monastères, dans les palais des papes, des cardinaux et des princes, dans les maisons des banquiers, et le prix des rançons arrachées de tous les habitants, par le secours du fer et du feu, on conviendra que jamais armée ne fit un plus beau butin.

Elle rassemblait et partageait les richesses des Romains, avec la même tranquillité que si toutes les forces de la Ligue avaient été anéanties ; elle ne daignait pas s'apercevoir que le duc d'Urbin, le marquis de Saluces et Gui Rangoné, campaient à quelques pas de Rome avec des troupes nombreuses, tant était profond le mépris qu'elle avait conçu pour un ennemi qui, avec tous les moyens de vaincre, n'avait montré qu'une lâcheté honteuse. La destinée seule de Bourbon troublait la joie de ces heureux brigands, et leur arrachait les plus tendres marques de sensibilité ; ils l'avaient adoré vivant ; ils prodiguèrent à sa cendre tous les honneurs imaginables. Son corps fut déposé dans une église, la seule peut-être que l'impiété respecta, au milieu des drapeaux et des étendards, et entouré d'une garde nombreuse, en sorte que le fier Bourbon semblait encore, du sein de la mort, donner des lois à l'armée et à Rome vaincue ; là, chaque jour une foule de soldats venaient couvrir son cercueil de larmes et de fleurs. Enfin, lorsque l'armée poursuivie par la peste et les troupes de Lautrec fut obligée d'abandonner sa conquête, elle emporta avec elle le corps de son bienfaiteur, pour le mettre à couvert de la vengeance des Romains ; elle le conduisit en pompe dans le château de Gaëte, où se vit depuis et longtemps sa statue, debout, le bâton de général à la main, et dans l'attitude la plus menaçante.

Cette vénération si vraie et si profonde avait sa source dans les qualités éminentes de Bourbon, né pour être le héros et le père de tous les militaires, de quelque nation qu'ils fussent. L'armée, pour soulager sa douleur, consacra, à la gloire de ce prince, cette épitaphe si célèbre où il n'est pourtant question que des grandes choses qu'il exécuta dans les trois dernières années de sa vie.

AUCTO IMPERIO,

GALLO VICTO,

SUPERATA ITALIA,

PONTIFICE OBSESSO,

ROMA CAPTA,

BORBONIUS HIC JACET.

« Ci-gît Bourbon, après avoir agrandi l'empire, vaincu les » Français, dompté l'Italie, assiégé le souverain pontife et pris » Rome. »

On connaît aussi ce sonnet italien, fruit de l'enthousiasme, et dont Brantôme nous a conservé l'ancienne traduction :

D'assez assez a fait Charlemagne le Preux ;

Alexandre de peu fit bien plus grande chose :

Mais de néant a fait, plus que n'ont fait les deux,

Charles duc de Bourbon qui ci-dessous repose.

Avec une armée si aguerrie, si formidable, et qui lui était si dévouée, à quelle fortune Bourbon ne pouvait-il pas prétendre, dans des circonstances où l'Italie invoquait un libérateur? On assure qu'il avait dessein de se faire couronner roi dans l'église de Saint-Pierre de Rome, et de marcher ensuite à la conquête du royaume de Naples. Quelques écrivains ont cru entrevoir qu'il ne voulait s'emparer de cet état que pour le livrer à François Ier, et réparer, par un don si magnifique, tout le mal qu'il lui avait fait; vaine conjecture peu analogue au caractère fier, inquiet, indépendant et vindicatif de ce prince! Indigné contre les rois qui l'avaient persécuté ou trompé, Bourbon ne voyait d'asile que sur le trône, d'où il aurait bravé leur impuissant courroux ; cependant on est obligé d'avouer qu'il emporta au tombeau le secret de ses projets.

Quels qu'ils fussent, il n'y avait point d'homme en Europe

plus capable d'en assurer le succès : génie élevé, courage invincible, constance, souplesse, prévoyance, science de la guerre, science du gouvernement, art de manier les esprits de la multitude et de la séduire, Bourbon avait reçu de la nature ou acquis tous les talents, tous les moyens nécessaires pour exciter de grandes révolutions; mais ce qui le rendait encore plus dangereux, c'est que, livré sans réserve aux affaires, il n'était jamais distrait de ses desseins, ni par le goût de la galanterie, si dominant dans son siècle, ni par l'attrait des vains plaisirs. On rapporte que ce prince, si beau, si bien fait, si magnifique, dont les grâces martiales faisaient tant d'impression sur le cœur des plus grandes dames, échappa au piége de la volupté, l'écueil de tant de héros, et qu'il ne connut jamais d'autre femme que la sienne, qui, comme on a vu, était petite, contrefaite et entièrement dépourvue d'appas.

Les mœurs pures et austères de ce prince, son intégrité, son équité, les soins paternels qu'il prenait de ses vassaux et de ses serviteurs, l'avaient rendu l'idole des peuples du Bourbonnais, de l'Auvergne, du Forez et de ses autres domaines; ils ne pouvaient ajouter foi à la nouvelle de sa mort, ils s'attendaient à le revoir un jour couvert de gloire et réconcilié avec le roi : rien ne contribua plus sans doute à accréditer l'erreur que le procès criminel que le parlement fit au connétable, comme s'il eût été encore vivant.

Quand on pense que Bourbon n'avait que trente-huit ans lorsqu'il fut tué, et qu'à cet âge si peu avancé, dans le sein de la misère et de l'exil, il avait fait de si grandes choses, l'admiration augmente. Quelle eût donc été la carrière de cet homme étonnant, à qui l'Italie, la France même allaient tendre les bras pour l'aider à abattre la puissance de l'empereur, s'il n'eût été arrêté au milieu de ses victoires?

Quoique Charles-Quint fût le prince de l'Europe qui gagna le plus à la mort de Bourbon, il témoigna beaucoup de regret de sa perte ; il n'en parla jamais que comme d'un allié fidèle qui lui avait rendu des services éclatants, d'un héros comparable aux plus grands hommes de l'antiquité ; il honora sa mémoire, et affecta surtout de combler de biens et de distinctions ses nombreux serviteurs et la noblesse qui l'avait suivi dans ses écarts.

François Ier et toute sa cour ne sentirent que la joie d'être enfin délivrés d'un prince qui leur avait inspiré tant d'effroi. La multitude, à Paris, donna l'essor à la haine qu'elle lui portait depuis qu'il était devenu le fléau de l'état : elle courut à son hôtel, situé auprès du Louvre, et en teignit la porte et le seuil de jaune, pour apprendre à la postérité qu'il était mort traître à la patrie.

Le roi, qui avait contenu son ressentiment tant qu'il avait eu à craindre ou à ménager Bourbon, le laissa enfin éclater ; il ordonna au parlement d'instruire le procès de ce prince comme s'il eût été encore plein de vie.

L'arrêt rendu en présence du monarque, des princes du sang, des pairs et des grands officiers de la couronne, retranche le connétable de la race de Bourbon, et le prive de ce grand nom, « comme ayant notoirement dégénéré des » mœurs et fidélité des antécesseurs de ladite maison, » et confisque tous ses biens : une partie fut réunie à la couronne, et l'autre donnée à madame d'Angoulême. Mais le public ne vit pas sans indignation l'artisan de cette funeste querelle, l'odieux Duprat, recueillir le fruit de ses manœuvres ténébreuses ; il obtint du trop facile François Ier les riches baronnies de Thiers et de Thori-sur-l'Allier, qu'il convoitait depuis si longtemps ; on connut alors le lâche motif qui avait dirigé les actions du chef de la justice. Ce don du roi fut enlevé aux enfants du chancelier par un arrêt du parlement de 1569, et restitué, avec un applaudissement général, à l'héritier du connétable.

Si François Ier eût prévu qu'il aurait bientôt la honte d'annuler l'arrêt prononcé contre le duc de Bourbon, il ne se serait pas tant pressé de solliciter la condamnation de ce prince. Il n'obtint la paix de Charles-Quint qu'à condition que la mémoire du connétable serait rétablie, et ses grands biens rendus à sa famille ; le roi éluda, autant qu'il fut en lui, l'exécution d'une loi si dure et si humiliante, il ne restitua qu'une partie des domaines du connétable et les reprit ensuite. On verra les difficultés infinies que Louis de Bourbon, prince de la Roche-sur-Yon, et ensuite duc de Montpensier, eut à vaincre pour obtenir du roi les débris de la succession de son oncle. Au surplus, ces débris suffirent pour le rendre un des princes les plus opulents de la maison royale, quoiqu'ils ne formassent peut-être pas la troisième partie des revenus du duc de Bourbon.

On ne peut s'empêcher de remarquer que la nation ne partagea point la haine de François Ier, de ses courtisans et des Parisiens contre le connétable : en blâmant ses écarts, elle pleura ses malheurs, elle s'attendrit sur le sort d'un prince du sang réduit à la misère et au désespoir, pour n'avoir pu soumettre son cœur à l'imposture d'une fausse passion pour la mère du roi, aussi avare que galante ! Quel est le Français qui, avant cette funeste époque, eût servi l'état avec plus d'éclat et de gloire que Bourbon ? qui eût montré plus de vertus et déployé un plus grand caractère ? La postérité, juge incorruptible des actions des hommes, condamne plus hautement la mémoire de la duchesse d'Angoulême et du chancelier Duprat, que celle du héros malheureux qu'ils forcèrent à devenir criminel !

CHAPITRE XII.

CHARLES DE BOURBON, DUC DE VENDÔME,

COMTE DE MARLE, D'ENGHIEN, DE SOISSONS ET DE CONVERSENS;

VICOMTE DE MEAUX ET DE BEAUMONT,

SEIGNEUR D'ÉPERNON, DE LA FERTÉ-SOUS-JOUARRE, DE CONDÉ EN BRIE,

DE MONTDOUBLEAU, DE LA FLÈCHE, DE CHATEAU-GONTHIER, DE DUNKERQUE,

DE GRAVELINES, DE HESDIN, DE HAM, DE BOHAIN, DE BOURBOURG,

DE BEAUREVOIR ET DE LA ROCHE;

CHATELAIN DE LILLE EN FLANDRE; CHEVALIER DE L'ORDRE DE SAINT-MICHEL,

GOUVERNEUR ET LIEUTENANT GÉNÉRAL DE PICARDIE;

CHEF DES CONSEILS DE FRANÇOIS Ier,

PREMIER PRINCE DU SANG ET PREMIER PAIR DU ROYAUME.

Lorsque ce prince vint au monde, 1489, la branche à laquelle il appartenait était bien éloignée de la couronne, étant précédée, dans l'ordre de la succession, par celles d'Orléans, d'Angoulême, d'Alençon, des ducs de Bourbon et des comtes de Montpensier. On ne pouvait prévoir que, dans le court espace de trente-huit ans, ces branches presque toutes composées de jeunes princes s'éteindraient, et que Vendôme, parvenu à la fleur de l'âge, ne verrait entre le trône et lui que celle de Valois-Angoulême, régnante en la personne de François Ier. Depuis la bataille d'Aignadel, où il fit des prodiges de valeur, la carrière militaire du duc de Vendôme n'avait été qu'un enchaînement de belles actions : il mérita, à l'âge de vingt-cinq ans, le gouvernement de Picardie, alors le plus important du royaume, parce qu'il était le

CHARLES DE BOURBON
Ier DU NOM
DUC DE VENDOME

théâtre éternel de la guerre. Là, il déploya un génie plein d'activité et de ressources : on le voit pendant plusieurs campagnes, suivi d'une poignée de soldats, mais secondé par les Guise, les la Trémoille et les Pont-Dormi, tenir en échec et repousser des armées formidables d'Allemands, d'Anglais et de Vallons ; il fut le rempart de Paris, peu éloigné alors d'une frontière qu'il était facile aux ennemis d'entamer. Les services, le zèle, la conduite et le caractère de Vendôme, n'empêchèrent point que sa fidélité ne devînt suspecte à la cour lorsque vint à éclater la conspiration du connétable de Bourbon, son cousin. Mais François Ier répara noblement son erreur en lui confiant le commandement d'une armée, à la tête de laquelle il sauva Paris qui voyait l'ennemi à ses portes, et recouvra la Picardie qui était envahie. Nous avons vu avec quelle grandeur d'âme il repoussa les vœux de la cabale redoutable qui lui offrait la régence pendant la prison de François Ier. Il aida la duchesse d'Angoulême à réparer les maux dont elle était la cause, et vint à bout de rompre les fers du roi, dont l'élargissement allait être le terme de son autorité. Avant d'aller plus loin, exposons l'état et la situation de la maison de Bourbon, lorsqu'à la mort du connétable Vendôme en devint le chef.

La maison de France avait produit plus de vingt tiges à la fois, et étendu ses rameaux sur les trônes de Portugal, de Naples, de Hongrie et de Pologne : on avait compté sous le règne de Charles VI jusqu'à quarante princes du sang, existant à la fois dans le royaume. Mais, à l'époque qui nous occupe, elle était réduite à la branche de Valois-Angoulême, qui occupait le trône, et à la branche de Bourbon-Vendôme, qui commençait à se subdiviser en deux branches : le duc de Vendôme, le comte de Saint-Pol et le cardinal de Bourbon, tous les trois frères, composaient la première ; la seconde, connue sous le nom de la Roche-sur-Yon, avait pour tige Louis de Bourbon-Vendôme, prince de la Roche-sur-Yon, oncle du duc de Vendôme qui venait de mourir; mais il laissait de Louise de Bourbon-Montpensier, sœur du connétable, deux princes qui sortaient de l'enfance : l'aîné, qui sera bientôt décoré du titre de duc de Montpensier, est l'auteur de la seconde branche de ce nom ; l'autre portera le nom de la Roche-sur-Yon.

Cette branche puînée eût possédé des richesses immenses, si elle eût pu entrer en possession de tous les biens que le connétable de Bourbon lui avait laissés par son testament; mais, malgré des traités solennels, elle ne put en obtenir qu'une portion, qui la mit pourtant en état de soutenir la splendeur de son rang.

Le duc de Vendôme lui-même, dont les services étaient si grands et si récents, n'eut pas d'abord lieu de se louer de la reconnaissance de François Ier. Il réclamait, en qualité d'aîné de la maison de Bourbon, le comté de Clermont-en-Beauvaisis, qui avait été donné en apanage à Robert de France, aïeul de tous les Bourbons ; il demandait aussi d'être mis en possession du comté de la Marche et de la seigneurie de Montaigu, qui avaient appartenu longtemps à la branche de Bourbon, dont il était issu.

François Ier prêta d'abord une oreille favorable aux prétentions du duc de Vendôme; il lui donna même des lettres-patentes, par lesquelles il était autorisé à assister au procès du connétable de Bourbon en qualité de pair de France, sans que sa présence pût porter atteinte aux droits qu'il avait à exercer sur les comtés de Clermont, de la Marche et la seigneurie de Montaigu; mais, à peine l'arrêt solennel qui condamnait la mémoire du connétable et confisquait tous ses biens eut été prononcé, que le roi réunit à la couronne les fiefs que le duc de Vendôme répétait: ainsi ce prince fut privé pour jamais de l'espérance de jouir de l'apanage dont sa maison était en possession depuis près de trois cents ans. Il supporta cette injustice sans se plaindre, et fit paraître la même modération dans une affaire dont les suites étaient bien plus importantes pour ses enfants : il s'agissait de l'héritage de la maison d'Alençon. Le dernier prince de ce nom était mort sans enfants, et sa succession était dévolue à Françoise d'Alençon, duchesse de Vendôme, et à Anne d'Alençon, marquise de Montferrat, ses sœurs ; il n'y avait à en distraire que le duché d'Alençon et le comté du Perche, réputés apanages de la couronne. Les autres domaines comprenaient non-seulement les biens patrimoniaux de la maison d'Alençon, mais encore les riches possessions de la maison d'Armagnac, dont le dernier duc d'Alençon avait joui. On jugera du grand intérêt qui devait animer les deux princesses par le nombre, la qualité et l'étendue des fiefs qu'elles réclamaient : ils consistaient, 1° dans les vicomtés de Beaumont, de Verneuil et de Domfront ; les baronnies de la Flèche, de Sainte-Suzanne, de Sonnois, de Fresnai, de Château-Gonthier, de la Guerche, de Pouancé, de Montmirail, de Châteauneuf-en-Timerais, de Senonches, de Chamrond et de Bressolles ; 2° dans le comté d'Armagnac, contrée riche et fertile qui n'avait pas moins de trente-six lieues de longueur sur vingt-cinq de largeur ; les comtés de Rhodez et de l'Ile-en-Jourdain, les baronnies de Castelnau et de Caussade. Les princesses répétaient non-seulement ces grandes possessions, mais encore le duché d'Alençon et le comté du Perche ; elles prétendaient que ces deux belles seigneuries, vendues autrefois ou peut-être données au roi Philippe-Auguste par Alix de Montgommeri, comtesse d'Alençon, n'ayant jamais été réunies à la couronne, ne devaient pas subir le sort des apanages, et que l'on devait les regarder comme biens patrimoniaux ; mais l'affaire ayant été portée au parlement, le procureur général, qu'on appelait alors procureur du roi, intervint pour la couronne, et prouva que Charles de France, fils puîné du roi Philippe le Hardi, tige des branches de Valois et d'Alençon, n'avait possédé les comtés de Valois, d'Alençon et du Perche, que comme apanages de la couronne. Les princesses demandèrent alors qu'on détachât de l'apanage, peu considérable dans l'origine, les riches domaines que les comtes et les ducs d'Alençon y avaient annexés en différents temps. Cette instance était juste; cependant le parlement, par un arrêt rendu en 1526, n'adjugea à la duchesse de Vendôme, principale héritière, que le vicomté de Beaumont, les baronnies de la Flèche, de Sonnois, de Fresnai, de Sainte-Suzanne, de Château-Gonthier; et à la marquise de Montferrat, que les fiefs de Châteauneuf-en-Timerais, de Senonches, de Chamrond et de Bressolles; ainsi les vicomtés de Verneuil et de Domfront, les baronnies de la Guerche, de Pouancé et de Montmirail, échappèrent aux héritiers de la maison d'Alençon. François Ier céda l'usufruit du duché d'Alençon et du comté de Perche à Marguerite de Valois, sa sœur, veuve du duc d'Alençon, en la remariant à Henri d'Albret, roi de Navarre; il fit plus, il accorda en même temps aux deux époux l'investiture de tous les biens de la maison d'Armagnac.

Pourtant, les droits de la duchesse de Vendôme étaient évidents; elle vint à bout d'éclairer François Ier; celui-ci envisageait avec inquiétude les procès et les querelles qui ne pouvaient manquer d'éclore entre le roi de Navarre et le duc de Vendôme, les deux hommes les plus considérables du royaume. C'est pour les prévenir qu'il résolut de confondre les droits mutuels des deux maisons, en déterminant le mariage d'Antoine de Bourbon, fils aîné de la duchesse de Vendôme, avec Jeanne d'Albert, unique héritière du roi de Navarre. Ce mariage pourtant ne fut accompli que sous le règne de Henri II. La duchesse de Vendôme vécut assez longtemps pour être témoin du bonheur de son fils, à qui elle laissa encore ses droits sur les domaines considérables de la maison d'Alençon, dont elle avait été frustrée. Antoine de Bourbon en sollicita longtemps et en vain la restitution; mais enfin d'heureuses circonstances le mirent à portée d'obtenir justice sous la minorité de Charles IX.

Le duc de Vendôme resta jusqu'à sa mort chef des conseils du roi; il commanda les armées, et eut beaucoup de part aux bienfaits de la cour; il obtint, en 1529, une pension de vingt-quatre mille livres, qui, jointe à celle dont il jouissait déjà et aux honoraires de ses gouvernements de Picardie et de l'Ile-de-France, lui formait un revenu très-considérable. Ses enfants et ses frères furent également protégés par François Ier. L'aîné de ses fils, Antoine de Bourbon, hérita, à l'âge de dix-neuf ans, des pensions et des gouvernements de son père. Le comte d'Enghien, second fils de Vendôme, était à peine sorti de l'enfance, que le roi lui donna successivement le gouvernement du Hainaut, du duché de Luxembourg, du Piémont et du Languedoc, et la conduite des plus belles armées de terre et de mer. Enfin, lorsque ce jeune prince eut été emporté au milieu de ses triomphes, par une mort prématurée, il le pleura, comme il avait pleuré le dauphin et le duc d'Orléans. Il adopta Marie de Bourbon, sa sœur, et voulut la placer sur le trône d'Écosse; ce mariage n'eut pas lieu.

Les frères du duc de Vendôme ne furent pas moins bien traités : le comte de Saint-Pol recevait du trésor royal la même pension que son aîné; il jouissait du gouvernement du Dauphiné, et d'une place au conseil d'état. On le voit souvent à la tête des armées, et toujours dans la plus haute faveur; le roi lui-même négocia son mariage avec la riche héritière de la branche aînée de la maison d'Estouteville, qui lui apporta vingt-quatre terres.

Le cardinal de Bourbon posséda, en même temps, l'archevêché de Sens, les évêchés de Laon, de Meaux, de Luçon et de Tréguier ; la riche abbaye de Saint-Denis, qui fut sécularisée en sa faveur ; les abbayes de Saint-Corneille de Compiègne, de Saint-Faron, de Coulon, de Ferrière et de Saint-Serge, et la légation de Savoie.

Depuis deux ans François Ier était sorti de prison ; on avait pensé dans toute l'Europe que ce prince se soumettrait difficilement aux conditions humiliantes et ruineuses du traité de Madrid, et qu'il en appellerait bientôt à son épée ; mais sa conduite démentit la haute opinion qu'on avait de son caractère ; il agit en homme qui n'osait plus se commettre avec la fortune ; il oublia, dans les bras de la duchesse d'Étampes, le sentiment de la vengeance et les intérêts de ses états.

Les exploits rapides de Bourbon, la prise de Rome et du pape, les cris de l'Italie livrée au fer et au feu, tirèrent enfin François Ier de son engourdissement ; il agit alors en roi de France : une armée puissante passa les Alpes, Lautrec la commandait. Ce Lautrec, que le roi n'estimait pas et qu'il n'employait qu'à regret, conquit Gênes et une partie de la Lombardie : il marchait vers Rome en vainqueur ; déjà il menaçait le royaume de Naples. C'était là l'instant que François Ier eût dû saisir pour entrer dans les Pays-Bas. Il négligea l'occasion ; mais il ne voulut pas non plus céder la Bourgogne à Charles-Quint ; il lui promit en dédommagement deux millions d'écus d'or, tandis que l'assemblée des notables réunis à Paris s'opposait noblement et avec résolution à l'abandon de cette belle et riche province. Dans cette assemblée, le clergé, par l'organe du cardinal de Bourbon, n'attendit pas le consentement et l'aveu d'une puissance étrangère pour offrir au roi un don tel que ses prédécesseurs n'en avaient jamais obtenu de plus fort. L'ordre de la noblesse, présidé par le duc de Vendôme, ne montra pas moins de générosité ; le tiers état ne resta pas en arrière.

François Ier se hâta de faire offrir à Charles-Quint les deux

CARTEL AUX ARMES DU CARDINAL DE BOURBON

(Mort en 1488).

On y remarque le casque et une devise guerrière réunis aux ornements des dignités ecclésiastiques. Une couronne, l'épée et le bâton de commandement sont posés sur les armoiries du gouvernement de Paris qu'il obtint de Louis XI.

millions d'écus d'or qu'il tenait de la générosité de ses sujets. L'empereur n'osa démentir tout d'un coup les espérances qu'il avait données ; mais comme il n'ignorait pas que tout ce qu'il y avait de numéraire en France suffisait à peine pour former une somme alors aussi exorbitante, il exigea qu'elle lui fût comptée en un seul payement, ou bien qu'on lui donnât pour otages le duc de Vendôme, le comte de Saint-Pol, le duc de Guise, les maréchaux de Lautrec et Montmorency, l'amiral Chabot, et les comtes de Laval et de Rieux, c'est-à-dire tout ce qui restait à la France de généraux et d'hommes d'état. Le piége était trop grossièrement tendu pour que le roi ne l'évitât pas. François offrit pour caution de la somme, non-seulement les plus riches banques de l'Europe, mais encore les grandes terres que la maison de Bourbon possédait dans les Pays-Bas, et qui étaient estimées plus de cinq cent mille écus d'or. Charles-Quint affecta une défiance qu'il n'avait pas ; il voulut encore ajouter à la rigueur du traité de Madrid. Tant de mauvaise foi ouvrit enfin les yeux de François Ier, et la négociation dégénéra en querelle personnelle entre les deux monarques.

Après des scènes de bravade mal déguisées, sous des formes ridiculement solennelles, la guerre recommença : l'Italie devait encore une fois en être le théâtre. Au duc de Brunswick, général de l'empereur, le roi de France opposa François de Bourbon, comte de Saint-Pol. Mais François Ier retomba dans son insouciance, et les Français semblaient perdus de l'autre côté des Alpes. Saint-Pol, toutefois, soutint avec courage et talent les efforts des ennemis. Un instant prisonnier de guerre, il fut rendu à la liberté par la paix de Cambrai.

Par ce traité, François Ier renonçait à jamais à tous ses droits sur le royaume de Naples, le Milanais et le comté d'Asti ; à la suzeraineté sur les comtés de Flandre, d'Artois et de Charolais ; il abandonna ses alliés à la merci du vainqueur ; il s'obligea à ne prendre jamais part aux affaires d'Italie et d'Allemagne ; enfin, il s'engageait à cesser toutes les procédures faites contre le connétable de Bourbon ; à rétablir sa mémoire, à rendre à ses héritiers les grands domaines dont il avait joui et qui avaient été confisqués, et à réintégrer tous ceux qui avaient suivi son parti, dans les biens, charges et honneurs qu'ils possédaient avant leur défection. La Bourgogne, il est vrai, ne fut point démembrée de la monarchie : François Ier racheta pour deux millions d'écus d'or cette riche province. Charles-Quint prétendit qu'on prélevât sur cette somme huit cent mille écus qu'il devait au roi d'Angleterre ; mais il était autorisé à garder les enfants de France jusqu'à ce que le roi eût entièrement acquitté les douze cent mille écus qui restaient, et les intérêts de cette somme. Il exigea qu'on lui délivrât, en nantissement de ce capital, les belles terres que les branches de Bourbon-Vendôme et de Bourbon-la-Roche-sur-Yon, possédaient dans les Pays-Bas. On évaluait à cinq cent mille écus d'or celles qui appartenaient à Marie de Luxembourg, mère du duc de Vendôme. Il fallut assigner à cette princesse, ainsi qu'à la branche de la Roche-sur-Yon, de grands domaines pour leur tenir lieu des biens patrimoniaux qu'ils abandonnaient en faveur du roi et de la paix.

L'empereur jouit des biens de la maison de Bourbon, dans les Pays-Bas, jusqu'à la mort de la duchesse d'Angoulême, qui laissa à son fils quinze cent mille écus d'or, fruit de ses épargnes sordides et de ses rapines secrètes ; alors François Ier racheta ses enfants, rendit à la branche de Bourbon les domaines engagés à Charles-Quint, et reprit le duché de Valois et les autres terres qu'il lui avait donnés en échange.

La branche de Vendôme rentra donc en possession de Dunkerque, de Gravelines, d'Enghien, de Bourbourg, de Beaurevoir, de la Roche, de la châtellenie de Lille, et de beaucoup d'autres seigneuries. Antoine de Bourbon, roi de Navarre, les laissa à Henri IV, son fils, qui vendit une partie de ce grand héritage pour soudoyer ses troupes lorsqu'il eut son royaume à conquérir sur la ligue.

François Ier remplit fidèlement les lois qui lui avaient été imposées à Cambrai, excepté celle qui regardait la succession de Bourbon ; il ne pouvait se résoudre à distraire de la couronne les grands fiefs qu'il y avait réunis aussitôt après la condamnation du connétable ; peu s'en fallut que ce déni de justice ne rallumât cette terrible guerre. Nous devons donner ici les détails de cette affaire si importante pour la seconde branche de Bourbon-Montpensier.

Il faut reprendre les choses de plus haut. François Ier, accablé par la fortune de Charles-Quint, et abattu par l'ennui et la dureté de sa prison, avait été obligé de se soumettre aux conditions qu'il plut au vainqueur de lui dicter : ainsi fut rédigé l'article 27 du traité de Madrid qui concernait le connétable : « Item, parce que haut et puissant prince messire
» Charles, duc de Bourbonnais et d'Auvergne, s'est absenté
» du royaume et du service du roi très-chrétien, les duchés de
» Bourbonnois, d'Auvergne et de Châtellerault ; les comtés
» de Clermont-en-Beauvoisis, Forès, Montpensier, la Marche
» haute et basse, Clermont-en-Auvergne et Comté-Dauphin ;
» les seigneuries de Beaujolois, de Rouannois, d'Annonai, de
» la Roche-en-Reynier ; vicomté de Carlat et de Murat, ba-
» ronnie de Mercœur, Greniers, de Verre, de Thiers, de Ma-
» rignan en Provence, Bourbon-Lanci, et le pays de Tombes,
» ont été saisis ; le roi très-chrétien s'oblige, dans le terme
» de six semaines, de les restituer à messire Charles de Bour-
» bon, ainsi que les autres biens meubles et immeubles avec
» tels droits, autorité, justice chancelleries, cas royaux, gre-
» niers, présentation et collation de bénéfices, nomination
» d'offices, grâces et prééminences, dont lui et ses prédéces-
» seurs ont joui ; et que tous ceux à qui le roi ou Madame, sa

» mère, ont fait don et transport de cesdits biens ou des re-
» venus, seront contraints de les restituer audit seigneur de
» Bourbon, comme si c'étoient deniers royaux, le tout dans
» le terme de quatre mois ; que les procès intentés par le roi
» ou Madame, sa mère, au sujet desdits biens de la maison de
» Bourbon, demeureroient suspendus pendant la vie du sei-
» gneur de Bourbon ; et que ce prince ne pourroit être forcé
» de demeurer en France et de servir le roi, mais qu'il lui
» seroit permis de gouverner ses domaines par tels officiers
» qu'il jugeroit à propos, réservé au prince de poursuivre en
» justice réglée le droit qu'il prétendoit sur le comté de Pro-
» vence. »

L'article du traité de Cambrai rappelle et confirme celui
de Madrid. Voici comme il est conçu : « Item, que les héri-
» tiers de feu, de louable et recommandée mémoire, messire
» Charles, duc de Bourbonnois et d'Auvergne, suivant le
» traité de Madrid, auront, dans les biens qui appartenoient
» audit seigneur pendant son vivant, tant meubles qu'immeu-
» bles, tel droit, part et portion qui leur fût advenue, s'il ne se
» fût retiré hors du royaume de France, et n'eût suivi le parti
» de l'empereur, nonobstant toutes les réunions qu'on auroit
» pu en faire à la couronne pendant la vie ou après la mort
» dudit prince. »

D'après cet article, il paraît que le jeune prince de la
Roche-sur-Yon est subrogé à tous les droits du connétable,
et qu'il se trouve dans la même situation que son oncle, lorsqu'il eut à soutenir son procès contre la duchesse d'Angoulême. Cependant la loi des apanages l'excluait des duchés de
Bourbonnais et d'Auvergne, ainsi que du comté de Clermont-
en-Beauvoisis. Lorsque Jean de France, duc de Berri et
d'Auvergne, maria la fille unique de Louis II, duc de Bourbon, il obtint du roi que le duché d'Auvergne, apanage de la
couronne, passerait à cette princesse. Le conseil s'opposa

fortement à cette disposition si préjudiciable aux intérêts du fisc. Le duc de Bourbon, pour indemniser le domaine du roi, consentit que le Bourbonnais, son patrimoine, prît nature d'apanage, et fût reversible à la couronne, ainsi que le duché d'Auvergne, au défaut d'hoirs mâles issus du mariage de son fils Jean Ier avec la princesse de Berri, clause injuste, puisqu'elle dépouillait les branches puînées de la maison de Bourbon, de l'expectative du Bourbonnais qui leur était substitué; elle n'en fut pas moins exécutée à la mort du connétable, dernier rejeton mâle de Jean Ier et de Marie de Berri.

Il est étonnant que le duc de Vendôme, devenu l'aîné de la maison de Bourbon, n'ait point réclamé le Bourbonnais, comme il avait réclamé le comté de Clermont-en-Beauvaisis, et d'autres domaines; s'il fut arrêté d'abord, comme on pourrait le croire, par l'arrêt de la cour des pairs, qui condamnait le connétable et confisquait ses biens, ce motif ne subsistait plus depuis que le roi avait consenti à rétablir la mémoire du connétable. Dès que la confiscation n'avait plus lieu, le duc de Vendôme rentrait dans tous ses droits; ainsi il devait être mis en possession du comté de Clermont-en-Beauvaisis, en vertu de la loi des apanages, et du duché de Bourbonnais, à cause de la substitution de ce grand fief en faveur des mâles. Pourtant ce prince ne fit pas valoir ses droits.

On voit par cet exposé que le prince de la Roche-sur-Yon n'avait pas plus de droit sur le comté de Clermont et le duché de Bourbonnais que sur le duché d'Auvergne; à l'exception de ces trois grands fiefs, le reste de l'immense succession du connétable semblait lui appartenir incontestablement; d'ailleurs le roi s'était engagé à la lui remettre dans toute son étendue; mais il s'en fallait bien que ce prince, et surtout la duchesse d'Angoulême, fussent disposés à remplir à cet égard les conditions du traité solennel qu'ils venaient de signer; au contraire, ils voulaient garder, à quelque prix que ce fût, non-seulement tous les biens des ducs de Bourbon, mais encore les domaines particuliers des comtes de Montpensier, échus à la princesse de la Roche-sur-Yon, douairière, sœur aînée et principale héritière du connétable. Ils respectaient d'autant moins les articles des traités de Madrid et de Cambrai, qui avaient stipulé avec tant de force et de clarté les intérêts du connétable et de son héritier, qu'ils comptaient n'avoir rien à craindre d'une femme et d'un enfant dénués de ressources et de moyens.

Mais la princesse de la Roche-sur-Yon, qui avait, disait-on, les traits du connétable, son courage, son énergie et sa fierté, ne souffrait pas avec plus de patience l'injustice et l'oppression ; au défaut de la force que son sexe ne lui permettait pas d'employer, elle eut recours en secret à la protection de Charles-Quint, pour qui son frère s'était sacrifié. Ce prince affectait le plus vif attachement à la mémoire du connétable. D'ailleurs, il s'agissait de l'exécution d'un des principaux articles des traités de Madrid et de Cambrai. Enfin, l'idée de chagriner de plus en plus son rival et d'affaiblir ses moyens, en l'obligeant à d'immenses restitutions, le touchait sensiblement. Il épousa la querelle du prince de la Roche-sur-Yon avec autant de chaleur que s'il eût eu à attendre de lui les mêmes services que de son oncle.

Comme il craignait que son ambassadeur à la cour de France ne suivît pas cette affaire avec assez d'ardeur, il confia cette négociation particulière à Léonard de Gruyères, official de Besançon, et au seigneur de la Trollière, gentilhomme de la chambre.

A peine arrivés en France, ceux-ci présentent au roi un mémoire par lequel l'empereur demande, au nom du prince de la Roche-sur-Yon : 1° la restitution de tous les domaines qui avaient appartenu au connétable, excepté le comté de Clermont-en-Beauvoisis et le duché d'Auvergne, qu'il consentait que le roi réunît à la couronne en vertu de la loi des apanages ; 2° le payement entier de tous les arrérages des revenus de ces domaines, depuis six ans, et qui était évalué chaque année à de grandes sommes ; 3° qu'on lui rendît en argent la valeur de tous les meubles de la maison de Bourbon, les plus somptueux de la France, qui avaient été vendus au profit du roi et de Madame, sa mère ; 4° qu'il lui fût permis de poursuivre en justice réglée les droits que son oncle lui avait laissés sur le comté de Provence, et qu'en attendant le jugement du procès, on lui assignât la même pension de vingt mille livres, qui avait été accordée au connétable après le traité de Madrid et dont il n'avait pas joui, et qu'on lui en payât les arrérages. A la fin du mémoire, l'empereur insinuait que c'était à l'insu et sans la participation du jeune prince et de sa mère qu'il faisait cette démarche, qu'il ne s'y était porté que de lui-même, et pour affermir la paix en assurant l'exécution des traités de Madrid et de Cambrai. François Ier n'avait garde d'ajouter foi aux paroles de l'empereur ; il conçut le plus mortel ressentiment contre le protecteur et les protégés ; mais il n'osait le faire éclater, parce que ses enfants étaient encore captifs. Il laissa à son conseil le soin de répondre au mémoire de l'empereur. Le conseil, après de longs délais et un examen sérieux, répondit : 1° que, les testaments de Suzanne de Bourbon et d'Anne de France en faveur du connétable ayant été déclarés nuls par les lois, tous les biens de la maison de Bourbon avaient été justement acquis et délivrés à Madame, mère du roi, cousine germaine et unique héritière de Suzanne de Bourbon ; 2° qu'il n'avait été question au traité de Cambrai que des biens particuliers qui formaient le patrimoine du connétable avant que d'avoir épousé Suzanne de Bourbon, et que ces biens appartenaient encore à Madame, mère du roi, en vertu de la transaction de Charles Ier, duc de Bourbon, avec Louis, comte de Montpensier, son frère puîné ;

3° que celui-ci ayant consenti que l'apanage qui lui était assigné fût reversible à la branche aînée, si sa postérité masculine venait à s'éteindre, cet apanage devait retourner à la duchesse d'Angoulême, qui seule représentait la branche aînée de la maison de Bourbon; 4° que le testament du connétable en faveur du prince de la Roche-sur-Yon, ayant été aussi déclaré nul, les droits qu'il revendiquait sur le comté de Provence, du chef de son oncle, étaient anéantis; que, d'ailleurs, Charles VIII s'était engagé aux états de Provence, par un acte solennel et irrévocable, de ne jamais distraire du corps de la monarchie cette province importante; 5° quant aux biens meubles de la maison de Bourbon, le conseil déclarait que le roi était prêt à les rendre au prince de la Roche-sur-Yon, mais à condition qu'il serait indemnisé auparavant de la somme de neuf cent mille livres, payée aux créanciers du connétable.

Tel fut le dénoûment de cette négociation. La princesse de la Roche-sur-Yon s'était rendue à la cour avec son fils, afin d'en recueillir les fruits; mais elle n'y reçut que des marques de mépris et de dureté; jamais le roi et sa mère ne voulurent permettre qu'elle parût devant eux; François Ier fut même tenté de la chasser ou de lui faire faire son procès. La princesse se retira à sa terre de Champigny en Poitou, d'où elle implora encore les secours de Charles-Quint. Ce prince la servit avec le même zèle, et ce ne fut qu'à sa prière qu'il consentit à se relâcher sur plusieurs articles importants. Il fit parvenir au roi un second mémoire dans lequel il consentait que ce prince gardât, non-seulement le comté de Clermont et le duché d'Auvergne, mais encore les duchés de Bourbonnais et de Châtellerault, ainsi que tous les biens meubles de la maison de Bourbon; mais il exigeait une prompte restitution du reste de ce grand héritage; il faisait entendre que ce ne serait qu'à cette condition qu'il délivrerait les enfants de France. François Ier était outré : l'aigreur augmentait de jour en jour entre les deux souverains. L'archiduchesse Marguerite d'Autriche, tante de l'empereur, craignant que le traité de Cambrai, son ouvrage, ne fût bientôt rompu, se chargea de terminer elle-même cette affaire. Malgré sa dextérité, elle ne put obtenir du roi que la promesse vague de restituer les biens qui avaient appartenu à la branche de Montpensier.

C'eût été toujours sauver quelques débris d'un vaste naufrage ; mais les malheurs du connétable semblaient alors poursuivre ses héritiers. L'archiduchesse Marguerite d'Autriche mourut, la duchesse d'Angoulême la suivit bientôt au tombeau. On s'attendait que la haine de François Ier contre la mémoire et les héritiers du connétable, n'étant plus enflammée par les passions de sa mère, expirerait avec elle..... vain espoir ! Le monarque commença par payer la rançon de ses enfants avec les trésors de la duchessse d'Angoulême ; mais il oublia les promesses qui lui avaient été arrachées, et repoussa constamment les plaintes de madame de la Roche-sur-Yon. Charles-Quint, de son côté, n'ayant plus en son pouvoir le dauphin et le duc d'Orléans, qui lui répondaient en quelque sorte de la modération de François Ier, ne jugea pas à propos d'entreprendre une nouvelle guerre pour les intérêts d'un prince de seize ans dont il n'avait rien à espérer. Tranquille désormais sur l'avenir, François Ier bannit pour la seconde fois de la cour la mère et le fils.

La princesse de la Roche-sur-Yon vivait dans la retraite, lorsque la fortune fit briller à ses yeux quelques lueurs d'espérance. L'amiral Chabot jouissait alors de la plus haute faveur auprès du roi ; il avait épousé mademoiselle de Longwi, fille aînée de Jean de Longwi, seigneur de Givry, et de Jeanne, sœur naturelle et légitimée du roi ; il restait encore à son épouse une sœur à marier, appelée Jacqueline de Longwi.

L'intérêt et l'ambition inspirèrent Chabot : il fit proposer à la princesse de la Roche-sur-Yon le mariage de la jeune personne avec son fils aîné, et lui offrit à ce prix tout son crédit auprès du monarque pour appuyer les droits qu'elle réclamait sur la succession du connétable; mais il exigeait que l'époux futur se contentât d'une dot de 60,000 livres, et qu'il renonçât avec sa femme à tous les biens paternels et maternels qui pourraient lui échoir, et que, s'il revenait un jour contre cette transaction, la princesse, sa mère, rendît en un seul payement la dot de 60,000 livres.

Louise de Bourbon consentit à tout. Ce mariage, arrêté en 1554, ne fut consommé qu'en 1558; il procura à la mère et au fils des avantages réels et signalés. L'accès de la cour, qui leur avait été impitoyablement fermé, leur fut ouvert, et le roi leur délivra le comté de Montpensier, le dauphiné d'Auvergne, la baronnie de Combrailles et les seigneuries de la Tour, de Bussières, d'Ercole et de la Roche-en-Reynier; il érigea le comté de Montpensier en duché-pairie en faveur de la mère et du fils; peu après il fit don au nouveau duc du comté de Bar-sur-Seine et de la seigneurie d'Arras-le-Duc. En prenant le titre de duc de Montpensier, Louis de Bourbon laissa à son frère, Charles de Bourbon, celui de prince de la Roche-sur-Yon.

C'est ainsi qu'en sacrifiant les droits de son épouse, le duc de Montpensier recouvra une portion des biens de sa maison, qui lui produisit 60,000 livres de rente; mais il ne désespéra jamais de recouvrer le reste. Il n'y réussit, malgré ses services, ni sous le règne de François Ier ni sous celui de Henri II; mais dès que François II fut parvenu à la couronne, Catherine de Médicis obtint de ce prince qu'il nommerait une commission extraordinaire pour examiner de nouveau et terminer pour jamais la grande affaire de la succession du connétable. Quatre présidents, le procureur général et six conseillers au parlement de Paris, choisis pour commissaires, s'assemblèrent et travaillèrent sans relâche à l'examen des titres. Enfin la commission déclara que les duchés de Bourbonnais et d'Auvergne, les comtés de Clermont-en-Beauvaisis, de Clermont-en-Auvergne, de Montpensier, de la Marche et de Gien, les vicomtés de Carlat et de Murat, appartenaient à la couronne, et le reste au duc de Montpensier, et qu'en conséquence ce prince serait mis en possession de la principauté de Dombes, du duché de Châtelleraut, du comté de Forez, de la baronnie du Beaujolais et de quelques autres terres, à condition, 1° qu'il rendrait tous les domaines qu'il avait reçus de François Ier en 1538; 2° qu'il renoncerait à tous les biens meubles du connétable ainsi qu'à tous les arrérages du revenu, dont il aurait dû jouir depuis le traité de Cambrai, ce qui montait à plus de trois millions de livres tournois.

Mais l'exécution de cet arrêt souffrait de si grandes difficultés, que le roi et le duc prirent le parti de transiger par un acte solennel passé à Orléans en 1560 : François II laissa au prince la possession du duché de Montpensier, de la seigneurie de la Roche-en-Reynier, pour lui tenir lieu du comté de Forez qu'il retint; il lui délivra de plus la principauté de Dombes, qu'il devait posséder en toute souveraineté, et la baronnie de Beaujolais; mais comme les deux derniers rois et la duchesse d'Angoulême avaient dégradé la principauté de Dombes par des ventes, des dons et des aliénations, en sorte que les revenus ne produisaient alors qu'environ 20,000 livres, le roi s'engageait à fournir de son trésor toutes les sommes nécessaires au duc de Montpensier pour indemniser les propriétaires actuels des parties démembrées, et rentrer ainsi dans toute l'étendue de la principauté.

Le roi autorisa aussi le duc à racheter les aliénations du Beaujolais, et à recouvrer jusqu'à la valeur de 12,000 livres de rente sur les autres biens du connétable qui avaient été donnés ou vendus à vil prix à différents particuliers; et, pour le mettre à portée de réussir plus aisément, il lui assigna une somme annuelle de 10,000 livres sur le trésor royal, qu'il devait toucher pendant un long espace de temps.

Le duc de Montpensier profita si bien de tous les moyens que la fortune lui présentait, qu'il recouvra le duché de Châtelleraut, la baronnie de Thiers, la seigneurie de Montaigu-en-Combrailles, et quelques autres terres qui avaient appartenu au connétable; en un mot, ce prince, qui en entrant dans le monde n'avait pas les ressources nécessaires pour soutenir son rang, laissa à sa mort plus de 500,000 livres de rente en beaux domaines : il passait pour le plus riche de tous les princes du sang après le roi de Navarre, chef de la maison de Bourbon. Sa fortune aurait encore été plus grande, si Charles-Quint eût loyalement reconnu les sacrifices que le connétable avait faits pour sa cause. Mais ce prince, qui avait fait éclater tant de zèle pour l'héritier du connétable lorsqu'il s'agissait de l'enrichir aux dépens de François Ier, éluda toutes les instances qu'on lui fit dès qu'il dut payer lui-même.

La paix semblait assurée entre Charles-Quint et François Ier (1555), lorsque François Sforce, duc de Milan, pour plaire à l'empereur, osa faire périr un ambassadeur de France par la main du bourreau : le roi alors assembla ses troupes. Vainement le duc de Savoie, son oncle et son ennemi, essaya de lui fermer la barrière des Alpes; il fut dépouillé de ses possessions. En voyant les Français aux portes du Milanais, Sforce mourut, dit-on, de frayeur. François Ier réclama le Milanais; mais il eut beau porter la modération jusqu'à proposer le duc d'Orléans, son second fils, pour maître de cette principauté, l'empereur s'en était saisi en qualité de suzerain; il méditait même la conquête de la France.

François Ier, il faut lui rendre cette justice, combina un

plan de défense très-savant (1536), et il en confia l'exécution à Anne de Montmorenci et à Charles de Bourbon, duc de Vendôme. Au reste, ses moyens étaient si faibles qu'il ne put donner au duc de Vendôme, chargé de couvrir Paris et la Picardie, qu'une légion de six mille hommes et de trois cents gendarmes qui n'avaient jamais fait la guerre ; les troupes d'Anne de Montmorenci, plus considérables à la vérité, n'étaient pas plus exercées.

En descendant les Alpes, Charles-Quint ne trouva dans les plaines de Provence qu'une vaste et effrayante solitude ; il avança sans obstacle vers Avignon, où Montmorenci l'attendait. Plus loin, François Ier avait pris poste sous les murs de Valence avec une troupe d'élite ; le comte de Saint-Pol commandait cette armée de réserve ; deux autres princes de Bourbon essayaient leur courage naissant dans cette guerre. Antoine de Bourbon, comte de Marle, servait en Picardie à la tête de cinquante hommes d'armes, et le prince de la Roche-sur-Yon s'était enfermé au camp d'Avignon avec le maréchal de Montmorenci.

L'invasion des impériaux en Picardie s'annonça, comme en Provence, par des cruautés inutiles. La mort soudaine du dauphin augmenta encore l'anxiété publique. Sur la frontière du nord, le duc de Vendôme, grâce à des mesures énergiques et à une ferme résolution, compensa quelques revers par des succès, et délivra la Picardie, tandis que Montmorenci, sans tirer l'épée, contraignait Charles-Quint à quitter la Provence, où sa formidable armée s'était en quelque sorte perdue.

Libre des inquiétudes qui l'avaient agité pendant toute la campagne, François Ier ne pensa plus qu'à réduire la Savoie, qui s'était révoltée sur la fausse nouvelle d'une victoire complète remportée en Provence par Charles-Quint ; il chargea de cette expédition le comte de Saint-Pol, à qui il donna six mille lansquenets : ce prince n'eut qu'à paraître pour vaincre.

Il rendit à la France la barrière des Alpes ; mais il traita avec trop de rigueur les Savoyards, dont il abandonna les biens à l'avidité du soldat.

Tel fut l'heureux succès d'une campagne dont les commencements avaient été si funestes. Après le roi et Anne de Montmorenci, on peut dire que le duc de Vendôme eut le plus de part au salut de l'état : il secourut Péronne, reprit Guise et fit échouer tous les projets d'un ennemi très-supérieur ; son frère reconquit une province importante ; enfin Vendôme eut la satisfaction de voir son fils aîné, Antoine de Bourbon, entrer avec ardeur dans la noble carrière qui lui était ouverte.

Mais, dans le temps que tout semblait concourir au bonheur de ce prince, il éprouvait une mortification bien grande : la princesse Marie, sa fille aînée, était fiancée à Jacques V, roi d'Écosse ; François Iᵉʳ, qui l'avait adoptée, la dotait comme une fille de France ; on n'attendait que la fin de la campagne pour la conduire en Écosse ; mais, à la nouvelle des préparatifs de Charles-Quint contre la France, Jacques V, touché du péril qui menaçait le roi son allié, leva une armée de seize mille hommes, s'embarqua avec elle et fit voile vers la côte de Normandie ; repoussé trois fois par les vents contraires, il se jeta dans une barque, brava la tempête, aborda à Dieppe, prit la poste et traversa toute l'étendue du royaume pour servir François Iᵉʳ en chevalier, puisqu'il n'avait pu le secourir en roi ; il apprit sur sa route que Charles-Quint avait échoué ; il continua son chemin pour féliciter François Iᵉʳ. Oubliant qu'il était fiancé à la princesse de Vendôme, il demanda à François Iᵉʳ madame Magdeleine de France. Le roi fut embarrassé ; c'était lui qui avait arrêté le mariage de Marie de Bourbon : il céda pourtant aux instances du roi d'Écosse. La princesse de Vendôme fut sacrifiée ; mais Jacques V perdit au bout de l'année sa jeune épouse. La princesse délaissée la suivit bientôt après au tombeau.

François Ier ne pouvait oublier que Charles-Quint l'avait défié, menacé, outragé à Rome en plein consistoire, et il crut ne pouvoir se venger qu'en lui rendant insulte pour insulte ; en conséquence, il ordonna au parlement de lui faire son procès comme à un vassal coupable de félonie envers son souverain ; il se transporta lui-même au palais, accompagné des princes de Bourbon, des pairs et des grands officiers de la couronne. Son avocat, appelé Capel, prétendit prouver 1° qu'il n'avait jamais été au pouvoir du roi de céder à messire Charles d'Autriche la suzeraineté des comtés de Flandre, d'Artois et de Charolais, attendu que le domaine de la couronne est inaliénable ; 2° que Sa Majesté avait mis à couvert les droits sacrés dont elle était dépositaire, en protestant comme les traités de Madrid et de Cambrai ; 3° que, quand même Charles d'Autriche aurait acquis quelques droits sur la suzeraineté desdits comtés en vertu des derniers traités, il en était déchu pour les avoir violés ; il demanda que les trois comtés fussent saisis et réunis à la couronne. Ses conclusions lui furent adjugées par un arrêt solennel ; mais il est plus aisé de confisquer des provinces que de les conquérir.

François Ier donna ordre au duc de Vendôme, qui devait commander l'armée sous lui, de faire les préparatifs de l'expédition en Picardie ; mais, avant d'envahir le pays ennemi, Vendôme pourvut à la sûreté de Térouenne, qui, située au milieu des places de l'empereur, avait besoin d'être souvent ravitaillée : cette opération, qu'il dirigea, eut un plein succès. Alors il se livra sans réserve à tous les détails qu'exigeait le projet de l'invasion des Pays-Bas. Il mit le roi en état d'ouvrir la campagne au mois de mars ; mais, soit que l'excès du travail eût épuisé la constitution robuste du duc de Vendôme, soit que son heure fatale fût arrivée, une violente pleurésie termina en peu de jours, à Amiens, ses exploits et sa carrière. Il avait toujours vécu dans la meilleure intelligence avec Françoise d'Alençon, son épouse; il en eut treize enfants, sept princes et six princesses, qui presque tous naquirent à la Fère-sur-l'Oise, où il résidait habituellement : Françoise d'Alençon mourut en 1550.

De tant d'enfants mâles, cinq seulement survécurent : 1° Antoine de Bourbon, roi de Navarre; 2° François, comte d'Enghien, qui gagna la bataille de Cérisoles; 3° Charles, cardinal de Bourbon, proclamé roi de France par la Ligue; 4° Jean, comte d'Enghien, tué à la bataille de Saint-Quentin; 5° Louis Ier, prince de Condé. De tous ces princes il n'y eut que l'aîné et le plus jeune qui continuèrent la postérité.

Vendôme eut, d'une demoiselle de Gand, appelée Nicole de Board, un fils connu sous le nom de Nicolas de Bourbon-Board, qui fut marié et laissa des enfants, dont la postérité est éteinte.

ANTOINE DE BOURBON
ROI DE NAVARRE
Leberthais Lith.
Imp de Maurin.

CHAPITRE XIII.

ANTOINE DE BOURBON, DUC DE VENDÔME ET DE BEAUMONT,
COMTE DE MARLE ET D'ENGHIEN,
SEIGNEUR D'ÉPERNON, DE SENANCHES, DE POUANCÉ, DE DUNKERQUE,
DE GRAVELINES, DE HAM, DE BEAUREVOIR, DE BOURBOURG, DE HESDIN ET DE BOHAIN ;
CHATELAIN DE LILLE, GOUVERNEUR ET LIEUTENANT GÉNÉRAL DE PICARDIE
ET ENSUITE DE GUIENNE ;
CHEVALIER DE SAINT-MICHEL,
CHEF DES CONSEILS ET LIEUTENANT GÉNÉRAL DU ROI CHARLES IX,
PENDANT LA MINORITÉ DE CE PRINCE ;
PREMIER PRINCE DU SANG ET PREMIER PAIR DU ROYAUME :
ET, DU CHEF DE JEANNE D'ALBRET, SON ÉPOUSE, ROI DE NAVARRE,
PRINCE SOUVERAIN DE BÉARN, DUC D'ALBRET, COMTE DE FOIX, DE BIGORRE,
D'ARMAGNAC, DE RHODÈS ET DE PÉRIGORD ;
VICOMTE DE LIMOGES, SEIGNEUR DU PAYS DE SOULE, DE DAX, DE LOMAGNE, D'AUVILLARS.

Antoine de Bourbon n'avait que dix-neuf ans (1537) lorsqu'il hérita des biens, des honneurs, des emplois et de tous les bienfaits de la cour, dont son père avait joui ; il se distinguait par la noblesse de sa physionomie, par sa valeur, par beaucoup de magnificence, d'affabilité et de franchise. On aurait pu lui reprocher dès lors trop de penchant pour le luxe, la dissipation et la volupté.

Lié d'une étroite amitié avec le dauphin, depuis Henri II, il aurait eu beaucoup de part au gouvernement, sous le règne de ce prince, s'il n'eût préféré une vie indépendante et dissipée, aux fatigues du travail. Entraîné par ses inclinations belliqueuses, il servit d'abord en Picardie avec le comte de

Saint-Pol, le duc de Montpensier et le prince de la Roche-sur-Yon, les seuls princes de la maison de Bourbon alors en état de porter les armes; puis il suivit en Piémont, et comme volontaire, le dauphin dont il ne pouvait se séparer. Un instant (1538) on songea à le marier à Victoire Farnèse, petite-fille du pape Paul III; mais ce projet n'eut pas de résultat. Lorsque Charles-Quint passa par la France pour aller châtier les Gaulois rebelles, le dauphin, le roi de Navarre et le duc de Vendôme, qui ne partageaient pas les illusions de François Ier et du connétable de Montmorency, formèrent en secret le dessein d'arrêter l'empereur à Chantilly, et de l'y tenir prisonnier en leur propre nom, jusqu'à ce qu'il eût restitué le Milanais à la France, la Navarre à Henri d'Albret, Dunkerque, Gravelines et beaucoup d'autres places dans les Pays-Bas, au duc de Vendôme. Ce coup hardi manqua par l'extrême déférence du dauphin pour le connétable de Montmorency, qui déclara qu'il ne prêterait jamais son ministère ni sa maison, pour favoriser un attentat contre le droit des gens.

Charles-Quint ne tarda pas à faire repentir François Ier de sa vaniteuse générosité, car, loin de songer à restituer le Milanais, comme il l'avait fait espérer, il fit assassiner les ambassadeurs que le roi de France envoyait à Constantinople et à Venise, pour désabuser ses alliés de ses prétendues liaisons avec la maison d'Autriche. A cette nouvelle, François Ier jeta le cri de l'indignation dans toutes les cours de l'Europe. Il ne put en obtenir aucun secours, malgré l'intérêt qu'elles avaient toutes d'embrasser sa querelle. Abandonné de tous les rois chrétiens, il ne trouva d'appui que dans le Turc Soliman; il ne laissa pas de déclarer la guerre à son ennemi, et la fit avec vigueur (1540).

Trois armées agirent à la fois sous les ordres du dauphin, du duc d'Orléans et du duc de Vendôme. On peut observer que le plus vieux des généraux français n'avait pas vingt-

FRANÇOIS DE BOURBON
COMTE D'ENGHIEN
Leberthuis Lith.
Imp. de Maurin.

trois ans. Le dauphin eut ordre d'assiéger Perpignan ; le duc de Montpensier et le prince de la Roche-sur-Yon, son frère, servaient sous lui. Le roi prit la route de Languedoc, accompagné du comte de Saint-Pol, son ancien et fidèle compagnon d'armes, pour être à portée de joindre son fils et de livrer bataille à Charles-Quint, si ce prince paraissait à la tête de son armée.

Le duc d'Orléans d'un côté et le duc de Vendôme de l'autre, devaient faire diversion dans le Luxembourg et l'Artois ; les progrès du premier furent rapides ; il était guidé dans ses opérations par le duc de Guise. François de Bourbon, comte d'Enghien, faisait alors dans cette armée ses premières armes ; c'est lui qui se distingua le plus dans cette guerre, la dernière du règne de François Ier. Les armes françaises ne furent heureuses sur aucun point (1542), ou du moins elles n'obtinrent que des succès de détail.

François Ier prévoyait bien qu'il lui serait impossible de soutenir longtemps une guerre ruineuse contre l'empereur assisté de toutes les forces de l'Angleterre et des protestants d'Allemagne, à moins que Soliman II, son unique allié, ne lui fournît des secours ; il avait jusqu'alors rougi de l'appui de ce prince dont on lui faisait un crime dans toute l'Europe, et il n'avait osé s'en servir que pour l'engager à faire diversion sur les frontières de Hongrie ; mais le péril où il se trouvait fit évanouir tous ses scrupules ; il demanda à la Porte et obtint le secours de la flotte formidable qu'elle entretenait dans ses ports. Soliman donna ordre à son grand-amiral de mettre à la voile avec cent douze galères, de se rendre à Marseille, et d'obéir au roi de France ou à son lieutenant général, comme à lui-même (1543).

Il s'agissait de nommer le chef qui commanderait les flottes combinées des Turcs et des Français : le choix du roi tomba sur François de Bourbon comte d'Enghien, à peine âgé de vingt-**trois** ans, qui n'avait servi qu'en une seule campagne sur terre, et qui peut-être n'avait jamais vu la mer.

Ce choix qui, au premier abord, pouvait étonner les esprits, trouva par le fait sa justification. A une figure noble et martiale, le comte d'Enghien joignait le talent de s'exprimer avec force et énergie, de la sagacité, de l'application et le sentiment de la gloire. Il avait été élevé par le comte de Saint-Pol qui l'avait adopté.

A son arrivée à Marseille, le jeune prince fut reçu avec les plus grands honneurs. Sa première tentative qui avait pour but de surprendre la ville de Nice, échoua ; il ne l'avait entreprise d'ailleurs qu'avec répugnance, sur la proposition de Grignan, et par l'ordre exprès du roi. Bientôt Barberousse arriva avec sa flotte, et ce ne fut pas sans surprise que le monde chrétien vit les fleurs de lis, la croix et le croissant mêlés ensemble. Nice se rendit alors ; la garnison se retira dans le château qui passait pour imprenable. Les Turcs, furieux de ne pas trouver un riche butin dans cette place, se disposaient à y mettre le feu, et ce ne fut pas sans peine que le comte d'Enghien vint à bout de contenir des alliés accoutumés à ne voir dans le fléau de la guerre que les moyens de satisfaire leur avarice et leur férocité. L'humanité du prince le rendit odieux à l'impitoyable Barberousse, qui ne tarda pas à lui donner des marques d'aversion.

Cependant les Français et les Turcs avaient formé deux attaques devant le château de Nice ; mais ils furent toujours repoussés. La poudre et le plomb manquèrent aux Français. Enghien, affligé de ce contre-temps, eut recours à Barberousse, et lui envoya le baron de la Garde pour le prier de lui faire part de ses munitions qu'il avait en abondance : c'était là que le corsaire l'attendait pour lui faire sentir son mécontentement. Il traita le député du prince avec le mépris le plus brutal : « Voyez, disait-il à ses officiers, la stupidité de ces chiens de chrétiens qui s'embarquent **pour** une expédition, sans auparavant s'être assurés des instruments de la victoire; ils n'ont pas honte de me demander des munitions pour me priver de mes moyens, et me livrer désarmé à l'ennemi : non, ils n'obtiendront rien de moi. Et toi, ajouta-t-il en se tournant vers le baron de la Garde, si tout autre se fût chargé à ta place d'une pareille commission, je ne lui aurais répondu qu'en le faisant mettre à la chaîne. »

Cependant, l'Italie entière, effrayée de l'invasion des Turcs et des Français, avait formé une puissante armée pour les repousser; déjà le marquis du Guast, qui la commandait, approchait de Nice dans le dessein de livrer bataille au comte d'Enghien. Ce prince, dont l'armée était dénuée de munitions, n'avait garde de l'attendre dans ses lignes. Il abandonna son entreprise et congédia Barberousse, qui rapporta dans sa patrie une faible idée du nom français; mais ce qu'il regrettait le plus, c'est le butin qu'il s'était attendu à faire; il se dédommagea dans sa retraite, en saccageant toutes les côtes de la Toscane, du royaume de Naples et de la Sicile.

Tel fut le triste dénoûment d'une expédition dont François Ier avait espéré recueillir de grands avantages.

Dès que le comte d'Enghien eut ramené ses galères à Marseille, il se rendit à l'armée de Picardie, pour servir, sous les yeux du roi, en qualité de volontaire. Le duc de Vendôme se signalait sur cette frontière par sa valeur.

Jusqu'alors, Charles-Quint avait laissé les Français maîtres de la campagne en Picardie et en Hainaut; d'autres expéditions occupaient ses troupes dans l'intérieur des Pays-Bas; il ne voulait agir en France qu'après avoir accablé le duc de Clèves, le seul souverain de la Germanie qui eût osé s'allier à François Ier. De puissants motifs de haine et de vengeance avaient armé le duc de Clèves contre l'empereur, qui lui détenait le duché de Gueldres et le comté de Zutphen. François Ier lui destinait, pour prix de son zèle, l'infante Jeanne d'Albret, héritière du royaume de Navarre, à qui il était déjà fiancé. Le monarque lui avait donné sa parole royale de marcher lui-même à son secours avec toutes les forces de son royaume, et de lui amener la princesse qu'il lui avait accordée, préférablement à beaucoup d'autres souverains. En conséquence, François Ier ne cherchait qu'à s'ouvrir le chemin des Pays-Bas, pour secourir le duc de Clèves; aussitôt qu'il eut appris que ce jeune prince allait avoir sur les bras toutes les forces de Charles-Quint, il se rendit à grandes journées dans le duché de Luxembourg, pour être plus à portée de le joindre. En quittant la frontière de Picardie, il laissa au duc de Vendôme un corps de troupes pour le protéger.

Toutes ces mesures devinrent inutiles par la honteuse défection du duc de Clèves, qui fit humblement sa soumission à l'empereur, aux conditions les plus humiliantes. Il ne rougit pas cependant de réclamer la princesse qu'on lui avait fiancée trois ans auparavant. La cour de France ne lui répondit qu'avec dédain, et en lui présentant une bulle du pape, qui laissait au roi de Navarre la liberté de choisir un autre époux à sa fille.

En Picardie, la campagne dont la France avait redouté l'issue se termina pour elle avec gloire, tandis qu'en Piémont les armées du roi commençaient à éprouver des revers (1544). Au vieux Boutières, qui commandait au delà des Alpes, François Ier substitua le comte d'Enghien.

En chargeant le jeune prince du commandement difficile d'une armée inférieure et indisciplinée, le roi se trouva dans l'impuissance de lui fournir des renforts et de l'argent; il réservait tout ce qui lui restait de moyens pour défendre le corps de la monarchie, menacé par toutes les forces de l'empire et de l'Angleterre. Enghien partit pour le Piémont,

n'ayant d'autres ressources à espérer que celles que lui fournirait son génie.

Arrivé à Chivas, vers le milieu du mois de décembre
(1543), le comte dépêcha un de ses gentilshommes à Boutières, pour le prier de lui envoyer une escorte. Boutières tenait alors la campagne ; il assiégeait même Ivrée avec le secours de quelques bandes qui venaient de lui arriver de Provence, du Dauphiné et de la Suisse. La nouvelle de sa desti-
tution fut un coup de foudre pour lui ; il prit sur-le-champ le
parti extrême de lever le siége, et de conduire son armée au-
devant du prince, sous prétexte de ne pouvoir lui amener une
escorte plus sûre et plus honorable. Dès qu'il fut à la vue de
Chivas, il rangea ses troupes en bataille, et en recevant le
comte d'Enghien à leur tête, il lui adressa ce discours où
respirent la fierté et la noblesse ; « Monsieur, lui dit-il, voici
l'armée dont le roi m'avait confié le commandement ; je la
remets entre vos mains, trop honoré d'avoir pour successeur
un si grand prince : elle est composée de braves soldats et
d'excellents officiers ; mais souvenez-vous, monsieur, que
vous la recevez des mains d'un chevalier dont l'âme est pure
et intègre, qui n'a jamais manqué au service de son souverain, ni par le motif de la crainte, ni par l'appât de l'intérêt ;
permettez que je l'appelle ici en témoignage de ma conduite
et de mes actions, en me soumettant aux informations les plus
sévères. »

Le comte d'Enghien ne pouvait savoir que mauvais gré à
Boutières de la démarche inconsidérée qu'il venait de faire
en levant le siége d'une place importante ; néanmoins il eut
assez d'empire sur lui-même pour le consoler et lui donner
des éloges : « M'informer de vos actions, monsieur ! lui répondit-il : eh ! ne sont-elles pas connues et approuvées du
roi et de toute la France, comme celles d'un guerrier plein
de courage et d'honneur, qui s'est illustré par de longs et

utiles services ! Je ne viens ici que pour marcher sur vos traces et imiter vos exemples glorieux. » A ces mots il lui tendit les bras et l'embrassa étroitement.

Boutières prit sur-le-champ congé du prince ; mais bientôt il revint sous les drapeaux. Enghien l'accueillit avec honneur, et même l'associa au commandement. Boutières combattit à Cérisolles comme avait combattu Bayard à Marignan.

Avant de commencer ses opérations, le comte mit tous ses soins à rétablir l'ordre, la discipline, la concorde et la confiance dans son armée ; il réussit au delà de ses espérances. Alors il forma le projet de réparer les malheurs de la dernière campagne par des succès solides et éclatants ; en conséquence, il convoqua un grand conseil de guerre où non-seulement il admit les principaux chefs, mais encore les officiers à qui une longue expérience donnait une connaissance plus particulière du pays : on décida qu'on ferait le siége de Carignan.

Mais on n'était encore qu'au mois de janvier (1544), et la saison ne permettait pas d'ouvrir la tranchée devant la place ; l'hiver, d'ailleurs, était cette année si rude en Lombardie, que le vin gelait dans les tonneaux, dont on ne le retirait qu'à coups de hache. Malgré ces contre-temps, Enghien tint la campagne. Il prit Paillesol, Crescentin, Desannes, et beaucoup d'autres postes situés aux environs de Carignan, dont il forma le blocus en attendant qu'il pût l'attaquer en règle. C'est par une suite de ce même plan qu'il entreprit de couper la communication de Carignan avec Quiers, Asti et les autres places au delà du Pô, d'où la garnison tirait ses convois par le moyen d'un pont de bateaux qu'elle avait établi et fortifié sur le fleuve. Ce pont, il parvint à le brûler, et d'autres succès suivirent celui-ci.

Les manœuvres hardies et savantes du comte d'Enghien commencèrent à donner quelque inquiétude au marquis du

Guast, qui commandait en chef les troupes impériales en Lombardie.

Les projets du marquis du Guast, combinés avec ceux de Charles-Quint, étaient vastes et décisifs. Il entrait dans son plan non-seulement de chasser les Français d'Italie, mais encore de pénétrer en France et de s'emparer de Lyon, en même temps que l'empereur et le roi d'Angleterre se rendraient maîtres de Paris. Ses moyens répondaient à la grandeur de ses -vues ; il avait sous ses ordres une armée composée de vieilles troupes, plus nombreuses d'un tiers que celles du comte d'Enghien ; il attendait encore un renfort de dix mille lansquenets qui devaient bientôt le joindre à Ivrée ; enfin, du Guast se flattait de n'être pas moins supérieur au comte en habileté et en expérience qu'il l'était en forces. Il ne daignait pas même dissimuler le mépris qu'il avait pour le général d'un jour qu'on lui opposait, et il ne cessait de se vanter dans les cercles des dames qu'il leur amènerait bientôt prisonnier *ce joli fou de comte d'Enghien*. En vain les dames, informées de la douceur, des grâces et de la beauté du jeune prince, plaidaient sa cause, et suppliaient son prétendu vainqueur de le traiter avec tous les égards dus à sa naissance, à son courage et à sa réputation de galanterie ; elles n'en recevaient que cette brutale réponse : *qu'on n'était plus au temps des chevaliers errants*. Mais c'était aux compagnons du comte d'Enghien qu'il réservait le traitement le plus infâme ; déjà il avait donné ordre de forger une grande quantité de menottes et de chaînes dont il devait les charger, pour les envoyer ramer, en qualité de forçats, sur les galères de l'empereur, après néanmoins qu'il les aurait fait servir à l'ornement du triomphe qu'il comptait célébrer à Milan, à l'exemple des anciens Romains.

Ces illusions de triomphes et de vengeance éblouissaient tellement le marquis du Guast, qu'en arrivant à Asti à la tête de son armée, il pria les habitants de la ville de lui fermer les portes s'il ne rentrait victorieux.

Les manœuvres du comte d'Enghien en face des impériaux furent habiles ; mais il sentit bientôt la nécessité de livrer bataille. N'osant risquer de son propre mouvement les destinées de l'état dans des circonstances aussi difficiles, il envoya à la cour le brave Montluc demander de l'argent et l'autorisation de combattre. Malgré de vives oppositions, l'autorisation de combattre fut donnée et l'argent fut promis. Les seigneurs des principales maisons, entraînés par un enthousiasme chevaleresque, accoururent en foule auprès du comte d'Enghien pour prendre part à ses exploits. L'éclatante victoire de Cérisoles couvrit de gloire ce jeune prince et son armée. Si, depuis le commencement de la campagne, le comte d'Enghien avait paru égal en talents à du Guast, qui passait pour l'un des meilleurs généraux de l'Europe, il se montra à Cérisoles bien supérieur en génie et en courage.

Du Guast, au reste, essuya dans sa fuite et son infortune toutes les humiliations réservées à l'arrogance et à la cruauté ; arrivé aux portes d'Asti, il les trouva fermées. Les bourgeois n'avaient pas oublié l'ordre qu'il leur avait donné de ne le recevoir que victorieux. Outré de ce nouvel affront, il continua sa route jusqu'à Milan, où il entra honteux, désespéré et s'arrachant les cheveux et la barbe ; il se tint longtemps caché dans son palais pour se dérober aux sarcasmes des dames, à qui il avait tant promis d'amener *ce joli fou de comte d'Enghien.*

Tandis que le marquis du Guast essayait en vain de réparer ses malheurs, Enghien se livrait tout entier au projet de rendre sa victoire décisive ; la nuit même il écrivit au roi pour lui rendre compte du combat. Il ne lui demandait qu'une somme modique pour le rendre maître du Milanais et même du royaume de Naples, dont le peuple ne supportait qu'à regret la domination de l'empereur. Son plan , qui d'abord eut l'approbation du roi , fut ensuite rejeté. Le comte d'Enghien se rendit encore maître de Carignan ; puis il envoya au secours de la France menacée sur d'autres points, l'élite de son armée , c'est-à-dire les vieilles bandes gasconnes et les Suisses. Bientôt, voyant qu'il n'y avait plus de gloire à acquérir en Italie , il revint en France ; le roi , pour le récompenser de ses exploits, lui donna le gouvernement du Languedoc.

Le duc d'Enghien ne fut pas le seul Bourbon qui se signala dans cette guerre dangereuse : on vit le duc de Vendôme rendre d'éminents services en Picardie ; le duc de Montpensier et le prince de la Roche-sur-Yon se distinguèrent également dans cette dernière période de la lutte de François Ier contre Charles-Quint. Le traité de Crespy mit fin aux hostilités , mais il n'était pas honorable pour la France. Le dauphin protesta en secret ; son acte de protestation est daté du 12 décembre. Le duc de Vendôme et le comte d'Enghien , premiers princes du sang, y signèrent en qualité de témoins ; François de Lorraine, comte d'Aumale , qui partageait avec eux la confiance et la faveur de l'héritier de la couronne , le signa volontairement ; mais le comte d'Enghien fit plus ; il engagea le parlement de Toulouse, capitale de son gouvernement, à protester aussi contre ce fatal traité.

On ne sait si ces actes parvinrent à la connaissance de François Ier ; mais s'il en fut informé, il dissimula ses sentiments ; il ne pensait plus qu'à profiter d'une paix achetée si cher, pour repousser les Anglais qu'il regardait comme peu redoutables.

Quelques démonstrations contre ces éternels ennemis de la France terminèrent cette campagne funeste à notre pays, mais glorieuse pour tous les Bourbons , et surtout pour le comte d'Enghien , qu'elle immortalisa ; sa victoire de Cérisoles avait sauvé non-seulement le Piémont et la Savoie, mais encore les provinces méridionales du royaume. François de Bourbon, comte de Saint-Pol, qui avait eu tant de part au gouvernement de l'état et à la faveur du roi, ne fut pas longtemps témoin de la gloire et des exploits du comte d'Enghien qu'il avait élevé ; il mourut à Cotignan auprès de Reims, le 1er septembre 1544, à l'âge de cinquante-quatre ans. Le roi perdit en lui un frère et un compagnon d'armes ; il le regretta d'autant plus que l'amitié qui les unissait depuis quarante ans n'avait jamais éprouvé la plus légère altération. Aussi lui donna-t-il, même après sa mort, des marques d'affection, en accordant à son fils unique, enfant de dix ans, le gouvernement de Dauphiné, de Savoie et de Bresse, avec une compagnie de cent hommes d'armés. Le jeune prince ne jouit pas longtemps de ces faveurs ; la mort l'atteignit deux ans après son père, laissant à Marie de Bourbon-Saint-Pol, sa sœur, le duché d'Estouteville, le comté de Saint-Pol, le comté de Gacé, la seigneurie de Trie, et beaucoup d'autres belles terres, presque toutes situées en Normandie.

Cependant la guerre continuait contre Henri VIII, roi d'Angleterre (1545) ; elle donna au comte d'Enghien et à d'autres princes de la maison de Bourbon, de nouvelles occasions de déployer leur patriotisme et leur valeur. Une paix, achetée par de grands sacrifices, permit à la France de respirer ; au même moment elle perdit un des appuis sur lesquels elle comptait le plus.

Enghien mourut de la manière la plus funeste ; la cour s'était rendue à la Roche-sur-Yon, maison délicieuse, située sur les bords de la Seine : une neige abondante couvrait la campagne ; elle fournit aux jeunes gens de la cour, passionnés pour les exercices les plus violents, et surtout pour les combats, une occasion de se retracer l'image de la guerre. On élève à la hâte un fort ; on assigne les postes : au comte d'Enghien échoit le commandement de ce fort, qui devait être assailli par le dauphin, le comte d'Aumale, Saint-André et leurs compagnons. On se bat d'abord à coups de pelotes de neige, comme on en était convenu ; mais échauffé par l'ardeur de l'action, on se sert bientôt d'armes plus dangereuses : il arrivait rarement que ces sortes de jeu finissent sans accident ; mais le plus déplorable de tous attendait le comte d'Enghien. Après l'action, les combattants, las et fatigués, s'étaient séparés ; le jeune prince respirait assis sur un banc dans la cour du château, lorsqu'un coffre, jeté par la fenêtre, lui tomba sur la tête : le coup fut mortel ; le prince mourut en effet, après avoir langui deux ou trois jours (1546). On accusa Corneille Bentivoglio de l'avoir ainsi lâchement assassiné ; on ajouta qu'il ne s'était porté à ce crime qu'à l'instigation des compagnons du dauphin, et surtout du comte d'Aumale. Le dauphin lui-même, que du reste le sage de Thou justifie, ne fut pas à l'abri de l'accusation de complicité dans ce crime. Quant au comte d'Aumale, les princes de la maison de Bourbon conservèrent contre lui de graves soupçons. Il ne les ignorait pas, et fit bien des choses pour les étouffer.

Ayant, l'année suivante, obtenu de Henri II, à son avénement au trône, le don magnifique de toutes les terres vagues du royaume, il en fit part à Jean de Bourbon, comte d'Enghien et frère du héros dont il avait pris le nom, « soit, dit de Thou, pour diminuer l'envie, soit pour apaiser le ressentiment du jeune prince que la mort de son frère avait justement irrité contre lui. »

François Ier fut très-sensible à la perte imprévue d'un prince qu'il appelait son fils ; malgré son affection pour lui, il voulut que cette affaire demeurât ensevelie dans l'oubli le plus profond, aimant mieux attribuer au hasard qu'à un crime cet événement fatal : « Ainsi, continue de Thou, la mort d'un prince, l'honneur du sang royal, demeura impunie; on ne fit pas pour lui ce qu'on aurait fait pour le citoyen le plus obscur : on força les parents et les lois mêmes à se taire. »

Enghien n'avait pas encore vingt-huit ans révoulus.

François Iᵉʳ ne lui survécut pas longtemps; il recommanda en mourant à son successeur « la nation, disait-il, la plus digne d'être chérie de ses maîtres, la noblesse la plus brave et la plus affectionnée à la monarchie et les princes les plus zélés qu'il y eût dans l'univers pour le bien de l'état. » On ne peut se dispenser d'observer ici que ce prince, à qui les talents supérieurs étaient devenus suspects, conjura son fils au lit de la mort « de ne point rappeler de Chantilly le connétable de Montmorency et de ne point trop élever la maison de Guise, dont il craignait le génie et l'ambition. »

Mais en montant sur le trône (1547), Henri II méprisa les leçons de son père mourant; il confia au connétable l'administration absolue de l'état et répandit les bienfaits avec profusion sur sa maîtresse et ses favoris; il disposa surtout des plus brillants emplois de la monarchie en faveur de la maison de Guise : il n'y eut que les princes du sang, recommandables par leurs services militaires, qui furent oubliés ou négligés.

On doit, du reste, attribuer l'abaissement des princes du sang autant à la légèreté inconsidérée du monarque qu'à la négligence du duc de Vendôme. Il occupait au conseil la première place après Henri d'Albret, qui, plus satisfait de régner sur les débris de la Navarre que de briller d'un éclat emprunté dans une cour étrangère, passait sa vie dans ses délicieux châteaux de Pau ou de Nérac; mais au lieu de se prévaloir de tous les moyens qui étaient en son pouvoir pour acquérir un crédit utile, Vendôme, entraîné par son penchant pour l'indolence, assistait rarement au conseil : il abandonnait, à l'exemple du roi, l'administration au connétable et aux Guises. Avant d'aller plus loin, nous devons présenter le tableau de la maison de Bourbon au commencement du nouveau règne.

Elle était toujours partagée en deux branches, celle de Vendôme et celle de Montpensier. Cinq princes formaient la première; savoir : Antoine, duc de Vendôme; Charles, qui, peu après, fut nommé cardinal et qui depuis fut reconnu roi par la Ligue; Jean, comte d'Enghien; Louis, premier prince de Condé, tous les quatre frères; venait ensuite Louis, cardinal de Bourbon, leur oncle paternel. Le duc de Montpensier et le prince de la Roche-sur-Yon, son frère, composaient la seconde branche, dite la branche de Montpensier.

De tous ces princes, l'aîné de la maison avait seul un patrimoine digne de sa naissance; les deux cardinaux en trouvèrent un plus opulent encore dans les riches bénéfices qu'ils obtinrent de la libéralité des rois. Jean, comte d'Enghien, et Louis, prince de Condé, qui entraient dans le monde, n'avaient, pour soutenir la grandeur de leur rang, qu'une modique légitime.

Il ne restait de perspective aux autres princes de Bourbon que d'épouser de riches héritières; leurs espérances ne furent point vaines à cet égard : on verra l'aîné de la maison épouser Jeanne d'Albret, qui lui apporta des biens immenses. Marie, comtesse de Saint-Pol et duchesse d'Estouteville, était déjà destinée au comte d'Enghien : on choisit dans les familles les plus illustres et les plus riches du royaume, un parti qui convînt au prince de Condé. Le duc de Montpensier, marié depuis longtemps à Jacqueline de Longwy, n'était occupé qu'à conserver et augmenter son patrimoine par les ressources de la parcimonie; il attendait avec impatience qu'il plût au roi avoir égard à ses droits sur la dépouille du connétable de Bourbon.

A l'exception de la principauté dont il portait le nom, le prince de la Roche-sur-Yon ne possédait rien; il avait de la sagesse, de la valeur, de la franchise et de la magnanimité : il jeta les yeux sur l'héritière de la maison de Laval, aussi riche que noble, pour soutenir la dépense qu'exigeait son rang ; mais il échoua par le crédit du connétable de Montmorency, qui obtint la préférence en faveur de Coligny d'Andelot, son neveu.

Bientôt après, ce prince, presque réduit à l'indigence, épousa Philippe de Montespedon, veuve du maréchal de Montejean, qui lui apporta 60,000 livres de rente, revenu alors très-considérable ; les grâces qu'il obtint de la cour, sous le règne des enfants de Henri II, doublèrent ses richesses.

Ce fut au sacre de Henri II que les prétentions des princes de Guise commencèrent à éclater, et furent justifiées par des succès momentanés : le roi avait nommé, dans l'ordre qui suit, le roi de Navarre, le duc de Vendôme, le duc de Guise, le duc de Nevers, le duc de Montpensier et le duc d'Aumale, pour représenter les anciens pairs laïques, dans cette cérémonie. On avait suivi la date de l'érection des pairies, en faisant exception pourtant en faveur du roi de Navarre, qui, quoique pair moins ancien, eut la préséance sur le duc de Vendôme, à cause de la dignité royale dont il était revêtu : le duc de Montpensier réclama aussi la préséance sur les ducs de Guise et de Nevers, pairs plus anciens que lui, prétendant que la qualité de prince du sang, jointe à la pairie, mettait encore plus d'intervalle entre lui et les ducs de Guise et de Nevers, qu'il ne pouvait y en avoir entre le roi de Navarre et le duc de Vendôme ; mais le roi, ayant assemblé son conseil, décida « qu'on s'en tiendrait par provision et sans tirer à conséquence à l'ancienneté des pairies. » Le duc de Montpensier protesta contre la décision du conseil.

Le parlement n'acquiesça jamais à la volonté du conseil sur ce point ; il ne put s'accoutumer à voir des princes étran-

gers entre le trône et les successeurs au trône désignés par
la loi; il accorda toujours la préséance aux pairs, princes du
sang, sur les pairs plus anciens et qui n'étaient pas du sang
royal.

Le duc de Vendôme eut lieu, peu de temps après, de s'a-
percevoir que les princes de Lorraine ne cherchaient qu'à
confondre leur rang avec celui des princes du sang pour s'é-
galer à eux. Henri II, au commencement de son règne, avait
pris le parti de se montrer au delà des Alpes, avec l'appareil
qui convenait à un roi de France; il se mit en route suivi
d'une armée et de la cour la plus brillante; on lui décerna
dans toutes les villes de son obéissance, des entrées solennelles et triomphantes; partout on lui portait le dais sous lequel il montait à cheval, précédé de tous les seigneurs et du
duc de Vendôme qui marchait seul en qualité de premier
prince du sang. Cet ordre fut suivi partout, excepté à Cham-
berri. Comme le duc de Vendôme prenait son rang, il fut
très-surpris de voir le duc d'Aumale se mettre à sa gauche :
« Quoi donc, mon compagnon, lui dit-il, tiendrons-nous rang
ensemble? Oui, monsieur, répondit le duc d'Aumale; le roi
m'a assigné cette place en qualité de gouverneur de la province.... — Mais c'est tout ce que je pourrais permettre au
duc de Lorraine, chef de votre maison. — Il est vrai, répondit d'Aumale, que vous avez le pas sur lui en France, mais
non ailleurs; car il est souverain, et vous sujet et vassal de la
couronne : M. de Lorraine ne relève que de Dieu et de son
épée. »

Outré de la repartie, Vendôme rentra, et la marche du roi
fut arrêtée : ce prince, las d'attendre, envoya prier le duc de
reprendre sa place. Vendôme, intéressé à ménager le monarque, qui négociait lui-même son mariage avec l'héritière
de Navarre, obéit, non sans témoigner au duc d'Aumale son
vif ressentiment : « Vous pouvez, mon compagnon, marcher

sur la même ligne que moi, car si le roi avait ordonné à un laquais de prendre le rang que vous vous arrogez, je le souffrirais uniquement par respect pour les ordres de Sa Majesté. » Cette altercation n'eut point alors de suite fâcheuse; mais elle dut ouvrir les yeux au duc de Vendôme sur les prétentions d'une maison qui osait entrer en concurrence avec la sienne.

Au retour du voyage de Piémont, le roi prit la route de Moulins, où il voulait célébrer le mariage du duc de Vendôme et de l'infante de Navarre. Des convenances politiques avaient déterminé François Iᵉʳ à cette union : Henri ne la désirait pas avec moins d'ardeur que son père ; mais l'affaire souffrit de si grands obstacles de la part du roi et de la reine de Navarre, qu'elle manqua d'échouer.

Henri II, déjà las de lutter contre les difficultés, songeait à dédommager le duc de Vendôme, en lui donnant madame Marguerite, sa sœur ; mais Madame résista aux instances du roi; elle déclara qu'elle n'épouserait jamais un sujet de son frère, quelque grand qu'il fût.

Le roi et la reine de Navarre montraient néanmoins toujours la répugnance la plus invincible pour cette alliance ; ils ne pouvaient consentir à ne pas voir leur fille unique, la plus riche héritière de l'Europe, en occuper un des plus brillants trônes : Charles-Quint l'avait demandée pour son fils unique ; il offrait même à ce prix de détacher le royaume de Navarre de la monarchie espagnole, pour le restituer à ses maîtres légitimes. D'autres souverains avaient formé les mêmes vœux et conçu le même espoir que le prince d'Espagne ; mais enfin, Henri II s'expliqua en monarque absolu ; il n'avait garde de commettre la même faute que Louis XI, qui, en laissant échapper la main de Marie de Bourgogne pour un prince de son sang, avait causé ces guerres interminables qui s'étaient élevées entre les maisons de France et d'Autriche. Le roi

JEANNE D'ALBRET
REINE DE NAVARRE
HENRI
Leberthais lith
Imp de Maurin.

et la reine de Navarre cédèrent enfin, mais non sans peine.

Un des motifs qui avaient le plus éloigné le roi de Navarre de cette alliance, était le goût du duc de Vendôme pour le luxe et la magnificence. Henri d'Albret, qui se piquait de sagesse, d'ordre et d'économie dans sa dépense, manda chez lui son gendre futur la veille du mariage : il lui reprocha ses profusions et lui déclara qu'il fallait renoncer pour jamais à ce vain et dispendieux attirail qui le ruinait, ajoutant qu'il devait aussi se résoudre à lui être soumis, comme un fils à son père. Il n'en coûta rien à Vendôme, naturellement doux et flexible, pour promettre à ce beau-père impérieux tout ce qu'il exigeait de sa docilité ; mais le vieillard ne s'en fiait pas tellement aux promesses qu'on lui faisait, qu'il ne prît sur lui le soin de réformer la maison de son gendre.—Dès le lendemain des noces(1551), il se transporte chez ses enfants, fait venir tous leurs serviteurs, congédie les uns, et retranche aux autres une partie de leurs appointements. Au désespoir d'un traitement si dur, les malheureux s'abandonnent aux plaintes, aux cris et aux reproches. Loin d'en être touché, Henri d'Albret s'en irrite, et oubliant son rang et sa dignité, il fond sur eux et les chasse de l'hôtel à coups de canne. Vendôme n'opposa que le silence et la soumission à la pétulance de son beau-père ; on ne saurait croire combien cette scène indécente et indigne de la majesté royale, réjouit le prodigue Henri II, ses fastueux courtisans, et surtout la jeune duchesse de Vendôme. Son époux n'eut pas plus tôt vu le roi de Navarre partir pour le Béarn, qu'il reprit ses anciens serviteurs, et rétablit sa maison plus brillante et plus magnifique qu'auparavant. Henri d'Albret feignit de ne pas s'en apercevoir, et prit même pour son gendre, malgré sa désobéissance, les affectueux sentiments d'un père, qu'il étendit sur toute la maison de Bourbon.

Cependant la guerre recommença contre Charles-Quint et

contre l'Angleterre; les cinq princes de Bourbon, Vendôme, Enghien, Condé, Montpensier et la Roche-sur-Yon, s'y distinguèrent. Dans le même temps eut lieu le mariage du prince de Condé avec Éléonore de Roye. Cette union, qui influa sur la destinée de ce prince et sur celle de sa maison, ne fut, comme tant d'autres, que l'ouvrage de la politique.

Le duc de Guise et le cardinal de Lorraine ne dédaignaient pas d'augmenter leur crédit par des moyens que l'honneur désavoue; ils avaient recherché l'alliance de la duchesse de Valentinois, dont le duc d'Aumale, leur frère, épousa la fille aînée; il en résulta pour eux des avantages plus réels que ceux qu'ils auraient pu se promettre de machinations, de luttes et de victoires; ainsi étayés, ils balancèrent le pouvoir du connétable : de là cette rivalité qui éclata entre Guise et Montmorency, et qui partagea la cour. Le connétable opposa à son adversaire et à ses frères, l'amiral de Coligny et d'Andelot, ses neveux.

Les Guises étaient si fiers de leur faveur qu'à peine ils consentaient à le céder aux princes du sang même. L'inquiétude des Bourbons, leur indignation secrète, n'échappèrent point à la sagacité de Coligny; il résolut de lier le connétable aux princes, en offrant, de concert avec lui, Éléonore de Roye, petite-nièce du ministre, au prince de Condé. Vendôme accepta les avances de Montmorency. Les Guises firent tous leurs efforts pour empêcher ce mariage, qui donnerait pour alliés aux princes de Bourbon, les Montmorency, les Coligny, les la Rochefoucault et les premières maisons du royaume; mais le connétable triompha de tous les obstacles, et le mariage fut célébré au château du Plessier-les-Roye, par le cardinal de Bourbon, oncle du prince de Condé. Éléonore de Roye était digne de sa brillante destinée : issue d'une des plus anciennes et des plus illustres maisons du royaume, elle ne le cédait à aucune personne de son sexe en beauté, en grâces,

en esprit et en sagesse , et elle l'emportait sur presque toutes
en savoir, en courage et en magnanimité. Nièce des Coligny,
elle embrassa, comme eux, les opinions religieuses de Calvin,
et devint, dans la suite , une des héroïnes du parti dont son
époux se déclara le chef.

La guerre continuait sur la frontière de Flandre et en Italie; les princes de Bourbon s'y firent remarquer. Bientôt
Henri II résolut d'aller soutenir les princes protestants d'Allemagne contre Charles-Quint (1552). Avant de partir pour
cette expédition, il voulut pourvoir à la sûreté de son royaume.
Il laissa la régence à Catherine de Médicis, son épouse, et
confia le gouvernement de Paris et de l'Ile-de-France au cardinal de Bourbon.

Ce prince, placé à la tête du clergé de France, s'était toujours montré bon citoyen ; il avait engagé le premier ordre de
l'état à fournir des sommes immenses pour le service public
sous le règne précédent; mais son zèle n'avait jamais paru
avec plus d'éclat que dans ces circonstances où il s'agissait
pourtant de rompre les fers de l'électeur de Saxe et du land-
grave de Hesse, chefs du protestantisme. Le cardinal mania
les esprits avec tant de dextérité qu'il lui fut permis d'offrir
au roi trois millions payables en six mois. Ainsi, le prince
s'acquitta heureusement de la commission qu'il avait reçue
du roi , et lui témoigna un vif regret de ce que la sainteté de
ses fonctions et la vieillesse dont il commençait à ressentir les
atteintes, le réduisaient à ne lui procurer que de l'argent et
des prières.

Cependant Henri était à peine parti , qu'il s'éleva dans le
clergé , et même parmi le peuple, des murmures contre le
gouvernement : on se plaignait de ce qu'on dépouillait l'Eglise
de ses trésors , pour secourir des princes qui en étaient les
plus mortels ennemis ; les chaires retentirent de déclama-
tions séditieuses et fanatiques : déjà la multitude commençait

I.

45

à s'émouvoir, lorsque le cardinal de Bourbon, déployant avec vigueur l'autorité royale dont il était dépositaire, fit arrêter et jeter en prison un cordelier et un jacobin, les deux plus fameux de ces prédicateurs téméraires; leurs confrères se turent, et le peuple ne pensa plus qu'à célébrer les exploits du roi.

Ils furent éclatants et rapides : Henri II avait assemblé une armée de plus de soixante mille combattants, commandée, sous ses ordres, par le connétable de Montmorenci; cinq princes du sang, le duc de Vendôme, le comte d'Enghien, le prince de Condé, le duc de Montpensier et le prince de la Roche-sur-Yon, et presque toute la noblesse, y servaient. Cette campagne valut à la France la belle et importante province connue sous le nom des Trois-Évêchés, qui, depuis, a servi de rempart à la Champagne. Les conquêtes du roi n'auraient eu d'autres bornes que le Rhin, si l'empereur n'eût acheté la paix de l'électeur Maurice et de ses confédérés.

Henri, qui avait frayé le chemin de la victoire à ses alliés, par une puissante diversion, en fut généralement abandonné; mais loin de se plaindre de cette défection, il déclara, dans un manifeste, qu'il se tiendrait toujours prêt à marcher au secours des Allemands, toutes les fois que, provoqués par les injures de l'empereur, ils auraient recours à son assistance.

Pendant que Henri faisait flotter les étendards de la France sur le Rhin, deux armées impériales, parties des Pays-Bas, portaient le ravage et la terreur en Champagne et en Picardie; à cette nouvelle, le roi partagea ses forces en deux corps d'armée; il donna le moins considérable au duc de Vendôme avec ordre de délivrer la Picardie, et garda l'autre, à la tête duquel, entré dans le duché de Luxembourg, il emporta les principales places de cette province, et prit en détail l'armée ennemie qui s'était dispersée dans les villes qu'elle ne sut pas défendre.

Vendôme, de son côté, chassa le comte de Rœux de la Picardie, et s'attacha ensuite au siége de Hesdin, qu'il pressa avec beaucoup de vigueur. La place était défendue par une garnison composée de troupes d'élite, et le comte de Rœux, qui en avait donné le commandement à son fils, l'avait menacé de le tuer de sa propre main si jamais il rendait cette place. Le jeune Rœux se comporta en effet en brave chevalier; mais enfin, il aima mieux capituler que d'exposer sa garnison réduite aux abois à être emportée d'assaut et passée au fil de l'épée.

Cette campagne, ouverte dès le commencement de mars, ne fut terminée que l'année suivante, à la fin de janvier. Animés par la présence de leur souverain, les Français, dans ce long espace, bravèrent la disette, la fatigue, l'intempérie des saisons, ainsi que les dangers.

Déchu des espérances qu'il avait conçues, Charles-Quint prit à sa solde les troupes allemandes qui venaient de le vaincre; il y joignit toutes les forces qui lui étaient arrivées de l'Italie, de l'Autriche et des Pays-Bas, et en forma une nouvelle armée de près de cent mille combattants, à la tête de laquelle il se rendit vers les bords de la Moselle, résolu de reprendre Metz, avant que les Français eussent le temps de fortifier cette ville. La défense en fut confiée au duc de Guise.

A la nouvelle de la marche de Charles-Quint et de ses immenses préparatifs, la noblesse française s'arracha de ses foyers et fut s'enfermer dans Metz, déterminée à vaincre ou à mourir avec le duc de Guise. Enghien, Condé et la Roche-sur-Yon donnèrent l'exemple; ils arrivèrent accompagnés de plus de deux cents seigneurs.

On n'entrera point ici dans le détail de l'héroïque et savante défense du duc de Guise; sa conduite surpassa encore la haute idée qu'on avait de lui; elle doit être regardée comme le chef-d'œuvre de la prévoyance et de l'activité : couper des collines, retrancher de Metz une partie de Metz même, couvrir ce qu'il voulait défendre de forts, de bastions et de remparts, faire enfin d'une ville ouverte, vaste et faible, une place de guerre , ne fut l'ouvrage que de deux mois. A l'exemple du chef, les princes du sang maniaient la pioche, portaient la hotte et faisaient l'office de manœuvres.

Le comte d'Enghien, le prince de Condé et le prince de la Roche-sur-Yon, chargés de la défense des postes les plus périlleux, voulaient être de toutes les sorties : le duc de Guise eut besoin de toute son autorité pour modérer leur ardeur.

L'intempérie de la saison, la disette des vivres et des fourrages, les maladies contagieuses, plus meurtrières encore que le fer et le feu des Français, enlevèrent presque trente mille hommes à l'empereur ; malgré une perte si énorme, ce prince osa conduire ses troupes à l'assaut ; mais à l'aspect menaçant du duc de Guise, environné de trois princes du sang et des chefs de la noblesse française, qui l'attendaient sur la brèche la pique à la main, les impériaux sentirent leur courage s'évanouir : l'empereur eut beau donner et répéter le signal de l'attaque , tous les corps demeurèrent immobiles ; en vain il eut recours aux prières et aux menaces, on ne lui répondit que par un morne silence. Il se fit enfin emporter dans sa tente en criant : « Je suis abandonné, trahi ; je ne vois plus d'hommes autour de moi ! » Bientôt après il partit pour Thionville, abandonnant au duc d'Albe le soin d'une retraite difficile à exécuter en présence d'une garnison victorieuse.

Quoique le duc de Guise n'eût guère sous ses ordres que six mille combattants, il semblait vouloir anéantir les débris de cette formidable armée d'impériaux qui montait encore à plus de soixante mille hommes ; il fit sortir de la place l'élite de ses troupes, qui forcèrent les faibles barrières qui leur étaient opposées, et pénétrèrent dans le camp ennemi ; mais à la vue des monceaux de cadavres et des milliers de malades épars çà et là et abandonnés de leurs compagnons, la fureur des Français expira; non-seulement ils firent grâce de la vie aux infortunés qui implorèrent leur compassion, mais ils les traitèrent encore comme des frères et les transportèrent dans les hôpitaux de Metz; on en eut tant de soin que la plupart échappèrent à la mort. On les renvoya chez eux guéris, libres et munis de l'argent nécessaire pour leur voyage.

Il n'est pas permis de passer ici sous silence un trait du prince de la Roche-sur-Yon, qui lui fait encore plus d'honneur que son courage : chargé avec les autres chefs de la poursuite des impériaux, ce prince plus ardent avait atteint un corps de cavalerie espagnole; il allait l'attaquer lorsque le commandant ennemi s'avança vers lui : « Brave Français, cria-t-il, vous vous disposez à combattre sans doute pour acquérir de la gloire; mais si vous n'êtes conduit que par ce noble motif, attendez une autre occasion, car vous n'auriez que la peine d'égorger des hommes hors d'état de vous résister, et même trop faibles pour prendre la fuite. » Le prince attendri contint sa troupe et laissa à l'ennemi la liberté et le temps de se retirer.

Henri II célébrait encore ses victoires, lorsqu'une armée impériale se présenta tout à coup devant Térouenne, la plus forte place de Picardie. Cette ville fut emportée ainsi qu'Hesdin (1553). L'armée française ne fut en état de marcher que dans le cours du mois de juillet.

Les cinq princes de Bourbon joignirent le connétable, qui voulait en même temps commander la principale armée et gouverner l'état. Au reste, les opérations commencèrent par une victoire à laquelle le prince de Condé eut la plus grande part.

La campagne suivante (1554) ne fut pas moins heureuse pour les Français; elle est, du reste, la dernière du duc de

Vendôme contre les ennemis de l'état. Ce ne fut pas sans chagrin qu'il quitta le gouvernement de Picardie, qui lui avait été plus d'une fois redevable de son salut ; mais la mort de Henri d'Albret, son beau-père, l'appelait à de plus hautes destinées. Il laissa les regrets les plus vifs au peuple de cette province, qui chérissait son caractère et admirait sa valeur La réputation militaire du duc de Vendôme n'était pas bornée aux limites du royaume ; elle avait pénétré chez les nations étrangères, et Charles-Quint avait une si haute opinion des talents de ce prince, qu'il disait de lui, du duc de Guise et de l'amiral Coligny, qu'il ne leur manquait qu'un peu plus d'expérience et de maturité pour être les plus grands capitaines de France. Mais l'époque de la grandeur d'Antoine de Bourbon fut le terme de sa prospérité et l'écueil de sa gloire ; il ne connut, pour ainsi dire, sur le trône de Navarre que l'inquiétude, les soupçons et des alarmes trop fondées.

Il n'était pas encore en possession de cet héritage, que l'envie se déchaîna contre lui ; on fit entendre à Henri II que le duc de Vendôme était trop puissant pour un vassal de la couronne, qu'il fallait l'obliger à céder les débris de la Navarre, la principauté de Béarn, le duché d'Albret, les comtés de Foix, de Bigorre, du Haut et Bas-Armagnac, de Rhodez, de Périgord et la vicomté de Limoges, en lui accordant d'autres domaines dans l'intérieur du royaume. On lui citait l'exemple des derniers ducs de Bourgogne, dont la puissance et l'ambition avaient inondé la France de sang et de calamités ; enfin on lui représenta qu'il ne convenait point qu'il y eût deux rois dans la même monarchie. La défiance et les soupçons entrèrent dans l'âme de Henri II, qui adopta les conseils de l'envie, et qui se chargea de proposer lui-même au premier prince du sang un échange avantageux de ses états. Mais était-il en son pouvoir de le dédommager du titre de roi et de la souveraineté dont il devait jouir en Béarn et dans lâ Basse-Navarre?

Antoine de Bourbon répondit avec sagesse, que tenant cette succession du chef de son épouse, il ne pouvait en disposer sans l'aveu et le consentement de cette princesse. Jeanne d'Albret, de son côté, pressée par le roi, ne parut pas éloignée d'accepter l'échange qu'on lui offrait; elle demanda seulement qu'il lui fût permis de se rendre dans ses états avec son époux, pour obtenir le consentement de ses sujets et les délier du serment de fidélité auquel ils étaient tenus envers elle. Le roi trouva la proposition si raisonnable, qu'il lui permit de partir, en la faisant accompagner de plusieurs commissaires, auxquels il confia les pouvoirs les plus étendus pour transiger avec les états de Navarre et de Béarn; en même temps, pour se concilier de plus en plus Antoine de Bourbon, il lui accorda le gouvernement de Guienne, qui s'étendait alors depuis la Loire jusqu'aux Pyrénées, et toutes les pensions dont les derniers rois de Navarre avaient joui, faible dédommagement d'une couronne qu'ils n'avaient perdue que par leur inviolable attachement aux intérêts de la France.

En remettant au roi le gouvernement de Picardie, Antoine de Bourbon le supplia d'en disposer en faveur du prince de Condé, le plus jeune de ses frères; il paraît par cette démarche que le chef de la maison de Bourbon chérissait particulièrement Condé, puisqu'il le préférait pour son successeur au comte d'Enghien, qui était l'aîné de ce jeune prince. Au reste, le roi ne pouvait faire un plus digne choix; tout parlait en faveur de Condé, les exploits de son père et de ses frères, les siens, des qualités en même temps solides et brillantes. Henri II écouta favorablement le roi de Navarre, et Condé, pour se rendre plus agréable au peuple de Picardie, prit le nom de Vendôme, si chéri, si respecté de la province;

mais l'affaire de l'échange ayant échoué, comme nous allons le voir, le roi conçut une forte et injuste aversion contre le chef des Bourbons, dans laquelle il enveloppa toute sa maison, et principalement ses frères. Il donna le gouvernement de Picardie à Coligny, déjà revêtu de la dignité d'amiral. Le prince supporta la disgrâce avec fermeté; il quitta le nom de Vendôme pour reprendre celui de Condé, que lui et sa postérité devaient rendre bien plus illustre encore.

La crainte seule d'être arrêtée avec son époux avait obligé Jeanne d'Albret à dissimuler l'indignation qu'elle avait conçue de la proposition qui lui avait été faite à la cour; elle avait reçu de la nature un caractère fier, magnanime et la noble fermeté qui manquait à son époux; elle eût plutôt subi la prison et la mort même que d'abdiquer le titre de roi dont ses ancêtres avaient joui pendant tant de siècles. Loin d'être disposée à un tel sacrifice, elle ne s'occupa longtemps avec son époux que des moyens d'arracher des mains de Charles-Quint la couronne de Navarre, à laquelle il n'avait d'autres droits que ceux de la force et de la convenance.

Mais il s'agissait auparavant de conserver les débris de la fortune de ses ancêtres. Jeanne d'Albret y réussit sans peine; elle trouva dans le cœur de ses sujets tant d'amour, de zèle et de fidélité, qu'elle ne serait jamais venue à bout de les détacher d'elle, quand même elle aurait lâchement consenti de les abandonner. Partout où elle porta ses pas, elle fut reçue avec des larmes de joie et de tendresse: son époux et elle furent proclamés roi et reine de Navarre avec les antiques cérémonies qui étaient en usage dans le pays. On frappa à leur coin des monnaies d'or et d'argent; enfin, si l'amour des sujets est le bien le plus précieux des rois, jamais princes ne durent se regarder comme plus heureux que les nouveaux souverains de la Navarre et du Béarn.

Cependant les commissaires du roi attendaient avec une

impatience mêlée d'inquiétude le moment de négocier ; ils avaient ordre de s'adresser à l'évêque de Mende, bâtard du cardinal du Prat et chancelier de Navarre : on attendait tout de ce prélat, fin, rusé, avide de biens et de dignités ; pour prix du succès on lui laissait le choix des plus brillantes récompenses ; il n'en fallait pas tant pour exciter son zèle. Comme il connaissait parfaitement le génie, le caractère, les mœurs et les inclinations des Béarnais, il crut ne pouvoir prendre trop de précautions pour ne pas échouer ; il fit d'abord tous ses efforts pour séduire Bernard d'Arros, le baron le plus puissant et le plus respecté du Béarn. Ce seigneur feignit d'entrer dans les vues du chancelier, mais c'était pour lui arracher son secret : il ne fut pas plus tôt instruit des mesures qu'on voulait employer, qu'il convoqua la noblesse de la province, et lui communiqua les projets de la cour de France. La douleur et l'indignation s'emparèrent des esprits : l'évêque de Mende devint tout à coup l'horreur de la nation ; on le poursuivit partout comme un ennemi de la patrie, et il eût été sacrifié au ressentiment du peuple, s'il n'eût mis ses jours à couvert par la fuite la plus prompte.

Pendant qu'il se sauvait, tout était en armes dans la province : la noblesse jeta des troupes et des munitions dans Navarreins : on fortifia Pau, Oleron et les principales villes ; on se disposa partout à la défense la plus vigoureuse, parce qu'on était persuadé qu'au défaut de l'intrigue et de la corruption, la cour de France emploierait la force des armes. Mais Henri II n'avait garde d'ajouter au fardeau d'une longue et sanglante guerre contre Charles-Quint, les calamités inséparables d'une guerre civile contre le premier prince du sang qui avait si bien servi l'état, et à qui on ne pouvait reprocher que d'avoir voulu conserver à son fils l'héritage de ses ancêtres.

On laissa donc le roi de Navarre respirer en paix. Ce

prince, qui avait tant d'intérêt à ménager la cour de France, s'excusa de n'avoir pas rempli ses promesses sur la répugnance invincible de ses sujets à changer de souverain. Henri II feignit de le croire ; mais, persuadé que l'affront qu'il venait de recevoir était le fruit des intrigues secrètes d'Antoine de Bourbon, il ne lui pardonna jamais d'avoir préféré le vain titre de roi à la faveur éclatante qu'il lui offrait à sa cour : de là la haine qu'il ressentait contre ce prince, qu'il laissa sans crédit et sans considération, tandis qu'il élevait chaque jour le duc de Guise, et le mettait de plus en plus en état de soutenir une odieuse rivalité contre les princes de Bourbon même. Le zèle et les services constants des princes du sang dans les armées ne purent surmonter l'antipathie du roi pour eux ; il ne put jamais se résoudre à leur accorder, ni dans l'administration, ni à la cour, ni à la guerre, les premiers emplois qu'ils méritaient.

Cependant (1555) le roi de Navarre goûtait avec ivresse les charmes du pouvoir souverain : une cour nombreuse et brillante, composée de l'élite de la noblesse de Gascogne, de Guienne et de Languedoc, l'accompagnait partout ; le peuple, qui admirait ses grâces, sa magnificence, son affabilité et son enjouement, se trouvait sans cesse sur son passage, et faisait retentir l'air de ses acclamations. On s'attendait que ce prince, qui avait donné à la guerre tant de marques de courage, vengerait les injures de la maison dont il venait de recueillir l'héritage. C'était bien son projet ; il regrettait de n'avoir à régner que sur la Basse-Navarre et le Béarn. Comme ses prédécesseurs, il sentait de jour en jour le besoin de la haine et de la vengeance contre les usurpateurs de ses états, et même contre la cour de Rome, qui avait fourni des prétextes vains et honteux à Ferdinand V pour envahir la barrière des Pyrénées. On ne peut nier que le ressentiment n'ait influé sur les opinions religieuses de ce prince ; il avait peine à professer le même culte que ces hommes violents et injustes, qui en avaient abusé pour accabler la faiblesse et l'innocence. Son beau-père déjà s'était laissé gagner aux nouvelles croyances ; mais il avait hésité à les manifester trop publiquement. Antoine de Bourbon se contraignit beaucoup moins, puisqu'il menait partout avec lui, même à la cour de Henri II, un ministre appelé David, qu'il avait décoré du titre de son *prédicateur*. Les lois pénales étaient observées avec tant de rigueur contre les sectaires, que Jeanne d'Albret appréhendait que la dignité royale ne mît pas son époux à l'abri des recherches. Cette reine, jeune alors, belle, vive et spirituelle, *aimait bien autant un bal qu'un sermon* ; d'ailleurs elle n'avait pas oublié ce qu'il en avait coûté à son aïeul pour avoir paru seulement adhérer au concile de Pise : elle pria plusieurs fois son époux de se défaire de ce malheureux ministre, en lui disant que s'il voulait faire confisquer son bien, elle n'était pas disposée à perdre le sien et le peu qui lui restait du royaume de ses ancêtres : le temps changera bien les sentiments des deux époux. Jeanne d'Albret, alors si prudente, si circonspecte, hasardera ses états et bravera tous les périls pour protéger et maintenir le calvinisme, dont elle sera l'héroïne ; et Antoine de Bourbon abandonnera la religion qu'il avait embrassée pour se mettre à la tête du parti catholique, qui voulait anéantir cette religion par le secours de l'autorité royale et la force des armes. Mais alors il n'était occupé que du projet de recouvrer la Haute-Navarre avec les provinces de Biscaye, de Guipuscoa, de l'Alava et de la Rioja, anciennement incorporées au royaume, dont il était devenu le souverain. Indépendamment des secours qu'il se croyait en droit d'attendre de Henri II contre Charles-Quint, leur ennemi commun, il chercha à ce prince des ennemis dans toute l'Europe et même en Afrique ; il négocia à la cour de Constantinople et à celle de Fez pour en obtenir l'appui ; mais avant de rendre compte des entreprises du roi de Navarre, nous devons faire connaître la position des autres Bourbons.

Les dégoûts que venait d'éprouver le prince de Condé n'avaient pas refroidi son ardeur martiale ; mais au lieu de porter ses armes en Picardie, ainsi que dans les campagnes précédentes, il aima mieux servir en Piémont, comme sur le théâtre de la guerre le plus éloigné d'une cour ingrate, qui laissait ses exploits et son zèle sans récompense et sans encouragement. Il rendit dans ce pays d'utiles services, ainsi que le comte d'Enghien. Au siége de Montcalvo il arriva un petit événement dont nous ne laisserons pas échapper le récit, parce qu'il caractérise l'esprit du temps. Montluc était chargé d'établir une batterie de canons devant la ville, dans un poste périlleux : les princes vinrent visiter ses travaux ; le comte d'Enghien, le saisissant par le milieu du corps : « Capitaine Montluc, lui dit-il, tu as été autrefois mon soldat ; je veux être aujourd'hui le tien. — Soyez le bienvenu, monseigneur, repartit Montluc sans s'étonner ; mais apprenez qu'il faut dans l'occasion qu'un prince soit non-seulement soldat, mais encore pionnier. Tenez, ajouta-t-il en lui présentant une pioche, travaillez. » Enghien obéit en riant ; les autres princes se mirent au travail et établirent la batterie qui força la place à capituler.

Vaincu par les armes de Henri II, et plus encore par les douleurs de la goutte, Charles-Quint, en proie aux chagrins dévorants, se lassa de lutter contre la fortune ; il prit le parti d'abdiquer toutes les couronnes dont le fardeau l'accablait ; mais avant d'exécuter cette résolution, il fit tous ses efforts pour réparer en partie les maux qu'il avait causés à l'Europe, en lui rendant la paix ; son rival ne consentit à lui accorder qu'une trêve de cinq ans, qui fut signée à Vauxelles.

Pendant que Charles-Quint méritait de toute l'Europe, en lui rendant quelques moments de calme, un pape, plus qu'octogénaire, appelait de nouveau la discorde et la guerre. En signant la trêve de Vauxelles, le roi de France encourageait en secret l'orgueil du pontife, sa haine aveugle et ses anciens ressentiments contre la maison d'Autriche ; mais Paul IV et Henri II lui-même n'étaient que d'aveugles instruments entre les mains des Caraffe et des Guises : les premiers voulaient s'enrichir des divisions publiques, et s'établir souverains de quelque partie de l'Italie, à l'exemple des la Rovère, des Médicis et des Farnèse ; ils offraient le royaume de Naples à Henri II pour prix de ses secours et de sa protection. Les Guises, malgré les inculpations de leurs ennemis, ne paraissent avoir eu jusqu'alors d'autre objet que de se rendre nécessaires à la tête du ministère et des armées.

Au reste, Montmorenci ne s'opposa point à la rupture de la trêve de Vauxelles, qui était son ouvrage, avec la fermeté qu'on attendait de lui. Une longue expérience lui avait pourtant appris à connaître la politique versatile et les faibles ressources de la cour de Rome, et à se défier du premier succès de nos armes en Italie ; il ne doutait point que le duc de Guise ne succombât dans ces contrées, et qu'il ne perdît avec sa réputation, la faveur dont il jouissait à la cour et auprès d'une nation idolâtre des talents militaires ; il crut que c'était assez se venger d'un rival, que de l'abandonner à l'illusion de ses projets ; politique qui n'aurait peut-être trouvé que trop d'approbateurs, si elle n'eût eu les suites les plus funestes. Guise échoua en effet, comme Montmorenci l'avait prévu ; mais ce que n'avait pas prévu l'artificieux vieillard, c'est que, plus malheureux encore que Guise, il fournit lui-même à l'Espagne la matière d'un des plus beaux triomphes qu'elle ait remportés sur la France.

Ainsi, les malheurs de la monarchie frayèrent à Guise le chemin à la haute puissance dont il jouit en France pendant sa vie, et qu'il transmit après sa mort à ses enfants, qui portèrent leurs vues ambitieuses jusqu'à disputer la couronne aux Bourbons.

C'est donc à la rupture de la trêve de Vauxelles (1557) qu'il faut faire remonter l'époque de quarante ans de désastres et de calamités. Depuis ce moment, les rois Valois ne connurent plus sur un trône chancelant que les inquiétudes, les alarmes, les conspirations et les révoltes; une mort toujours prématurée et quelquefois violente, abrégea leurs jours tissus de malheurs. Sans prendre part aux fautes et à la mauvaise conduite des derniers Valois, les Bourbons participèrent à leurs infortunes, plusieurs d'entre eux périrent dans les guerres intestines.

Cependant Guise avait déjà passé les Alpes à la tête d'une armée composée de l'élite des guerriers; en vain Brissac l'exhorta à envahir le Milanais, dont la conquête facile importait plus à la France que celle du royaume de Naples. Guise ne trouva pas à propos de rien changer au plan de campagne arrêté dans le conseil du roi; d'ailleurs il fallait voler au secours du pape, déjà réduit aux dernières extrémités par le duc d'Albe. Guise ne parut aux environs de Rome que pour partager les disgrâces d'un allié qui, après lui avoir tout promis, le laissa manquer de tout.

Pendant ce temps-là, Coligny violait la trêve dans les Pays-Bas, en tâchant de surprendre Douai. Philippe II dénonça avec raison à l'Europe les Français comme infracteurs des traités; l'Angleterre, dont il avait épousé la reine, se déclara contre les agresseurs, et Henri II se trouva un ennemi puissant de plus à combattre, tandis que ses meilleures troupes se consumaient inutilement à trois cents lieues de ses états.

Déjà le duc de Savoie se présentait sur les frontières de la Champagne et de la Picardie avec soixante mille hommes; Henri II n'en put rassembler qu'environ vingt-deux mille, qu'il opposa à l'ennemi sous les ordres du connétable de

Montmorenci. Le comte d'Enghien, le prince de Condé, le duc de Montpensier et le prince de la Roche-sur-Yon, si négligés à la cour, furent les premiers à marcher au secours de la patrie. Enghien s'arracha des bras de Marie de Bourbon-Saint-Pol, qu'il venait d'épouser. Les adieux qu'il lui fit devaient être éternels : la mort l'attendait dans les plaines de Picardie. De tous les princes qui servaient sous Montmorenci, le plus jeune était Condé ; néanmoins, le connétable avait une si haute opinion de lui, qu'il lui donna le commandement de la cavalerie.

La bataille de Saint-Quentin fut perdue par Montmorenci ; dès le premier choc le comte d'Enghien eut un cheval tué sous lui ; il en remonta un autre et chargeait de nouveau, lorsqu'il fut renversé d'un coup de pistolet, pris et conduit à la tente du duc de Savoie, où il expira deux heures après. Le duc de Montpensier commandait deux compagnies d'hommes d'armes, la sienne et celle du prince de la Roche-sur-Yon, son frère ; il fut fait prisonnier, malgré la rare valeur qu'il déploya dans cette funeste journée. Après la défaite, Condé, à la tête de la cavalerie légère réduite à six cents hommes, se montra nuit et jour à cheval, harcelant, fatiguant l'ennemi ; ses succès, quoique légers, ne contribuèrent pas peu à rétablir la confiance des troupes à qui il était resté une terrible impression de la défaite du connétable. Il montra du reste autant de générosité que de valeur. Voyant un jour un détachement d'infanterie espagnole qui se jetait dans un village, le prince mit pied à terre avec sa troupe et força le détachement à se rendre. Un officier français, appelé Launai, s'approche du chef espagnol qui avait été fait prisonnier, et le poignarde, pour ainsi dire, dans les bras de son général. Condé, furieux d'une action si lâche, voulait tuer lui-même l'assassin ; il se contenta néanmoins de le faire arrêter et de le traduire au conseil de guerre. Launai se justifia en soutenant qu'il n'avait fait qu'user de représailles envers cet officier, qui avait égorgé de sang-froid plusieurs prisonniers français à la journée de Saint-Quentin ; on le crut ou on feignit de le croire, et son action demeura impunie.

La faute du roi d'Espagne, qui n'avait pas su rendre la victoire décisive en marchant à Paris ; le dévoûment de Coligny, la sagesse de Nevers et la valeur de Condé, avaient sauvé la France, lorsque Guise arriva, à la fin de la campagne, avec les vieilles bandes de l'Italie. Ce prince, néanmoins, fut reçu comme le libérateur de l'état ; on lui prodigua les honneurs, les titres, et surtout la puissance la plus étendue ; on proposa même de le nommer vice-roi ; mais il se contenta du titre plus modeste de lieutenant général de la couronne, et n'en fut pas moins le dépositaire de toute l'autorité royale.

En comblant de grâces un homme en qui elle mettait toutes ses espérances, la cour aurait dû ne pas négliger un autre prince qui, sans avoir commandé les armées en chef, avait rendu des services signalés : Condé demandait la charge de colonel général de la cavalerie en deçà des monts, il essuya un refus. Le duc de Nemours, porté par Guise, lui fut préféré (1558). Toutefois, Henri II sembla se repentir de cette injustice ; il essaya de la faire oublier en créant le prince de Condé colonel général de l'infanterie française au delà des monts.

Mais quelque grande que fût cette charge, la haute noblesse, accoutumée à combattre à cheval, préférait alors hautement le service de la cavalerie, et ce préjugé, qui venait de la chevalerie, était si profondément enraciné à la cour et dans les armées, qu'on croyait qu'un prince du sang avait en quelque sorte dérogé à l'éclat de sa naissance, en acceptant une charge qui n'avait jamais été remplie que par des guerriers d'un rang inférieur. On raconte à ce sujet l'anecdote suivante : La princesse de la Roche-sur-Yon, ayant été nommée dame d'honneur de la reine, Condé lui reprocha d'avoir oublié la grandeur de la maison où elle était entrée, en prenant une pareille charge; la princesse lui répondit qu'elle ne pensait pas s'être fait plus de tort à elle et aux siens, que lui-même, en succédant à Bonnivet et au vidame de Chartres. L'écrivain contemporain ajoute que ce fut au prince à se taire, quoiqu'il fût l'homme de son siècle qui eût le plus d'esprit et qui parlât le mieux.

Quoiqu'il en soit, il ne dédaigna pas une charge qui le mettait à portée d'acquérir une connaissance profonde de l'art de la guerre. Ainsi pensait François de Bourbon, comte de Saint-Pol, qui, dès le commencement du règne de François Ier, avait si bien mérité de la patrie en disciplinant un corps de six mille fantassins, qu'il commanda pendant plusieurs campagnes.

Le duc de Guise justifia les espérances qu'il avait fait naître. Il chassa les Anglais des dernières possessions qui leur restaient en France, et obtint d'autres succès. Pourtant, un nouveau revers avait frappé les armes françaises, lorsque Henri II se décida enfin à la paix (1559), et l'acheta à des conditions honteuses. Il n'osa même pas faire valoir les droits du premier prince du sang sur la Navarre; il ne stipula ni la restitution de ce royaume ni celle de Dunkerque, de Gravelines, et des autres riches domaines qui appartenaient à Antoine de Bourbon, dans les Pays-Bas.

Les intérêts de ce prince lui étaient devenus étrangers depuis qu'il lui avait vu prendre le titre de roi; l'amitié qu'il avait eue pour lui s'était changée en une jalousie secrète, aigrie encore par le goût qu'Antoine de Bourbon affectait pour les nouvelles opinions. Le monarque n'ignorait pas que les états de ce roi et son gouvernement de Guyenne renfermaient presque autant de sectaires que le reste du royaume. Une démarche récente et hasardée d'Antoine de Bourbon, en faveur des protestants, avait mis le comble au mécontentement du monarque.

Le roi de Navarre s'était rendu à la cour pour assister au mariage du dauphin. La campagne s'ouvrit peu après en Picardie. Antoine de Bourbon ne pouvait, sans compromettre son rang et sa dignité, servir sous le duc de Guise qu'il avait toujours commandé. Il prit le parti d'établir sa résidence à Paris, pendant que Henri II et tous les princes se rendaient à l'armée.

Les embarras d'une guerre ruineuse détournaient l'attention du gouvernement des progrès du calvinisme. L'activité des lois pénales contre les hétérodoxes semblait suspendue ; ceux-ci prirent de la confiance et témoignèrent de l'audace. C'était alors la coutume des bourgeois de Paris d'aller goûter, pendant les belles soirées de l'été, les plaisirs de la promenade au Pré-aux-Clercs, plaine agréable qui s'étendait sur les bords de la Seine, et qui, aujourd'hui, est couverte de palais magnifiques. Un grand nombre de calvinistes, séparés en différents groupes, s'avisa de chanter les psaumes de David, traduits en vers français par Marot. La multitude, séduite par l'appât de la nouveauté, accourut et se mêla à ces chants ; le lendemain et les jours suivants, la promenade fut encore plus fréquentée : le roi et la reine de Navarre s'y rendirent et semblèrent encourager par leur présence la hardiesse des calvinistes. Le clergé frémissait d'indignation ; il s'éleva contre ces assemblées qui tendaient à éteindre la foi religieuse. Le roi parut encore plus irrité que le clergé ; il donna ordre qu'on informât contre les auteurs et les fauteurs des assemblées, décernant peine de mort contre tous ceux qui seraient convaincus d'avoir chanté en public les psaumes de David, traduits en langue vulgaire; on conçoit combien ses soupçons et sa haine durent s'envenimer de nouveau contre le roi de Navarre.

Ce prince s'en serait peut-être consolé s'il n'eût été aussi malheureux à la guerre qu'à la cour. Avant de se rendre à Paris, il avait levé une armée, dont il donna le commandement au baron de Buriès, qui s'était distingué dans les guerres d'Italie. Ce général entra dans la Biscaye espagnole ; mais l'intempérie de l'air, des pluies continuelles qui rompirent les chemins et qui empêchèrent les convois d'arriver à son camp, ruinèrent ses troupes : sa campagne fut aussi inutile que funeste. A cette nouvelle, le roi de Navarre se rend à Bordeaux, assemble la légion de Guyenne, mande tous ses vassaux, et forme une nouvelle armée, à la tête de laquelle il s'avance vers Fontarabie; il entretenait des intelligences dans cette place, la clef de l'Espagne, pratiquées par un certain Gamare, un de ses premiers valets de chambre ; mais, arrivé aux portes de Fontarabie, il découvrit heureusement que Gamare le trahissait et voulait le livrer à l'ennemi avec sa petite armée ; il en coûta la vie au perfide, qui fut pendu à Pau ; mais Antoine de Bourbon consuma, dans cette expédition, le trésor que lui avait laissé Henri d'Albret.

Il était en proie aux regrets, lorsqu'il apprit que la paix venait d'être signée à Cateau-Cambresis, sans qu'il fût question de la restitution de la Navarre, de Dunkerque, de Gravelines et des grandes seigneuries qui lui appartenaient dans les Pays-Bas ; son indignation augmentait en observant que ses ennemis même ne pouvaient contester l'évidence et la légitimité de ses droits. Charles-Quint, mort peu auparavant, dans sa retraite de Saint-Just, avait recommandé à son fils, dans un codicille, de restituer la Navarre : «Non, disait-il, que Ferdinand V n'eût de justes et puissants motifs pour s'emparer de cet état; mais il souhaitait que son successeur eût égard aux droits de Jeanne d'Albret, en prenant les précautions qu'exige la prudence, pour ne pas trop affaiblir la barrière de l'Espagne du côté des Pyrénées. » Mais Philippe II ne fit aucun cas des prières et des ordres d'un père mourant. Il pensa pourtant comme lui, et fit les mêmes dispositions, lorsqu'il fut prêt à comparaître devant le tribunal de l'Être Suprême. Ses dernières volontés ne furent pas plus respectées par son fils : l'intérêt et la politique s'opposèrent toujours à cette restitution.

Antoine de Bourbon croyait entrevoir dans la politique de la cour le projet de l'affaiblir et de le ruiner ; il en conçut un tel ressentiment, qu'il refusa, sous de vains prétextes, d'assister aux mariages de madame Élisabeth avec le roi d'Espagne, et de Madame Marguerite avec le duc de Savoie, conclus pour cimenter cette paix qui lui était si odieuse ; mais le parti qu'il prit de se tenir éloigné d'une cour suspecte fut l'origine de tous les malheurs qui fondirent sur lui et sur les siens. Henri II célébra la paix et les mariages de sa fille et de sa sœur, par des fêtes superbes et dispendieuses (1559). C'est au milieu de ces solennités qu'il fut mortellement blessé dans un tournoi. De ce moment commencèrent les malheurs qui devaient ensanglanter la France pendant près d'un demi-siècle.

Dès que le connétable de Montmorenci vit qu'il fallait désespérer des jours de Henri II, il envoya au roi de Navarre un homme de confiance, pour l'exhorter à se rendre en toute hâte à la cour, et à se saisir de l'autorité que les lois et l'usage semblaient lui déférer dans les circonstances où allait se trouver l'état.

Antoine de Bourbon ne sut se prévaloir d'aucun des avantages que la fortune lui présentait : l'envoyé du connétable le trouva à Nérac, déplorant ses malheurs et exhalant son ressentiment contre Montmorenci même, qui ne l'avait point compris dans le traité de Cateau-Cambresis. Antoine de Bourbon dédaigna les conseils et les exhortations du connétable.

Cependant Guise, et son frère le cardinal de Lorraine, saisissaient d'une main hardie les rênes de l'état. La jeune reine Marie Stuart, qui régnait sur le cœur de son époux par l'ascendant de la beauté, de l'esprit et des grâces, ne faisait usage de son influence que pour cimenter la grandeur des Guises, ses oncles maternels. Catherine de Médicis elle-même, séduite par l'éloquence artificieuse du cardinal de Lorraine, et par des promesses du dévoûment le plus servile, les préféra au princes du sang, dont on lui faisait craindre les droits et les prétentions.

Il convient de donner ici une connaissance plus particulière du génie, du caractère et des mœurs des Bourbons, que l'intérêt commun aurait dû réunir, et qui, néanmoins, paraissent tous avoir eu des vues différentes.

Depuis que Louis, cardinal de Bourbon, était mort, et que Jean, comte d'Enghien, avait péri à la journée de Saint-Quentin, il n'existait plus que cinq princes du sang : Antoine, roi de Navarre; Charles, cardinal de Bourbon; le prince de Condé; le duc de Montpensier, et le prince de la Roche-sur-Yon.

Le premier n'avait de courage et d'activité qu'à la tête d'une armée : lent, irrésolu, crédule et voluptueux, le travail et les intrigues du cabinet l'épouvantaient; dépourvu de sagacité, incapable d'adresse pour démêler ou éviter les piéges dont on ne cessait de l'envelopper, il fut toute sa vie la dupe de ses confidents et le jouet de ses ennemis.

Charles, cardinal de Bourbon, d'un caractère doux et facile, d'un génie plus borné, ne connut jamais ses véritables intérêts ni ceux de sa famille; son imprudence fournit des armes aux ennemis des Bourbons, qui se servirent de son nom même pour autoriser leurs conspirations contre l'état et son propre sang.

Condé se montra le seul digne et intrépide rival de Guise :

c'était un prince d'un génie ardent, d'une âme noble et d'un courage indomptable : la constance, et le grand art de gagner des partisans zélés et de les conserver, tels furent les ressorts qu'il employa toute sa vie pour défendre ses droits et ceux des autres princes du sang ; mais jusqu'ici il n'était encore connu que par une valeur brillante, de belles actions à la guerre, d'heureuses saillies, et son goût pour la magnificence et le plaisir ; sa jeunesse (il n'avait que vingt-neuf ans) et sa pauvreté, qui n'était que trop réelle relativement aux richesses et au crédit des Guises, ne lui permettaient pas encore de jouir dans l'état d'une grande influence.

Le duc de Montpensier, né avec la valeur naturelle aux Bourbons, avait acquis des talents militaires qui le firent briller à la tête des armées : jaloux d'obtenir des richesses, il n'était occupé que des moyens de plaire aux maîtres de la cour, afin de rentrer en possession des domaines qui avaient appartenu au connétable de Bourbon, son oncle ; ses mœurs étaient austères, sa conduite paraissait irréprochable, et son zèle pour l'Église romaine semblait être le mobile de toutes ses actions. Mais, à le juger sans partialité, on peut dire qu'il était intolérant, moins par esprit de religion que par politique ; qu'il cachait, sous les dehors de la bonhomie et de la piété, une ambition réfléchie ; on prétend que ce ne fut pas sans une joie secrète qu'il vit le roi de Navarre et le prince de Condé exposés aux périls des discordes civiles, dans l'espérance que, s'ils venaient à périr, sa branche approcherait plus près du trône, et deviendrait plus puissante, comme si les Guises, après avoir accablé les aînés des Bourbons, auraient respecté davantage les puînés ! Une pareille politique est celle d'un homme sans principes. Il affectait néanmoins de prendre pour modèle saint Louis, son grand-aïeul ; mais ce qui paraîtra incroyable, c'est que ce prince ait eu le surnom de *Bon* : sa conduite et ses actions démentirent plus d'une fois les lâches flatteurs qui lui donnèrent ce beau titre.

Le prince de la Roche-sur-Yon, son frère, en eût été plus digne ; sa probité et sa générosité égalaient ses lumières et sa vaillance : invariablement attaché aux intérêts de sa maison, il était disposé à tout entreprendre pour les soutenir, excepté la guerre civile, qu'il avait en horreur. Il s'efforça de détourner ce fléau du royaume ; mais, voyant ses soins échouer contre les passions violentes des ambitieux qui gouvernaient l'état, il s'abstint de prendre part aux opérations d'une guerre impie, et évita toujours de tremper ses mains dans le sang de ses concitoyens : il fut donc le seul prince et peut-être le seul grand, qui, dans ces temps de désordre et d'anarchie, n'oublia pas les devoirs de l'humanité.

Ces princes de Bourbon, comme il est aisé de le voir, différaient entre eux, soit par le caractère et les principes qu'ils s'étaient formés, soit par le parti qu'ils embrassèrent ; au reste, l'autorité des Guises était si solidement établie sous la protection du trône, que, quand même la maison de Bourbon eût été unie par son intérêt commun, elle aurait été accablée dans le cas où elle eût osé braver les dépositaires de l'autorité royale. Sous un chef faible et sans énergie, le parti du silence et de la soumission aurait été le plus sûr, si les circonstances ne lui eussent donné pour appui deux factions puissantes : la première avait pour chef le vieux Montmorenci, qui, dans le sein de la disgrâce, conservait encore une fierté menaçante. A cette faction était attaché un grand nombre de seigneurs, jaloux à l'excès de la puissance des Guises, qu'ils traitaient d'étrangers ; mais ce parti eût subi le sort funeste de tous ceux qui se sont élevés en France, si la persécution n'en eût formé un autre bien plus formidable, auquel le premier se lia et fournit des chefs pleins de courage et de ressources.

Il s'agit ici des protestants, poursuivis par le fer et le feu, sous François Ier et son successeur : ils s'étaient multipliés au milieu des proscriptions et des bûchers. Les hommes sensibles avaient commencé par les plaindre, et fini par embrasser leurs opinions. Ce n'étaient pas seulement, comme autrefois, des théologiens obscurs, des religieux échappés de leurs cloîtres, qui se fussent déclarés contre la cour de Rome ; on comptait parmi eux des personnages illustres par la naissance, les dignités et la fortune ; des savants, des magistrats, des femmes du rang le plus élevé, des prélats même.

Les Guises se flattèrent d'anéantir une secte qui avait échappé à la main puissante des deux derniers rois ; sans parler du principe de l'intolérance transmis de siècle en siècle, et continuellement consacré par des exemples fameux, la politique leur marquait le rôle de persécuteurs. En accablant les réfractaires aux lois de l'Église, ils s'assuraient la reconnaissance du clergé, le premier et le plus riche des ordres du royaume, et l'attachement des catholiques, infiniment plus nombreux que les protestants, et par conséquent plus en état de les soutenir à la tête du gouvernement. .

Le parti de Montmorenci, celui des protestants, attendaient leur salut des Bourbons ; ils avaient besoin de leur nom et de leur appui pour se soustraire aux dangers dont ils étaient menacés ; d'un autre côté, ces derniers, plus respectés que puissants, ne pouvaient se passer des richesses, des forces, du courage et même du désespoir des opprimés. C'est donc à l'ambition et à l'intolérance qu'il faut attribuer ces mouvements convulsifs, ces conspirations, ces guerres horribles que l'intérêt malentendu de la religion a prolongés en France pendant plus de soixante ans, c'est-à-dire jusqu'à la prise de la Rochelle.

La mort de Henri II tira enfin le roi de Navarre de son assoupissement : il partit de Nérac avec sa maison, pour se rendre à la cour, au milieu des bénédictions des protestants, qui se flattaient que l'administration de l'état ne pourrait lui échapper. A peine était-il en route, qu'on apprit que le duc de Guise et le cardinal de Lorraine régnaient sous le nom du nouveau roi ; dès lors l'effroi, l'indignation, soulevèrent le parti protestant, qui regardait les princes lorrains comme des ennemis mortels ; il se plaignit qu'on foulait aux pieds les lois et la constitution de l'état ; il remplit le royaume d'écrits dans lesquels il traita l'administration des Guises d'illégale et de tyrannique, et exhorta Antoine de Pourl on àréclamer les droits de sa naissance, et à se saisir du gouvernement. Il fit plus ; il envoya à ce prince une célèbre députation composée des ministres des Églises établies récemment dans les principales villes du royaume, malgré la persécution. Antoine de Bourbon la reçut à Poitiers, et lui fit un accueil favorable.

La noblesse d'au delà de la Loire venait en foule augmenter le cortége du roi de Navarre : avec quelques étincelles de vigueur et d'énergie, il est constant que ce prince eût encore pu entrer en lice avec les Guises. En effet, la plupart des grands penchaient pour lui ; mais, quoique excité par les princes de Condé et de la Roche-sur-Yon, qui étaient venus au-devant de lui, le roi de Navarre témoignait beaucoup de répugnance pour les conseils hardis ; on attribuait ses incertitudes à son conseil secret, compo séde l'évêque de Mende, de d'Escars, son chambellan et son favori, et d'Aimeri Bouchard, son chancelier, tous, disait-on, corrompus par les Guises ; mais n'aurait-on pas dû accuser aussi la faiblesse de son caractère ? Au reste, il déclarait qu'il prendrait sa dernière résolution à Vendôme, dans le château de ses pères, où l'attendaient ses principaux amis.

On comptait parmi eux les trois Coligny, l'amiral, d'Andelot et le cardinal de Châtillon, le comte de la Rochefoucault, le prince de Porcien, le vidame de Chartres, Chabot de

Jarnac et plusieurs autres seigneurs également illustres par la naissance, le courage et les richesses. Le connétable de Montmorenci, quoique absent, fut l'âme de cette assemblée, à laquelle il députa Frémin d'Ardois, son secrétaire de confiance. Avant de délibérer sur les moyens d'abattre la puissance des Guises, on jugea à propos de réconcilier plusieurs des chefs brouillés ensemble par les intrigues et les artifices du cardinal de Lorraine. Le prince de Condé, par son esprit et son adresse, eut l'honneur de presque toutes ces réconciliations. Il fit surtout embrasser le prince de la Roche-sur-Yon et d'Andelot, qui se haïssaient mortellement depuis la querelle qu'ils avaient eue au sujet de l'héritière de Laval.

Il ne fut plus ensuite question dans les conseils que des moyens à employer pour détruire la domination usurpée des Guises. A un puissant motif de jalousie se joignaient des griefs particuliers contre l'aîné de la maison, qui s'était arrogé des prérogatives jusque-là réservées aux princes du sang. Condé était celui de tous qui souffrait avec le plus d'impatience les atteintes portées à la dignité de la maison royale. Emporté par le feu de l'âge et du courage, il proposait de marcher sur-le-champ, avec une troupe d'élite, contre la cour qui était à Saint-Germain, de se saisir des Guises, de les chasser, et de remettre l'administration au roi de Navarre : d'Andelot, le vidame de Chartres, le prince de Porcien, aussi déterminés que Condé lui-même, appuyèrent cet avis avec beaucoup de force. Mais le roi de Navarre, l'amiral, et surtout Montmorenci, agent invisible de cette assemblée, le rejetèrent comme odieux et désespéré.

Leur avis, qui était d'employer les négociations et l'intrigue, l'emporta comme le plus sage et le plus sûr. Antoine de Bourbon marcha droit sur Saint-Germain-en-Laye, résolu de n'employer que les voies de la persuasion et les remontrances, pour revendiquer les droits qu'il tenait de sa naissance; mais il n'était pas encore sorti de Vendôme, que les Guises étaient informés de son plan; ce ne fut pour eux qu'un jeu de le déconcerter et de le confondre. En même temps ils se proposèrent de lui rendre le séjour de la cour si fâcheux, de lui donner tant de dégoûts et de mortifications, que le prince, humilié, se regarderait comme trop heureux d'abandonner la partie, et de retourner en Béarn jouir des honneurs obscurs de sa petite souveraineté.

En approchant de Saint-Germain-en-Laye, le roi de Navarre commença à goûter les amertumes qui lui étaient réservées. C'était alors la coutume des rois d'aller au-devant des princes du sang, et quelquefois même des plus grands seigneurs, lorsqu'ils se rendaient à la cour après une campagne ou une longue absence, sous prétexte d'une chasse qu'on préparait sur la route qu'ils devaient tenir; là ils les accueillaient avec les plus vives démonstrations d'amitié. Antoine de Bourbon s'attendait à ce que le jeune monarque lui donnerait cette marque de distinction; mais les Guises avaient eu la précaution de mener le roi à la chasse d'un autre côté. Arrivé aux portes de la ville, le roi de Navarre apprend qu'on ne lui a marqué ni maison pour recevoir ses nombreux équipages, ni appartement au château pour le loger. Comme premier prince du sang, il devait en occuper le plus beau; mais le duc de Guise s'en était emparé, et avait déclaré qu'il ne le céderait qu'avec la vie.

Le roi de Navarre était déconcerté; il ne savait que devenir, lorsque le maréchal de Saint-André, courtisan artificieux, vint le trouver, et, de concert avec les Guises à qui il s'était vendu, lui offrit le sien : il fallut bien l'accepter. Après s'être reposé un moment, Antoine de Bourbon se rendit chez la reine-mère, où il trouva le cardinal de Lorraine qui ne fit pas un pas pour le recevoir; le roi de Navarre alla pourtant à lui et l'embrassa; le ministre reçut cette démonstration de politesse avec froideur et dédain. On annonça bientôt que le roi revenait de la chasse. Antoine de Bourbon courut au-devant de lui jusqu'à la porte du château, où il le salua. Guise et ses frères, qui accompagnaient le roi, ne donnèrent au nouvel arrivé aucune marque d'intérêt et d'honnêteté ; cependant le roi de Navarre leur fit les mêmes avances qu'au cardinal : tant de déférence révoltait les seigneurs de sa suite ; plusieurs en furent si indignés, qu'ils abandonnèrent les intérêts d'un prince qui soutenait si mal les prééminences de sa maison et de la dignité royale.

Antoine de Bourbon n'était pas au bout : le lendemain de son arrivée, nouveaux outrages ; on tint le conseil auquel il devait assister en qualité de chef, et on ne daigna pas l'y appeler. Chabot de Jarnac l'exhortait à se présenter de lui-même à ce conseil, pour y réclamer les droits de sa naissance et de son rang.

Le roi de Navarre, honteux du personnage humiliant que les Guises lui faisaient jouer, était tenté de sortir de Saint-Germain ; mais il y fut retenu par les favoris à qui il avait donné sa confiance. Enfin, au bout de quatre jours, le roi l'appela dans son cabinet, et lui fit entendre qu'il avait choisi le duc de Guise et le cardinal de Lorraine, ses oncles, pour administrer le royaume en son nom et sous ses ordres ; que quiconque refuserait de leur obéir comme à lui-même encourrait son indignation : il finit par lui dire qu'il consentait à lui conserver ses états et ses pensions, pourvu, néanmoins, qu'il servît son souverain avec le même zèle qu'il avait fait paraître sous le règne de son père et de son aïeul ; qu'en remplissant ces conditions, il serait toujours le bienvenu, lorsqu'il jugerait à propos de se rendre à la cour. Antoine de Bourbon ne répondit à un pareil discours que par les protestations les plus soumises d'attachement et de fidélité ; il s'expliqua davantage dans un entretien qu'il eut avec Catherine de Médicis : il lui parla de ses droits, mais il n'en reçut que des réponses vagues et artificieuses.

Les paroles menaçantes du roi et la résignation pusillanime d'Antoine de Bourbon n'eurent pas plus tôt transpiré, que celui-ci fut abandonné de plusieurs de ses partisans ; ils craignaient qu'en restant attachés à ce prince timide, ils ne demeurassent exposés, sans appui et sans protection, au ressentiment et à la violence des Guises. Chabot de Jarnac donna l'exemple de la défection ; néanmoins, Antoine de Bourbon s'excusait de sa faiblesse sur la mauvaise volonté du roi et de la reine-mère ; mais il promettait de s'expliquer avec plus de force lorsqu'il serait appuyé par le connétable et l'amiral, qu'il attendait de jour en jour ; ceux-ci, informés de la patience avec laquelle il avait dévoré tant d'insultes, n'espérèrent plus rien de sa fermeté, et ne jugèrent pas à propos de se perdre inutilement pour lui.

Afin de mettre le comble aux humiliations que subissait ce malheureux prince, on l'admit au conseil, mais pour lui faire entendre la lecture des lettres superbes du roi d'Espagne, par lesquelles il se déclarait protecteur du monarque français, et menaçait d'accabler de toutes ses forces les téméraires qui oseraient s'élever contre son beau-frère ou ses principaux ministres. C'était par le conseil des Guises que Catherine de Médicis avait mendié l'appui de Philippe II, démarche honteuse et humiliante. L'ambitieux Espagnol s'en prévalut pour semer et nourrir la discorde en France, comme le seul moyen de consumer les forces de la nation qu'il craignait le plus en Europe. On sait que les ambassadeurs de ce prince, en prodiguant l'or du Pérou et en multipliant les intrigues, eurent toujours à la cour des enfants de Catherine de Médicis, une haute influence qu'ils conservèrent jusqu'au règne de Henri IV.

Antoine de Bourbon, justement effrayé des menaces de

Philippe, ne voyait autour de lui que des écueils ; il sentait qu'en voulant enlever aux Guises la domination dont ils jouissaient, il courait risque de perdre le Béarn et les débris de la Navarre, convoités par l'héritier de l'injuste Ferdinand. Ses amis, son frère l'exhortaient à tout hasarder pour soutenir sa dignité. Leur indignation passa un moment dans son âme : il quitta le séjour de Saint-Germain, où il se voyait éclipsé par ses odieux rivaux, et se rendit à Saint-Denis, sous prétexte de rendre les derniers devoirs aux cendres du feu roi ; il s'acquitta en effet de cet acte religieux pendant neuf jours, et en grand appareil, dépense fastueuse et inutile ; de là il vint implorer l'assistance du parlement, et l'engager à demander la convocation des états généraux. Le prince de Condé l'accompagnait dans les visites nocturnes qu'il rendait aux présidents et aux principaux conseillers ; mais il ne trouva que de la froideur et de l'indifférence de la part de ceux sur qui il avait le plus compté ; sa faiblesse l'avait dégradé dans l'esprit des magistrats comme dans l'esprit des gens de qualité.

Les autres citoyens lui témoignaient encore moins d'attachement que le parlement. La ville de Paris était inviolablement vouée au culte de l'Église romaine. Il est vrai, néanmoins, qu'on y trouvait quantité de protestants, dont la plupart avaient fixé leur séjour dans le faubourg Saint-Germain, appelé, pour cette raison, *la petite Genève*, et que parmi ces protestants on comptait beaucoup de citoyens distingués, savants, magistrats, gens de qualité, évêques même ; mais le nombre n'en était pas assez considérable pour dominer dans la ville, et la multitude, dont l'exaspération était encore excitée, ne voyait qu'avec inquiétude le roi de Navarre, dont la cour, fixée à Nérac, passait pour l'asile et le centre du calvinisme.

Ce prince se trouvait alors dans une fâcheuse perplexité : d'un côté, il sentait la honte attachée à une retraite brusque et précipitée ; de l'autre, il ne pouvait se résoudre à servir plus longtemps de jouet à ses ennemis. Sur ces entrefaites, il reçut des lettres de Jeanne d'Albret, qui, alarmée des menaces du roi d'Espagne, et peut-être effrayée des périls que courait son époux dans une cour orageuse, l'appelait à grands cris auprès d'elle. Il était bien tenté de partir ; mais le prince de Condé, qui ne le quittait point, l'exhortait à témoigner plus de fermeté, et à ne point trahir en fuyant ses droits et ceux de sa maison ; il en venait même quelquefois jusqu'à lui reprocher son indolence et sa faiblesse ; le prince de la Roche-sur-Yon lui donnait les mêmes conseils, mais avec plus de retenue et de modération.

Les Guises apprirent par les confidents du roi de Navarre que ce prince, intimidé, regrettait déjà le repos et les délices du Béarn, et que sans les conseils des princes de Condé et de la Roche-sur-Yon, il aurait pris, depuis longtemps, le parti de retourner dans ses états ; c'est pourquoi ils résolurent d'écarter d'Antoine de Bourbon deux hommes d'un caractère aussi ferme, et, pour éprouver moins de contradiction dans ce projet, ils les chargèrent des commissions les plus honorables.

Abandonné à lui-même, le roi de Navarre sentit évanouir le peu de résolution qu'il avait conservé jusqu'alors ; il ne cherchait qu'un prétexte honnête d'abandonner une cour où il était traité avec tant de mépris. Catherine de Médicis eut pitié de son embarras ; elle le pria de se charger du soin de conduire la jeune reine d'Espagne à Philippe II, son époux, en le flattant de l'espérance que ce monarque, touché d'un aussi grand service, se déterminerait peut-être à lui rendre la Haute-Navarre ou un équivalent. Il partit donc en poste et se rendit à Bordeaux, où il fit de grands préparatifs pour recevoir la princesse.

Elle s'était mise en route, accompagnée du cardinal de

Bourbon, du prince de la Roche-sur-Yon, de mademoiselle de Montpensier et du plus brillant cortége. Antoine de Bourbon alla au-devant d'elle avec une suite de trois cents seigneurs ou gentilshommes, ses sujets ou ses vassaux, et la défraya partout avec une magnificence royale. Dès que la reine d'Espagne fut entrée dans les états dont il était souverain, il donna ordre au maréchal de la cour de marquer toujours le premier logis *pour lui, roi de Navarre*, et le second *pour la reine d'Espagne*. Parvenu dans la Haute-Navarre, soumise à Philippe II, Antoine de Bourbon usa des mêmes droits, malgré la résistance des Espagnols.

Il avait été stipulé entre les cours contractantes, que la reine serait délivrée aux commissaires espagnols sur les frontières de France et d'Espagne; mais Roncevaux, qui avait été désigné pour le lieu de la cérémonie, dépendait de la Haute-Navarre : en laissant passer le mot *frontière d'Espagne*, Antoine de Bourbon aurait donc reconnu la souveraineté du roi catholique sur la Navarre; il protesta contre cette dénomination, et obligea le cardinal de Mendoze et le duc de l'Infantado, commissaires du roi d'Espagne, de lui donner acte de cette protestation, ce qu'ils ne firent qu'avec beaucoup de répugnance et après de grandes difficultés. Il remit ensuite entre leurs mains la fille de Henri II.

Antoine de Bourbon, qui ne perdait jamais de vue ses droits sur la Navarre, se hâta de profiter des circonstances pour négocier avec la cour d'Espagne. Pierre, bâtard de Navarre, demanda, au nom de ce prince, la restitution de cet état. Le roi catholique lui répondit en peu de mots qu'il avait des droits sur la Navarre, qu'il saurait bien les justifier; que d'ailleurs ce royaume ne pouvait être démembré de la monarchie espagnole, à qui il servait de rempart contre les entreprises de la France en temps de guerre. Le ministre d'Antoine de Bourbon demanda alors l'île de Sardaigne en échange de la Navarre. Philippe ne parut pas être éloigné de la proposition; mais il en remit la décision à l'assemblée des cortès ou états généraux de la Castille, qui devaient ouvrir incessamment.

Pendant ce temps-là, le duc d'Albuquerque, qui se faisait honneur, et avec raison, d'appartenir à la maison de Navarre, s'insinuait à Roncevaux dans la familiarité d'Antoine de Bourbon; il fit entendre à ce roi trop confiant que, s'il voulait se rendre lui-même à Madrid, il ne doutait point que Philippe, monarque également puissant et magnanime, ne détachât de son front une des vingt-deux couronnes qui le chargeaient pour en disposer en sa faveur. Antoine ne balança pas un moment : il envoya le baron d'Odaux à la cour de Madrid solliciter en son nom la permission de venir avec la reine, son épouse, plaider lui-même sa cause; mais Philippe, incapable d'un trait généreux, se moqua des instances du baron d'Odaux, et le roi de Navarre se vit le jouet de la cour d'Espagne, comme il l'avait été de celle de France. Pendant ce temps, le prince de Condé ne songeait qu'à la vengeance, car les Guises s'étaient oubliés jusqu'à lui témoigner le même mépris dans une occasion d'éclat.

Pour l'éloigner du roi de Navarre, on l'avait envoyé à Bruxelles jurer, au nom du roi, la paix conclue à Cateau-Cambresis et recevoir à son tour le serment du roi d'Espagne. Dans ce dernier acte de la réconciliation de deux puissants monarques, qui devait avoir pour spectateurs beaucoup de souverains de l'Allemagne et la plus haute noblesse d'Espagne, d'Italie et des Pays-Bas, Condé ne pouvait se dispenser de soutenir avec éclat sa dignité et celle du souverain qu'il représentait. Néanmoins, le cardinal de Lorraine, surintendant des finances, n'eut pas honte de lui accorder dédaigneusement une ordonnance de mille écus d'or, sous prétexte que le trésor royal était épuisé. Pauvre, mais généreux,

Condé emprunta une somme considérable, et donna à la cour du plus riche monarque de l'Europe une aussi haute idée de sa magnificence que de son esprit. Ce trait si déplacé de l'économie du cardinal de Lorraine fut d'autant plus remarqué et censuré, que vers le même temps un gentilhomme appelé Montpezat, envoyé en ambassade à la cour de l'empereur, reçut de l'épargne de grandes sommes pour soutenir dignement sa qualité d'ambassadeur.

A peine de retour de Bruxelles, Condé éprouva, de la part des Guises, une nouvelle injure. Le cardinal de Lorraine entreprit de rompre les liaisons du prince avec Coligny ; la calomnie ne coûtait rien à ce prélat : il apprit au dernier, dans un entretien secret, que le prince de Condé sollicitait auprès du roi le gouvernement de Picardie. L'amiral demanda une explication à son ami ; Condé n'eut pas beaucoup de peine à le désabuser, et Coligny, persuadé que s'il n'abandonne lui-même son gouvernement, on le lui enlèvera de force, va trouver le roi qui séjournait à Nanteuil-le-Haudouin, château appartenant au duc de Guise ; il lui donne sa démission, et le conjure de disposer de ce gouvernement en faveur du prince de Condé, en insistant sur le besoin qu'il avait des grâces de la cour pour soutenir son rang. Au sortir de l'audience, Coligny alla rendre compte à Condé de sa démarche, et l'exhorta à en profiter. Le prince se présenta au roi, et n'en essuya qu'un refus ; les Guises avaient déjà obtenu ce gouvernement pour le maréchal de Brissac.

A ce trait, insultant pour Coligny et Condé, les Guises en ajoutèrent d'autres contre les Montmorenci, qui achevèrent de révolter les uns et les autres. Le duc de Guise s'était attribué les principales fonctions de la charge de connétable, dont il ne laissait que le titre à Montmorenci ; il aspirait encore et depuis longtemps à la dignité de grand-maître de France, dont son rival était en possession depuis plus de quarante ans; il trouva le secret de l'en dépouiller, sans égard pour l'âge et les services du vieillard, non plus qu'à la survivance de cette charge, accordée à François de Montmorenci, son fils aîné. Tant d'avidité indigna les grands, qui craignirent de se voir tous également dépouillés par ces ambitieux étrangers. Mille abus d'autorité, mille spoliations, mille actes arbitraires et vexatoires achevèrent d'exaspérer la noblesse de tout degré. Le peuple, il est vrai, était fatigué, et le clergé voyait avec joie l'autorité prépondérante des Guises, sur le catholicisme véritable ou affecté desquels il comptait pour extirper l'hérésie. Les princes lorrains se croyaient donc inébranlables dans leur haute position. Pourtant le nombre des mécontents s'accrut de jour en jour, et diverses circonstances leur fournirent de nouvelles armes. Les deux frères avaient accueilli et encouragé des généalogistes qui les faisaient descendre en droite ligne, et de mâle en mâle, de Charlemagne. En fallait-il davantage pour dire qu'ils aspiraient à la couronne qu'avait portée ce prince, leur ancêtre prétendu? D'autres écrivains accusaient ces princes de n'avoir jamais renoncé aux droits sur l'Anjou et la Provence, qui leur avaient été transmis par René d'Anjou, roi de Naples, leur quatrième aïeul maternel.

Ces imputations, et plusieurs autres semblables, consignées, exagérées dans des ouvrages mieux écrits, mieux discutés que ceux des catholiques, répandus avec profusion et lus avec avidité, excitaient ou entretenaient la haine, la défiance et les soupçons contre les ministres; elles semblaient justifier les inquiétudes et les alarmes des princes du sang. Les Guises ne répondaient aux libelles que par des édits plus foudroyants et une conduite plus despotique; mais le temps de la vengeance approchait : la patience des protestants était épuisée, et Condé ne pouvait plus dévorer en silence les insultes et le mépris de princes lorrains.

Aussitôt après le sacre du roi, il s'était retiré à son château de la Ferté-sous-Jouarre, où il manda ses principaux
amis. On vit arriver bientôt les trois Coligny, le prince de
Porcien, le vidame de Chartres, et plusieurs autres; dès
qu'il les vit ensemble, il enflamma leurs passions par l'allo-
cution la plus énergique. Mais Coligny sut encore une fois
le calmer, en même temps qu'il les décida à faire cause commune avec les protestants, non-seulement de France, mais
encore de Suisse, de Genève, d'Angleterre et d'Allemagne.

Condé adopta d'autant plus volontiers le conseil de l'amiral, que le sort des protestants le touchait sensiblement; il
leur avait même donné des marques de compassion et d'intérêt, sans se douter des services qu'ils lui rendraient un
jour. Les députés de la secte avaient eu recours à lui pour
obtenir quelques adoucissements à la rigueur des édits; il
écouta, consola et encouragea les députés, en les exhortant à
écrire à la reine mère, à qui il présenta lui-même leur lettre,
conçue dans les termes les plus pathétiques. Il avait fait promettre à cette princesse que la persécution cesserait, pourvu
que les protestants renonçassent à leurs assemblées religieuses, proscrites par les lois, et se contentassent d'exercer
leur culte en secret et dans le sein de leurs familles; mais
soit que Catherine de Médicis se fût trop avancée, soit que les
protestants ne pussent se résoudre à se passer de leurs prêches, les poursuites ne finirent point, et ils se virent calom-
niés et traînés dans les cachots et aux supplices comme
auparavant.

En se liant aux protestants, il paraît que le prince de
Condé n'avait pas trop prévu quelles seraient les suites de
cette union; elle irrita tellement les catholiques et la cour,
qu'il ne lui resta désormais d'autre asile qu'à la tête du parti
qu'il avait embrassé. Persuadé que le moyen le plus sûr de
gagner sa confiance était de penser comme lui, il adopta le

culte de Calvin ; mais il ne goûta jamais la sévérité de sa morale. Vif, ouvert, enjoué, sensible aux plaisirs et à la gloire, libre dans ses propos comme dans sa conduite, les mœurs du chef contrastaient tout à fait avec celles d'une faction grave, méfiante, et qui ne prêchait que la réforme la plus austère : « Il ne quitta jamais, dit le Laboureur, ses goûts et ses maîtresses, et il n'aurait jamais abandonné la cour guerrière et voluptueuse de Valois, si on eût eu pour lui les égards et les ménagements qu'on ne pouvait lui refuser sans injustice. »

Au reste, c'est dans l'assemblée de la Ferté-sous-Jouarre qu'il reçut la foi des confédérés et qu'il leur donna la sienne ; il y fut proclamé chef du parti. On discuta ensuite les moyens de se défaire promptement des Guises ; il ne s'en présentait que deux : une guerre ouverte ou une conspiration ; le premier était lent, périlleux et incertain ; l'autre offrait aussi des obstacles et des dangers qu'il n'était pourtant pas impossible au courage et à la ruse de surmonter. On proposa de surprendre les Guises et de les saisir au milieu de la cour, entre les bras du roi même, pour être traduits au tribunal de la nation, représenté par les états généraux, qui feraient leur procès comme à des criminels de lèse-majesté. L'audace de cette résolution étonna Condé ; cependant il se rendit, mais à condition que rien ne se ferait contre *l'honneur de Dieu*, le roi, les reines, les princes du sang et l'état.

Comme le succès de la conspiration dépendait du secret le plus profond, on convint que le nom du prince serait tu, qu'il ne serait que le chef muet de l'entreprise, et ne se déclarerait qu'au moment de l'exécution : il fallait pourtant un chef qu'on pût faire connaître à tous les conjurés. On jeta les yeux sur d'Andelot, et ensuite sur le vidame de Chartres ; mais ils étaient, ainsi que Condé, si suspects au gouvernement, éclairés de si près, qu'on jugea que c'eût été les perdre

et perdre le parti même, que de les charger d'un pareil ministère; enfin on trouva, sans sortir de l'assemblée, un personnage capable de justifier les espérances de la faction, et
d'éviter les soupçons des Guises : il s'appelait Jean de Bary,
seigneur de la Renaudie, gentilhomme périgourdin. Il fut
parfaitement secondé par d'Andelot et le vidame de Chartres.
Le roi, malade, fut transporté à Blois par les Guises, et les
bruits les plus sinistres furent propagés sur les moyens que
l'on employait pour le guérir. Tandis que de part et d'autre
les haines s'envenimaient, la Renaudie préparait les ressorts du
projet. Cet homme hardi semblait se multiplier. Dans le court
intervalle qui s'écoula depuis l'assemblée de la Ferté-sous-
Jouarre, tenue au mois de mars, jusqu'à celle de Nantes, indi-
quée au 1er février suivant, on le voit à Paris, en Angleterre
et dans la plupart des provinces situées au delà de la Loire.
Il n'avait fait le voyage de Londres que pour obtenir des
secours de la reine Élisabeth; il enflamma sa haine contre
les Guises, qui seuls avaient persuadé à François II et à Marie Stuart de prendre le titre et les armes des rois d'Angleterre. Il entra dans le détail de la conspiration tramée contre
ces ministres inquiets et arrogants, également odieux aux
Français et à leurs voisins. Élisabeth écouta avec joie le projet des conjurés, et promit de les seconder par une puissante
diversion en Écosse contre les vieilles bandes françaises qui
gardaient ce royaume au nom de Marie Stuart. De retour
dans sa patrie, la Renaudie parcourut les provinces de l'Aquitaine; sa route était tracée, ses logements marqués dans les
châteaux de la noblesse la plus dévouée au parti. Il trouva
partout sûreté et bénédiction; on l'accueillit comme le héros
de la cause commune. C'est dans ce voyage qu'il sonda et
choisit les hommes de main qu'il jugea les plus capables de
réaliser ses vues; il leur assigna pour rendez-vous la ville de
Nantes, où il devait se trouver le 1er février, et prendre avec

eux les moyens de terminer glorieusement la grande entreprise dont il s'était chargé. Aucun des conjurés ne manqua de s'y rendre. Lorsque le chef se fut bien assuré de leur résolution, il les assembla dans une grande salle et les harangua comme si, députés légitimes et représentant les états généraux de la nation, ils eussent eu le pouvoir d'en régler la destinée. Tous furent remplis d'enthousiasme ; tous jurèrent de le soutenir. Alors il montra ses pouvoirs, et leur révéla que le prince de Condé était la véritable tête de l'entreprise.

On convint qu'une multitude de citoyens, non suspects et sans armes, se rendrait, le 15 mars, à Blois, où on savait que la cour devait résider ; qu'elle présenterait au roi une humble requête, pour le supplier de ne plus gêner les consciences et de permettre le libre exercice de la religion protestante ; que, soit que cette députation fût admise à l'audience du souverain, soit qu'elle fût repoussée du palais, elle serait suivie d'un corps de cent gentilshommes d'élite, dont les chefs présenteraient une supplique contre les Guises ; que si ces princes osaient résister, on ferait main-basse sur eux, sinon qu'on se contenterait de les arrêter pour leur faire leur procès ; qu'alors le prince de Condé avouerait les démarches des conjurés, rendrait à l'état sa constitution et aux lois leur activité.

Lat roupe chargée du grand acte de la révolution devait être levée et choisie dans toutes les provinces du royaume ; les conjurés élurent des capitaines pour présider à ces levées. Leur confiance ne tomba que sur des hommes d'une naissance illustre, d'un courage déterminé, et qui avaient une grande influence dans leurs provinces.

Tous ces chefs devaient s'aboucher le 6 mars, à la Frédonière, château du Vendômois, pour se porter ensuite, chacun à la tête de sa troupe, sur Blois, ville ouverte et sans défense, où il serait aisé de surprendre et d'enlever les tuteurs. La Renaudie avait pris d'ailleurs les précautions les plus sûres et les plus étendues ; et, chose remarquable, aucun des nombreux conjurés ne trahit sa foi.

Arrivé dans son département, chacun des chefs trouva les choses favorablement disposées par l'influence et les intrigues des prédicants ; on leur présenta le rôle des soldats qui devaient marcher sous leurs ordres, sans savoir où et contre qui. Aussi prompts dans l'exécution que dans le conseil, déjà les conjurés se mettaient en mouvement ; déjà les troupes des provinces les plus éloignées s'avançaient par pelotons et en joignaient d'autres sur la route, auxquelles elles étaient incorporées. L'orage s'épaississait de plus en plus en s'approchant des bords de la Loire où il devait éclater.

La Renaudie, de son côté, bien sûr du zèle et de l'intrépidité de ses coopérateurs, s'était transporté à la Ferté-sous-Jouarre, où il rendit compte au prince de Condé de tout ce qui s'était passé à Nantes. Le prince approuva les mesures qu'on avait prises, recommanda à la Renaudie de contenir les conjurés dans les bornes prescrites, et promit de nouveau de se rendre à Blois pour favoriser l'exécution. La Renaudie partit alors pour Paris, où il alla demeurer au faubourg Saint-Germain, chez un avocat protestant.

Tout jusqu'ici semblait justifier son audace et concourir au succès de la conspiration. Les Guises, sur la foi d'une foule d'espions inhabiles ou mal informés, dont ils avaient environné les grands et les princes, vivaient dans la plus profonde sécurité. Ils allaient être surpris et accablés, sans un de ces protestants qu'ils persécutaient avec tant de rigueur.

Ce protestant, nommé Avenelles, était ce même avocat chez lequel la Renaudie était descendu ; il surprit le secret de son hôte, obtint ses confidences et livra les indices qu'il avait ainsi obtenus aux agents des Guises (1560). Pourtant, rien n'était absolument positif. A la cour on crut devoir prendre des précautions. Le cardinal de Lorraine fut celui qui montra le plus de frayeur ; mais le duc de Guise demeura ferme et intrépide. Il conduisit d'abord le roi, les reines, la famille royale et toute la cour éperdue, au château d'Amboise, place qu'il lui serait plus aisé de défendre contre un coup de main que Blois, ville entièrement ouverte. Pendant ce temps-là il prenait les mesures les plus sages et les plus efficaces. Elles ne rassuraient pas encore le cardinal de Lorraine ; il conjura la reine-mère de mander à Amboise l'amiral et d'Andelot, dont il se défiait d'autant plus qu'il les regardait comme les instigateurs, et même les auteurs secrets de la conspiration.

Coligny est introduit, en arrivant, dans le cabinet de la reine-mère, qu'il trouva accompagnée du chancelier Olivier. Catherine de Médicis lui demanda la cause des troubles et le remède qu'il fallait y appliquer : l'amiral s'expliqua sans ménagement sur les justes griefs de la nation. Appuyé par le chancelier Olivier, il obtint la faveur tardive d'une amnistie pour les réformés.

Cependant, le prince de Condé était parti, peu accompagné, de son château de la Ferté-sous-Jouarre, pour se mettre à la tête des conjurés. A peine a-t-il fait quelques postes, qu'il est informé de la découverte de la conspiration, et que la cour s'est réfugiée au château d'Amboise. Ce contre-temps imprévu ne l'arrêta point ; il continua son chemin, et rencontra, auprès de Blois, Cypierre, le plus zélé partisan des Guises, qui allait chercher des troupes à Paris. Dans un moment d'entretien qu'il eut avec ce gentilhomme, il lut dans ses regards contraints et irrités le soupçon et la haine ; ces observations, qui ne lui annonçaient rien que de sinistre, ne ralentirent point sa course ; il ne reçut du roi et des Guises qu'un accueil dédaigneux ; mais, loin d'en être déconcerté, le prince de Condé ne désespérait pas encore du succès de la révolution.

La Renaudie ne désespérait pas non plus : il s'était rendu de Paris sur les bords de la Loire. Les mouvements de la cour, sa retraite précipitée de Blois, enfin, les bruits qui pénétrèrent jusqu'à lui, ne lui permettaient pas de douter que son secret n'eût transpiré ; mais le péril ne le fit point renoncer à sa résolution ; au lieu du château de la Frédonière qu'il avait d'abord assigné pour rendez-vous à ses complices, il leur manda de se trouver au château de la Carlière, situé à trois lieues d'Amboise. La plupart s'y rendirent : après une mûre délibération, on convint de s'en tenir au même plan qui avait été concerté à Nantes ; on ajouta seulement quelques précautions nouvelles. Le jeune Matigny se chargea de mener au prince de Condé soixante officiers qu'il tiendrait cachés dans des greniers et des caves, jusqu'au moment de l'action. Le capitaine Saint-Cyr promit de s'introduire dans le château même d'Amboise, avec trente conjurés des plus déterminés, afin de tomber à l'improviste sur les Guises : l'exécution fut remise au 18 mars.

En conséquence, la Renaudie déclara qu'il se rendrait, le 15 du même mois, à Noisai, château peu éloigné d'Amboise, où il avait mis en dépôt les armes et les munitions de guerre, dont les conjurés avaient besoin ; il devait en sortir à la pointe du jour, avec cinq cents gentilshommes, commandés sous lui par Castelnau, Mazères et Raunai, qui devaient être soutenus par toutes les forces des confédérés. Ces mesures étaient si bien concertées, que, quoique la conspiration fût découverte, il était presque impossible au duc de Guise de ne pas succomber ; mais son bonheur ordinaire ne l'abandonna point dans cet instant critique. Lignières, gentilhomme du Bourbonnais, qui s'était montré jusqu'alors un des conjurés les plus ardents et les plus dévoués à la cause commune, révéla tout au duc de Guise ; celui-ci n'avait marché qu'à tâtons ; maintenant, informé de la route des conjurés, de leur nombre et des postes où ils devaient se rallier, il lui était aisé de les surprendre et de les exterminer.

Déjà la noblesse des provinces voisines d'Amboise était montée à cheval pour voler au secours du roi. Guise, l'ayant réunie à la garde et aux officiers domestiques du monarque, se trouva à la tête de près de trois mille hommes de cavalerie, dont il détacha une partie pour interrompre les troupes rebelles et les tailler en pièces. Ceux des nobles en qui la maison de Lorraine avait le moins de confiance eurent pour département les villes les moins suspectes; elle les éloigna ainsi de la cour, sans leur donner sujet de se plaindre. Guise chargea les seigneurs en qui il se fiait le plus, de fouiller les forêts voisines d'Amboise, et de défendre l'avenue de la place. Puis il s'occupa du soin de repousser au dedans les conjurés s'ils osaient s'attacher à l'attaque du château; il changea d'abord la garde particulière du roi, et lui en substitua une nouvelle sur qui il comptait davantage; il fit murer la porte du château qui ouvrait sur le jardin, et il confia le poste d'honneur au prince de Condé, sur lequel il avait les plus violents soupçons; mais il lui donna pour lieutenant le grand-prieur de France, son frère. Condé avait sous ses ordres les Suisses et les archers de la garde, dont les officiers étaient chargés de l'observer de près, et même de répondre sur leur tête de ses mouvements; mais la contenance du prince mit en défaut la vigilance de ses surveillants.

Cependant, les compagnons de la Renaudie avaient évité les embuscades : ils approchaient d'Amboise. Le baron de Castelnau, Raunai et Mazères, s'étaient déjà rendus au château de Noisai, après avoir repoussé, dans un des faubourgs de Tours, le comte de Sancerre qui avait essayé de les arrêter; Guise, bien instruit par ses espions, détache d'Amboise cinq cents chevaux, sous les ordres du duc de Nemours, pour les bloquer dans cette place. Nemours, en arrivant, enveloppe et enlève Mazères et Raunai, qui se promenaient sans précaution dans une des avenues du château ; il laisse devant Noisai une partie de sa troupe, et mène lui-même sa capture à Amboise. De retour avec de nouveaux soldats, il resserre de plus en plus le baron de Castelnau ; il n'aurait tenu qu'à celui-ci de s'échapper pendant l'absence de Nemours; mais il n'avait pu se résoudre à abandonner le dépôt de munitions de guerre, renfermées dans Noisai; trop faible pour résister longtemps, il n'avait d'espoir que dans l'assistance de la Renaudie, qu'il avait informé du danger dont il était menacé.

La Renaudie était alors en marche pour se rendre à Noisai ; il n'a pas plus tôt appris la crise où se trouve son compagnon, qu'il double le pas, afin de le dégager ; il espérait après cela pouvoir fondre sur Amboise, et soutenir la troupe désarmée qui devait présenter la requête au roi : elle avait déjà été repoussée d'Amboise et s'était repliée sur la Carlière.

Comme il traversait la forêt de Château-Renaud, il rencontra le baron de Pardaillan, son proche parent, qui fouillait cette forêt avec une troupe de royalistes ; il le chargea soudain. Pardaillan reçut le choc avec valeur ; il approche de la Renaudie, lui tire un coup de pistolet et le manque : la Renaudie s'élance sur lui et le renverse mort de deux coups d'épée. Le trépas de Pardaillan est vengé sur-le-champ par son page, qui blesse mortellement la Renaudie d'un coup d'arquebuse ; celui-ci eut encore, avant de rendre le dernier soupir, le courage et la force de tuer le page. La troupe qu'il conduisait chercha son salut dans la fuite, et il n'y eut guère de pris que la Bigne, secrétaire de la Renaudie, qui fut conduit à Amboise avec le cadavre de son maître. Les ministres firent suspendre le corps du redoutable aventurier à un gibet planté sur le pont d'Amboise, avec cette inscription : *La Renaudie, dit la Forest, chef des rebelles.* Castelnau, trompé par le duc de Nemours, se livra avec tous les siens, sur la pa role de ce prince; mais, à peine arrivé à Amboise, il fut jeté dans un cachot.

La conspiration avait échoué : ceux des conjurés qui venaient encore rejoindre leurs amis furent arrêtés en chemin et livrés aux plus affreux traitements, aux plus cruels supplices.

Les Guises, désirant trouver des preuves contre les princes de Bourbon et contre les Coligny, firent appliquer la Bigne à la question; celui-ci déclara qu'il avait ouï dire que, si la conspiration réussissait, le prince de Condé l'avouerait et se mettrait même à la tête des conjurés. Interrogé si le roi de Navarre et les Coligny trempaient dans le complot, il répondit négativement; il fit la même réponse lorsqu'on lui demanda si le but des factieux n'était pas de se défaire du roi et de la famille royale. On ne trouva d'ailleurs dans les papiers de la Renaudie d'autre pièce relative à la conjuration, que la requête qui devait être présentée au roi, et la protestation signée de tous les chefs des conjurés. Profitant des craintes qu'il avait su inspirer au jeune roi, le duc de Guise se fit nommer lieutenant général de la couronne. Malgré un édit d'amnistie conditionnelle, les débris des conjurés firent, sous la conduite de Coqueville, une tentative sur Amboise; elle échoua et fut suivie des plus affreuses exécutions.

Condé était plongé dans la douleur; le sort misérable de tant de braves gens, le nouveau triomphe des Guises, ne présentaient à son esprit que de tristes réflexions. Quelques paroles imprudentes qui lui échappèrent furent recueillies avec un soin perfide par des agents secrets des Guises, et surtout par le cardinal de Lorraine, qui en fit tenir registre par un des secrétaires d'état. Dès le lendemain de la seconde tentative des conjurés sur Amboise, c'est-à-dire, le 21 mars, on avait signifié au prince de Condé ordre du roi de ne point s'éloigner de la cour; cet ordre ne pouvait être fondé que sur les soupçons que le prince avait inspirés aux Guises ; ces soupçons se changèrent bientôt pour eux en certitude, par des circonstances qu'il serait trop long de raporter ici. Tantôt on proposait au roi de faire faire le procès à Condé ou de le faire jeter dans la Loire, tantôt on l'exhortait à se défaire de lui de ses propres mains. On raconte à ce sujet l'anecdote suivante ; François II, dans un de ces ébats très-ordinaires alors à la cour, devait défier Condé à la lutte, et lui donner un coup de poignard ; les Guises, témoins du combat, se seraient alors jetés sur lui pour l'achever. On assure que Condé, averti du piége qui lui était tendu, affecta toujours de se tenir éloigné du monarque. Quoi qu'il en soit de cette anecdote qui ne se trouve que dans les écrivains protestants, Condé, observé de près, regardé d'un œil menaçant par les Guises, à la merci desquels il se trouvait, vit longtemps sous différentes formes la mort suspendue sur sa tête : son courage ne se démentit pas.

Appelé un jour dans le cabinet de Catherine de Médicis, il trouva cette princesse accompagnée seulement du cardinal de Lorraine ; elle lui fait part des dispositions des conjurés contre lui, et, prenant le ton de mère plutôt que celui de reine, elle l'exhorte à rompre désormais toute sorte de liaison avec des séditieux et des rebelles. Le cardinal, se mêlant de la conversation, appuie sur les conseils de la reine, et, cherchant à se faire valoir, déclare au prince qu'il lui a rendu le service de supprimer les dépositions des conjurés ; il l'engage à se cacher derrière une tapisserie, pour entendre l'interrogatoire de quelques coupables qui allaient être exécutés. Condé repoussa avec horreur cette maligne insinuation : « Apprenez, répondit-il fièrement au cardinal de Lorraine, que ma qualité ne me permet pas de me tenir caché, et qu'elle vous permet encore moins d'interroger des criminels sur mon compte. »

Outré de cette repartie, le cardinal de Lorraine ne garda

plus de ménagements : persuadé que les dépositions des conjurés ne fourniraient point de preuves légales de la complicité du prince, il n'oublia rien pour en acquérir de plus authentiques. Entraîné par lui, le roi accorde sur-le-champ
l'ordre d'arrêter le premier écuyer du prince, et de se saisir,
non-seulement de ses papiers, mais encore de ceux du roi de
Navarre, qui étaient entre les mains d'un de ses secrétaires,
nommé Deslandes.

Condé était encore au lit, lorsque la Trousse, grand-prévôt,
vient lui signifier l'ordre rigoureux dont il était chargé, et la
permission de l'exécuter : « Vous le pouvez, lui dit froidement
le prince; je respecte les ordres de mon roi. En même temps
la Trousse lui déclara que le roi le mandait lui-même à son
lever. Condé obéit : le monarque, en le voyant paraître, lui
dit d'un ton très-ému : « On vous accuse d'être le chef de la
conspiration qui vient d'éclater contre ma personne et mon
royaume; si cela est, je vous ferai sentir combien il en coûte
d'attaquer son maître. » Jusqu'ici Condé n'avait opposé aux
bruits du vulgaire et aux menaces de ses ennemis qu'un silence dédaigneux; mais, interpellé tout à coup par le roi,
il crut qu'il était de son honneur de se justifier. Loin de paraître confondu de la sortie qu'il venait d'essuyer, il prit un
air assuré : « Sire, répondit-il, je supplie Votre Majesté d'as-
sembler sur - le - champ les ambassadeurs étrangers, les
grands-officiers de la couronne et les chevaliers de l'ordre;
c'est en leur présence que je réfuterai les calomnies qui me
sont imputées.» Le prince demandait que les ministres étrangers assistassent à cette audience extraordinaire, parce qu'il
n'ignorait pas que les Guises l'avaient déjà dénoncé dans
toutes les cours de l'Europe, comme l'auteur d'une conspiration tramée contre le roi, sa famille et ses ministres. Un coup
d'œil du cardinal engagea le roi à le prendre au mot. L'audience ne fut différée que jusqu'à l'après-dîner du même

jour. Le prélat était triomphant ; il ne doutait point que son ennemi ne demeurât convaincu, tant par les charges des conjurés que par les nouvelles preuves qu'il espérait trouver dans les papiers qu'on saisissait alors.

De retour à son logis, Condé vit toute sa maison en rumeur : ses gens refusaient de remettre sa cassette au grand-prévôt accompagné des commissaires du roi ; le respect attaché à sa personne ramena le calme et le silence, il présenta lui-même à la Trousse la clef de sa cassette, et fit étaler tous ses papiers sur le bureau. Tant de modération imposa au grand-prévôt, qui, après avoir parcouru à la hâte plusieurs papiers, prit congé du prince pour rendre compte au cardinal de Lorraine. Le cardinal fut aussi surpris que mécontent de voir ses espérances ainsi trompées.

Cependant le roi, les reines, le conseil, les grands-officiers de la couronne, les ambassadeurs étrangers, les chevaliers de l'ordre, avaient pris séance dans la grande salle du château, lorsque Condé entra escorté de son seul courage : « Accusé par mes ennemis d'avoir conspiré contre le roi et l'état, je n'alléguerai ici d'autre preuve de mon innocence que la conduite que j'ai tenue dans ces troubles ; elle me justifiera. Si je m'étais senti coupable, serais-je venu à la cour, sinon bien accompagné, conjurer la ruine de l'état ? Eh ! qui peut prendre plus d'intérêt à son salut qu'un prince du sang ? S'il se trouve quelqu'un, ajoute-t-il, qui ose m'accuser d'un tel attentat, je déclare que cet accusateur, à moins qu'il ne soit le roi lui-même, une des reines ou un des enfants de France, en a faussement et malheureusement menti ; qu'il se présente, et, mettant à part ma dignité de prince, que je ne tiens que de Dieu, je suis prêt à le combattre, et à lui faire avouer que c'est lui-même qui est capable de conjurer la ruine de la maison royale et la subversion de la monarchie. »

Le défi s'adressait au duc de Guise. Ce ministre avait trop

de sagacité pour ne pas deviner le prince; mais dissimulant adroitement, il se hâta de prendre la parole en faveur de Condé : « Il ne faut pas souffrir, s'écria-t-il, qu'un si grand prince demeure plus longtemps exposé aux insultes de la calomnie; » et il le conjura, s'il en venait aux mains, de vouloir bien le prendre pour second. Le prince répondit honnêtement à ces avances, et, après avoir en silence promené quelque temps ses regards sur l'assemblée, il supplia Sa Majesté de vouloir bien désormais fermer ses oreilles aux calomniateurs, et le regarder comme un sujet fidèle et un parent très-affectionné. Il sortit ensuite pour laisser la compagnie opiner en liberté. D'après les usages antiques de la chevalerie, et faute de preuves légales, elle ne pouvait se dispenser de le déclarer innocent; mais le cardinal de Lorraine n'avait pas envie de le voir absoudre; il fit signe au roi de se lever et de rompre cette singulière séance.

Le duc de Guise n'avait montré une apparente retenue que pour envelopper dans la perte du prince de Condé le roi de Navarre, le connétable, les Colignis, le vidame de Chartres, et une infinité de grands seigneurs qu'il ne croyait pas plus innocents. Il avait désormais la certitude que le parti qu'il avait cru éteindre dans des flots de sang était désormais plus redoutable que jamais.

Condé, toujours livré aux plus vives inquiétudes, n'osait quitter la cour, de peur d'éveiller les soupçons. Il suivit le roi à Tours, à Chenonceaux et à Châteaudun; enfin, il obtint la permission de se retirer à la Ferté-sous-Jouarre. Le duc de Guise facilita même cette retraite. Il voulait alors, afin de frapper lorsqu'il en serait temps des coups plus sûrs, paraître ménager son cousin germain, et lui témoigner un reste de considération. Peut-être aussi craignait-il d'être éclairé de trop près dans ses projets de vengeance, par un ennemi qui avait tant d'intérêt à le pénétrer. L'amiral, d'Andelot, le vicomte de Chartres, partirent presque en même temps que lui.

Le roi de Navarre devait recueillir tous les fruits de la conspiration d'Amboise en occupant dans l'état la même place que les Guises. C'était pour son aîné que Condé s'était sacrifié. Antoine de Bourbon apprit avec stupeur que tant de projets n'avaient abouti qu'à une fin lamentable, et que lui-même n'était guère moins suspect que son frère. La fermentation qui régnait dans tout le royaume, et surtout en Guyenne, lui fournit une occasion d'effacer des soupçons dont il redoutait la suite. La Renaudie, en partant pour exécuter son complot, avait engagé plusieurs seigneurs de sa faction à prendre les armes pour faire diversion ; ses vues avaient été remplies dans plusieurs provinces, et surtout en Agénois, où déjà on comptait sous les armes vingt mille séditieux. Le roi de Navarre s'avança contre eux, les attaqua et les tailla en pièces ; puis il offrit au roi de marcher à son secours avec l'armée victorieuse, qui montait à quinze mille combattants.

Mais les Guises n'avaient garde d'accepter une protection qu'ils redoutaient. Malgré le service que le roi de Navarre venait de rendre, ils ne cessaient de le noircir auprès de François II. Ils dictèrent cependant à ce prince une lettre destinée à rassurer Antoine de Bourbon, tout en rendant sa position plus embarrassante encore. Le roi de Navarre feignit de croire tout ce que lui mandait le monarque, et lui témoigna dans sa réponse la plus vive reconnaissance.

Condé, que nous avons laissé dans son château de la Ferté-sous-Jouarre, craignait d'être surpris dans cet asile. Il ne voyait pour lui de retraite sûre que dans le fond de la Gascogne ou du Béarn. Il écrivit donc à son frère pour lui demander un refuge dans ses états.

A peine avait-il fait cette démarche, qu'il reçut du duc de Guise et du cardinal de Lorraine des lettres très-affectueuses.

Ils s'excusaient de ce qui s'était passé à Amboise, sur le ministère qui leur était imposé de veiller au salut de l'état. Condé envoya ces lettres au roi de Navarre ; celui-ci répondit au prince qu'il était très-sensible aux protestations des Guises ses cousins, et qu'il ne manquerait pas de les en *gratifier* (remercier). Il approuvait le voyage que Condé se proposait de faire en Béarn ; mais il le priait de se rendre auparavant à la cour, afin d'effacer les soupçons qu'elle avait conçus contre lui. Condé n'avait garde de suivre un conseil si dangereux ; il eut même recours à la ruse pour échapper aux piégesdu cardinal de Lorraine et tromper ses espions : il assemble sa maison et lui annonce que, prêt à se rendre à Chenonceaux et de là en Béarn, il faut qu'elle prenne les devants, et qu'elle l'attende à Blois. Il partit deux jours après, très-peu accompagné.

Il rencontra, entre Orléans et Blois, Genlis qui vint le saluer et lui demander ses ordres pour la cour. Condé le chargea de faire ses très-humbles recommandations au roi et à la reinemère, et de les assurer qu'ils trouveraient toujours en lui un parent affectionné et un sujet fidèle ; mais il ajouta qu'il prétendait n'être plus gêné sur l'article de la religion, et qu'il avait pris le parti de ne plus aller à la messe. Genlis conjura le prince de ne pas abandonner la religion de ses pères ; il le supplia de le dispenser d'une semblable commission : « Puisque vous ne voulez pas vous en charger, repartit froidement le prince, eh bien, je m'en acquitterai moi-même ; car je compte voir le roi et ensuite me rendre en Béarn. Aussitôt Genlis quitta Condé pour annoncer son arrivée à MM. de Guise, qui, se croyant maîtres de leur proie, ne donnèrent aucun ordre pour arrêter leur ennemi sur la route.

Le prince avait pris la poste à Blois ; il était déjà arrivé à Poitiers, où l'attendait le jeuneMaligny à la tête d'un corps de noblesse, pour l'escorter par des chemins de traverse jusque dans la Gascogne. Le roi de Navarre accueillit avec joie son frère.

La réunion des deux aînés de la branche de Bourbon effraya le cardinal de Lorraine, qui ne doutait point que Condé ne fît passer dans l'âme du roi de Navarre tous ses sentiments de vengeance, et que la guerre civile n'éclatât bientôt.

Les protestants la désiraient avec ardeur. A la nouvelle de la profession publique que Condé faisait de la réforme, ils envoient à Nérac une députation pour offrir aux deux frères toutes les forces du parti. Condé voulut y joindre l'appui des plus puissantes familles du royaume, qui, quoique catholiques, avaient pour les Guises la même horreur que les sectaires.

Catherine de Médicis voyait avec plaisir la fermentation croître de jour en jour dans le royaume ; elle tâchait de ménager également les deux partis ; mais, en agissant ainsi, elle éveilla la méfiance des uns et des autres. Les Guises la firent surveiller de près par la jeune reine Marie Stuart.

Pendant que les princes délibéraient à Nérac sur les moyens de sortir de l'oppression et de se venger, arrive le maréchal de Saint-André, qui, sous prétexte de visiter les grands domaines qu'il possédait en Guyenne, du chef de Marguerite de Lustrac sa femme, s'était chargé d'observer les princes.

Condé avait vécu dans la plus intime familiarité avec ce seigneur aussi brillant que dépravé ; la maréchale de Saint-André passe pour avoir été le lien de cette amitié, dont Condé avait tiré parti pour obtenir du feu roi des secours dont il ne pouvait se passer à la guerre : d'autres temps, d'autres vues. Saint-André avait rompu sans ménagement avec le prince, et on était persuadé qu'il ne l'avait suivi en Guyenne que pour l'arrêter et le livrer aux Guises. A la première entrevue qu'il eut avec le maréchal, Condé lui reprocha avec aigreur sa perfidie : « Comment, lui dit-il, convaincu comme vous devez l'être, que je n'entreprends rien contre mon roi, avez-vous osé entreprendre la querelle des Guises, et vous constituer ministre et exécuteur de la tyrannie? » Le maréchal balbutia quelques excuses; il promit de réparer ses torts, et offrit sa médiation pour réconcilier les princes avec les ministres. Condé lui tourna le dos sans daigner lui répondre, et Saint-André se retira, bien résolu de se venger du mépris du prince.

Dès son arrivée à Nérac, ce courtisan avait pénétré sans peine les dispositions des princes; ses entretiens secrets avec les conseillers du roi de Navarre, vendus au cardinal de Lorraine, le confirmèrent dans ses idées. De retour à la cour, il eut soin d'envenimer les choses, et d'avertir les Guises de se tenir sur leurs gardes, parce que la petite cour de Nérac tramait contre eux de nouvelles conspirations. La fermentation qui régnait dans toute la France, et les mouvements de jour en jour plus énergiques des protestants venaient à l'appui des délations du maréchal. La crainte était si grande à la cour, que le chancelier de l'Hôpital triompha jusqu'à un certain point des méfiances des Guises, lorsqu'il obtint, sinon la convocation des états-généraux désirée par les esprits sages et sincères, du moins la réunion des notables. L'assemblée fut fixée à Fontainebleau. Si le roi de Navarre eût suivi les conseils du connétable de Montmorenci, il eût sans doute réussi à délivrer dès lors la France des princes lorrains; mais, malgré les instances de son frère et de ses amis, il n'osa pas même paraître à l'assemblée des notables. Celle-ci eut en apparence des résultats satisfaisants. La religion réformée fut tolérée, et la tenue des états-généreux fut accordée. On l'indiqua à Meaux pour le 10 décembre.

Le prince de Condé, qui du fond des Pyrénées méditait des desseins si profonds, était réduit aux expédients pour subsister; son épouse était alors obligée d'engager une partie de son

patrimoine pour lui envoyer une modique somme de 30,000 livres, qui ne suffisait peut-être pas pour payer les courriers
dont il était obligé de se servir ; car il ne pouvait autrement
entretenir des liaisons intimes et concerter des projets périlleux avec ses amis de la cour et de la capitale, dont il était
éloigné de deux cents lieues. Au reste, c'est cette pauvreté si
méprisée des Guises, qui rendait Condé si entreprenant, si
redoutable ; plus riche, plus favorisé des bienfaits du roi, il
eût peut-être mis dans sa conduite la même circonspection
que le roi de Navarre.

C'est dans le silence que Condé, plus faible que ses rivaux,
préparait ses coups. Une révolte ouverte aurait moins étonné
le duc de Guise que ces entreprises sourdes toujours répri-
mées et toujours renaissantes. Condé avait quelqu'un à Fontainebleau pour épier la contenance de la cour et lui faire un
rapport exact de tout ce qui se passerait dans l'assemblée des
notables ; celui qu'il avait chargé de cette commission était
un nommé *la Sague*, secrétaire du roi de Navarre, en qui il
avait cru reconnaître tous les talents qui lui étaient nécessaires. Ce même la Sague portait au connétable, aux enfants
de ce seigneur, aux Coligni, au vidame de Chartres et à beaucoup d'autres, les dépêches les plus importantes et les plus
délicates. Mais, trahi par un officier avec lequel il avait autrefois servi, et auquel il révéla les projets des princes et
des protestants, effrayé à la vue des instruments de supplice
que l'on préparait pour le soumettre à la torture, séduit enfin par les promesses des Guises, la Sague livra tous les secrets dont il était dépositaire. Les Guises gardèrent le silence
sur la découverte de ce nouveau complot, jusqu'à ce qu'ils
pussent en tirer impunément vengeance ; alors même une
nouvelle entreprise de Condé acheva de les enflammer contre lui.

Condé ne se fiait pas tellement au succès de ses intrignes

secrètes, qu'il ne regardât désormais la guerre civile comme prochaine et inévitable ; voulant s'assurer d'une ville importante pour en faire sa place d'armes, il jeta les yeux sur Lyon, dont la situation, l'étendue, la population, les richesses et la proximité avec Genève, la Suisse et l'Allemagne, lui présentaient de grands avantages. Le jeune Maligny, un des conjurés, échappé à la boucherie d'Amboise, se chargea de cette entreprise périlleuse. Il la conduisit avec beaucoup d'habileté : il partit du Béarn lui second, traversa de vastes provinces, suivi ou précédé de quantité d'hommes de main qui marchaient à la file les uns des autres, et gagna Lyon, après avoir échappé à la vigilance des troupes répandues sur la route : il s'était assuré d'une partie des habitants de la ville qui avaient embrassé les opinions nouvelles ; il n'attendait plus qu'un renfort de soldats qui avaient servi en Provence, sous Mouvans, pour consommer son entreprise, dont le succès paraissait infaillible : sur ces entrefaites, il reçoit du roi de Navarre l'ordre de n'y plus penser et de se rendre à Limoges avec ses compagnons. Le roi de Navarre avait cependant approuvé et encouragé d'abord le projet ; un tel changement ne venait que des conseils du connétable, qui, ayant su le complot, l'en avait dissuadé.

Maligny ne renonça pas sans peine à cette affaire ; au moment où pourtant il allait quitter Lyon, une imprudence révéla ses projets ; il fut réduit à s'ouvrir une issue les armes à la main ; il s'échappa, mais des supplices frappèrent plusieurs de ses partisans. A la nouvelle de cette conspiration, les Guises affectèrent de ne pas croire le roi en sûreté à Fontainebleau ; ils le menèrent à Saint-Germain-en-Laye, et rassemblèrent autour de lui des forces considérables. Bientôt après ils conduisirent François II à Paris. Le monarque entra dans cette ville avec l'appareil le plus formidable, manda le parlement au Louvre, et lui tint le langage le plus outrageant contre les

Bourbons : il parla de la conjuration d'Amboise, comme si elle eût été tramée par ces princes pour lui ôter la couronne; il ajouta, en soupirant, que sa vie était entourée de tant de piéges, qu'on ne devait pas trouver étonnant s'il marchait entouré de toutes les forces de l'état. Les Bourbons avaient, en effet, pris le parti de se concentrer dans les montagnes des Pyrénées, et d'y attendre en sûreté le dénouement de tant de complots.

Madame de Roye, belle-mère du prince de Condé, lui écrivait qu'ayant demandé à la reine-mère qu'il lui fût permis de venir à la cour, accompagné de ses amis, pour se justifier des soupçons répandus contre lui, elle en avait reçu cette réponse : « Il le peut, mais il trouvera le roi encore mieux accompagné. » Le prince apprit en même temps que le duc d'Aumale, les maréchaux de Brissac, de Saint-André et de Termes, étaient partis de la cour, chacun à la tête d'un corps de cavalerie, avec ordre de parcourir le royaume dans toute son étendue; d'arrêter dans les provinces les hommes suspects au gouvernement; de raser les châteaux et les maisons de ceux qui oseraient résister, et d'épouvanter tous les ennemis des Guises par les plus terribles exécutions.

Le roi, qui d'abord avait convoqué à Meaux, pour le 10 décembre, l'assemblée des états-généraux, venait de l'indiquer à Orléans. Le véritable but de ce changement était d'empêcher les Bourbons de se rendre maîtres de cette ville importante, qui leur était très-affectionnée. Le roi ordonna aux princes de venir à la cour; la fermeté de leur attitude amena François II et sa mère à modérer leur langage, et à chercher, par d'hypocrites protestations, à attirer les Bourbons dans le piége que les Guises leur tendaient.

Malgré des avis nombreux sur les dangers auxquels ils s'exposaient, et sur le sort qu'on leur réservait, le roi de Navarre, dont les conseillers avaient été gagnés par ses ennemis, et le prince de Condé, qui affectait de se montrer inaccessible à toute crainte, se mirent en route.

Les Guises, afin de perdre plus sûrement le roi de Navarre et le prince de Condé, tâchèrent de se concilier les autres princes de Bourbon; ils affectaient de combler de caresses et de bienfaits le duc de Montpensier et le prince de la Roche-sur-Yon; ils créèrent en leur faveur deux grands gouvernements dans l'intérieur du royaume; celui de l'aîné comprenait l'Anjou, la Touraine et le Maine; l'autre s'étendait sur l'Orléanais, la Beauce et le Berri : mais comme ils craignaient toujours que l'intérêt commun ne réunît enfin tous les princes de la tige royale, ils prirent un soin particulier d'affaiblir la puissance des nouveaux gouverneurs en leur donnant pour lieutenant Leroy de Chavigny et Cypierre, guerriers distingués, mais entièrement dévoués au parti dominant.

Tant de précautions étaient superflues à l'égard du duc de Montpensier, soldat fanatique, qui, affectant de confondre les protestants avec les Sarrasins, se glorifiait, en poursuivant les premiers, de marcher sur les traces de saint Louis, son aïeul; il aurait sans scrupule enveloppé dans la proscription le prince de Condé lui-même. La duchesse de Montpensier (Jacqueline de Longwy) pensait bien autrement que son époux. Calviniste secrète, Condé était son héros; elle aurait voulu le sauver; mais, d'un côté, le pouvoir et la violence des Guises l'effrayaient; de l'autre, elle était retenue par le grand intérêt de la succession du connétable de Bourbon : cette affaire si litigieuse, qui durait depuis tant d'années, fut enfin terminée à Orléans, à la satisfaction de la branche de Montpensier.

Le prince de la Roche-sur-Yon, bien éloigné des préjugés barbares de son frère, avait embrassé et soutenu, avec autant de zèle que de fermeté, les intérêts de sa maison; mais depuis qu'il avait vu le chef les trahir en cédant lâchement l'administration aux Guises, il s'était tenu à l'écart : il attendait en silence le dénouement de la querelle. Les progrès des Guises étaient si rapides, leur puissance si absolue, qu'il ne pouvait plus se déclarer en faveur du roi de Navarre, sans se perdre avec lui.

Tandis que les principaux citoyens négligeaient, abandonnaient ou même trahissaient la cause des deux premiers princes du sang, un particulier sans puissance et sans crédit osait former le projet de les arracher au sort tragique qui les menaçait; c'était Marillac, archevêque de Vienne, issu d'une famille attachée depuis longtemps aux Bourbons; ce prélat, illustre par son érudition, son éloquence, son habileté dans les affaires et la pureté de ses mœurs, s'était rendu suspect et odieux au gouvernement, en demandant hautement à l'assemblée de Fontainebleau un concile national et la convocation des états-généraux; depuis cette époque, éloigné de la cour, disgracié, insulté par le parti des ministres, ses malheurs le touchaient moins que ceux qui menaçaient les Bourbons et la patrie; il observait avec effroi, dans sa retraite, la marche ténébreuse et les desseins profonds des Guises.

Dès qu'il eut appris que le roi de Navarre et le prince de Condé étaient partis de Nérac pour se rendre à la cour, il désespéra de leur salut; son zèle lui suggéra cependant des moyens extrêmes qu'il proposa à la duchesse de Montpensier: il écrivit à cette princesse qu'il n'était plus temps de s'arrêter à l'intérêt particulier, lorsque la maison royale était sur le penchant de sa ruine; qu'elle devait avertir la reine-mère qu'en laissant périr les chefs de la branche de Bourbon, elle tomberait elle-même dans le plus misérable esclavage; que le duc de Montpensier et le prince de la Roche-sur-Yon, n'ayant ni crédit ni autorité dans le royaume, seraient bientôt renversés, comme de frêles roseaux; que la maison royale n'ayant désormais d'autre ressource que la noblesse, seule capable de la protéger, il fallait presser le connétable, qui avait tant d'influence sur elle, de la faire agir efficacement; il engageait madame de Montpensier, en attendant que Montmorency pût rassembler tous les bons Français sous les drapeaux de la patrie, à demander au duc de Bouillon son gendre un asile à Sedan pour les fils du prince de Condé, et à implorer l'assistance et la protection de toutes les puissances étrangères, amies et alliées de la France. Il finit en proposant un moyen assez décisif en faveur de la maison royale; c'était d'arrêter les enfants, les frères, les proches parents du duc de Guise, et de les rendre responsables du sort des Bourbons.

Convaincue par cette lettre de l'archevêque de Vienne, la duchesse de Montpensier fit, à l'insu de son époux, quelques tentatives auprès du duc de Bouillon, du connétable et des princes allemands; ces démarches tardives n'eurent aucun succès. Marillac en mourut de douleur.

Le roi était parti de Saint-Germain avec l'appareil le plus formidable. Dans cette ville, les mesures les plus rigoureuses furent prises pour réduire à la plus complète inaction les partisans des Bourbons et des nouvelles opinions religieuses.

Le duc de Guise, apprenant que les princes étaient sur la route de Blois à Orléans, fit entrer dans la ville tous les hommes d'armes et les archers à qui on avait distribué des quartiers dans les bourgs et les villages voisins; on les rangea en haie avec les vieilles bandes, depuis la première avenue du portereau de Tudelle jusqu'à la place de l'Etape, où logeait le roi. Les princes, en arrivant aux portes d'Orléans, furent étonnés de n'y voir que des soldats armés de toutes pièces, au lieu de la cour entière qu'ils comptaient trouver à leur rencontre; ils n'aperçurent que le duc de Montpensier et le prince de la Roche-sur-Yon, à qui seuls il fut permis d'aller au-devant d'eux; ils avancèrent à travers les troupes rangées en bataille, essuyant les sarcasmes de la soldatesque.

Parvenus sur le soir aux portes du palais, ils comptaient entrer à cheval dans la cour, conformément aux priviléges de leur naissance; mais on leur refusa cet honneur, et ils se virent obligés de passer par le guichet; loin d'être déconcertés, les deux princes montraient une contenance ferme et tranquille, Condé surtout : « Jamais, dit Brantôme, je ne vis prince faire meilleure mine. » Ils trouvèrent le roi dans son cabinet, ayant à ses côtés le duc de Guise et le cardinal de Loraine, environné de ses capitaines des gardes, des chevaliers de l'ordre et de tous les grands officiers de la couronne; mais aucun d'eux ne s'avança vers les princes ; aucun n'osa ou ne daigna les saluer : le monarque les reçut d'un air menaçant ; après quelques propos froids et vagues, il les conduisit chez la reine sa mère, où les Guises affectèrent de ne pas les suivre.

Catherine de Médicis mit de la politesse et même de l'attendrissement dans l'accueil qu'elle leur fit; elle voulait les ménager et se servir d'eux pour contre-balancer le pouvoir des Guises, pour ruiner ceux-ci au besoin, et assurer sa propre domination.

Le roi, se hâtant d'interrompre les premiers compliments de la reine et des princes, s'adressa à Condé : « Vous avez, lui dit-il d'un ton irrité, conspiré contre ma personne et mon royaume; je vous ai mandé pour savoir la vérité de votre propre bouche. — Sire, répondit le prince, je ne suis venu ici sur votre parole que pour me justifier de cette calomnie, inventée par les Guises, mes ennemis ; ils ont juré ma perte; mais c'est eux-mêmes que je prétends convaincre aujourd'hui des plus coupables attentats contre la couronne et la maison royale. » Il entrait dans le détail, lorsque le roi, l'écoutant à peine, lui coupa la parole : « Puisque vous ne voulez rien avouer, lui dit-il, il faut procéder par les voies de la justice. » Il se retira en même temps, faisant signe à Chavigny et à Maillé de Brézé, ses capitaines des gardes, d'arrêter le prince.

Condé réclame alors la parole sacrée du roi, qu'on viole avec tant d'indignité ; il se plaint du cardinal de Bourbon son frère, qui l'a trompé en se portant garant de cette parole ; cependant on l'enlève et on le conduit à la prison qui lui était destinée. Le roi de Navarre somme Catherine de tenir les serments qu'elle a prodigués à son frère ; il demande qu'on lui en laisse la garde, et veut bien en répondre sur sa tête ; la reine rejette cette entreprise odieuse sur le duc de Guise, qui, sous le titre de lieutenant général de la couronne, semblait être en effet le roi absolu de la France.

La prison dans laquelle fut conduit le prince était une maison voisine de la place de l'Etape, dont toutes les portes, à l'exception d'une seule, furent murées, les fenêtres garnies de treillis et de gros barreaux de fer ; on éleva toute la nuit devant la maison une plate-forme, sur laquelle on établit une batterie de quelques pièces de canon, dont la bouche enfilait la place du Martroi et trois rues qui aboutissent à celle de l'Etape ; on lui enleva tous ses domestiques, et on ne lui laissa pour le servir qu'un valet de chambre.

Le décret de prise de corps avait été signé par le roi, les grands officiers de la couronne, les chevaliers de l'ordre et les principaux seigneurs de la cour ; on obligea même le duc de Montpensier et le prince de la Roche-sur-Yon à se soumettre à cette formalité ; les Guises seuls, qui prétendaient donner le change au public, se dispensèrent de la loi qu'ils imposaient à tous les autres.

Le roi de Navarre, de son côté, était gardé à vue ; on lui avait assigné pour demeure un hôtel, situé sur la place de l'Etape, attenant celui où était logé le roi. On lui ôta sa compagnie des gardes du corps et le plus grand nombre de ses officiers domestiques, auxquels on en substitua d'autres nommés par les Guises; ils avaient ordre d'épier les actions, les paroles, les gestes même du prince.

La nuit qui suivit cette journée si désastreuse pour les Bourbons fut fatale à plusieurs de leurs amis ou de leurs serviteurs; on arrêta à des distances très-éloignées les unes des autres, mais à peu près à la même heure, madame de Roye, belle-mère du prince de Condé; Barbançon de Cany; Bouchard, chancelier du roi de Navarre; La Haye, conseiller au parlement, chef du conseil du prince; Grolot, bailli d'Orléans, et plusieurs autres.

On s'attendait à trouver, dans les papiers de tous ces prisonniers, des preuves contre le prince de Condé; on espérait aussi que les conjurés qui avaient été arrêtés à Lyon déposeraient contre lui; mais tout se réduisit, de la part des témoins, à des conjectures et à des oui-dire vagues.

Voici le stratagème dont les ennemis du prince de Condé se servirent pour parvenir à leurs fins; ils envoyèrent un prêtre dans sa prison, pour lui signifier, au nom du roi, qu'il eût à entendre la messe qui allait être célébrée dans sa chambre. Les Guises ne doutaient point qu'il ne refusât d'obéir. Le prince en effet répondit au prêtre, que, le roi lui ayant donné sa parole d'honneur de ne point l'inquiéter sur sa religion, il était venu à la cour pour se justifier des prétendus crimes qu'on lui imputait, et non pour entendre des messes; qu'il avait bien autre chose à faire; on dressa aussitôt acte du refus du prince, et les officiers employés à sa garde signèrent le procès-verbal.

Les reproches et les menaces de Renée de France, duchesse de Ferrare, qui arriva sur ces entrefaites à Orléans, confirmèrent les Guises dans la résolution de brusquer la mort de leur ennemi; ils avaient déjà tout disposé pour le faire périr en peu de jours; au mépris des lois, ils firent instruire le procèscriminel d'un prince du sang, par des juges choisis dans le parlement et le conseil ; Christophe de Thou, président à mortier, Bourdin, procureur-général, les conseillers Faye, Viole et le greffier en chef du Tillet, se joignirent au chancelier et à quelques maîtres des requêtes, qui tous ensemble formèrent cette commission.

Ces prétendus juges se transportèrent le 13 novembre, pour la première fois, à la prison du prince, pour lui faire subir l'interrogatoire. Condé réclama le droit qu'il avait, en qualité de prince du sang, d'être jugé au parlement de Paris par le roi, accompagné des princes du sang, des pairs et des grands officiers de la couronne, toutes les chambres assemblés ; ensuite il adressa de vifs reproches au président de Thou, chef de la commission ; de Thou baissa la tête ; il répondit qu'il n'avait eu garde de rechercher un tel emploi, mais qu'il n'avait pu se dispenser d'obéir au roi. Au reste, ce magistrat, qui ne se prêtait qu'à regret aux volontés des Guises, ne cessa d'insinuer aux amis du prince, qu'il n'avait d'autre parti à prendre que de le récuser, ainsi que ses collègues.

Condé, laissant là le président de Thou, déclara aux commissaires, qu'il n'était venu à la cour que sur la parole positive du roi d'entendre lui-même sa justification, et de lui laisser la liberté civile et religieuse ; malgré cette réclamation de la foi de son souverain, les commissaires commencèrent l'interrogatoire, auquel le prince ne répondit rien ; il en appela au roi et les congédia. Deux jours après, le conseil privé déclara nul et frivole l'appel de *Loys de Bourbon*, et lui enjoignit de répondre aux commissaires, sous peine d'être déclaré *atteint et convaincu des cas* à lui imputés ; nouveau refus du prince de répondre ; nouvel appel au roi.

C'est dans l'instant le plus critique de cette procédure que la princesse de Condé arriva à Orléans.

Evitée, rebutée partout, Eléonore ne s'abandonne pas elle-même; elle force toutes les barrières et pénètre dans la chambre du roi; là, tombant à ses genoux, elle lui demande la grâce de son seigneur et mari. « Je ne puis faire grâce, répondit durement le jeune monarque, à un sujet qui a voulu m'ôter la couronne et la vie. » La princesse demanda alors qu'il lui fût au moins permis de le voir, de le servir et de le consoler; cette satisfaction lui fut encore refusée; on prétend même que le cardinal de Lorraine, témoin de cette scène, porta l'oubli de toute décence jusqu'à outrager la jeune princesse, en disant au roi devant elle, que, s'il voulait lui rendre justice, il devait la faire elle-même enfermer pour toute sa vie *en un cul-de-fosse*. Eléonore se retira.

Elle présenta au roi, le lendemain, une requête pour le supplier d'accorder un conseil au prince prisonnier; la requête fut admise, et on expédia un ordre à Robert, à Marillac, à Chapes et à Mangot, les avocats les plus célèbres qu'il y eût alors en France, de se transporter à Orléans, pour assister le prince de Condé; mais, comme le parlement vaquait alors, on ne trouva à Paris que Robert et Marillac, qui se mirent aussitôt en route.

Ces deux jurisconsultes, après avoir pris communication de l'accusation et des réponses du prince, allèrent le trouver en prison, et lui offrirent leurs services de la part du roi. Condé leur répondit qu'il les connaissait tous deux pour hommes de bien, mais qu'il ne pouvait accepter leurs offres sans avoir auparavant conféré avec le roi de Navarre, le cardinal de Bourbon et la princesse son épouse; qu'il conjurait le roi de lui permettre de communiquer avec eux en présence de tels témoins qu'il plairait à Sa Majesté de nommer; qu'il était, en un mot, résolu de n'agir dans une affaire si importante qu'avec l'intervention de ses plus proches parents, et surtout du roi de Navarre son frère aîné. Sa supplique fut rejetée; on permit seulement à Eléonore de Roye de lui écrire qu'il pouvait prendre confiance dans le conseil qu'on lui avait donné.

Dès l'après-dînée du même jour, Robert et Marillac retournèrent chez le prince, accompagnés de Robertet, secrétaire d'état, et de du Tillet, greffier en chef de la commission; on donna aux deux jurisconsultes une espèce de protocole, dont il ne leur était pas permis de s'écarter en questionnant le prisonnier. Condé, après avoir lu la lettre de son épouse, entama lui-même la conférence; il dit à ses avocats que l'idée seule d'une conspiration contre le roi le faisait frémir; que Dieu connaissait son innocence, qu'il ne lui avait envoyé une si grande affliction que pour éprouver son courage; qu'il était libre, même dans les fers, puisqu'il jouissait d'une conscience tranquille, tandis que ses oppresseurs, tourmentés par leurs passions et leurs remords, n'étaient libres et triomphants qu'en apparence.

Il leur donna ensuite des mémoires justificatifs, qu'il avait dressés à la hâte, et qu'il accompagna d'une réponse à la princesse; tout dans cette réponse respire la grandeur d'âme. Condé conjure son épouse de ne point se laisser abattre sous le poids du ressentiment et de la douleur, et surtout de ne pas renoncer à l'espérance : « car je sens, disait-il, qu'abandonné de tout le monde, Dieu ne m'abandonnera pas et qu'il fera éclater mon innocence. » Mais il donnait à Eléonore des espérances qu'il ne pouvait avoir.

Entraîné malgré lui, par les émissaires des Guises, à l'exécution des principaux conjurés d'Amboise, Condé n'avait pu contenir sa douleur; il lui était échappé des plaintes sur le sort de tant de malheureux ; ses paroles avaient été recueillies et rapportées au cardinal de Lorraine, qui, après les avoir envenimées, les dicta à Robertet, secrétaire d'état, avec ordre d'en tenir registre, pour s'en servir en temps et lieu : ce fut ce même Robertet que le roi envoya au prince, pour lui demander s'il ne se souvenait pas d'avoir hasardé les propos dont il lui fit lecture.

Le prince répondit qu'il se rappelait en effet avoir témoigné de la pitié pour les infortunés gentilshommes qu'on mettait à mort ; mais qu'on avait donné à ses paroles l'interprétation la plus fausse. Il rapporta les propres termes dont il prétendait s'être servi, et soutint qu'après avoir dit que, si la noblesse outragée en la personne de plusieurs de ses membres appelait à son secours des forces étrangères, il n'en faudrait pas davantage pour mettre le royaume en feu et le détruire ; il n'avait pas ajouté, comme on l'en accusait, ces paroles : « et surtout, si elle était commandée par un prince du sang. » Cette explication en entraîna d'autres entre le cardinal et ses espions ; ceux-ci s'aperçurent qu'on avait altéré le texte, et refusèrent de signer la déposition qu'on leur présenta.

On fut donc obligé de chercher d'autre preuves. Les commissaires s'étaient déjà rendus quatre ou cinq fois à sa prison, pour interroger Condé ; mais il opposa le silence à leurs questions ; il n'ouvrit la bouche que pour protester qu'il ne reconnaîtrait jamais d'autres juges que ceux qui lui étaient désignés par la loi, et il ne cessa d'en appeler à la cour des pairs, présidée par le monarque en personne ; enfin, sur le réquisitoire de Bourdin, procureur général de la commission, le conseil d'état enjoignit encore une fois, mais en vain, au prisonnier de répondre aux commissaires, sous peine d'être traité comme muet volontaire, et déclaré atteint et convaincu du crime de lèse-majesté.

Le conseil, venant à réfléchir combien cette procédure achèverait d'indisposer tous les grands et une partie de la nation, résolut de suivre une forme plus modérée en apparence, mais en effet plus meurtrière. Il chargea l'avocat Robert de communiquer au prince tous les chefs d'accusation sur lesquels le président de Thou devait l'interroger, et d'exiger de lui ses moyens de défense, qu'il signerait : c'était ériger en juge du prince son avocat. Condé se laissa décider à donner ces moyens et à les signer. L'avocat les présenta aux commissaires. On procéda bientôt à la confrontation des témoins avec l'accusé. La présence du prince, sa fermeté, déconcertèrent souvent ces misérables, dont la plupart ne l'avaient jamais vu. Il fut, dit-on, prouvé dans la suite, lorsque le parlement cassa cette procédure, que quelques-uns des plus scélérats avaient contrefait le nom du prince, au bas des blancs qu'ils produisirent au procès.

Le prisonnier niait d'avoir trempé dans la conjuration d'Amboise et dans l'entreprise de Lyon ; mais il faisait l'aveu de ses opinions religieuses sur lesquelles le roi lui avait promis de ne point l'inquiéter : il n'en fallait pas davantage pour le faire condamner.

Dès que l'acte signé par le prince eût été produit au monarque, il manda dans son cabinet les grands officiers de la couronne, les chevaliers de l'ordre et les membres du conseil privé, en présence desquels le premier des commissaires chargés de l'instruction du procès fit son rapport. On recueillit les voix de ces prétendus juges, et le prince de Condé fut condamné, comme criminel de lèse-majesté divine et humaine, à perdre la tête sur un échafaud, qui serait dressé devant le logis du roi. Cette sentence devait avoir son exécution à l'ouverture des états-généraux.

Condé bravait ses oppresseurs ; il les traitait de lâches brigands, de vils scélérats, et montrait de temps en temps à ses gardes un sac où étaient déposées les pièces dont il prétendait se servir pour les convaincre d'avoir conspiré contre la maison royale, et pour les faire condamner, non pas, disait-il, par cinq ou six juges subornés, mais par les états-généraux représentant la nation entière et à la face de toute l'Europe. Ces propos, rapportés fidèlement aux Guises, augmentaient leur triomphe. Ils riaient de la haine impuissante d'un prince dont le sort était entre leurs mains. Ils eurent pourtant recours à plusieurs stratagèmes pour éprouver son courage : ils le trouvèrent inébranlable. Ils résolurent de perdre aussi le roi de Navarre pour anéantir tous les obstacles qui s'interposaient entre le trône et eux.

Déjà ils avaient arraché l'ordre du roi d'arrêter Jeanne d'Albret et son fils (depuis Henri IV), ainsi que les enfants du prince de Condé. Le maréchal de Termes marchait vers le Béarn, où il devait être assisté par une armée espagnole pour s'emparer de tous les domaines de la maison de Navarre, et les partager avec le roi d'Espagne. Cette commission eût été exécutée, si du Mesnil n'eût veillé au salut des rejetons de la maison royale.

A la nouvelle de la marche de Termes, du Mesnil rassembla ses compagnons auxquels il put joindre six mille hommes d'infanterie ; il prit les plus sages mesures pour enfermer le maréchal entre la Dordogne et la Garonne ; mais Termes, ayant appris à Limoge s les dispositions de du Mesnil, s'arrêta en chemin ; et la mort imprévue de François II sauva Jeanne d'Albret, ses enfants et toute la maison de Bourbon.

Le roi de Navarre, toujours gardé à vue, abandonné de tout le monde, avait encore, pour comble d'humiliation, à soutenir les regards dédaigneux d'une cour, qui, un mois après, tomba à ses pieds. Réduit à solliciter la grâce de son frère auprès du cardinal de Lorraine, il se rendit deux fois chez ce prélat, homme, dit Brantôme, fort insolent et aveuglé dans la prospérité. Les procédés grossiers du cardinal justifient ce reproche : il laissa un roi découvert et en posture de suppliant, tandis qu'il était couvert et assis. Il se moquait au fond de son âme de la simplicité d'Antoine de Bourbon.

Déjà on publiait dans tous les cercles que le roi de Navarre avait trempé dans la conspiration d'Amboise ; qu'il serait trop heureux s'il n'était condamné qu'à une prison perpétuelle. On désignait même le lieu où il serait renfermé : c'était le château de Loches. Ses partisans les plus distingués devaient éprouver le même sort. Le connétable et ses enfants allaient être ensevelis pour jamais dans la grosse tour de Bourges ; l'amiral et ses frères dans la tour neuve d'Orléans. Mais, si on ajoute foi aux mémoires du temps, ils étaient réservés à un sort encore plus tragique, le roi de Navarre surtout. Point de jour que ce prince ne reçût des avis anonymes qui lui annonçaient une mort prochaine, soit par des formes judiciaires, soit par l'assassinat ou le poison ; mais il échappa à tous les périls. On ne sait pourtant ce qu'il fût devenu, sans la mort imprévue du monarque, sous le nom de qui il était poursuivi. L'anecdote suivante, si elle est vraie, prouvera de quoi les Guises étaient capables.

Les Guises et le maréchal de Saint-André, sentant combien ils rencontreraient d'obstacles à faire périr le roi de Navarre sur le même échafaud que son frère, trouvèrent un expédient plus décisif : ils proposèrent à François II de le mander un matin et de lui reprocher, dans les termes les plus outrageants, la part qu'il avait eue aux complots du prince de Condé. On ne doutait point qu'Antoine de Bourbon n'élevât la voix pour se justifier. Le roi devait alors lui répondre par un coup de poignard : les Guises et le maréchal, témoins de cette scène, devaient achever la victime. On assure que François II consentit à cet assassinat ; mais quoique les ministres lui eussent recommandé un secret profond, il en parla à la reine sa mère. Médicis, consternée, représenta à son fils les suites affreuses d'un assassinat. Le roi, ému, promit à la reine de ne pas consommer le crime ; mais Catherine de Médicis, qui connaissait l'ascendant des ministres sur l'esprit de son fils, ne se fiait pas à son repentir ; elle fit informer du complot le roi de Navarre.

François II envoya le lendemain ordre à Antoine de **Bour**bon de venir le trouver dans sa chambre; le prince **refusa** d'obéir : nouveau message; nouveau refus. Mais, appelé une troisième fois, le roi de Navarre prend sous son habit une chemise de maille, et part accompagné seulement du capitaine Renty, lieutenant de sa compagnie d'hommes d'armes. Comme il montait l'escalier, quelqu'un lui dit à l'oreille : « Vous êtes mort si vous mettez les pieds dans l'appartement du roi. » Antoine de Bourbon avait pris son parti : « Capitaine Renty, dit-il, je vais dans un lieu où l'on a juré ma mort; mais jamais peau ne fut vendue si cher que je leur vendrai la mienne : si je péris, prenez ma chemise percée de coups et toute sanglante; portez-la à ma femme et à mon fils; qu'ils en envoient des lambeaux à tous les rois : ils liront dans mon sang la vengeance qu'ils doivent tirer de l'assassinat d'une tête couronnée. » Puis il entre dans la chambre du roi, dont le cardinal de Lorraine ferma sur-le-champ la porte. Il trouve François II en robe de chambre, un poignard à la ceinture et environné des conjurés : il approche, prend la main du roi et la baise respectueusement. Le jeune monarque lui parla avec affection et le congédia d'un air satisfait. On prétend que le duc de Guise s'écria, en se retirant : *O le roi lâche et poltron!*

Mais si l'aîné des Bourbons avait évité le piége qui lui était tendu, il était toujours sous l'anathème, tant qu'il s'agirait de faire exécuter son frère : le jour fatal approchait; l'arrêt de mort était dressé; le roi appelait dans son cabinet, les uns après les autres, les grands de l'état, les membres du conseil, les chevaliers de l'ordre, pour le leur faire signer. De Thou assure que l'arrêt ne fut que dressé et non signé; mais ne serait-ce pas pour affaiblir le ressentiment de la maison de Bourbon contre Christophe de Thou son père, qui avait présidé la commission? Il paraît constant que l'arrêt fut signé, mais non pas qu'il fut prononcé au prince, comme l'ont écrit plusieurs historiens.

L'Hôpital, qui ne prévoyait que d'horribles calamités si on procédait à l'exécution de l'arrêt, différait, sous différents prétextes, de le signer; du Mortier, conseiller d'état, suivit son exemple; mais le comte de Sancerre, chevalier de l'ordre, montra plus de courage : pressé par le roi d'apposer son seing à la minute de l'arrêt, il répondit qu'il aimerait mieux lui-même laisser sa tête sur un échafaud que de souscrire à la condamnation d'un prince du sang jugé contre les lois. Le roi admira sa fermeté sans l'approuver, et les Guises ne la lui pardonnèrent jamais. Les délais du chancelier et le refus du comte de Sancerre différaient la perte de Condé, mais ne le sauvaient pas.

L'unique espérance qui restait aux Bourbons était l'appui secret de Catherine de Médicis. Catherine sentait bien que la ruine de ces princes entraînait en quelque sorte la sienne. La duchesse de Montpensier, le chancelier, l'amiral, aigrissaient sans cesse ses chagrins, excitaient ses alarmes; mais tel était le pouvoir des Guises, qu'elle n'osait se compromettre avec eux en favorisant ouvertement les Bourbons.

Condé ne pouvait échapper à la mort sans une révolution regardée comme impossible, et qui pourtant arriva.

Les Guises, ne jugeant pas à propos de laisser le roi à Orléans, tandis qu'on y mettrait à mort Grolôt, bailli de la ville, calviniste déterminé, et un des plus zélés partisans du prince, l'engagèrent à aller passer quelques jours à Chambord pour y prendre le plaisir de la chasse, et à mener avec lui le roi de Navarre. François II mande Antoine de Bourbon à son lever et l'invite au voyage de Chambord; le prince, qui avait reçu avis que ses ennemis pensaient à se défaire de lui dans ce lieu écarté, s'excuse de se livrer au plaisir et la dissipation pendant que son malheureux frère, condamné, proscrit, gémissait dans les fers : « Ah! sire, lui dit-il, vous m'aviez tant promis de le laisser libre ! Au nom de Dieu, souvenez-vous de votre parole sacrée. » Pour toute réponse, le roi, prenant un visage sévère, lui ordonna de se tenir prêt à partir le lendemain avec lui. L'après-dînée du même jour qu'il avait donné des ordres si impérieux au roi de Navarre, il tomba soudain gravement malade ; sa mort était imminente. Dans cette extrémité, les Guises parlaient d'avancer l'exécution du prince de Condé ; mais le chancelier de l'Hôpital éluda leurs instances par des délais adroits.

Les ministres, voyant qu'ils ne seraient plus secondés comme par le passé, n'envisagèrent plus qu'un avenir sinistre. La frayeur qui avait agité les Bourbons passa dans leur âme : tantôt ils voulaient profiter des derniers moments de la vie du roi pour se défaire à la fois des deux frères ; tantôt ils ne pensaient qu'à se disculper de la part qu'ils avaient eue à la proscription des princes et à se réconcilier avec eux ; ils tentèrent d'abord ce dernier expédient et conjurèrent le roi agonisant de vouloir bien prendre sur lui seul les poursuites intentées contre le prince de Condé. François II leur donna cette dernière marque de docilité ; il manda le roi de Navarre dans la ruelle de son lit : « Mon oncle, lui dit-il en l'embrassant, la vérité exige que je vous avoue que c'est de mon propre mouvement que j'ai fait arrêter le prince votre frère ; mes oncles de Guise n'ont point eu de part à son emprisonnement. Je vous prie, au nom de la reine ma mère, d'oublier cette mortification, et de bannir de votre esprit les impressions fâcheuses que vous avez conçues contre eux. » Il accompagna ces paroles de beaucoup de caresses. Le roi de Navarre n'eut pas de peine à promettre au roi mourant tout ce qu'il exigeait de lui.

Mais les Guises, craignant qu'Antoine de Bourbon ne se jouât d'une promesse ainsi extorquée, revinrent à leur projet favori de le perdre avec son frère : ils vont trouver Catherine de Médicis ; ils lui représentent qu'elle est perdue, si elle ne se hâte de faire exécuter l'arrêt de mort dressé contre le prince de Condé, et si elle épargne davantage le roi de Navarre. Ils offrent en même temps à la reine-mère leur crédit auprès des états-généraux pour lui faire accorder la régence pendant la minorité de son second fils. L'ambitieuse Italienne était agitée par les passions les plus opposées, lorsque la duchesse de Montpensier la supplia de prendre conseil du chancelier de l'Hôpital. Dans l'entrevue qu'elle eut avec ce magistrat, elle se laissa complétement adoucir pour Antoine de Bourbon. Celui-ci pourtant, introduit auprès de la reine-mère, dut renoncer par écrit à toutes prétentions à la régence, et promettre de se réconcilier avec les Guises. La reine, de son côté, promit de lui accorder la place de lieutenant général de la couronne, et d'autres avantages ; puis elle fit introduire les Guises, et accomplit l'apparente réconciliation à laquelle se prêtait le roi de Navarre.

Les cabales qui agitaient en sens inverse les passions firent surveiller de plus près le prince de Condé.

Catherine de Médicis fait doubler la garde du prisonnier, et défend, sous peine de mort, l'accès de la maison où il est détenu, à quiconque n'aura pas un ordre signé de sa propre main. Ces défenses furent observées avec tant d'exactitude, que Condé n'apprit la maladie du roi, qui languit dix-sept jours, qu'avec la nouvelle de sa mort.

Le jour même où François II fut délivré du double fardeau de la vie et de la couronne, Condé jouait dans sa chambre avec les officiers qui le gardaient ; son valet de chambre, informé de cette nouvelle, lui faisait des signes qu'il remarquait, mais auxquels il n'entendait rien. Le prince s'avisa enfin de laisser tomber une carte, et comme il se baissait pour la ramasser, son valet de chambre lui dit à l'oreille : *Notre homme est croqué.* Le prince continua froidement sa partie et congédia sa compagnie sous prétexte qu'il était trop fatigué pour en recommencer une autre ; demeuré seul avec son serviteur, il apprit en détail la maladie et la mort de François II. Il ne lui échappa ni plaintes ni reproches contre la mémoire d'un roi qui avait violé à son égard toutes les lois de la justice.

Condé, après la mort du roi, languit encore dix jours en prison ; il n'en sortit que le 15 décembre : il y serait même demeuré peut-être davantage, sans l'arrivée du connétable de Montmorency à Orléans.

Antoine de Bourbon sacrifia son ressentiment aux prières de la cour, qui craignait à tout moment de voir couler le sang ; car le duc de Guise, quoique déchu de la puissance qu'il avait exercée sous un fantôme de roi, avait tant de parents et de clients, qu'il aurait fallu, pour s'en défaire, lui livrer de périlleux combats. Médicis déploya alors une profonde sagesse en modérant l'animosité des deux factions : mais aussi l'Hôpital était son guide.

On ne pouvait plus différer, sans offenser le roi de Navarre et le connétable, d'ouvrir la prison du prince de Condé. La reine consentit donc à son élargissement ; mais elle exigea qu'il sortirait aussitôt d'Orléans pour se retirer à Ham et ensuite à la Fère, accompagné des mêmes gardes qu'il avait dans sa prison ; toutefois, lorsqu'on lui signifia les ordres du nouveau roi, Condé déclara qu'il ne sortirait point de prison sans connaître quels étaient ses délits et ses accusateurs. On rejeta sur la volonté absolu du feu roi ces procédures arbitraires. Prévoyant qu'il ne pourrait obtenir une plus grande satisfaction, Condé se mit en route pour le château de Ham.

Aussitôt après la mort de François II, le nouveau monarque parut en public, ayant à ses côtés Antoine de Bourbon, qui le fit proclamer roi sous le nom de Charles IX. Tous les seigneurs, au milieu desquels le duc de Guise se trouva confondu, approchèrent et lui rendirent hommage. Ensuite, le conseil s'assembla, et le cardinal de Lorraine rapporta le cachet du feu roi, dont il avait été dépositaire ; ce cachet fut rompu, et le nouveau confié à Médicis. Après ce préliminaire, on lut et on confirma l'accord fait entre cette princesse et Antoine de Bourbon au sujet de l'administration du royaume pendant la minorité. En vertu de cet accord, l'exercice du pouvoir souverain était dévolu à la reine, et sous elle au roi de Navarre, en qualité de lieutenant général de la couronne. Il fut arrêté que les gouverneurs des provinces et les chefs militaires s'adresseraient à ce prince pour les affaires de leurs départements, et qu'il en ferait rapport à la reine pour être ensuite discutées et terminées au conseil ; que les autres dépêches seraient portées à Médicis, qui les communiquerait au roi de Navarre, et qu'ils y répondraient de concert. On décida aussi que le connétable, le grand-maître, les maréchaux, l'amiral et tous les grands officiers de la couronne exerceraient désormais les fonctions de leurs charges, sans qu'il fût permis à qui que ce fût d'entreprendre sur leurs droits. L'ambition effrénée du duc de Guise, qui, sous le dernier règne avait envahi l'exercice de la charge de connétable, donna lieu à ce règlement, dont il pouvait se consoler, puisqu'il lui restait les charges de grand-maître, de grand-chambellan et de grand-veneur. Le roi fit part de tous ces arrangements au parlement de Paris, qui se fit un devoir d'y applaudir : il n'était pas encore en possession de donner la régence par des arrêts.

Ce ne fut pas sans regret qu'Antoine de Bourbon laissa Médicis occuper la première place ; mais il ne désespérait pas d'obtenir des états-généraux plus de justice ou de faveur que du conseil privé.

Cette assemblée nationale ne s'ouvrit que le 13 décembre ; elle ne s'expliqua point sur l'accord fait entre la reine-mère et le roi de Navarre, au sujet de l'administration de l'état, et la reine regarda son silence comme une approbation. Elle se contenta des fonctions de régente, sans en prendre le titre.

Le roi de Navarre avait peine à dissimuler sa haine contre les Guises ; elle se changea en indignation lorsqu'il les vit affecter de protéger le duc de Nemours contre lequel il avait les plus justes griefs.

Jacques de Savoie, duc de Nemours, avait séduit mademoiselle de Rohan-la-Garnache, cousine germaine de Jeanne d'Albret, et quoiqu'il en eût un fils, il refusait de l'épouser, malgré sa promesse. Un pareil outrage ne pouvait demeurer impuni.

Nemours, poursuivi par le roi de Navarre, et craignant de succomber dans cette affaire, conçut le projet d'enlever ce prince, et posta, dit-on, à cet effet, dans les faubourgs d'Orléans, des hommes déterminés. Cette accusation devint bientôt publique, et fut tellement accréditée, que le vieux connétable ne quittait plus le roi de Navarre, et lui servait de capitaine des gardes. Nemours se rendit chez la reine-mère, accompagné du duc de Guise pour se justifier. On fit des informations qui n'eurent point de suites. Antoine de Bourbon ne l'en croyait pas plus innocent ; ses soupçons s'étendaient sur Guise lui-même ; son ressentiment, voilé sous le prétexte du bien public, le détermina à une démarche qui eut de graves conséquences.

L'état gémissait sous le poids d'une dette énorme. Il était naturel que les états-généraux voulussent remédier au mal. Le roi de Navarre, suivi de l'Hôpital, se rendit à l'assemblée, exposa en peu de mots la triste situation où le royaume se trouvait réduit, et proposa un moyen d'éteindre en partie la dette publique : c'était de retirer des mains des grands les dons immenses que Henri II leur avait prodigués ; il ajouta qu'il voulait lui-même donner l'exemple, en remettant au trésor royal toutes les gratifications qu'il avait reçues, pour peu qu'elles parussent trop fortes ; mais il n'avait rien à craindre pour lui ni pour les autres princes du sang ; il s'en fallait beaucoup qu'ils eussent été traités aussi favorablement que le duc de Guise, le duc d'Aumale, la duchesse de Valentinois et le maréchal de Saint-André. Ce coup était le plus rude qu'Antoine de Bourbon pouvait porter à ses ennemis ; il les réduisait à l'alternative de se ruiner s'ils s'éxécutaient à la rigueur, ou de se rendre odieux à la nation s'ils refusaient de venir à son secours. Mais, en se vengeant de ses ennemis, Antoine de Bourbon aliénait le plus puissant de ses amis, le connétable, qui s'était aussi enrichi des profusions de Henri II, sans avoir reçu néanmoins la septième partie des sommes englouties par le seul maréchal de Saint-André.

La décision de cette affaire fut renvoyée à Pontoise où, les états reçurent l'ordre de se rassembler au mois de mai ; là on devait délibérer sur la requête présentée au roi en faveur des protestants, au nom du corps de la noblesse, et sur la réforme des abus. Ainsi finit l'assemblée des états d'Orléans, convoquée, *pour détruire d'un même coup*, suivant l'expression du cardinal de Lorraine, l'*hérésie et la rébellion*. Ce prélat, dont les projets violents y furent si étrangement renversés, se hâta de quitter une cour où tout lui retraçait des souvenirs amers.

Pendant le séjour de la cour à Orléans, le prince de la Roche-sur-Yon recueillit le fruit de sa sage conduite ; on lui confia la surintendance de l'éducation du jeune roi. A la même époque, un accident déplorable lui enleva Henri de Bourbon, marquis de Beaupréau, son fils unique.

En laissant à la reine-mère la principale autorité, Antoine de Bourbon s'était flatté qu'enfin elle lui sacrifierait les Guises ; mais voyant qu'elle les ménageait et les accueillait avec distinction, la patience lui échappa : il se plaignit avec amertume qu'après avoir pardonné en faveur de la paix à ses ennemis mortels, il les trouvait toujours fiers et arrogants. Il était choqué surtout qu'on portât chaque jour les clefs du château chez le duc de Guise ; il prétendait les avoir en sa disposition en qualité de lieutenant général de l'état. Médicis tâcha de l'apaiser : prières, caresses, protestations, rien ne lui coûta ; elle alla jusqu'à ordonner aux capitaines des gardes d'apporter tous les jours chez elle-même les clefs du château. Mais cette voix de conciliation déplut encore au prince ; il soutint que Montmorenci avait joui du droit contesté, non comme grand-maître, mais comme connétable ; qu'à ce dernier titre était attaché le droit de commander partout ; que, la place de lieutenant général de la couronne lui donnant la prééminence sur le chef de la milice française, il devait jouir de toutes les prérogatives attachées à sa dignité ; il pria la reine d'opter enfin entre Guise et lui, et déclara qu'il fallait que l'un ou l'autre quittât la cour.

Cette prétention du roi de Navarre n'était pas fondée. Les registres des secrétaires d'état faisaient foi que les grands-maîtres avaient toujours été en possession du droit disputé au duc de Guise. Antoine ne voulait lui trouver que des torts. Il quitta la reine bien résolu de se rendre à Paris, accompagné des princes du sang, du connétable, de l'amiral et de presque tous les grands, pour s'y faire déclarer régent du royaume. Médicis ne pouvait parer ce coup qu'en abandonnant le duc de Guise ; mais elle craignait aussi de perdre tout son pouvoir. Un expédient la tira d'inquiétude.

Le roi, à qui elle avait fait sa leçon, manda le connétable : celui-ci en arrivant voit avec surprise le jeune prince accompagné de la reine sa mère, et environné de quatre secrétaires d'état, la plume à la main. Charles IX, d'un ton majestueux, lui ordonne de demeurer auprès de sa personne pour le défendre, et le menace, en cas de refus, de lui demander un jour un compte sévère de sa conduite. Montmorenci jura de ne l'abandonner jamais.

Antoine de Bourbon, dont les équipages s'étaient avancés jusqu'à Melun, déjà botté lui-même, n'attendait plus que le connnétable pour monter à cheval ; quel dut être son étonnement lorsque Montmorenci lui fit part de la promesse qu'il avait faite de demeurer près du roi ? Il fut quelque temps incertain sur le parti qu'il devait prendre ; sortira-t-il de la cour ? il est à craindre qu'elle ne s'accoutume à se passer de lui ; laissera-t-il échapper l'occasion favorable qui se présente pour faire valoir les droits de sa naissance et arracher le pouvoir suprême à Catherine de Médicis ?

Tout semblait alors lui répondre du succès : les états de l'Ile-de-France, convoqués à Paris pour dresser les instructions de leurs députés à l'assemblée générale, avançaient que la régence appartenait au roi de Navarre, en vertu des lois fondamentales de la monarchie, et que la reine n'avait droit qu'à la tutelle ; ils allaient plus loin, ils soutenaient qu'il n'était pas même permis aux du princes sang de faire cession de leur droit, et qu'au refus du premier d'entre eux celui qui le suivait devait exercer la régence : ils attribuaient aussi aux états-généraux le pouvoir de disposer, pendant la minorité, des grandes charges de la couronne, d'exiger des ministres un compte exact de leur administration, et de réclamer, au profit de l'état, les dons excessifs accordés par le prodigue Henri II ; ils en voulaient non-seulement aux favoris et à la maîtresse, mais encore au connétable de Montmorenci, *s'il y échéait*. En attendant que cette affaire fût terminée, ils demandaient que l'entrée au conseil fût interdite aux seigneurs inculpés.

Ces délibérations inquiétaient Catherine de Médicis ; elle craignait que les états particuliers des autres provinces ne portassent à l'assemblée générale les mêmes dispositions.

Montmorenci partageait la perplexité de cette princesse : tout tendait à la guerre civile, qu'il eut le bonheur de prévenir, en réconciliant Médicis avec le roi de Navarre ; ce ne fut pas sans peine. La reine, en vertu d'un nouvel accord, conserva l'autorité principale, mais à condition qu'elle en ferait part à Antoine de Bourbon, et qu'elle ne déciderait rien d'important sans sa participation et son consentement. Celui-ci fut de nouveau déclaré et reconnu lieutenant général du royaume ; le traité fut signé, non-seulement par Médicis et le roi de Navarre, mais par tous les membres du conseil, et même par le duc de Guise, lequel, dès lors, commença de s'humilier devant le roi de Navarre.

Le roi communiqua ce nouvel accord au parlement de Paris, et lui témoigna son mécontentement de la hardiesse des états de l'Ile-de-France ; le parlement persévéra néanmoins dans ses principes, et se flatta même de les faire adopter par les états-généraux.

On voit, par la lettre du roi, que le prince de Condé était alors à Fontainebleau ; nous l'avions laissé à la Fère : là, il attendait avec impatience qui lui fût permis de se justifier ; il ne voyait qu'avec un sombre dépit le duc de Guise et le cardinal de Lorraine se maintenir à la cour ; il ne cessait d'exhorter le roi de Navarre à les en chasser, au moins pendant le temps qu'on procéderait à la vérification de son innocence : « Car je les tiens, dit-il, si capitaux ennemis de ma justification, qu'il n'y a ni invention ni artifice dont ils ne s'aident pour l'empêcher ; vous avez expérimenté leur bonne volonté, et quels cousins ils sont. Comme quand je fus arrêté je les priai devant le feu roi de ne point intercéder pour moi, je vous conjure maintenant d'employer toute votre puissance pour qu'ils ne soient pas aussi en lieu où ils puissent me nuire. Les moyens qu'ils avaient pratiqués pour nous abattre étaient tellement fondés, que ceux dont ils avaient disposé la volonté à leur intention, qui sont peut-être mêlés parmi mes juges, témoins et autres personnes dont ils s'efforçaient de s'aider à ma condamnation, ne sont si dépouillés de leur mauvaise opinion qu'ils ne leur prêtassent bien encore une fois la conscience, les voyant autant que jamais au milieu des honneurs et des faveurs. » Les soupçons de Condé étaient alors mal fondés : la politique des Guises avait changé avec les circonstances, et loin de chercher à lui nuire, ils auraient acheté à quelque prix que ce fût la paix avec un ennemi si redoutable.

A peine avait-il écrit cette lettre, que la reine-mère le manda à Fontainebleau pour lui faire entendre l'arrêt d'innocence dressé en sa faveur. Au sortir de la Fère, le prince prit son chemin par Paris : la haute noblesse lui composait le plus brillant cortége; elle voulait même l'accompagner jusqu'à la cour, mais Condé la remercia pour ne point inspirer de soupçons. Il entra au château accompagné seulement du comte de la Rochefoucault, son beau-frère, et de M. de Sénarpont; le roi et la régente affectèrent de le combler de caresses : le lendemain il entra au conseil.

Avant de prendre séance, le prince interpella le chef de la magistrature, et lui demanda si dans la procédure illégale intentée contre lui il avait trouvé des charges sur son compte : « Aucune, » répondit l'Hospital. L'arrêt qu'on lut sur-le-champ porte que : « Le roi est pleinement informé et assuré de l'innocence de son cousin, le prince de Condé, et qu'il lui permet de poursuivre à la cour des pairs une plus ample déclaration de son innocence. » On tira de cet arrêt des copies qui furent envoyées à tous les ambassadeurs des puissances étrangères et à tous les ministres du roi dans les cours de l'Europe.

Quoique Condé eût tout lieu de se louer de Médicis, il n'approuva point l'accord que son frère venait de faire avec cette princesse ; il désirait qu'il se rendît aux vœux des états de l'Ile-de-France. Quand il vit qu'Antoine de Bourbon n'était pas homme à user de tous ses avantages, on ne sait s'il ne fut pas tenté d'en profiter pour lui-même ; tout ce qu'il y a de vrai, c'est qu'il refusa longtemps de joindre son scellé à ceux de tous les grands du royaume : il signa enfin, quoique à regret, et prédit au roi de Navarre que la reine mère et les Guises trouveraient bientôt le secret de réduire à un vain titre cette place de lieutenant général dont il paraissait si satisfait.

Mais Antoine de Bourbon repoussait tous les soupçons qu'on voulait lui inspirer, et se croyait le maître absolu en France ; déjà il se vantait d'établir la religion protestante sur les débris de l'ancien culte. Dans un repas qu'il donna à l'ambassadeur de Danemarck, il déclara qu'il ferait prêcher et recevoir avant la fin de l'année, dans toute l'étendue du royaume, une religion plus pure. Le ministre danois éleva jusqu'au ciel le courage et la piété du prince ; mais il le supplia de donner aux opinions de Luther la préférence sur celles de Zuingle et de Calvin ; cette préférence, disait-il, lui gagnerait le cœur des rois du nord et des plus grands princes d'Allemagne, qui ne le cédaient pas en puissance aux souverains attachés à la communion du pape. Antoine de Bourbon répondit que Luther et Calvin différaient de sentiments avec l'Église de Rome sur quarante chefs, mais qu'étant d'accord entre eux sur trente-huit de ces chefs, il serait aisé de les concilier lorsqu'ils auraient vaincu l'ennemi commun.

Médicis, qui n'avait pas oublié les dispositions des états de l'Ile-de-France, n'osait traverser les vues du roi de Navarre. Dès lors les progrès du calvinisme furent rapides ; on ne parla bientôt plus que réforme à la cour, qui d'ailleurs était livrée à tous les excès de la volupté : on ne s'entretenait dans tous les cercles que de l'Écriture sainte et des matières de controverse ; la contagion sembla gagner Médicis elle-même.

A la vue de ce changement si rapide, les Guises gardaient un morne silence ; le connétable de Montmorenci lutta seul contre cette révolution. Médicis, qui aurait bien voulu ôter à Antoine de Bourbon l'appui de ce vieillard courageux, excitait en secret son zèle. Mais celui-ci ne fut pas longtemps à s'apercevoir que Médicis se jouait de lui ; il se persuada même qu'elle était huguenote en secret, et que si elle ne levait pas entièrement le masque, c'est qu'elle était retenue par des considérations politiques qui s'évanouiraient avec le temps ; convaincu que l'ancienne religion allait périr s'il ne se joignait au duc de Guise pour la sauver, il pensa dès lors à se réconcilier avec un ennemi qui lui avait fait tant de mal. Cette réconciliation eut lieu par l'intermédiaire de la duchesse de Valentinois et du maréchal de Saint-André : celui-ci obtint pour prix de ce service le dangereux honneur d'être admis dans la confédération de Guise et du connétable ; de là ce fameux *triumvirat* (1561) dont les suites furent si funestes.

La réunion de Guise et du connétable, qu'elle avait d'abord jugée impossible, causa quelques alarmes à Médicis ; mais elle sentit que tant qu'elle aurait pour elle les princes du sang, elle ferait toujours la loi à deux hommes qui n'étaient après tout que d'illustres particuliers ; elle s'étudia donc à gagner de plus en plus le roi de Navarre, en caressant ses passions et ses faiblesses.

En même temps, elle se hâta de faire sacrer le roi ; on vit alors se renouveler les mêmes contestations qu'au sacre de Henri II. La reine-mère, très-attentive à la grandeur de ses enfants, avait donné le pas au duc d'Anjou sur Antoine de Bourbon, plus ancien pair et décoré de la dignité royale ; celui-ci n'en murmura point ; la décision de la reine était conforme à l'esprit de la loi salique ; le rang que les princes du sang gardent entre eux doit suivre le droit qu'ils ont de succéder à la couronne. Il était donc également juste et convenable

qu'aucun seigneur ne pût précéder un prince du sang ; néanmoins, le duc de Guise eut la préséance sur le duc de Montpensier ; et ce dernier se plaignit et fit même des protestations,
mais on le laissa se plaindre et protester.

Condé, qui professait publiquement le calvinisme, n'assista
point au sacre du roi ; il poursuivait pendant ce temps-là
sa justification à la cour des pairs ; il se présenta au palais,
accompagné du cardinal de Bourbon son frère, toutes les chambres assemblées, et prononça un discours à la fois simple et
touchant, puis il se retira en priant la compagnie d'entendre
Robert son avocat, et les autres membres de son conseil.
Robert requit que la compagnie prît connaissance de l'affaire.

Ses conclusions ne passèrent qu'après les plus grandes
difficultés ; les gens du roi voulaient que le prince se contentât de l'arrêt du conseil privé, dont ils s'offraient à demander
la publication et l'enregistrement. Robert insista avec tant de
force, que l'on se rendit enfin à ses raisons ; mais on ne savait
quelle qualité donner au prince dans l'instruction du procès :
il fut décidé qu'il prendrait la qualité de demandeur, et le
procureur général celle de défendeur. On devait changer
ces qualités et suivre l'esprit des ordonnances, si dans l'examen des informations le suppliant se trouvait inculpé ; en
conséquence la cour nomma quatre rapporteurs, choisis dans la
grand'chambre, et à qui furent remises toutes les pièces du
procès : à cette nouvelle, plusieurs témoins qui avaient déposé
contre le prince, s'enfuirent ; d'autres se départirent, et quelques-uns furent convaincus de faux.

Après de longs délais et une procédure de trois mois, pendant le cours de laquelle le prince ne daigna récuser aucun
de ses juges, quoique plusieurs lui fussent suspects, le parlement, les chambres assemblées pour la seconde fois, l'invita
à se rendre au palais. Condé protesta avec serment que l'idée
de conspirer contre l'état ne lui était jamais entrée au cœur, et

ajouta que si jamais ses enfants se rendaient coupables d'une telle action, il les immolerait de sa propre main.

Dès que Condé eut fini, le président Baillet prononça l'arrêt par lequel « ce prince est déchargé des crimes qui lui sont imputés, et est autorisé à se pourvoir contre ses accusateurs, pour en tirer une satisfaction proportionnée à l'éclat de son rang et à la grandeur de l'offense. » Tous les princes du sang, les cardinaux, les pairs et les grands officiers de la couronne assistaient à cette séance, les princes de Guise même s'y étaient rendus les premiers. La cour appréhendait que le prince ne se crût pas encore assez vengé : la reine-mère craignait de le voir attaquer le duc de Guise, qu'il pouvait rencontrer à chaque moment à la cour ; il n'en eût pas fallu davantage pour exciter la guerre civile.

Elle entreprit de les réconcilier; mais ce ne fut qu'après une longue résistance que Condé consentit à entendre la justification de Guise; on observa les formalités suivantes. Charles IX s'adressant à la reine sa mère, lui dit qu'il avait convoqué les princes, les pairs, les grands officiers de la couronne, et les chevaliers de l'ordre, pour terminer en leur présence la querelle élevée entre le prince de Condé et le duc de Guise; il ajouta qu'il les croyait trop attachés à sa personne et au bien de son royaume pour tromper son espoir et celui de toute la France. Il ordonna à Guise de s'expliquer avec franchise sur tout ce qui s'était passé à Orléans. « Sire, répondit le duc, puisqu'il vous plaît que j'éclaircisse M. le prince de l'opinion qu'il a, je lui dirai ce qui en est. » Ensuite se tournant vers le prince : « Monsieur, lui dit-il, je n'ai ni ne voudrais avoir mis en avant aucune chose qui fût contre votre honneur, et je n'ai été auteur, motif, ni instigateur de votre prison. — Je tiens, répondit le prince, pour méchants et scélérats celui ou ceux qui en ont été cause. — Je le crois de même, répondit Guise; mais cela ne me touche en rien. » A peine eut-il fait ce désaveu, que le roi ordonna aux deux ennemis de s'embrasser. On dressa sur-le-champ un acte authentique de cette réconciliation, qui n'était et ne pouvait être sincère. L'acte fut signé par les secrétaires d'état. Médicis donna le même jour une fête aux princes et aux grands.

Cette fête manqua d'être troublée par un accident imprévu. Condé, sachant que le duc de Guise devait paraître sur la scène bien accompagné, avait mandé, quoique un peu tard, au maréchal de Montmorenci de venir le joindre avec ses amis; celui-ci arriva à la tête de sept cents gentilshommes, mais deux heures après que tout fut terminé : à cet aspect, la défiance et l'effroi s'emparèrent de toute la cour; on soupçonna Condé d'avoir pris des mesures pour se rendre maître de la personne du roi, et se venger de tous ses ennemis; mais il ne répondit à ces soupçons qu'en congédiant le nombreux cortége qu'on lui avait amené; les courtisans se déchaînèrent alors contre le maréchal, et condamnèrent sa levée de boucliers. Le connétable déclara que son fils ayant l'honneur d'appartenir aux princes de Bourbon , il se serait montré indigne d'une telle alliance s'il n'avait donné dans cette occasion des marques éclatantes de son zèle et de son attachement au prince de Condé : il fallut alors se taire ; mais, malgré cette affectation de dévouement, le connétable ne tenait plus à Condé que par bienséance, il n'attendait que le moment de cette réconciliation, pour avouer publiquement les liaisons qu'il avait contractées lui-même avec le duc de Guise.

Cette réconciliation du prince de Condé et du prince Lorrain, dont Médicis se promettait tant d'avantages, ne fit que reculer les maux dont le royaume était menacé; la haine entre les catholiques et les protestans s'annonçait d'une manière effrayante. L'édit de juillet 1561, par lequel on essaya d'intimider les sectaires, et le colloque de Poissy, par lequel on essaya de convaincre d'erreur leurs plus savants ministres, ne firent également que les irriter davantage. La tenue des états-généraux, assemblés à Pontoise, ne fut pas moins orageuse que ne l'avait été naguère celle d'Orléans. Les indécisions et les faiblesses trop nombreuses d'Antoine de Bourbon blessèrent vivement ses amis, sans les décourager ; on fit contre lui cette épigramme :

> Marc-Antoine, qui pouvoit être
> Le plus grand seigneur et le maître
> De son pays, s'oublia tant,
> Qu'il se contenta d'être Antoine,
> Servant lâchement une roine.

Cependant Philippe II, roi d'Espagne, s'était constitué le protecteur du catholicisme contre les nouvelles doctrines ; il appuyait hautement les Guises et les autres chefs du parti catholique en France, et l'on faisait craindre à Médicis le courroux de ce prince redoutable. Elle envoya en Espagne Jacques de Montbéron, seigneur d'Auzance, pour apaiser le roi son gendre. Ce ministre était chargé de représenter à Philippe II que le colloque de Poissy n'avait pas été accordé pour favoriser les sectaires, mais pour se soumettre à la nécessité des circonstances ; que la reine mère renonçait au projet d'un concile national, et qu'elle allait envoyer à Trente les évêques et les théologiens français. Le seigneur d'Auzance devait aussi demander la restitution du royaume de Navarre, ou l'équivalent, qu'on avait fait espérer tant de fois. Philippe, après avoir fait languir assez longtemps Montbéron, lui accorda une audience sèche et arrogante, et le renvoya ensuite au duc d'Albe.

Ce digne ministre de Philippe II fit entendre à Montbéron que le roi était indigné de l'indulgence qu'on avait en France pour les hérétiques, et qu'on ne pouvait l'apaiser qu'en immolant à la religion tous les novateurs, sans égard au rang ni à la naissance ; que si la reine mère manquait à ce devoir, Philippe, sensible aux plaintes des catholiques, les soutiendrait de toute sa puissance, et sacrifierait avec joie, dans cete sainte entreprise, ses richesses, ses troupes et sa propre vie : lorsque Montbéron, appuyé en secret par la reine d'Espagne, insista sur la restitution de la Navarre, le duc lui répondit qu'il serait temps d'y penser lorsque Antoine de Bourbon aurait déclaré une guerre mortelle aux hérétiques, et surtout au prince de Condé son frère, qui en était le chef.

Ce voyage de Montbéron n'aboutit qu'aux plus tristes découvertes ; on sut que les grands de la faction catholique s'étaient adressés à la cour d'Espagne pour implorer son assistance, et que le duc de Guise et le maréchal de Saint-André avaient offert à Philippe la couronne de France, pour prix de ses secours et de son zèle ; mais ce prince ne crut pas le projet assez mûr ; il ne voulait envahir le royaume qu'après l'avoir longtemps affaibli par des guerres intestines : il rejeta donc le plan des factieux, et leur fit dire par son ambassadeur en France qu'ils le trouveraient toujours disposé à servir la religion sans intérêt.

Malgré l'appui du roi d'Espagne, Guise et Saint-André, à qui le connétable venait de se joindre, sentaient bien qu'ils ne pourraient réussir dans aucun de leurs projets s'ils n'avaient soin de s'attacher un des dépositaires de l'autorité royale. Médicis leur était trop connue pour qu'ils espérassent la gouverner ; ils jetèrent donc les yeux sur le roi de Navarre, et se flattèrent, en lui laissant l'ombre de la puissance, d'en obtenir la réalité : dès qu'ils se furent arrêtés à ce projet, il n'y eut point de ressort qu'ils ne fissent jouer pour réussir : tout s'intrigua, tout fut à la fois en mouvement : le légat, l'ambassadeur espagnol, les femmes de la cour, les favoris du roi de Navarre, et surtout François d'Escars son chambellan.

On fit briller aux yeux du faible prince les plus belles espérances. Tantôt on lui montrait la perspective lointaine encore, mais probable, de la couronne de France ; tantôt on lui assurait que le roi d'Espagne lui abandonnerait la Sardaigne en dédommagement de la Navarre, et que de là il pourrait aisément fonder un vaste empire en domptant les infidèles des côtes septentrionales de l'Afrique. Il se laissa séduire par ces chimères, et envoya d'Escars à Rome et d'Anduse à Madrid pour conclure l'affaire. On alla même plus loin ; Guise et le légat lui proposèrent de répudier Jeanne d'Albret pour épouser Marie Stuart, qui lui apporterait en dot le royaume d'Ecosse et des droits sur l'Angleterre. Mais ici il se rappela que Jeanne d'Albret lui avait donné deux enfants, et la tendresse paternelle l'emporta chez lui sur l'ambition. Enfin on éveilla sa jalousie contre le prince de Condé ; on lui fit comprendre que les sectaires, pour lesquels il se sacrifiait, n'avaient au fond que du mépris pour lui ; il le crut, et dès lors il se détermina à quitter un parti où il serait toujours éclipsé.

Malgré le mystère avec lequel ces intrigues étaient conduites, elles n'échappèrent point à la pénétration de Jeanne d'Albret ; elle mit tout en œuvre pour ouvrir les yeux de son faible époux. Voyant ses supplications inutiles, elle éclata. Ses plaintes et ses reproches ne firent qu'aigrir davantage le roi, son époux ; il avait interdit les prêches dans les maisons royales. Jeanne d'Albret s'en consolait en se rendant à l'assemblée des huguenots, qui se tenait publiquement à l'hôtel du prince de Condé, situé rue de Grenelle-Saint-Honoré. Antoine de Bourbon lui défendit de sortir, et la retint en quelque sorte prisonnière au Louvre : il voulait la forcer d'aller à la messe ; mais la reine de Navarre, qui avait souffert avec patience les désordres de son époux, était bien éloignée de lui sacrifier sa conscience ; elle fut alors persécutée d'une manière scandaleuse. Médicis l'exhortait à obéir : « Madame, lui répondit Jeanne d'Albret, si j'avais mon royaume et mon fils en la main, je les jetterais tous deux au fond de la mer plutôt que d'aller à la messe. » On fut obligé d'abandonner à elle-même une femme aussi résolue.

C'est alors qu'on dut regretter la perte de madame de Montpensier, qui avait rendu le dernier soupir quelques jours avant l'ouverture du colloque de Poissy ; depuis l'accord qu'elle avait ménagé entre Médicis et le roi de Navarre, elle était devenue le lien de leur amitié, et elle avait assez d'empire sur l'un et sur l'autre pour les engager à vivre dans une concorde d'où dépendaient le repos et le salut de la monarchie. Cette princesse avait abandonné la foi catholique pour la réforme, comme elle en fit l'aveu à son époux le jour même de sa mort. Du reste elle avait de grandes qualités : elle vit avec courage approcher sa dernière heure. Sans doute que le souvenir du bien qu'elle avait fait à sa patrie en écartant la guerre civile et en lui donnant le chancelier de l'Hôpital, remplissait son âme d'une douce satisfaction. Le seul regret qu'elle eut en expirant fut de ne point voir le bonheur de la France appuyé sur des fondements solides. Ces grands intérêts, objets des dernières réflexions de madame de Montpensier, ne l'empêchèrent pas de s'occuper de l'état de ses enfants. Le sort de son fils était assuré ; de ses trois filles deux étaient pourvues, mais la troisième avait été destinée par son père à vivre religieuse à Fontevrault. La duchesse fit, mais en vain, tous ses efforts auprès de son mari pour le déterminer à tirer sa fille du monastère et à la donner en mariage au duc de Longueville. L'apostasie de la fille ne justifia que trop dans la suite les craintes de la mère.

La défection du roi de Navarre indigna la faction protestante ; les ministres exhalèrent leur ressentiment par des imprécations et des satires ; on ne le désignait plus que sous le nom de Julien l'apostat, et on lui faisait craindre le sort le plus funeste s'il se livrait sans réserve aux catholiques. Quelques écrivains de la secte entreprirent de faire changer le roi de Navarre de résolution en lui peignant le clergé romain et les catholiques sous les plus affreuses couleurs. On connaît ces vers qui coururent alors :

> Les juifs Jésus-Christ reçurent ;
> Mais les prêtres tant les déçurent,
> Qu'ils criaient tous, en un instant :
> « Pilate, qu'on le crucifie. »
> Va donc, et à tels gens te fie ;
> Ils t'en feront tout autant...

On disait que les plus fameux médecins s'étaient assemblés pour faire l'anatomie d'Antoine de Bourbon, et qu'ils avaient trouvé dans lui toutes les parties d'un homme, excepté le cœur et le fiel.

L'ambition et la jalousie avaient décidé Antoine de Bourbon ; il conçut bientôt une haine violente contre les sectaires, qui, depuis sa défection, ne cessaient de l'outrager ; il déchargea d'abord sa colère sur les trois Coligny, et les chassa de la cour ; c'était assez mal récompenser les témoignages de dévouement qu'il en avait reçus dans tous les temps.

Catherine de Médicis ne vit pas avec moins de douleur que les réformés le changement imprévu du roi de Navarre ; si elle avait craint jusqu'alors les intrigues et la puissance des triumvirs, combien ne devait-elle pas les redouter depuis qu'ils avaient à leur tête le lieutenant général de l'état ! Elle négocia avec Antoine de Bourbon, et n'oublia rien pour se l'attacher ; elle lui proposa, mais vainement, la main de madame Marguerite de France, la plus jeune de ses filles. Alors elle jeta les yeux sur Condé pour l'opposer au triumvirat. Le prince exigea, en retour de son appui, la liberté de conscience pour les huguenots, conformément à l'édit de janvier, dressé d'après les délibérations de l'assemblée de Saint-Germain-en-Laye. On lui donna satisfaction sur ce point ; mais les triumvirs manœuvrèrent en secret dans le royaume et dans toutes les cours catholiques, afin de ravir par la force les fruits de la tolérance. Les parlements refusaient de recevoir la nouvelle loi ; celui de Paris ne répondit à trois lettres de jussion que par les plus fortes remontrances ; le roi de Navarre l'encourageait en secret dans sa résistance. Pourtant les parlements finirent par céder.

La nouvelle position faite aux protestants par l'édit de janvier causa parmi les catholiques une violente exaspération que les Guises virent avec plaisir. Ces princes désiraient la guerre civile, qui devait consolider leur grandeur ; mais ils ne voulaient la commencer que lorsqu'ils pourraient s'autoriser du nom du roi ou du moins de celui de Monsieur (depuis Henri III). Condé, de son côté, et Coligny, comptant sur les bonnes dispositions que la reine-mère leur montrait, firent aussi (1562) tous leurs efforts pour avoir en leur puissance la personne du roi, et acquérir par là le droit de poursuivre les triumvirs comme des rebelles s'ils levaient l'étendard contre eux.

Condé voulait de plus s'assurer de Paris ; mais, pour arriver à ce but, il n'avait ni assez d'hommes ni assez d'argent. Ses desseins n'étaient pas inconnus au roi de Navarre, son frère. Celui-ci écrivit au duc de Guise pour le prier d'accourir à Paris avec ses amis, afin d'en chasser les huguenots.

Guise séjournait alors à Joinville ; il n'eut pas plus tôt reçu la lettre du roi de Navarre, qu'il se mit en route et passa par Vassi, petite ville de Champagne ; là les gens de sa suite se livrèrent contre les protestants assemblés dans une grange aux plus cruels excès. Le massacre de Vassi, resté impuni, ne fit que redoubler les méfiances et l'enthousiasme des huguenots.

De Vassi le duc de Guise se rendit à Nanteuil, où il rassembla ses forces, laissant au roi de Navarre le soin de le défendre auprès de la cour. Celui-ci rencontra à Monceaux les députés de l'Église protestante de Paris, qui étaient venus demander au roi justice du meurtre de leurs frères. Il traita ces députés avec hauteur et sans ménagement, soutint que les huguenots de Vassi étaient les agresseurs, et que le duc de Guise avait eu raison de ne pas souffrir une telle insulte de pareilles gens; il ajouta que « quiconque toucherait au bout du doigt de son frère Guise, le toucherait à tout le corps. »

Bèze, un des députés, en croyait à peine le témoignage de ses oreilles; il admirait cet intérêt affectueux d'un Bourbon pour un étranger qui avait voulu le perdre avec toute sa maison; mais il ne laissa pas les menaces du roi de Navarre sans réplique : « Sire, lui dit-il avec beaucoup de noblesse, je parle pour une religion qui sait mieux supporter les injures que les repousser; mais souvenez-vous que c'est une enclume qui a usé bien des marteaux. »

Catherine de Médicis ne désespérait pas encore de réconcilier le duc de Guise avec le prince de Condé. Ce projet était au-dessus de ses forces; elle ne reçut que des affronts en retour des ses avances.

Guise marcha vers Paris à la tête de quinze cents gentilshommes; il entra dans la ville par la porte Saint-Denis, ayant à sa droite le connétable et à sa gauche le maréchal de Saint-André; il était suivi de la haute noblesse de la faction catholique. Son entrée fut un véritable triomphe.

Dans le temps que le duc de Guise entrait par la rue Saint-Denis, le prince de Condé sortait du prêche du faubourg Saint-Jacques, avec son cortége ordinaire, et se rendait à son hôtel, rue de Grenelle-Saint-Honoré : la partie n'était pas égale; Condé pourtant était bien éloigné de reculer; les deux rivaux se rencontrent et se mesurent des yeux; mais au lieu de fondre l'un sur l'autre, ils se saluent réciproquement. La populace, quoique encouragée par la présence et les forces de son héros, n'osa manquer de respect au chef redouté des huguenots; peut-être n'eût-elle pas témoigné tant de modération si le maréchal de Montmorenci ne l'avait désarmée un an auparavant.

Ce jour est l'époque de la haute considération que Guise acquit auprès du peuple de Paris, qui le respecta dans la suite plus que le roi même. L'enthousiasme de la capitale épouvantait Médicis ; elle craignait que le duc de Guise n'inspirât contre elle à Antoine de Bourbon et aux triumvirs les projets les plus sinistres. Différentes circonstances justifiaient ses terreurs. Une fois même, selon Brantôme, le roi de Navarre avertit secrètement la reine-mère que les mesures étaient prises pour l'enlever et la séparer du roi. Dans l'agitation où se trouvait Paris, Catherine de Médicis se vit forcée de donner l'autorisation d'armer les habitants. Puis elle signa malgré elle l'ordre au prince de Condé de sortir de la capitale. Condé déclara qu'il était prêt à obéir, mais à condition que Guise en sortirait dans le même moment avec toutes ses troupes. La proposition fut reçue avec d'autant plus de joie par les triumvirs qu'il leur tardait de marcher sur Fontainebleau, où était alors la cour, pour se rendre maîtres de la personne du roi.

Cependant Guise n'eut garde de tenir la parole qu'il venait de donner. Condé était à peine sorti de la ville, que le prince lorrain y fit entrer une garnison de quinze cents hommes. Ensuite il dirigea, sans perdre un instant, sa marche du côté de Fontainebleau, à la tête de deux mille gendarmes : il était accompagné du roi de Navarre et de Montmorenci ; il ne doutait point qu'à la vue de ce concours de guerriers, Médicis, intimidée, ne se rangeât d'elle-même du côté du plus fort : l'événement trompa ses espérances. Antoine de Bourbon, qui portait la parole, n'essuya d'elle qu'un refus. Cette princesse lui représenta qu'elle ne pouvait le suivre à Paris sans trahir les intérêts de son fils et de l'état. Ses observations touchèrent le roi de Navarre, mais elles ne firent aucune impression sur le duc de Guise ; il connaissait le prix du moment.

Antoine de Bourbon dut obéir jusqu'au bout à ses dangereux alliés. Le roi fut conduit à Vincennes, libre en apparence, mais en effet prisonnier des triumvirs, qui, dès cet instant, régnèrent sous son nom.

Condé apprit avec colère que le duc de Guise l'avait prévenu et lui avait enlevé en même temps la capitale et la personne du roi. Il aurait volontiers marché au-devant de lui s'il avait eu des forces plus nombreuses ; c'est alors que ce prince écrivit à Coligny ces mots célèbres : « César a non-seulement passé le Rubicon, mais ses étendards commencent à branler par la campagne. » Aussitôt Coligny, d'Andelot et le prince de Porcien, vinrent le trouver à Meaux, où il s'arrêta quelques jours, tant pour célébrer la Cène que pour donner à la noblesse huguenote, qui accourait de toutes parts, le temps de le joindre.

Condé, en peu de jours, vit sous ses drapeaux plus de combattants qu'il n'avait espéré en rassembler en un mois. En ce moment il reçut de Médicis une lettre qui le suppliait de prendre en pitié le sort du roi et de sa mère, et de faire un généreux effort pour briser leurs fers : c'était ordonner à Condé de commencer la guerre civile ; il partit et se montra tout à coup aux portes de Paris.

A cette apparition subite, tout fut en rumeur dans la ville : on doubla les gardes ; on tendit les chaînes dans les rues, et on se prépara à la plus courageuse défense. Le maréchal de Termes se présenta à la porte Saint-Honoré, et déclara au prince qu'il était le maître d'entrer, lui douzième, mais qu'il ne pouvait le permettre au reste de sa compagnie. La proposition de Termes ayant été rejetée, le cardinal de Bourbon,

qui commandait à Paris, envoya d'Allègre au prince pour le
prier en son nom de ne pas employer la force contre la capitale du royaume, et donner ainsi lieu à la guerre civile, qui
devait être en horreur à tous les citoyens, et particulièrement
à un prince du sang. Le prince répondit qu'il n'avait garde
d'insulter une ville où se trouvait le roi son seigneur, quoiqu'il y fût prisonnier avec la famille royale, et qu'il était prêt
à se retirer, pourvu qu'on lui abandonnât le passage libre sur
le pont de Saint-Cloud : on se trouva trop heureux d'en être
délivré à ce prix.

Assuré des suffrages de la multitude, le triumvirat proposa,
dans un grand conseil tenu au Louvre, de marcher contre le
prince de Condé et de le réduire par la force des armes. Le
chancelier de l'Hôpital fit en vain entendre la voix de la raison ; les Guises l'exclurent du conseil, et y firent entrer d'autre part de nouveaux membres qui leur étaient dévoués sans
réserve. Les résolutions les plus violentes furent agitées entre
ces hommes.

Pendant ce temps-là le prince de Condé marcha sur Orléans, dont il voulait s'emparer pour en faire le point de réunion de toutes ses forces. Mais de pénibles sentiments tour-
mentaient son âme ; il se lançait à regret dans la guerre civile.
Coligny s'attacha à calmer ses inquiétudes : « Ah ! je ne le
vois que trop, s'écria Condé, nous sommes si enfoncés dans
l'eau qu'il en faut boire ou nous noyer. » Il n'avait du reste
dans sa caisse militaire que seize cents écus, et sous ses ordres qu'environ deux mille cent cavaliers ; point de magasin,
point d'artillerie, point de ville, aucun asile enfin. Il ne s'effraya pourtant pas et continua sa route vers Orléans, où il
s'était ménagé des intelligences ; son arrivée avait été prépa-
rée par d'Andelot ; il y entra sans difficulté, et quelques jours
après il était maître de plusieurs places voisines. Les protestants alors se prononcèrent avec enthousiasme, et en peu de

temps ils se virent, en diverses provinces, en possession d'un grand nombre de places importantes ; malheureusement, leurs succès furent accompagnés d'actes odieux que leurs écrivains cherchent en vain à pallier. Une guerre de plume précéda une guerre plus terrible. Le premier acte en fut un traité d'association entre Condé et les grands de son parti. Dans cette pièce on affectait de considérer le roi comme prisonnier des triumvirs, et on reconnaissait Condé comme légitime protecteur et défenseur de la couronne. Elle fut suivie d'un manifeste très-énergique du prince, qui rendit également public un traité des triumvirs avec le roi d'Espagne. Il adressa aussi des lettres à l'empereur, aux princes d'Allemagne, au duc de Savoie, aux cantons suisses, aux parlements de Paris et de Rouen, pour leur faire connaître les motifs de sa prise d'armes. D'autres écrits se succédèrent de part et d'autre. Les hostilités étaient inévitables. Déjà le roi de Navarre s'était mis en campagne à la tête de dix mille hommes ; le prince de Condé lui opposa le même nombre de troupes. Celles-ci, grâce surtout à Coligny, étaient soumises à la plus rigoureuse discipline, qui, avec le temps, eût assuré la victoire aux protestants, s'il eût été possible de la maintenir toujours. Le roi de Navarre n'osa point attaquer son adversaire. Condé, qui ne voulait point passer pour l'agresseur dans une telle querelle, consentit à une entrevue avec Catherine de Médicis et le roi de Navarre. Cette conférence eut lieu à Thouri ; on se sépara plus aigri peut-être de part et d'autre qu'auparavant. De nouvelles négociations, toutefois, eurent pour résultat de nouvelles entrevues à Talcy et à Beaugency. Il fallut définitivement en appeler aux armes. Après quelques escarmouches insignifiantes, les huguenots emportèrent Beaugency d'emblée, exploit qui ne fut mémorable que par les excès inouis auxquels ils se livrèrent ; là, c'est-à-dire à la première rencontre, disparut cette belle discipline vantée avec tant d'ostentation par les ministres : plus le soldat avait été contenu, plus il commit de désordres et de cruautés : « On aurait cru qu'il y avait un prix proposé à celui qui pis ferait. » Les catholiques usèrent de représailles, et alors la France présenta au monde le plus épouvantable spectacle que puissent offrir les guerres civiles. Aussi Montaigne, qui vivait dans ces temps désastreux, regrettait-il de ne pas habiter parmi les sauvages : « Ils assomment et mangent à la vérité leurs prisonniers ; mais n'y a-t-il pas plus de barbarie à manger un homme vivant qu'à le manger mort ; à déchirer par tourments et par géhenne un corps plein de sentiment, à le faire rôtir par le menu, le faire mordre et meurtrir aux chiens et aux pourceaux, comme nous l'avons non-seulement lu, mais vu de fraîche mémoire, non entre des ennemis anciens, mais entre des voisins et concitoyens, et, qui pis est, sous prétexte de piété et de religion ? »

Le jour même où Condé était parti de Meaux pour se jeter dans une carrière hérissée de périls, Éléonore de Roye, sa femme, enceinte de sept mois, s'était mise en route pour aller faire ses couches à Muret. En passant près de Lisy-sur-Ourq, elle rencontra une procession. Ses pages non-seulement ne saluèrent ni la croix ni la bannière, mais ils provoquèrent même les paysans par des injures ; ceux-ci, ayant le curé à leur tête, ne leur répondirent que par des coups de pierres, et les poursuivirent jusqu'à la litière de la princesse ; elle les contint, mais, saisie d'effroi, on crut qu'elle allait expirer, et ce ne fut pas sans peine qu'elle gagna Gandelus, une de ses maisons, où elle accoucha de deux jumeaux ; l'aîné, appelé Charles, fut cardinal, et vécut trente-trois ans ; l'autre, nommé Louis, mourut au berceau.

Cette princesse ne fut pas plus tôt relevée de couches, qu'elle alla trouver son mari à Orléans, et lui amena le marquis de Conti, son fils aîné, âgé de neuf ans ; elle avait laissé ses autres petits enfants sous la garde de madame de Roye, sa mère, qui s'enfuit avec eux à Strasbourg, et ne subsista dans cet asile que d'emprunts (1). Ainsi, la famille de Condé errait, loin de lui, exposée à tous les maux de la misère et de l'exil.

Ces malheurs domestiques ne furent pas les seuls qui exercèrent sa constance : la guerre était à peine entamée, et déjà l'argent qu'il avait recueilli de la fonte des vases sacrés était épuisé.

Les triumvirs, de leur côté, avaient reçu de puissants renforts en argent et en hommes. Condé, trop faible pour tenir la campagne, démantela Beaugency et se retira à Orléans; mais le mécontentement et la lassitude se manifestaient parmi la noblesse qui était venue se ranger sous ses drapeaux; son armée se fondit; alors encore il sut tirer parti de l'extrémité même où il se trouvait réduit. Général sans soldats, il n'avait plus besoin des grands seigneurs qui étaient venus chercher auprès de lui les périls et la gloire; il prit la résolution de les revêtir du commandement en chef dans les provinces où ils avaient le plus d'influence; mais les dispositions qu'il prit ne pouvaient que reculer la perte des huguenots. Puis il envoya d'Andelot en Allemagne, le vidame de Chartres et Briquemaut en Angleterre, pour demander des troupes, de l'argent et des munitions. Avec ce qui lui restait de soldats, il résolut de se défendre jusqu'à la mort dans Orléans.

Antoine de Bourbon, qui regardait la dissipation de l'armée huguenote comme une victoire décisive dont il ne s'agissait plus que de recueillir le fruit, proposa de marcher vers Orléans, et de terminer la guerre par la prise du chef et de la capitale des huguenots. Guise et Montmorenci approuvèrent

---

(1) Cette dette ne fut payée que par Henri II, prince de Condé, petit-fils de celui que nous trouvons ici à la tête des protestants.

ce projet ; mais ils firent sentir au roi de Navarre qu'il n'était pas encore temps de l'exécuter.

Pour porter plus de coups à la fois, il fut décidé que l'on confierait un corps de troupes au duc de Montpensier, afin de soumettre l'Anjou et le Maine ; et un autre au maréchal de Saint-André, qui attaquerait le Poitou, la Saintonge et le pays d'Aunis. Il restait encore au roi de Navarre environ dix-huit mille hommes ; c'est à leur tête qu'il se réservait la gloire de soumettre le Blaisois, la Touraine et le Berry, pour fondre ensuite sur Orléans, et finir la guerre en une campagne.

Le duc de Montpensier se distingua par son zèle et son activité, mais ses exploits étonnèrent moins que sa cruauté : d'abord il reprit Angers, Saumur, le Pont-de-Cé et Chinon ; il marcha ensuite sur Rochefort, château situé sur une roche escarpée. Un gentilhomme appelé Desmarets, qui n'avait qu'une garnison de vingt-cinq soldats, se défendit avec tant de valeur, qu'il lui tua plus de deux cents hommes ; mais enfin il fut pris, Montpensier le fit expirer sur la roue, malgré la promesse qu'il lui avait faite de lui laisser la vie. Ce prince se rendit si redoutable par les exécutions sanglantes qu'il ordonnait avec le sang-froid le plus réfléchi et l'ironie la plus amère, qu'aucunes troupes huguenotes n'osaient l'attendre dans leurs postes ; s'il faisait un prisonnier : « Vous êtes un huguenot, mon ami, lui disait-il ; je vous recommande au père Babelot. » Ce père était un cordelier à qui l'on amenait aussitôt le prisonnier, et le malheureux, interrogé et confessé malgré lui, était ensuite conduit au gibet ; mais enfin l'aumônier Babelot fut pendu à son tour par les protestants. Des femmes tombaient-elles entre ses mains, il les livrait à son guidon, qui leur faisait subir toutes sortes d'opprobres. Ce guidon, Turpin de Montoiron, acquit la plus triste célébrité en se constituant le ministre et l'exécuteur des arrêts impudiques de son général : lorsqu'on pense que Montpensier aspirait à la réputation d'homme de bien et d'homme religieux, on aura une étrange idée des mœurs et de la vertu qui régnaient alors.

Le duc de Montpensier sentait que, même avec le secours de tous les brigands que ses succès attiraient sous ses drapeaux, il ne viendrait jamais à bout d'exterminer les hérétiques répandus en Touraine, en Anjou et dans le Maine, les trois provinces qui composaient son gouvernement. Pour mieux émouvoir la populace catholique, il avait grand soin de faire lire aux prônes de toutes les paroisses l'arrêt du parlement de Paris qui ordonnait à tous les bons et fidèles sujets du roi de sonner le tocsin sur les huguenots, de leur courre sus, de les arrêter ou de les massacrer à leur choix : c'était commander légalement le pillage, le meurtre et les crimes de tout genre. Aussi ces malheureuses contrées furent-elles livrées à des traitements que l'historien ose à peine décrire. Le roi de Navarre, de son côté, grossissait son armée et s'emparait de Blois, où il abandonnait ses soldats à tous les instincts de la cruauté, de la débauche et de la cupidité.

Tours céda bientôt après ; puis Antoine de Bourbon alla lui-même chercher à Vincennes la reine-mère et le jeune roi pour les amener au camp des catholiques. Des négociations inutiles, engagées encore une fois avec Condé, furent suivies d'un arrêt foudroyant du parlement de Paris contre les huguenots, de manifestes et de répliques, qui n'eurent d'autre effet que de jeter les esprits dans un trouble plus grand encore. Les triumvirs cependant marchaient sur Bourges ; cette place tomba entre leurs mains, malgré une courageuse défense. Dans une des sorties que les huguenots faisaient d'Orléans, un de leurs partis manqua de prendre le cardinal de Ferrare, légat du pape, qui s'en retournait en Italie, glorieux et triomphant du succès de sa négociation ; car enfin il avait arraché la cour de France à la contagion de l'hérésie, ramené le roi de Navarre à la foi de ses pères, et mis les armes à la main des catholiques contre les huguenots : le cardinal de Ferrare ne dut son salut qu'à la vitesse de son coursier ; mais ses bagages, qui étaient composés de chevaux de grand prix et de mulets chargés d'effets précieux, tombèrent au pouvoir des huguenots. Il envoya un trompette au prince de Condé, dont il connaissait le caractère généreux, pour les réclamer : le prince répondit qu'un si leste et si brillant équipage était inutile et mal séant à un évêque, et que les apôtres dont il se vantait d'être un des successeurs ne lui avaient pas donné l'exemple de prêcher l'Évangile avec tant de faste et un appareil aussi mondain ; que cet équipage ne pouvait convenir qu'à un guerrier tel que lui, obligé d'être nuit et jour sous les armes pour défendre sa religion persécutée avec autant d'injustice que de barbarie ; qu'au surplus, si le légat voulait répéter les 200,000 écus d'or qu'il avait prêtés aux triumvirs, et rappeler en Italie les troupes qu'il en avait fait venir, il était prêt à lui rendre le riche butin qu'il regrettait si fort.

Condé s'était trouvé dans la déplorable nécessité d'avoir aussi recours aux puissances protestantes ; il avait donc envoyé d'Andelot en Allemagne, et ce qui surprendra, c'est que ce seigneur n'avait point d'autres fonds pour acheter et soudoyer des troupes que ceux qu'il devait emprunter des Allemands eux-mêmes. Il trouva à Heidelberg, à Cassel et à Stuttgart le même zèle et les mêmes ressources que les triumvirs à Rome et à Madrid.

La reine Élisabeth vendit plus cher que les souverains germaniques les secours qu'elle lui accorda : le vidame de Chartres et Briquemaut n'obtinrent de cette princesse un prêt de 140,000 écus d'or et un corps de six mille hommes qu'à condition qu'ils lui livreraient le Havre de Grâce ; c'était lui donner plus que le duc de Guise ne lui avait enlevé en prenant Calais.

Ce traité des huguenots avec les Anglais acheva de soulever contre eux les catholiques. Ils firent, avec le secours de ces étrangers, de grands progrès en Normandie. Pour les arrêter, les catholiques résolurent le siége de Rouen, qui fut conduit, sous les yeux de la reine-mère et de Charles IX, par le roi de Navarre. Ce prince y déploya des talents et un grand courage; mais les huguenots se défendirent avec une valeur héroïque. Il allait donner un assaut décisif, lorsque, pressé par un besoin naturel, et s'étant arrêté pour le satisfaire, il fut grièvement blessé d'un coup d'arquebuse : on fut obligé de le porter dans son quartier. Cependant, après des efforts désespérés, Rouen tomba au pouvoir des catholiques.

Le roi de Navarre voulut entrer en conquérant dans une ville dont la prise lui coûtait si cher; il ordonna qu'on abattît les murs de la maison où il était logé, et qu'on le transportât dans la place sur son lit, porté par des Suisses, à travers la brèche principale; il y entra, précédé par les officiers généraux, les courtisans et une musique militaire, qui faisait retentir l'air des fanfares de la victoire. Il voulut encore repasser par la même brèche et avec la même pompe, avant que d'aller occuper l'hôtel qui lui était destiné dans la ville. A l'aspect du conquérant, gisant dans son lit, pâle, décharné, environné des ombres de la mort, on eût dit que ce n'était pas un triomphe, mais ses funérailles qu'il célébrait.

Au reste, il ne croyait pas toucher à ses derniers moments: l'ignorance des chirurgiens, la flatterie des courtisans, l'avaient entretenu dans la plus douce illusion; peut-être en effet aurait-il échappé à la mort si les chirurgiens eussent su extraire la balle de la plaie, mais, au lieu d'appliquer toutes les ressources de l'art à cette opération salutaire, ils laissèrent revenir les chairs.

Le malade ne repaissait son imagination que de la beauté de l'île de Sardaigne, dont il croyait être mis bientôt en possession; il parlait à tous ceux qui lui rendaient visite de cette contrée comme d'un paradis terrestre : personne n'osait lui dessiller les yeux sur les prétendues beautés de cette île, dont l'air est si malsain, que les empereurs romains y envoyaient en exil les courtisans dont ils voulaient abréger les jours. Une des récréations favorites du roi de Navarre était le spectacle des danses et des jeux folâtres de la jeunesse brillante et enjouée de la cour, qu'il mandait tous les jours afin de s'égayer; mais son passe-temps le plus agréable était toujours mademoiselle de la Béraudière, qui ne quittait point le chevet de son lit, et dont les entretiens particuliers lui furent peut-être plus funestes, dans l'état où il se trouvait, que l'ignorance de la faculté.

C'est au milieu de cette ivresse voluptueuse que s'écoulaient les derniers jours d'Antoine de Bourbon : tout à coup il fut saisi d'une fièvre violente; la plaie dont on augurait si bien s'enflamma, et on fut obligé de recourir aux instruments de l'art pour couper les chairs, dont il sortit un pus fétide. A sa faiblesse, à ses souffrances, il comprit enfin qu'il avait été le jouet de la charlatanerie et de l'ignorance; la vérité brilla à ses yeux et dissipa tous les nuages dont son entendement avait été si longtemps offusqué. Il congédia les jeunes gens dont les vains amusements avaient paru suspendre ses douleurs, et fit le sacrifice de la passion qu'il avait pour la belle la Béraudière. Les prestiges de l'ambition s'évanouirent en même temps que ceux de l'amour : il reconnut qu'il avait été trompé par le roi d'Espagne, le légat et les triumvirs. Il écrivit à Jeanne d'Albret pour la conjurer d'oublier tous les torts qu'il avait eus à son égard, et de veiller sans cesse au salut de la Basse-Navarre et du Béarn, convoités par l'ambitieux Philippe II; il lui recommandait aussi leurs enfants.

Mais si le roi de Navarre comprit dans ses derniers jours qu'il avait été le jouet du mensonge, s'il fut enfin éclairé sur ses véritables intérêts politiques, on ne peut affirmer qu'il fût sincèrement revenu à la religion catholique, et qu'au moment de sa mort il en professât les dogmes.

Ce prince avait à son service deux médecins, l'un catholique, l'autre huguenot; le premier, appelé Vincent Lauro, était savant, modeste, attaché à sa religion; il devint dans la suite évêque de Mondovi, cardinal, et manqua d'être pape : l'autre, nommé la Mézière, homme à bons mots, était très-agréable à son maître, qu'il entretenait de jolis contes; ces deux médecins ne pensaient à l'envi l'un de l'autre qu'à insinuer au prince moribond leurs opinions religieuses. Vincent Lauro eut d'abord l'avantage; il obtint du roi de Navarre qu'il se confesserait à l'official de Rouen, et recevrait le saint viatique avec les mêmes cérémonies et le même appareil que ses ancêtres. Sur ces entrefaites, Catherine de Médicis vint rendre visite au malade, qu'elle trouva en proie aux douleurs les plus vives; elle lui conseilla, en se retirant, d'entendre la lecture du livre de Job, que le médecin huguenot lui fit. Le prince parut très-touché : Mézière, qui s'en aperçut, porta le zèle jusqu'à lui reprocher ses variations continuelles sur l'article de la religion; le roi de Navarre lui promit que si Dieu lui rendait la vie, il adopterait la confession d'Augsbourg; cependant deux jours auparavant il avait déclaré à Osquerque, maître d'hôtel du prince de Condé, qui était venu pour le visiter de la part de son maître, qu'il gémissait sur les désordres de l'état, et qu'il était résolu d'employer tout son crédit pour établir solidement la réforme de Calvin.

Le Navarrais fit ensuite son testament, et demanda à être transféré par eau à sa maison de Saint-Maur-des-Fossés, dont l'air est bien plus pur que celui de Rouen : les médecins s'y opposèrent; ils craignaient que l'agitation du bateau n'en-

flammât davantage la plaie et ne hâtât sa dernière heure ;
mais enfin ils cédèrent aux désirs d'un prince dont la mort
n'était que trop certaine. Il s'embarqua donc avec le cardinal
de Bourbon, le prince de la Roche-sur-Yon et ses officiers,
les uns catholiques, les autres protestants. Arrivé à la hauteur d'Andely, il fut saisi d'un grand frisson qui obligea les
bateliers de s'arrêter : le médecin la Mézière lui lisait l'Écriture sainte et le consolait dans ces terribles moments. Peu
après vint un jacobin en habit déguisé, que le cardinal de
Bourbon avait mandé ; celui-ci se mit de son côté à exhorter
l'agonisant : l'instant fatal approchait ; dans une dernière
convulsion, Antoine prit un valet de chambre à la barbe, le
serra entre ses bras, et lui ordonna de porter ses tendres et
derniers adieux au prince son fils, et de le conjurer de sa
part de vivre et de mourir fidèle à son roi. Il expira ensuite,
laissant tous ceux qui l'entouraient incertains de sa croyance ;
il finit donc, comme il avait vécu, sans trop savoir ce qu'il
devait croire : ses sentiments équivoques, ses variations continuelles ne permirent à aucun homme prudent de s'attacher
véritablement à lui. Il hasarda tout en faveur des huguenots,
et n'obtint jamais leur confiance ; il se fit tuer pour les catholiques, et n'en fut jamais ni considéré ni regretté.

Né sur un trône tranquille, ou dans un état à l'abri des
horreurs de l'anarchie et du fanatisme, Antoine de Bourbon
eût été peut-être les délices de ses sujets ; la nature lui avait
accordé les vertus les plus aimables, la candeur, la libéralité,
l'affabilité, l'amour du bien, la valeur la plus brillante et le
don de s'exprimer avec dignité ; mais elle lui refusa l'énergie
et la constance, qualités sans lesquelles il ne peut y avoir de
grand homme. M. de Thou observe cependant que dans les six
derniers mois de sa vie il déploya plus d'activité qu'il n'avait
jamais fait, et que, malgré son goût pour le plaisir, il s'arrachait avec peine des affaires ; il est donc vraisemblable que

s'il ne fût pas mort à la fleur de son âge, son expérience, mûrie par les réflexions, aurait épargné à l'état les maux affreux qui le désolèrent.

Ce prince était né au château de la Fère, le 22 avril 1518; il mourut le 19 novembre 1562, n'ayant pas encore atteint la quarante-quatrième année de son âge. Il eut de Jeanne d'Albret cinq enfants, dont trois moururent au berceau; Henri IV et Catherine de Bourbon, duchesse de Bar, furent les seuls qui lui survécurent; il laissa aussi de Louise de Rouet de la Béraudière Charles de Bourbon, évêque de Leictoure, et ensuite archevêque de Rouen, qui fut légitimé, et mourut en 1610, de regret et de douleur de la mort funeste de son frère Henri IV.

Nous arrêtons ici notre premier volume, que nous eussions voulu conduire jusqu'à l'avénement de Henri IV au trône de France; mais l'importance des événements que nous avons dû raconter avec détail à cause de la part si considérable qu'y ont eue les princes de la maison de Bourbon, nous a décidé à renvoyer au commencement du deuxième volume le récit complet de la vie du Béarnais, depuis le moment où, à peine âgé de neuf ans, il devint, par la mort de son père, chef de la maison de Bourbon, premier prince du sang et héritier présomptif de la couronne de France.

FIN DU PREMIER VOLUME.

TABLE

DES MATIÈRES ET CLASSEMENT DES VIGNETTES ET PORTRAITS.